hänssler

Der große Ratgeber von Frau zu Frau

Cornelia Mack (Hrsg.)

Cornelia Mack, Freudenstadt, hat Sozialpädagogik in Tübingen studiert; 1977 Heirat, 1980 Studienabschluss mit Diplom. Sie hat vier Kinder und ist in der christlichen Frauenarbeit, bei Frauenfrühstückstreffen und in der Seelsorge tätig.

hänssler
Bestell-Nr. 393.097
ISBN 3-7751-3097-7

Umschlaggestaltung: Martina Stadler
Titelbild: Bavaria Bildagentur
Satz: Vaihinger Satz+Druck
Druck und Verarbeitung: Ebner Ulm
Printed in Germany

Inhalt

4. Familie

5. Erziehung

6. Frau und Beruf

7. Innere und äußere Schönheit

8. Umgang mit Krisen

9. Gesellschaftliches Engagement

10. Gelebter Glaube

Vorwort

Frausein ist etwas Schönes, etwas Faszinierendes und Spannendes.

Es war eine gute Idee von Gott, Mann und Frau in ihrer Unterschiedlichkeit zu erschaffen. Umso trauriger erscheint es mir, dass gerade im Blick auf die Lebensgestaltung und die Rollenverteilung von Frau und Mann zurzeit sehr viel Verunsicherung herrscht.

Es werden Stimmen laut, die behaupten, dass Frauen gegen das Männerdiktat und die jahrhundertelange Unterdrückung kämpfen sollten, um endlich alte Rollenklischees hinter sich zu lassen. Da wird Frauen, die ihr Leben anders als Männer gestalten, unterstellt, dass sie bisher immer nur unterdrückt wurden und sich endlich befreien müssten. Aber zu was befreien? Wie soll denn die Frau sein? Ist die Frau erst dann echt, wenn sie sich wie ein Mann verhält und ihr Leben wie ein Mann gestaltet? Ist es falsch, wenn eine Frau gerne Mutter und Hausfrau ist oder wenn sie sich gerne um andere Menschen kümmert? Ist das nur Unterdrückung durch den Mann und männlich geprägte Gesellschaftsstruktur? Vielleicht entspricht es ja ihrem ureigensten Bedürfnis und ihrer Art, so zu leben.

Anneliese Fuchs, eine österreichische Psychologin, stellt fest, dass in unserer heutigen Gesellschaft die Tendenz zu beobachten ist, dass hauptsächlich die männlichen Züge gestärkt und gefördert werden, also z.B. Vernunft, Objektivität und Orientierung an den Realitäten. Wenn Frauen sich danach ausrichten und »auf diese Weise materielle Unabhängigkeit erreichen, Freiheit von lästigen Verpflichtungen, bisher vernachlässigte Talente entwickeln können, merken sie oft zu spät, dass ihnen dadurch Mütterlichkeit, Weiblichkeit, Personenbezogenheitverloren gehen. ... Sie begeben sich aus dem Gefängnis der weiblichen Einseitigkeit, um sich im Gefängnis der männlichen Einseitigkeit wieder zu finden« (A. Fuchs: Die besseren Zwei, S.98).

Wenn die Frau sich den Mann als Vorbild nimmt, sich erst dann als wertvolles und gleichwertiges Mitglied in der Gesellschaft empfindet, nachdem sie männliche Funktionen übernommen hat, wertet sie sich genau dadurch ab. Frauen werden nicht wertvoller, indem sie männliche Posten oder Rollen einnehmen. Sind sie dabei vielleicht von einer heimlichen Bewunderung für das Männliche getrieben und sehen Frausein als etwas Minderwertigeres an? Der Universitätsprofessor Heinz Mayer stellt fest: »Wenn sich Frauen in ihrem Emanzipationsbestreben Männern immer mehr angleichen, besteht die Gefahr, dass es zu der männlichen Art keinen Gegenpol mehr gibt.«

Frauen leben dann sinnvoll, wenn sie ihr Frausein bewusst und gezielt in dieser Welt gestalten, wenn sie die weiblichen Werte betonen und wieder stark machen.

Sicher brauchen Frauen beides: die Weite des Engagements für etwas Großes und die kleine Welt der Intimität und Fürsorge. Es wäre aber falsch, die Frau vollkommen zurück an Heim und Herd zu verbannen. Solche Tendenzen sind jedoch in unserer heutigen Gesellschaft ebenfalls vermehrt zu beobachten. Nach einer Studie der Göttinger Volkskundler gibt es Strömungen vor allem in der Esoterik, die die Frauen in die alten Rollenklischees zurückdrängen wollen – heraus aus aller gesellschaftspolitischer Verantwortung: Die Wiederaneignung des Weiblichen könne am ehesten im Garten oder in der Küche stattfinden, die Frau solle zurück an Heim und Herd – aber als ›Hexe‹, so heißt es da. Die Rückbesinnung auf das ›Urweibliche‹, auf das bewusste Erleben der Mondzyklen und neue Initiationsriten für Mädchen zu Beginn der Pubertät behaupten immer mehr ihren Platz auf unserem gesellschaftlichen ›Markt der Möglichkeiten‹. Beruflicher Erfolg erfährt bei dieser Sichtweise eine deutliche Abwertung.

Solch widersprüchliche Tendenzen sind eindeutig zu beobachten. Diese Vielschichtigkeit und Gegensätzlichkeit, diese teilweise konträren Erwartungen spiegeln sich auch in uns Frauen wider – verunsichern und hinterfragen uns. Unser Denken und Empfinden wird davon geprägt, innere Bilder und Rollenvorstellungen geraten durcheinander und müssen neu sortiert und geordnet werden.

Nicht selten stehen wir vor inneren Zerreißproben, die einiges an Reflexion und Entscheidungen von uns abverlangen.

Wichtig ist dabei, dass wir das Mannsein weder als etwas Höherwertigeres ansehen, noch als etwas, das wir bekämpfen müssten.

Statt Gräben zwischen Männern und Frauen aufzureißen, statt gegeneinander zu kämpfen und sich Vorwürfe zu machen, kommt es vielmehr darauf an, dass wir lernen, unsere Welt als Mann und Frau miteinander zu gestalten. Nur die Gemeinsamkeit von Männern und Frauen, nur die versöhnte Verschiedenartigkeit und das gemeinsame Arbeiten an Zielen kann unsere Welt von der Zerrissenheit heilen, kann sie wieder zu einem inneren Dialog führen. Als Frauen leisten wir dabei einen wichtigen Beitrag: wir können deutliche Gewichte setzen in der Achtung vor dem Schwachen, in der Beachtung der Minderheiten, in der Wahrnehmung von Bedürfnissen und Gefühlen. Unsere Gesellschaft und unsere Familie, unsere Welt im Großen und im Kleinen kann verwandelt werden, wenn Frauen und Männer voneinander lernen, wenn sie einander wertschätzen, sich in ihrer Unterschiedlichkeit wahrnehmen und würdigen. Der Mann braucht die Ergänzung durch die Frau, und die Frau wird bereichert durch den Mann.

Es gelingt uns besser, uns füreinander zu öffnen und neue Horizonte zu entdecken, wenn wir unseren speziellen Auftrag kennen, wenn wir unsere besonderen Gaben entwickeln. Wer um Sinn und Ziel in seinem Leben weiß, findet auch zu einem erfüllten Dasein. Unser Frausein gestalten – gerade in unserer immer mehr technisierten und materialistischen Gesellschaft, kann etwas ungeheuer Faszinierendes sein, etwas, das uns und die Menschen, die mit uns leben, bereichert und erfrischt.

Mann und Frau sind geschaffen in der Ebenbildlichkeit Gottes. Darum gelingt unser Leben am besten in der Beziehung zu unserem Schöpfer. Er hat alles gut gemacht, und darum weiß er auch, wie wir unser Dasein gestalten können, wie wir es mit Sinn und Freude füllen können und wie wir zu einem guten Ziel gelangen.

Der vorliegende *Große Ratgeber von Frau zu Frau* soll genau dazu dienen: das Leben in seinen verschiedenen Facetten zu entdecken, die Vielschichtigkeit des Lebens zu erkennen und zu reflektieren und neu Freude daran zu bekommen, eine Frau zu sein, von Gott geschaffen und geliebt, angenommen und gewollt – und darum auch von ihm begabt und beauftragt. In diesem Bewusstsein können wir unser Frausein gestalten – nicht gegen, sondern für unsere Mitmenschen und mit ihnen.

Viele Autorinnen haben an diesem Buch mitgeschrieben. Sie geben damit auch Einblick in ihr Leben. Die Berichte sind nicht aus der Theorie geboren, sondern mitten aus dem Leben heraus, aus schönen und schweren Erfahrungen. Sie können uns helfen, wenn wir uns in ähnlichen Situationen wiederfinden oder auch wenn wir Menschen begleiten, die anders leben als wir – in anderen Lebensverhältnissen, mit anderen Schicksalen, in Krisen und Leid. Bei manchen Artikeln überschneiden sich die Aussagen oder stehen in einer gewissen Spannung zueinander. Beim Zusammenstellen der Artikel kam es mir fast so vor, als würde ich mit einigen Frauen in einer Gesprächsrunde sitzen und wir kämen in einen lebhaften Austausch, in der die verschiedenen Frauen ihre Erfahrungen, Ziele und Standpunkte voreinander offenbarten und miteinander in ein sich befruchtendes Gespräch eintraten.

Der Facettenreichtum des Lebens spiegelt sich auch in den Beiträgen dieses Buches. Jede Frau ist anders – und darum sind auch die Beiträge in ihrer Form teilweise unterschiedlich. Zur besseren Orientierung sind die Hauptaussagen jedes Kapitels am Ende nochmals kurz zusammengefasst.

Allen Leserinnen – und hoffentlich auch Lesern – wünsche ich Freude an dem bunten Strauß der Themen und persönlichen Gewinn, Hilfe und Orientierung.

Cornelia Mack

1. Frau sein

Ja – ich bin eine Frau

Frauenbewegungen haben sich um Bildung und Berufsausbildung der Frau bemüht. Der Frau von heute steht die Berufswelt offen. Von der Staatschefin bis zur KFZ-Schlosserin kann sie alles werden – und wird es auch. Auch als Kosmonautin, Richterin, Bischöfin und Ärztin – überall ist sie anzutreffen. Hart errungene Erfolge sind sichtbar.

Nach der Phase der Angleichung an den Mann sind hier und da andere Töne zu vernehmen. Dies macht der Titel eines kleinen Artikels zum Thema »Geschlechterdialog« deutlich, der in unserer Tageszeitung veröffentlicht wurde: »Neuer alter Mann trifft moderne Frau«.

»Die einen sehnen oder wünschen ein Comeback des führungsstarken Mannes – allerdings ohne seine aggressiven Züge aus der »Macho«-Vergangenheit. Andere fordern die Frauen auf, sich nach den Jahrzehnten der Emanzipation wieder mehr auf die Familie und die Mutterschaft zu besinnen. In der Geschlechterdebatte scheint sich ein gemeinsamer Nenner für die Zukunft anzubieten! Eine von gemeinsamer Sorge um Haus und Kinder geprägte Partnerschaft, die Rechte und Pflichten gleich verteilt und Rollenunterschiede zulässt.«

Autor Robert Bly (»Eisenhaus«) meint dazu: »Viele Frauen stellen fest, dass die Probleme, vor denen wir stehen, zu erheblich sind, als dass sie von einem Geschlecht allein zu lösen sind.«

In Rembrandts wohl berühmtesten Gemälde »Die Heimkehr des verlorenen Sohnes« sind die Hände des Vaters sehr eindrucksvoll gemalt. Dem Betrachter fällt auf, wie verschieden beide Hände sind. Die Rechte des Vaters ist schmal und weich, eine mütterliche Hand. Die Linke wirkt breiter, kräftiger, männlich. Ob Rembrandt dabei an Jesaja 66, 13 gedacht hat, wo Gott spricht: »Ich will euch trösten, wie einen seine Mutter tröstet«?

Eva ist anders als Adam. Anders ihre Rolle, die sie spielen wird, entsprechend anders ihr Körperbau, ihr seelische Struktur, ihr Denken und Fühlen anders von Gott gewollt! Nicht eine »Hilfe«, die man über viele Epochen hinweg mit der Hausgehilfin verwechselt hat, nein, ein Gegenüber, das zu ihm passt, sollte sie sein. Gegenüber zu sein heißt nicht, gleich zu sein. Das ist das, was anzieht, aber auch oftmals Mühe macht.

Die fünf folgenden Unterschiede im Bereich der emotionalen und biologischen Bedürfnisse von Mann und Frau sollen das deutlich machen.

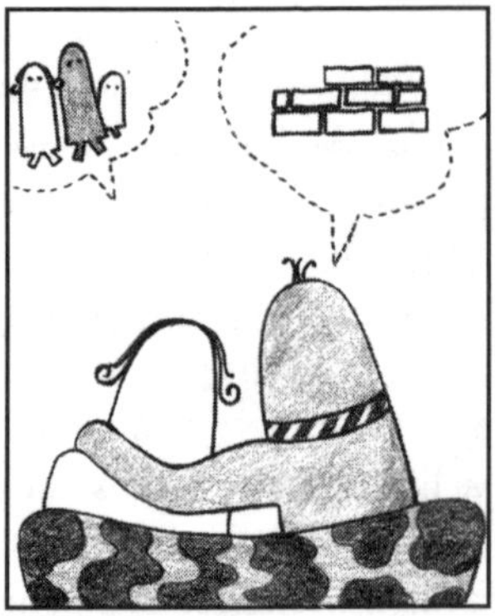

1. Männer denken gewöhnlich mehr theoretisch, Frauen sind mehr an Personen interessiert. Wer denkt wohl meistens an die Grüße und Geschenke für die Feste der Familienmitglieder? Männer sind oft objektiver. Sie interessieren sich für generelle Ideen, sehen das Ziel vor Augen; das Endprodukt ist wichtig. Frauen sind eher subjektiv und auf Details fixiert. Was den Umgang mit Problemen angeht, vergleicht jemand Frauen mit Computern und Männer mit Aktenschränken. Ist das Problem nicht zu lösen, so wird Man(n) einfach eine Akte öffnen und das Problem dort ablegen. Die Frau gibt nicht auf. Sie möchte mit dem Problem zurechtkommen und arbeitet in Gedanken weiter.

2. Männer reagieren eher auf das, was sie sehen. Bei einem Mann wird Sex hauptsächlich körperlich erlebt. Für Frauen ist es wichtiger, was sie hören und fühlen. Sex ist für sie deshalb auch meistens mehr als ein emotionales Erlebnis. Sie muss hören und fühlen, dass sie geliebt ist, um das dann auch körperlich erleben zu können.

3. Männer können ein Nomadendasein führen. Frauen möchten eher Wurzeln schlagen. Beim Packen für den Zelturlaub ist diese Tendenz wohl am besten zu beobachten. Bei Männern ist deshalb oftmals die Angst vor dem Gebundensein da. Im Gegensatz dazu haben Frauen das Bedürfnis, ein Nest zu bauen, wo Schutz und Wärme ist, denn ihr Körper ist so angelegt, dass darin Leben heranwachsen kann.

4. Für den Mann ist seine Arbeit, sein Beruf ein wesentlicher und wichtiger Teil seiner Persönlichkeit. Für die Frau ist das Heim, die Wohnung, die sie gestaltet, ein Teil ihrer Persönlichkeit. Das können wir selbst bei berufstätigen Frauen beobachten.

5. Männer haben ein verstärktes Bedürfnis bewundert und geachtet zu werden. Frauen dagegen möchten vor allem geliebt werden.
Dr. James Dobson, einer der bedeutendsten Eheberater unserer Zeit meint, dass dies wohl die Hauptunterschiede der beiden Geschlechter sind.

Es ist erstaunlich, wie sehr diese Bedürfnisse von Mann und Frau das reflektieren, was in Epheser 5, 33 über ihr Verhalten zueinander ausgesagt wird. »Ein jeder habe lieb seine Frau wie sich selbst; die Frau aber ehre (achte) den Mann.«

Ja – ich bin »eine«

Wir kennen den Ausspruch: »Du bist mir so eine!« Aber ... – Sie merken – etwas ganz anderes ist gemeint. Hier geht es um unsere Einzigartigkeit. Haben Sie sich schon einmal so richtig bewusst gemacht, dass Sie einzigartig sind. Selbst, wenn Sie eine so genannte Doppelgängerin haben oder jemanden mit gleichem Namen. *Sie* gibt es nur einmal auf der Welt.

Joyce Huggelt, eine englische Autorin, drückt das folgendermaßen aus: »Ich bin ein einmaliges Modell, ein Design, das nicht wiederholt wird.« So wie es keine zwei gleichen Schneeflocken gibt, hat auch jede von uns einen anderen Daumenabdruck.

John Powell, ein Theologe, äußerte sich ähnlich und prägte den Satz: »Nachdem Gott dich erschaffen hat, zerbrach er die Gussform.« Faszinierende Aussagen und Wahrheiten, die aber wertlos sind, wenn wir sie uns nicht zu Eigen machen.

Wenn wir vom biblischen Weltbild herkommen, sehen wir an diesen Beispielen Gottes grenzenlose Kreativität und Großzügigkeit. Wir dagegen sind schnell geneigt, uniformiert zu denken, zu typisieren.

Frauen sind besonders in der Gefahr zu vergleichen. »Das Gras ist grüner auf der anderen Seite des Zauns«, heißt es in einem englischen Sprichwort. Eine schottische Fluglinie hat diesen Gedanken zu ihrem Slogan gemacht und lockt Kunden mit dem Satz: »Wir fliegen Sie dahin, wo das Gras grüner ist.«

Ein Rabbi mit Namen Zusya sagte einmal: »In der Ewigkeit werde ich einmal nicht gefragt werden: ›Warum warst du nicht Mose?‹, sondern man wird mich fragen: ›Warum warst du nicht Zusya?!!!‹«

Ja – ich »bin«

Wir können auch mit Shakespeare sagen: »Sein oder nicht sein, das ist hier die Frage.« Auf meine Frage hin, was ihnen zu dieser Aussage »Ja – ich bin« einfalle, antworteten zwei Teenager: »Ich lebe, ich existiere, man merkt, dass ich da bin, denn man sieht mich, man hört mich, man riecht mich, man fühlt mich ...« Ja – ich bin! Wie würden Sie diesen kurzen Satz aussprechen, wenn Sie demonstrieren müssten, wie Sie über sich denken? Wie ist es, ich zu sein? Gefällt es mir? Fühle ich mich wohl in meiner Haut? Meine neunzehnjährige Tochter überraschte mich neulich mit der Aussage: »Gell, ich bin schlau« (was goldig oder süß auf süddeutsch bedeutet). Sie ist auf jeden Fall eine Optimistin. Eine vier ist noch keine fünf. Sie bestreitet auch, dass sie Chaos im Zimmer habe, denn sie fände ja alles Gesuchte sofort!

Ich dagegen habe mich viele Jahre, trotz meiner persönlichen Hinwendung zum Glauben an Jesus Christus, nicht so wohl gefühlt in meiner Haut. Ich habe zwar gerne gelebt und hatte großen Lebenshunger, aber im tiefsten Inneren dachte ich bewusst oder unbewusst: »Du darfst eigentlich nicht sein, du bist nicht gewollt, ein Unfall, nicht passend für die Normen der bürgerlichen Gesellschaft, der heilen Welt einer badischen Dorfgemeinschaft der fünfziger Jahre. Ich war sprichwörtlich eine unzeitige Geburt – ein Sieben-Monatskind, 1100 g leicht. Unehelich geboren. In den fünfziger Jahren war der Begriff »allein erziehend« noch nicht so gesellschaftsfähig. Meinen Vater habe ich nie kennen gelernt. Als ich zehn Jahre alt war, bekam ich einen Stiefvater, einen kriegsgeschädigten Mann, krank an Leib und Seele und Alkoholiker. Die folgenden Jahre waren geprägt von Streit und Ängsten, inneren und äußeren Kämpfen, Fragen nach dem Sinn des Lebens und natürlich der Identität. Ich hatte immer wieder Schwierigkeiten, mich selbst anzunehmen. Heute weiß ich, dass die eigene Ablehnung mit dem Start meines Lebens zu tun hatte. Es hat Jahre gedauert, bis ich ohne Misstrauen und einem Stich im Herzen die Sätze aus Psalm 139 auch für mich annehmen konnte: »Du hast mich geschaffen mit Leib und Geist, mich zusammengefügt im Schoß meiner Mutter. Ich war dir nicht verborgen, als ich im Dunkeln Gestalt annahm. Du sahst mich schon fertig, als ich noch ungeformt war.«

Der Schöpfer dieser Welt ist ein Ja-Sager, ein bejahender Gott: Ein lebensbejahender Gott!

Dr. Paul Tornier, der als praktischer Arzt und Schriftsteller in der französischen Schweiz tätig war, sagte einmal: »Akzeptanz, Selbstannahme spielt solch eine starke Rolle im Verlauf unserer Entwicklung, dass ich immer wieder, in jedem Buch, das ich schreibe, darauf zurückkomme!« In zahllosen Publikationen machte er darauf aufmerksam, wie zerstörerisch und gefährlich es für unser Wohlbefinden ist, wenn wir uns nicht mit den erlebten Konflikten auseinander setzen. »Da ist beispielsweise unser Lebensalter. Gehe ich bewusst damit um? Unser Frausein, unser Partner, unsere Eltern, eine Krankheit, etwa eine besondere Belastung, Fehler, der Platz, an dem wir leben.«

Die bewussten und unbewussten Gefühle, die wir über uns haben, machen unser Selbstbild aus. Dieses Selbstbild tragen wir in unsere Umwelt hinein. Im Film: »Die Farbe lila« fiel der Satz: »Schwarz zu sein ist vielleicht hässlich – aber ich bin da!« Eine Aussage im Alten Testament drückt das treffend aus: »Wie ein Mensch denkt, so ist er.« Wie eine Frau über sich denkt, so lebt sie. Dag Hammerskjöld, UN-Generalsekretär, sagte einmal: »Wer mit sich selbst auf Kriegsfuß steht, wird auch andere bekriegen.«

Ja – »ich«

Das Wort »ich« hat seinen Ursprung in der griechischen und lateinischen Sprache und heißt dort »ego«. Von daher kommt auch der Begriff Egoismus, der schon lange Teil unserer Umgangssprache ist und verdeutscht »Ichbezogenheit« heißt. Ein in jeder Hinsicht negatives Wort, das ich aber im Folgenden nur noch von der positiven Seite her beleuchten möchte. »Ja – ich« kann man verschieden ausdrücken. Fragt mich beispielsweise jemand, ob ich meine Geburtstagstorte selbst gemacht habe, sage ich stolz: »Ja, ich!« Bin ich am Boden zerstört, weil mir ein Fehler unterlaufen ist, gebe ich ihn kleinlaut zu: »Ja, ich!« Bin ich wütend, rebellisch und aufgebracht, schreie ich voller Selbstmitleid ganz anders: »Ja, ich!«

Unser Ich, unser Ego, was ist das?

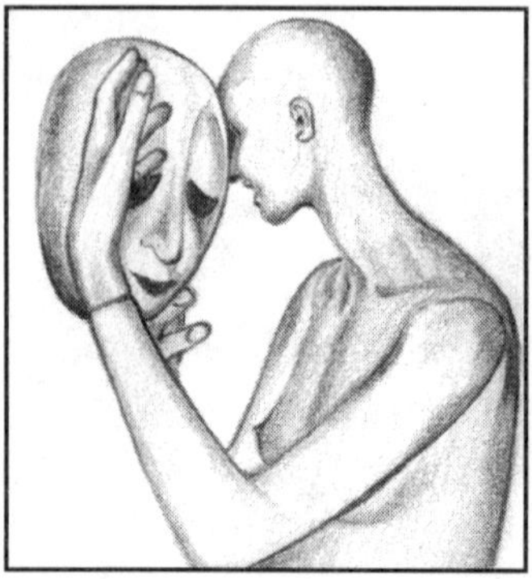

Das Ego ist meine Person, der Sprecher selbst, das eigene Wesen, das eigene Innere und Äußere. Das Wort »Person« kommt von »Persona« und »personare« und hat demnach zwei Bedeutungen. Personare heißt durchtönen, durchscheinen oder Transparenz. Persona bedeutet erstaunlicherweise das Gegenteil, nämlich Maske. Verbirgt sich also die Persönlichkeit hinter der Person?

Bei Begegnungen zählen die ersten zwei Minuten, in denen vom Gegenüber eine Meinung gebildet wird, von der wir uns nur schwer wieder lösen.

Unser Gegenüber empfinden wir beispielsweise gut betucht, gepflegt, attraktiv, freundlich oder mürrisch, unahbar, nachlässig, einfach oder traurig.

Ohne dass wir es wollen, typisieren wir ständig, ordnen Menschen ein. Wir wollen die Person mit ihrer Persönlichkeit auf einen Nenner bringen.

Vor Jahren habe ich eine Grafik gesehen, die mir geholfen hat, die Persönlichkeitsstruktur einer Person zu verstehen und vorsichtiger beim Beurteilen zu sein. Sie stellt einen Eisberg dar, bei dem wir bekanntlich nur die Spitze sehen. Kommen wir näher, können wir einen Teil unter Wasser noch sehen, aber der Rest bleibt für das Auge verborgen. Wir können seine Form im tiefen Wasser nur erahnen.

Das, was unsere Wesenszüge ausmacht, wird hier sichtbar – es tönt durch. Wir sehen beispielsweise, ob wir eher konservativ oder unkonventionell gekleidet sind. Hier wird deutlich, ob wir eher sachorientiert oder kontaktorientiert, begeisterungsfähig oder eher besonnen sind. Hier kommen auch Züge zutage, an denen sich die anderen stoßen oder gar ärgern. Auf dieser Ebene ist Veränderung möglich!

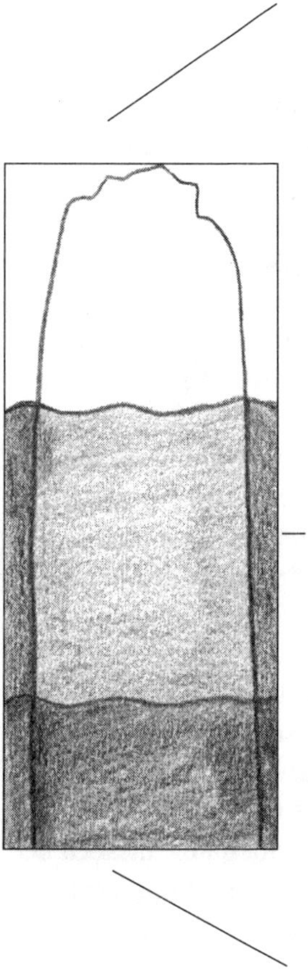

Wie der unter Wasser liegende Teil eines Eisbergs ist die Grundstruktur nicht konkret sichtbar. Sie ist im Verlauf der Lebensjahre entstanden und aus diesem Grund stabiler und weniger veränderbar als die Wesenszüge. Hier zeigt sich, ob wir extrovertiert oder introvertiert sind. Auch der Grad der Emotionalität ist hier angesiedelt. Es wird deutlich, ob jemand eher ausgeglichen oder stimmungsmäßig schwankend ist.

Die Tiefenstruktur wurde zum Teil vererbt und in der Kindheit erworben. Sie ist so stabil, dass Änderung kaum möglich ist. Hier ist angelegt, ob jemand eher sachlich, warmherzig, korrekt oder unkonventionell ist.

Ja

Das Wort Ja ist das positivste Wort, das es gibt!! Ein Ja baut auf, ermutigt, befreit, lässt los, erweitert den Horizont und bestätigt. Ein Nein dagegen reißt ab, stoppt und gibt Grenzen. Ein Nein engt ein und weist zurück. Wenn ich Ja sage zu einer Person, die Fehler macht, braucht das Mut. Es ist eine schöpferische Tat und erbaut andere.

Kritisieren, zurückweisen und Nein sagen kann in einer Sekunde getan werden – wie eine schnelle Linie durch einen Pinselstrich. Vielleicht haben Sie in Ihrem Leben Ja gesagt zu einer schwierigen Person. Ja, trotz der totalen Andersartigkeit, den ständigen Missverständnissen, den verschiedenen Ansichten und den damit verbundenen, oft hässlichen Auseinandersetzungen.

Ein Ja muss nicht laut ausgesprochen werden. Es kann im Herzen geschehen, als eine Entscheidung. Das ist auch die Grundlage, um aktiv Ja sagen zu können. Jemand, der in widrigen Umständen Ja sagt, hat Mut und Format. Solch eine Person zeigt Größe.

Jede Freundschaft, jede Beziehung, jedes verwandtschaftliche Verhältnis ist nur möglich auf der Basis eines Ja! Ein junger Mann sagt am Vorabend der Eheschließung zu seiner zukünftigen Frau: »Ich weiß nicht, ob ich ein guter Ehemann und Vater sein werde, aber ich sage Ja zu dir, und dieses Ja wird immer Bestand haben. Unsere Heirat besteht nicht hauptsächlich auf dem Fundament der Liebe. Das würde nicht tragfähig sein. Der Grund und das Fundament unserer Ehe ist das Ja, das wir zueinander sagen.

Das ›Ineinander-verliebt-Sein‹ hat uns zusammengebracht, aber nur das Ja zueinander wird uns durchtragen.«

Wenn ich Ja zu einer schwierigen Person sage, gebe ich ihr ihre Ehre zurück. Wenn ich beispielsweise Ja zu einer Prostituierten als Person sage, gebe ich ihr ihre Ehre und den Wert ihrer Persönlichkeit zurück.

Fragen Sie sich einmal selbst: Sind Sie eher eine Ja-Person oder eine Nein-Person? Optimistisch oder pessimistisch? Positiv oder negativ?

Rose Kennedy, die im Alter von 104 Jahren starb, hatte im Lauf ihrer langen Lebenszeit mit vielen Widrigkeiten zu kämpfen. Ihre letzten 10 Jahre verbrachte sie im Rollstuhl. Drei ihrer Söhne starben jung, und eine Tochter ist stark behindert. Trotz alledem war sie sicherlich eine Optimistin, ein Ja-Mensch, denn sie mahnte einmal den großen Clan, bei der Nachricht ihres Todes nicht traurig zu sein, »denn auch die Vögel singen nach einem großen Sturm«. Bezüglich unserer Lebenseinstellung, unserer Haltung Situationen gegenüber können wir positiv oder negativ gepolt sein. Hier müssen wir uns fragen: bin ich oft von Sorge, Hass, Neid oder Rebellion erfüllt oder habe ich eine positive Haltung, geprägt von Dankbarkeit, Liebe und Vertrauen?

Aus diesem Grundgedanken heraus kommen unsere Einfälle, Reaktionen und unsere Motivation.

Ich bin zutiefst davon überzeugt, dass ein Mensch nur fähig ist, total Ja zu sich und seinen Umständen zu sagen, wenn er erlebt und begriffen hat, dass der Gott der Bibel schon lange Ja zu ihm gesagt hat. Das ist die gute Nachricht in Reinform! Das ist Euangelon – Evangelium, was aus dem griechischen übersetzt gute Botschaft heißt. Es ist die gute Nachricht vom ewigen Plus.

Jesus ist der Prototyp des ewigen Ja für uns, ein Ja in die dunkelsten und schmutzigsten Löcher dieser Welt! Gottes Ja zu uns bedeutet immer wieder neu: Du bist von Ewigkeit her geliebt.

Frauen und Männer unterscheiden sich im Bereich der emotionalen und biologischen Bedürfnisse.

Jede Frau ist ein Unikat – einzigartig.

Die positive Selbstannahme spielt eine entscheidende Rolle in unserem Leben.
Die bewussten und unbewussten Gefühle, die wir über uns haben, machen unser Selbstbild aus.

Die Persönlichkeitsstruktur eines Menschen ist vielschichtig. Nur ein Bruchteil – die Wesenszüge – tritt zutage. Die Grund- und Tiefenstruktur liegt verborgen, bestimmt aber zu einem großen Teil unsere Persönlichkeit.

Ein Mensch, der weiß, dass Gott Ja zu ihm sagt, kann auch Ja zu sich selbst sagen.

Gerda Schaller
Jahrgang 1950, ist verheiratet und hat drei Kinder. Sie ist Frauenbeauftragte der Schiffsarbeit bei dem Missionswerk Operation Mobilisation (OM). Sie lebte 13 Jahre auf Schiffen von OM und ist heute auch Referentin bei Frühstückstreffen für Frauen.

Warum bin ich nur immer so aggressiv?

Als Frauen leiden wir immer wieder unter Aggressionen, die wir uns nicht erklären können. Wir reagieren gereizt auf die Kinder oder den Ehemann, die Schwiegermutter, Mutter oder Freundin. Je näher die emotionale Beziehung zu jemandem ist, desto schneller neigen wir auch zu Aggressionen. Solche Situationen können uns gewaltig verunsichern; wir sind erstaunt über das Aggressionspotenzial in uns und wundern uns darüber, wozu wir fähig sind.

Gerade im familiären Bereich kommen wir besonders schnell an unsere Grenzen, werden lieblos und aggressiv, schreien die Kinder an und beeinträchtigen damit die gesamte Atmosphäre. Gleichzeitig leiden wir darunter, dass wir so ungeduldig und verständnislos sind, dass es uns nicht gelingt, das Miteinander positiver zu prägen und zu gestalten. Die Frustration in uns führt schließlich so weit, dass wir selbst schöne Situationen, in denen wir uns mit und an den Kindern freuen könnten, versäumen und verstreichen lassen. Am Abend eines Tages macht sich Verzweiflung in uns breit: »Nun habe ich wieder alles verpatzt, die Kinder verunsichert, den Ehemann verletzt.«

Selbstzweifel und Scham richten einen gefährlichen Kreislauf an. Wir fühlen uns würdelos, unfähig zur Mutterschaft und verurteilen uns und unser Verhalten. Wir leiden unter unseren aggressiven Ausbrüchen und das zu Recht. Denn wir spüren, dass dadurch die gesamte Familienatmosphäre zum Negativen verändert wird. Ein Teil der Verantwortung für das Familienklima liegt nun mal eindeutig bei uns Müttern.

Beobachtungen zur Aggression

Aggression kommt aus dem lateinischen aggredi und heißt »heranschreiten, sich nähern, angreifen, eine Sache in Angriff nehmen, an etwas herangehen«. »Aggredi« beschreibt also einen Antrieb.

Aggression zeigt sich deutlicher in Beziehungen, in denen es ein Machtgefälle gibt. Der Aggressivere ist entweder aus einem Ohnmachtsgefühl und einer Angst heraus aggressiv oder aus Machtstreben und Überlegenheitsgefühl. Wer sich bedroht fühlt, reagiert aggressiv, wer sein Territorium ausweiten will ebenfalls.

Wenn in einem Beziehungsgefüge etwas nicht stimmt, setzen die Beteiligten Aggressionen ein, um dies zu ändern. Wenn sich also Menschen mehr Nähe zueinander oder mehr Distanz voneinander wünschen, kommen in der Regel Aggressionen ins Spiel. Aggression schenkt uns den Mut, auf Menschen zuzugehen und mehr Nähe zu suchen. Um Distanz zu lernen, braucht es ebenso ein gewisses Maß an Aggression. Deswegen können wir Aggressionen bei uns und bei anderen auch als Signal dafür sehen, dass im Beziehungsgefüge etwas in Bewegung kommen soll oder muss.

Aggression kann auch positiv sein. Aggression kann uns Kraft geben, etwas Neues anzupacken, kann uns Wege zu neuen Horizonten weisen, kann ein Signal sein für Punkte, wo sich Veränderung anbahnen sollte.

Aggressionen können vor Gefahren schützen. Wenn wir in schwierige oder gar lebensbedrohliche Situationen kommen, können wir ungeheure Kräfte entwickeln und weit über das Normalmaß hinaus reagieren. Aggressionen sind dann Kraft zum Guten, zum Schutz, zur Sicherung.

Formen der Aggression

Es gibt verschiedene Stufen und Ausformungen von Aggression.

Es gibt passiv-aggressives Verhalten und aktiv-aggressives Verhalten.

Passiv-aggressives Verhalten

Passive Aggression ist das Gegenteil von offenem, ehrlichem, direktem und verbalem Ausdruck von Wut.

Eine Form des passiv-aggressiven Verhaltens ist z. B. das *Schweigen und Schmollen*:

Ich ziehe mich zurück und lasse meine Nächsten ins Leere laufen. Ich fühle mich »besser«, vielleicht auch heiliger als die anderen, weil ich ja angeblich nie wütend werde. Auf diese Weise zerstöre ich engste menschliche Beziehungen: »Die anderen sind das Problem und nicht ich.«

Auch *Sarkasmus* ist eine Form des passiv-aggressiven Verhaltens. Andere Menschen werden in einem vermeintlich lustigen Ton und mit Witz heruntergemacht. Sarkasmus ist eine Weise, andere nicht zu nah an uns heranzulassen – wir schützen uns mit angeblichem Humor vor der Nähe des anderen. Der oder die andere leidet vielleicht unter etwas und jammert oder klagt, und wir machen ihn nieder, damit wir uns nicht mit dem Schmerz unseres Mitmenschen auseinander setzen müssen.

Nörgeln gehört auch zu den Formen der passiven, der verdrängten oder heimlichen Aggression: »Ich bin besser, ich habe etwas an dir auszusetzen, ich grenze mich ab, ich stelle dich ins Abseits ...«

Negative Selbstbotschaften, die wir an uns aussenden, können eine weitere Form der passiven Aggression sein. Wir bestrafen uns mit negativen Gedanken, negativem Selbsteinreden: »Ich bin nichts.« »Mal wieder typisch für mich.« »Aus mir kann doch nichts werden.« »Ich bin doch nichts wert.« »Wusste ich's doch, dass das mal wieder schief geht.« ... Das kann so weit führen, dass unser Denken vollkommen von Minderwertigkeitskomplexen beherrscht wird.

Ebenso kann die *Depression* eine Ausdrucksweise passiver Aggression sein. Manche Menschen sind zornig auf alles und jeden. Darum schützen sie sich durch Rückzug in die Depression. Gefühle wie Ohnmacht, Schmerz, Wut oder Überforderung werden ins Unbewusste zurückgedrängt und verursachen dort eine Art »gefühlsmäßige Verstopfung«. Die Entdeckung dieses Zorns kann der Schlüssel zu einem ganz neuen Herangehen an die Depression werden.

Körperliche Reaktionen wie Kopfschmerzen, Bauchschmerzen, Appetitlosigkeit oder übermäßiges Essen können ein Zeichen für verdrängte Aggression sein – ebenso Erschöpfungszustände, Bluthochdruck oder Nervenzusammenbrüche.

Aktiv-aggressive Verhaltensweisen

Zu den schlimmsten Auswüchsen der aktiven Aggression gehört der *jähzornige Wutausbruch*, wütendes Brüllen, andere Menschen packen, schütteln oder treten, stauchen, ohrfeigen, schlagen – leider kommt das in den besten Familien vor.

Zerstörungswut ist die etwas gemäßigtere Form und richtet sich »nur« gegen Gegenstände: mit Sachen um sich werfen oder sie aus dem Fenster werfen, Dinge zerstören, Türen knallen, mit den Füßen aufstampfen.

Meist ist es nur eine störende Kleinigkeit, die die in uns aufgestauten Aggressionen ausbrechen lässt. Wir könnten es auch mit einem Dampfkochtopf vergleichen, dessen Ventil verstopft ist. Wenn er Überdruck bekommt, zischt es zuerst gewaltig, und möglicherweise reißt es dann sogar den Deckel vom Topf – die Umstehenden werden dadurch verletzt. So verletzen auch jähzornige Wutausbrüche – nicht nur im Bild gesprochen – unsere Mitmenschen. Viel Vertrauen kann durch solches Verhalten zerstört werden.

Ursachen und Auswege

Die Ursache für Aggressionen liegt in einer Disharmonie in unserem Gefühlsleben, in einem Ungleichgewicht zwischen unseren Empfindungen und der Fähigkeit, damit angemessen umzugehen. Auslöser dafür können äußere Faktoren sein, wie z. B. Stress, Überforderung, Überreizung, Ungerechtigkeiten oder aber innerseelische Prozesse wie Schuldgefühle, zu hohe Erwartungen, Perfektionismus oder ungeheilte Verletzungen. Auf die drei häufigsten soll im Folgenden eingegangen werden

Stress

Es gibt *positiven* Stress; dabei werden wir gefordert, können etwas leisten und sehen nachher ein positives Ergebnis. Der *negative* Stress dagegen wird ausgelöst durch permanente Überforderung. Wir leben in einer Zeit der vielen Möglichkeiten: sei es Freizeitgestaltung oder Mode, sei es Zeitgestaltung oder Meinungen. Das erfordert einen dauernden Entscheidungsdruck, der uns gewaltig unter Stress setzen kann. Wenn ich mich für etwas entscheide, entscheide ich mich gleichzeitig gegen hundert andere Sachen. »Da könnte ich doch etwas versäumen. ... Da könnte ich zu kurz kommen.« Dieses Gefühl macht unsicher und möglicherweise auch aggressiv.

Wir leben in unserer heutigen Gesellschaft einen schnellen Lebensstil. Wir hetzen von einer Aktivität zur nächsten, rennen von einer Entspannung zur nächsten, von einer beruflichen oder persönlichen Herausforderung zur nächsten. Aber wir kommen dabei innerlich nicht mehr zur Ruhe, wir kommen nicht mehr zu uns selbst. Wir haben das Gefühl, dass wir gelebt werden, anstatt selbst unser Leben zu gestalten. Wir leben viel mehr vom Haben und Tun als vom Sein. Kennen Sie den Satz: »Tut mir Leid, ich habe keine Zeit.« Vielleicht ist es der meistgesagte Satz unserer Zeit. Auf die Dauer macht das unzufrieden und aggressiv.

Es gibt neben diesen allgemeinen Stress-Phänomen Zeiten, die uns ganz besonders fordern und unsere letzten Kraftreserven verbrauchen, z.B. die Baby-Zeit oder die Kleinkind-Zeit – in der neben der Hormonumstellung nach der Geburt und der Stilllphase auch die Nachtruhe in der Regel gestört ist und die Beziehungen in der Familie sich neu ordnen müssen. Auch die Tage vor oder während der Periode sind für manche Frauen eine Zeit, in der sie sich mit ihren Aggressionen nicht mehr im Griff haben. Da wäre es besser, sich zurückzuziehen, sich Zeiten der Stille zu gönnen und so weniger Konflikte und Aggressionen zu provozieren. Auch besonders fordernde Zeiten im Beruf oder Belastungen durch Krankheit oder Arbeitslosigkeit, finanzielle Schwierigkeiten, üble Nachrede oder Verleumdung können gewaltig stressen.

Wie können wir mit stressbedingter Aggression umgehen?

Uns Frauen hilft es, wenn wir lernen einen ausgewogenen Lebensstil zu praktizieren: also Pause machen, sich etwas Gutes gönnen, ohne dabei ein schlechtes Gewissen zu bekommen, ein Hobby pflegen, Sport treiben, spazieren gehen, in die Stille gehen. Das, was uns gut tut, ist manchmal genau das, was auch für die Kinder schön ist: nur miteinander irgendwo sitzen, etwas vorlesen, miteinander Musik hören, aus dem Fenster schauen. Wir wollen oft so viel – oft ist das Wenige genau das, was uns allen miteinander gut tut.

Viel Stress verfliegt, wenn wir lernen, innerlich stille Menschen zu werden. Menschen, die zufrieden werden mit dem, was sie haben und vorfinden. Menschen, die es mit sich selbst aushalten können, die bei sich sein können. Dazu gehört auch das Loslassen von Erwartungen und Wünschen, Aktivitäten und Terminen. Vor Gott können wir still werden, dem Gespräch mit ihm wieder Platz einräumen, in seiner Gegenwart ausatmen, seinem Reden zu uns Raum geben. Vor Gott dürfen wir mit allen Dunkelheiten und Sehnsüchten ehrlich werden und uns von ihm und seiner Liebe füllen lassen.

Schuldgefühle und überhöhte Erwartungen

Die Erwartungen an uns Frauen sind heute sehr hoch und manchmal auch überzogen. Im häuslichen Bereich wird von uns Perfektion erwartet, in der Erziehung sollen wir gute »Ergebnisse« vorweisen können, und beruflich sollten wir uns auch nicht hintenan stellen. In allem sollten wir möglichst am neuesten Trend orientiert und gleichzeitig gut in Traditionen verwurzelt sein. Unbewusst hören wir auf solch verschiedene Stimmen und kommen dadurch unter Druck. Vielerlei gegensätzliche Erwartungen stürmen auf uns ein – niemals können wir allem gerecht werden. Trotzdem versuchen wir immer wieder, das Unmögliche möglich zu machen. Dabei werden wir unzufrieden, unausgeglichen und aggressiv. Wir rennen hinter Idealbildern her und fühlen uns schlecht, wenn wir die damit verbundenen Erwartungen nicht erfüllen können. Das macht unsicher und schafft Aggressionen.

So entsteht ein Kreislauf von Schuldgefühlen und Minderwertigkeitskomplexen, der uns total gefangen nehmen kann. Meistens fühlen wir uns schuldig, wenn uns etwas nicht gelungen ist, wenn wir einen Fehler gemacht haben, aber auch wenn wir den Eindruck haben, wir entsprechen nicht den Erwartungen der anderen, wir verhalten uns nicht so oder sind nicht so, wie es richtig wäre.

Ein Schuldgefühl muss noch nicht unbedingt mit konkreter Schuld zu tun haben. Es gibt Menschen, die fühlen sich ständig schuldig, obwohl sie nicht unbedingt etwas Falsches getan haben. Andere, die bewusst Schuld begehen, haben dabei keine Schuldgefühle.

Wie können wir Befreiung von Schuldgefühlen erfahren?

Ein Schuldgefühl entsteht aus der Kluft zwischen Idealen und Wirklichkeit. Wenn wir lernen, zwischen Schuldgefühl und konkreter Schuld zu unterscheiden, ist mancher Aggression bereits der Boden entzogen.

Im Gespräch mit Gott kann ich am besten erkennen, wo ich schuldig geworden bin. War ich ungehorsam – oder lieblos? Habe ich über Menschen gerichtet, habe ich deren Würde verletzt? Habe ich egoistische Ziele verfolgt?

Für meine Schuld schenkt mir Gott das Angebot seiner Vergebung. Ich darf Vergangenes loslassen – auch die Fehler, die ich möglicherweise in der Erziehung gemacht habe. Vergebung verändert auch unser Wesen, führt uns mehr und mehr weg von Selbstrechtfertigungen und falschen Entschuldigungen – und macht uns zu transparenten, echten, herzlichen Menschen, die weniger schnell aggressiv reagieren müssen. Wer von der Vergebung weiß, kann auch seinem Nächsten vergeben. Auf diese Weise werden Beziehungen gefördert, auf Liebe und Respekt gegründet – auf das Wissen um Gottes Liebe und Wertschätzung über allen Menschen.

Wer lernt, mit sich und mit anderen barmherzig umzugehen, wird gelassener, bekommt den Mut zur Unvollkommenheit. Es ist ein hilfreicher Lernprozess, seine Grenzen zu erkennen, mit ihnen und nicht gegen sie leben zu lernen. Dieser Lebensstil hilft uns, das Leben mit anderen zu teilen, nicht nur mit meinen positiven Seiten – sondern mit meinem ganzen Sein: »So bin ich, ich stehe dazu – auch wenn meine Wohnung nicht so perfekt aufgeräumt ist, nicht so schön ordentlich wie die meiner Freundin, oder nicht so, wie ich es von mir selbst erwarte. Ihr seid trotzdem willkommen – ich teile mein Leben ganz mit euch.«

Mit Grenzen leben heißt auch: wir müssen nicht alle Forderungen oder Erwartungen der Kinder erfüllen. Ich darf auch klare Grenzen setzen und dazu stehen. Ich kann nicht alle Bedürfnisse erfüllen. Selbst wenn ich eine perfekte Mutter sein will und mich noch so bemühe, werde ich immer Fehler machen. Wir Menschen sind fehlerhafte Wesen, die fehlerfreie Erziehung und die perfekte Mutter gibt es nicht. Wer das erkennt, der kann mit sich und mit anderen barmherziger werden. Auch das befreit uns von manchen Aggressionen.

Verletzungen und Ungeborgenheit oder auch Selbsthass

Das Maß der Aggressivität lässt fast immer auf das Maß der Verletzlichkeit schließen und ein damit verbundenes niedriges Selbstwertgefühl. Je mehr Mauern ein Mensch um sich herum baut, desto mehr Verletzlichkeit trägt er in sich, die er schützen oder verbergen muss.

Unsere Verletzlichkeit kann sich schnell zu einem emotionalen Chaos entwickeln, das sich in Aggressivität, Minderwertigkeitsgefühlen, Selbsthass und Schuldgefühlen äußert. Solche Muster können sich zu einem Teufelskreis entwickeln, der uns völlig gefangen nehmen kann.

Normale alltägliche Situationen versetzen uns zurück in Erlebnisse von früher, erinnern uns an Vergangenes, das noch ungeheilt in uns rumort – so kann es geschehen, dass wir uns wie »damals« verhalten. Wir wehren uns, wir schützen uns, sind gereizt und verletzt, reagieren völlig unangemessen, nur weil in uns etwas berührt wird, das noch nicht verarbeitet ist.

Aggressionen sind dann zwar Schutzmauern, aber keine positiven, weil Konflikte auf diesem Weg nicht wirklich geklärt werden können, weil die Gründe für unsere Verletzlichkeit nicht ans Licht gebracht werden.

Unseren Reaktionen kommen wir erst dann auf die Spur, wenn wir uns öffnen: dort wo Wunden in uns bluten, wo tiefe Spuren der Verletzung in uns sind, wo wir heute noch leiden.

Wie kann ich zur inneren Heilung finden?

Gott kennt mich in meiner Verletzlichkeit und Hilflosigkeit und er will meine Lebenswunden heilen.

Heilung ist aber manchmal ein langer schmerzhafter Weg, denn wir müssen das anschauen, was wehtut. Wir müssen dem nachspüren, wo unsere Verletzlichkeiten sind. Für jeden Menschen sieht das anders aus.

Gefühle des Versagens, des Ungeliebtseins, der Ungeborgenheit können wie ein dauernder Eiterherd in uns sein. Um den Schmerz in uns zu überdecken, reagieren wir aggressiv und hart. Eigentlich strafen wir uns selbst damit. – Nur um nicht an die Quelle des Schmerzes zu kommen, nur um das innere Weinen der eigenen Seele nicht hören zu müssen, schiebt sich immer wieder die Aggression wie eine Schutzmauer davor.

Aus diesem Teufelskreis kommen wir nur heraus, wenn wir das wahrnehmen, was an Ungeborgenheit und Selbsthass in uns ist. Um diese Muster zu erkennen, braucht es oft viel Zeit. Gott spricht in unser Weinen und in unsere Selbstverurteilung hinein sein Ja der Liebe. Gott liebt uns mit diesem Chaos. Er will dieses Chaos heilen. Damit innere Heilung geschieht, müssen wir die Liebe Jesu auch in die schmerzhaften und dunklen Seiten unseres Lebens lassen. Dann können wir aufhören, uns selbst zu verurteilen, brauchen dem Urteil und den Verletzungen anderer Menschen nicht mehr so viel Gewicht beimessen. In Gedanken und Worten können wir es immer wieder durchbuchstabieren, dass Gott bedingungslos Ja zu uns sagt, auch dann noch, wenn wir Fehler machen oder wenn andere uns verletzen und verurteilen.

Je mehr ich mich geliebt weiß, desto sicherer und selbstbewusster, klarer und gelassener kann ich auch reagieren. Ein gesunder Selbstwert heißt: Ich habe mich angenommen mit Stärken und Schwächen, mit Fehlern und Gaben, ich weiß mich bedingungslos von Gott geliebt – auch wenn ich Fehler mache, auch wenn andere etwas besser können als ich.

Veränderung ist möglich, Gelassenheit kann man lernen, von unangemessenen Reaktionsmustern können und sollen wir frei werden. Es gibt Wege heraus, aber wir müssen uns der Veränderung bewusst stellen. Gott bietet uns dazu seine Hand an, er will uns auf diesem Weg liebevoll begleiten und uns damit auch in unserer Persönlichkeit verändern. Er will uns zu Menschen machen, die wissen, dass sie bei ihm gut aufgehoben, bei ihm unendlich geliebt sind und darum auch wieder zu liebenden Menschen für diese Welt werden können.

Ein erster Schritt zur Befreiung von aggressiven Mustern geschieht durch das Erkennen dessen, was mich aggressiv macht. Es ist hilfreich, sich Zeit zur Reflexion zu nehmen und sich bewusst zu machen, welche Situationen oder bestimmte Menschen, Gedanken oder Gefühle mich aggressiv machen.

Wer sich geliebt und angenommen weiß – ohne Bedingungen, ohne Voraussetzungen, ohne besondere Leistungen --, hat die besten Voraussetzungen, für sich einen neuen Umgang mit Aggressionen zu lernen. Liebe verwandelt unsere Persönlichkeit, löst Verunsicherungen und Ängste auf, Gott schenkt uns in der Beziehung zu ihm eine neue Wertigkeit. Die Botschaften, die wir an uns selbst aussenden, werden durch die Erfahrung des Angenommenseins bei Gott verändert. Dankbarkeit und Gelassenheit können zu einer Lebensgrundhaltung werden.

Eine weitere Hilfe kann sein, sich zu fragen, was ich eigentlich ändern möchte und ob ich es auf dem bisherigen Weg erreicht habe. Welche Ziele will ich eigentlich erreichen, wenn ich ärgerlich werde? Meistens erleben wir, dass aggressiver Umgang langfristig Beziehungen zerstört und mehr Distanz schafft. Wer aggressiv auf andere zugeht, wünscht sich eigentlich eine Veränderung der Situation zum Positiven und erreicht genau das

Gegenteil. Darum ist es wichtig, unsere Reaktionsmuster zu kennen und unser Verhalten mit unseren Zielen in Einklang zu bringen. Dazu gehört es, die eigenen Motive zu prüfen, die Gedanken zu erkennen, die mich leiten – auch mein Denken oder Urteilen über andere Menschen.

Es ist wichtig, ein Gespür dafür zu entwickeln, wann Ärger hochkommt, damit wir nicht von unseren Aggressionen überrumpelt werden. Wir sollten auf Gefühle, auf Selbstgespräche und Gedankenmuster achten, die Vorläufer zu aggressiven Ausbrüchen sind, damit wir schon bei den ersten Anzeichen unseren Ärger richtig steuern können.

Mit der Zeit können wir lernen, eigene Reaktionen zu verzögern, innezuhalten, Zeit zu gewinnen, neues Denken einzuüben, alten Mustern Einhalt zu gebieten. Wenn wir die Vergangenheit bewusst unter Gottes Heilung stellen, wenn wir lernen, uns in die anderen hineinzuversetzen, Schlüsselgedanken für uns entdecken, die uns helfen, neue Wege zu gehen, dann haben wir ein Handwerkszeug, das uns hilft, nicht mehr Spielball, sondern Herr unserer Aggressionen zu werden.

Cornelia Mack

... und heimlich nagt der Neid

Neidphänomene

Neid in unserem Alltag – ein Beispiel

Katrin schaut bei ihrer Freundin Hanni vorbei. Sie unterhalten sich über ihre Kinder. Der kleine Jonas isst genüsslich ein Brot mit Schokoladencreme. »Na, Jonas, schmeckt dir dein Nutellabrot?« Hanni korrigiert: »Das ist kein Nutella, das ist selbst gemachte Nuss-Nugat-Creme. Ich habe nämlich eine tolle neue Küchenmaschine. Du, mit der kann ich in ein paar Sekunden Nutella machen. Auch Marmelade geht blitzschnell. Rohkostsalat, kein Problem. Komm, ich zeig sie dir. Sie ist einfach spitze!« Und sie führt ihrer Freundin die Bereitung von Rote-Beete-Salat an Ort und Stelle vor.

Katrin fühlt richtig, wie neben der ehrlichen Bewunderung auch ein intensives Neidgefühl in ihr hochsteigt: »So eine möchtest du auch gern haben. Meine ist dagegen ja ein alter Ladenhüter!« Ausgelöst durch Hannis Begeisterung und ihre flammende Werberede, überkommt sie fast zwangsläufig die Überzeugung: »Wer sich wie eine perfekte Hausfrau fühlen möchte, der muss mit so einer Maschine ausgestattet sein!« Und die Gedanken überschlagen sich: »1000 Mark. Wie bringe ich das bloß meinem Klaus bei? ›Du spinnst wohl!‹, wird er sagen. ›Wie kommst du denn plötzlich auf so was? Da gibt's Wichtigeres.‹ Die Maschine muss ich mir wohl aus dem Kopf schlagen.« Katrins Stimmungsbarometer sinkt. Schnell verabschiedet sie sich von Hanni, die nicht recht versteht, was mit ihrer Freundin plötzlich los ist.

Katrin wird schmerzhaft von ihrem Neid gepeinigt. So geht es vielen Frauen. Sie spüren in verschiedenen Situationen dieses schwierige Gefühl.

Verheimlichung des Neids

Neid gibt fast niemand gerne zu. Man will auf jeden Fall verhindern, dass andere einen als Neiderin erkennen könnten. Das »gallige« Gefühl verheimlichen wir vor uns selbst, vor allem aber vor anderen. Warum wohl?

Der Psychologe Stephan Vogel hat folgende Erklärung:

»Neid gilt als das Stigma (Kennzeichen) der Ohnmächtigen, Unfähigen, Impotenten, Hinterhältigen und Zukurzgekommenen. ... Neid ist eines der letzten Tabus unserer Zeit.«

Neid gilt als unanständig, primitiv und unsozial. Und so wird der Neid zwar totgeschwiegen. Aber er ist dadurch, dass man ihn verdrängt, nicht plötzlich aus der Welt geschafft. Im Gegenteil: Schweigend übt er eine umso machtvollere Wirkung auf uns aus. Er vergiftet nicht selten unser menschliches Miteinander und uns selbst. Deshalb müssen wir ihn aus der Verheimlichung herausholen. Wir müssen ihn benennen können und seiner Strategie auf die Spur kommen. Dann können wir besser mit ihm umgehen.

Neid als Beziehungsreaktion

Das Problem liegt für den neidischen Menschen ja nicht darin, dass ein anderer gut verdient und sich viel leisten kann, dass eine andere hübsch oder intelligent ist. Das Problem liegt vielmehr darin, dass der andere besser verdient und sich mehr leisten kann als ich selbst, dass ich eine andere hübscher und intelligenter finde als mich selbst. Das besser mehr, hübscher, intelligenter, attraktiver resultiert aus einem Vergleich. Erst im Vergleich mit jemand anderem schneide ich besser oder schlechter ab. Neid ist also eine Beziehungsreaktion.

Neid keimt auf, wo Menschen zusammenkommen. Mit Neid müssen wir immer und zu jeder Zeit rechnen, wo es um Beziehungen geht.

Neid im sozial vergleichbaren Umfeld

Der Psychologe Leo Montada von der Universität Trier hat in seinen Studien beobachtet: Neid entsteht in der Regel unter Menschen, die in einem vergleichbaren sozialen oder beruflichen Umfeld leben. Menschen, die im geographischen, beruflichen oder finanziellen Sinn weit weg von uns leben, lösen selten Neidgefühle bei uns aus. Kaum eine Frau wird zum Beispiel Königin Silvia von Schweden um ihren Reichtum und ihr gesellschaftliches Ansehen beneiden. Im Gegenteil: Sie ist sympathisch und führt ein vorbildliches Familienleben. Das gönnen wir ihr alles gern. Doch Silvia von Schweden ist ja auch weit entfernt von uns »Normal-Sterblichen«. Ein Vergleich mit ihr ist ohnehin abwegig. Aber vielleicht hat sich die Freundin ein neues edles Porzellanservice von Rosenthal geleistet. Oder die Schwägerin fliegt zum Kurzurlaub übers lange Wochenende nach Lanzarote. Das kann einem weit mehr zu schaffen machen.

Geschwisterneid

Fast jeder kennt den Geschwisterneid. Hier wird um die Zuneigung der Eltern gebuhlt. Neidobjekte sind oft lächerlich scheinende Dinge: Im Kindesalter vielleicht ein Stückchen Schokolade weniger als der Bruder oder fünf Minuten länger am Bett der Geschwister beim Gutenachtsagen, als Jugendlicher eine extra Mark mehr Taschengeld für die Schwester.

Aber auch als Erwachsene sind wir nicht automatisch aus dem Geschwisterneid herausgewachsen. Ein typischer Testfall ist z.B. der Zeitpunkt, wenn es ans Erben geht. Nun wird möglicherweise um die berühmte Kuckucksuhr, den goldenen Löffel oder ein Grundstück gestritten. Hier können sich Tragödien abspielen, die ihre Wurzel im Neid und in der Eifersucht auf die Geschwister in der Kindheit haben. Darum sind wir als Mütter bzw. Eltern gut beraten, uns früh um weitgehende Gerechtigkeit und emotionale Zuwendung zu bemühen.

Neidausprägungen

Neidforscher und Neidtherapeuten haben zwei Hauptformen des Neides beschrieben. Manche unterscheiden zwischen dem »schwarzen« und »weißen« Neid und beziehen sich dabei auf die Unterscheidung, die es etwa im Bereich der Magie gibt, schwarz als Kennzeichen von negativ und zerstörerisch, weiß als Kennzeichen von positiv und harmlos. Ich will diese Ausprägungen beschreiben als missgünstig-destruktiven und als nacheifernd-produktiven Neid.

Missgünstig-destruktiver Neid

Der destruktive Neider ist missgünstig und wünscht dem Beneideten alles erdenklich Schlechte an den Hals. Dieser Neid findet vor allem in Gedanken und heimlich statt. Wir sind nur in den hässlichen Gedanken aktiv, aber ansonsten bleiben wir passiv. Er spielt sich »hinter den Kulissen« unser Person ab. Aber gerade das macht ihn so gefährlich und zerstörerisch. Er ist nicht sichtbar, aber wirkungsvoll. Nicht umsonst wird er auch »Fürst der Galle« genannt. Er kann psychosomatische Störungen hervorrufen: Magenschmerzen, Gallenleiden, hohen Blutdruck, Schwitzen, Herzrasen. Wir sagen, er frisst einen auf, wir werden grün oder gelb vor Neid. Das, was an äußerer Aktivität fehlt, spielt sich umso heftiger in den Organen unseres Körpers ab. Sie sind Begleiterscheinungen der stummen Rachegedanken, die sich im Kopf abspielen können: »Ich könnte Frau Müllerschön auf den Mond schießen, wenn ich sehe, wie sie elegant und wie aus dem Ei gepellt morgens das Haus verlässt.« »Ich möchte am liebsten laut schreien, wenn ich dran denke, dass die junge Studentin von nebenan immer noch die Rollläden heruntergezogen hat und schläft. Und ich muss schon um fünf aufstehen. Die hat vielleicht ein süßes Leben!« Sicher kennt jede von uns solche oder ähnliche Situationen. Wir können froh sein, dass sie nicht für jeden lesbar sind, diese heimlichen, verborgenen, destruktiven Neidgedanken.

In solchen Gedanken unterstellen wir der beneideten Person unwahre schlimme Eigenschaften und entwerfen vor unserem inneren Auge das Bild eines bösen, schlimmen Menschen. Ja, in Augenblicken heftigen Neids kann jemand, mit dem wir bisher sehr gut auskamen, vielleicht sogar die beste Freundin oder gar der Ehepartner plötzlich zu einem echten Schreckgespenst werden, ein durch unseren Neid geformtes Schreckgespenst. Aus folgendem Grund: Wir fühlen uns selbst nicht sicher und gut. Wir haben das nicht, was wir am andern bewundern oder beneiden. Damit nun der Unterschied zwischen ihm und uns nicht zu groß wird, werten wir den Beneideten ab. Wir machen ihn nieder und rächen uns stellvertretend an ihm für unseren eigenen Mangel. Kein Wunder, wenn es plötzlich zu Beziehungsstörungen kommt.

Produktiv-nacheifernder Neid

Es gibt auch Neid, der in Schwung bringt. Er stachelt an. Ich sehe die Chance, das schlechtere Abschneiden im Vergleich zu anderen wettzumachen, und werde dementsprechend aktiv. Der Neid schlägt in Ehrgeiz um: Jetzt will ich doch einmal sehen, ob ich das nicht auch und vielleicht sogar besser kann! Ich werde doch wohl auch so eine leckere Rumtorte hinbekommen wie Frau Lembke aus dem Frauenkreis! Kann ich mein Kind nicht doch so ankurbeln, dass es Klassenbester wird? Man tut etwas, krempelt die Arme hoch, geht zum »Angriff« über.

Mitten in diesen Bemühungen kann es passieren, dass die Aktivität selbst so interessant wird, dass der Negativauslöser Neid vergessen wird. Er spielt plötzlich keine Rolle mehr. Er wird sozusagen »links überholt« vom eigenen aktiven Tun. Das spielt eine nicht unerhebliche Rolle in der Neidüberwindung. Viele großartige Leistungen der Weltgeschichte wären wohl gar nicht zustande gekommen, wäre da nicht diese anstachelnde Wirkung des Neids gewesen. Denken wir an sportliche Wettkämpfe, an den musikalischen, künstlerischen und literarischen Wettstreit.

Aber auch in diesem »positiven« Neid lauert die Gefahr, dass wir den anderen übertrumpfen und als Sieger im »Vergleichskampf« hervorgehen wollen. Das bringt oft menschliche Zertrennungen und Hassgefühle hervor.

Die Reichweite des Neids

Es gibt vieles, worum wir andere beneiden, was sich gar nicht kaufen, herstellen oder erreichen lässt. Zum eigentlichen »Nagetier« wird der Neid für viele erst dann, wenn es nicht um Materielles, sondern um menschliche Veranlagungen, Eigenschaften, Begabungen, Lebensumstände oder berufliche Positionen geht. Was steht da so alles auf unseren inneren Wunschzetteln! Die schüchterne Anna wäre gerne mutig und redegewandt wie ihre Mitschülerin Carla. Die chaotische Susanne hätte gerne den Ordnungssinn der ausgeglichenen Lili. Elke klappt unter der Arbeit für die 5-köpfige Familie fast zusammen und beneidet Barbara um die Freiheit des Single-Daseins. Aber ob Barbara nicht unter manchen einsamen Abenden leidet? Es gibt nichts, worauf wir nicht neidisch werden könnten. Und was der einen wie eine Lappalie erscheint, stellt für die andere ein Riesenproblem dar. Das hängt mit unseren individuellen Lebensgeschichten zusammen.

Neidursachen

Neid als Ausdruck mangelnden Selbstwerts

Fast alle Neidexperten und Neidtherapeuten sind sich darin einig, dass sich der extrem neidische Mensch mit sich selbst schwer tut. Er hält sich selbst nicht für wertvoll und fähig und liebenswert. Ja, im Moment des Neidens kann er sich selbst nicht leiden. Er will anders sein, als er ist. Er will etwas anderes haben, als er im Moment hat. Er versieht das, was andere haben, mit einem höheren »Glücksquotienten« als die eigene Existenz. Er bewertet den anderen über und wertet sich selbst ab.

Der Dichter Friedrich Rückert drückt das so aus: »Der Blick des Neiders sieht zu seiner eignen Pein nur alles Fremde groß und alles Eigne klein.«

Der Neid als Bewertungsproblem

Wenn ich Neid empfinde, geht es im Grunde immer wieder darum, welch einen Bewertungsmaßstab ich eigentlich habe – im Blick auf mich selbst, im Blick auf andere, im Blick auf die Lebensereignisse, die mich prägen. Der neidische Mensch hat hier unbewusst ein sehr einseitiges, negatives Bild. Wie aber kann er es denn lernen und es vor allem für sich selbst glauben, dass er kostbar, liebenswert, einmalig, begabt und fähig ist? Zuallererst werden wir das normalerweise erfahren, fühlen und erleben durch Vater und Mutter, dann auch durch Freunde, Freundinnen, Lehrer, Verwandte und andere Menschen auf dem Weg, für die Wertschätzung und Bejahung des Nächsten wichtig sind. Aber es ist eigenartig. Auch Menschen, die Liebe, Fürsorge und auch materiellen Überfluss in reichlichem Maß bekommen haben, empfinden in bestimmten Situationen: Mir fehlt etwas zum Glücklich sein, irgendetwas Entscheidendes. Nur was? Und dann schielen wir sehnsüchtig auf andere, die dieses letzte Quäntchen Glück zu besitzen scheinen. Dieser scheele Blick auf die anderen hilft aber nicht weiter. Es geht hier letzten Endes um einen entscheidenden geistlichen Aspekt, den es zu erkennen gilt.

Die fehlende Gottesbeziehung als geistliche Urwurzel allen Neids

Eine entscheidende Sehnsucht in unserem Leben kann durch nichts in der Welt gestillt werden. Das ist die Sehnsucht danach, rundum und ohne Abstriche geliebt zu sein. Es ist die Sehnsucht nach einer vollkommenen und unerschütterlichen Liebe. Es ist die Sehnsucht nach der »paradiesischen« Liebe Gottes, die eben nicht menschenmöglich ist. Kein Mensch ist in der Lage, vollkommen und unerschütterlich zu lieben. Das ist vielen Menschen nicht bewusst. Gott ist für sie eine ausgeklammerte Größe. Sie kümmern sich nicht um ihn. Sie suchen verzweifelt nach einem Weg der Selbst-Annahme ohne Gott. Das aber ist ein hoffnungsloses Unterfangen, weil wir damit das Wesen des Menschen völlig überschätzen und der Grundursache des Neids nicht auf die Spur kommen. Wir können ihr nur auf die Spur kommen, wenn sie uns erschlossen wird. Diese Erschließung des Neids und seine Urwurzel muss »von außen her« geschehen. Ein Krebskranker kann sich nicht selbst die Diagnose stellen, sondern ist völlig auf den Arzt angewiesen. Erst der Fachmann klärt ihn über seinen Zustand auf und erstellt einen Therapieplan.

Die Bibel als Quelle der Erschließung des Urneids

Die Bibel ist das Diagnose- und Aufklärungsbuch über den Zustand unseres Wesens und Lebens. Und der Therapeut ist der lebendige Gott selbst. Er teilt dem Menschen – am deutlichsten in der Paradiesgeschichte – diese Wahrheit mit: Du lehnst die vollkommene und unerschütterliche Liebe, die ich zu dir habe, ab. Du willst lieber allein, selbstständig, selbstbewusst, völlig autonom leben. Du willst eigentlich nicht Geschöpf sein, sondern dein eigener Schöpfer. Das ist dein eigentlicher Urneid. Du sonderst dich von mir ab. Das ist eigentlich »Sünde«, Absonderung von mir. Aber damit sonderst du dich auch von meiner Liebe und Fürsorge ab. Ohne diese Liebe bist du amputiert, unvollständig, unglücklich. Aber eigentlich willst du und sollst du glücklich sein und suchst das Glück, wo du es nicht finden kannst. So begleitet dich der Neid weiter. Aber du liegst mir weiterhin am Herzen. Darum rede ich dich an. Hör mir doch zu. Lass dich versöhnen mit mir. Vertraue mir. Komm zurück in die ursprüngliche Beziehung zu mir. Ich habe den Rückweg aus der Absonderung für dich bereitet im Erlöser Jesus Christus. Er ist und war der einzige Mensch, der ohne den Makel der Ichhaftigkeit und Loslösung von mir, dem Schöpfer, gelebt hat. Ihn habe ich zu deinem Erlöser gemacht. Die Strafe für die Abwendung von mir, nämlich mit dem Tod vor Augen leben zu müssen, die kann nur er aufheben. Er tut das, indem er sie übernimmt: Die Strafe liegt auf ihm, auf dass wir Frieden hätten, und durch seine Wunden sind wir geheilt (vgl. Jesaja 53,5).

Christus tauscht mit uns die Rolle. Das Einzige, was wir tun müssen, um mit Gottes Liebe in Verbindung zu kommen, ist, dies zu bejahen und ganz persönlich für uns gelten zu lassen. Das ist christlicher Glaube. Dann dürfen wir mit befreitem Gewissen überzeugt sein: Ich bin in Ordnung, ich bin liebenswert, ich bin vollkommen angenommen. Die lebendige, vertrauensvolle Beziehung zu Gott vermittelt ein zutiefst gutes Grundgefühl, also genau das, was ich mir in meinem schlimmsten Neid eigentlich ersehne.

Neidtherapie

Wenn ich wieder Anschluss an Gott gefunden habe, dann befinde ich mich in seinem großartigen Bewertungsprogramm, das von Anfang an lautete: Und siehe, es war sehr gut. Mit von Gott geöffneten Augen darf ich mich wert achten und als sein Originalgeschöpf annehmen. Ich muss nicht mehr ständig mehr sein wollen wie andere.

So kann ich in eine konstruktive Auseinandersetzung mit dem Neid treten. Ich kann die Urwurzel des Neids aufspüren und unter dem bedingungslosen Ja Gottes ein neues Bewertungsprogramm beginnen. In jeder kleinen oder großen Neidattacke liegt die Chance zu persönlicher Entwicklung. Wenn mich der Neid packt, dann werde ich mir bewusst machen: Jeder Einzelne, auch du, (b)ist einmalig und von Gott wert geachtet. Du musst dein Glück nicht erzwingen, dadurch dass du dies oder das erreichst. Du kannst dich zu jeder Zeit in Gottes Liebe bergen. Du kannst es dir »leisten«, den Wert des anderen zu erkennen und anzuerkennen, weil er nicht dein Konkurrent ist.

In der »Solidarität der von Gott Beschenkten und Wertgeachteten« darf der Neid keinen Platz beanspruchen. Das ist bereits im zehnten Gebot ausgedrückt: »Du sollst nicht begehren deines Nächsten Haus ... noch alles, was dein Nächster hat« (2. Mose 20,17). Da wir aber noch »diesseits von Eden« leben, wird er uns weiterhin zu schaffen machen wie viele andere Beziehungskiller auch. Sie fordern uns heraus, uns immer gründlicher in Gott zu verankern.

Neidphänomene:
Neid begegnet uns im Alltag in vielfältiger Form. Dennoch verheimlichen wir normalerweise unseren Neid. Neid kann unsere Beziehungen stören, ja sogar zerstören.

Neidausprägungen:
Neid kann positive und negative Wirkungen für unser Leben haben:
Positiv im Sinn von beflügelnd, motivierend; negativ im Sinn von destruktiv, beziehungszerstörend.

Neidursachen:
Neid ist letztlich ein Selbstwertproblem und hat seinen tiefsten Ursprung darin, dass wir Gottes Angebot der Gemeinschaft ablehnen.

Neidtherapie:
Befreiung von Neid erfahren wir im Annehmen des bedingungslosen Geliebtseins bei Gott und dadurch einer neuen Bewertung unserer Person.

Irene Hahn

Hausfrau und Theologin. Sie ist verheiratet mit Eberhard Hahn und wohnt in Tübingen. Zu ihrer Familie gehören eine Tochter (17) und drei Söhne (15,13,11). Neben der Bewältigung des »Lebensraums Familie« hält sie auch Referate bei Frauen- und sonstigen Gemeindeveranstaltungen.

Perfektionismus – oder wie wir uns das Leben unnötig schwer machen

Perfektionismus ist ein sehr komplexes und facettenreiches Verhaltensmuster. Viele Menschen leiden darunter und machen sich das Leben dadurch schwer.

Keine Fehler machen wollen

Perfekte Menschen oder solche, die es sein wollen, haben immer etwas Unnahbares an sich. Denn sie wollen alles richtig machen, wollen sich keine Blöße geben, wollen vor sich und natürlich erst recht vor anderen Menschen gut dastehen.

An erster Stelle stehen wollen

Perfektionisten möchten gern an erster Stelle stehen und nicht an zweiter. Deswegen können Perfektionisten auch schlecht verlieren oder zurückstehen – bei angeblichen Niederlagen macht sich schnell Eifersucht oder Neid breit.

Durch ihr Besserwissen oder Besserkönnen nehmen Perfektionisten anderen Menschen die Möglichkeit zum Engagement, immer sehen sie sich in einem inneren Wettkampf mit anderen Menschen, den sie gewinnen wollen.

Keine Mittelmäßigkeit

Mittelmäßigkeit ruft bei Perfektionisten Geringschätzung hervor: Der Perfektionist sagt: Ich will etwas Besonderes sein, tun oder leisten. Ich will nicht Durchschnitt sein.

So fühlt sich der Perfektionist in seiner eigenen Beurteilung entweder völlig erfolgreich oder total als Versager – ein Dazwischen gibt es nicht. Die Kehrseite dieses Erfolgs- und Leistungsdenkens sind darum Minderwertigkeitskomplexe und Schuldgefühle.

Fehlerlosigkeit

Perfektionisten tun sich unendlich schwer damit, Hilfe von anderen anzunehmen, weil sie das als ein Zeichen von Schwäche ansehen.

Die Gegenseite davon ist eine große Empfindlichkeit oder auch Unentschlossenheit aus Angst vor Versagen. Damit sie ja keinen Fehler machen, bleiben Perfektionisten an Details, Regeln und Gesetzen hängen und können nur selten großzügig sein. Weil immer mehr gleichzeitig bewältigt werden muss, kann Perfektionismus so zu einer gewaltigen Bremse werden.

Schwierigkeiten, Gefühle wahrzunehmen

Perfektionisten haben Schwierigkeiten, ihre momentanen Gefühle wahrzunehmen und auszudrücken. Das gleichzeitige Misstrauen anderen Menschen bzw. deren Leistungen oder deren Können gegenüber schafft mehr und mehr Distanz. Sie leben nach dem Motto: »Besser ich mache es selbst, dann kann nicht viel schief gehen.«

Perfektionisten können Gefangene ihres Zorns sein – eigene Fehler oder Ungenügsamkeit anderer können sie zur Ungeduld, zur Weißglut und zum Ausrasten treiben. Selbstabwertung und Selbstverurteilung gehen dann Hand in Hand.

Viele Regeln

Perfektionisten stellen in Gedanken viele Regeln auf. Sie liegen immer auf der Lauer, um nur ja keine Fehler zu machen, nicht zu versagen. Perfektionisten wollen auf Nummer sicher gehen – und erleben genau dies als dauernde Quelle von Stress.

Darum haben andere Angst vor zu viel Nähe mit Perfektionisten, sie haben Angst verurteilt oder abgekanzelt zu werden. Denn Perfektionisten vermitteln anderen, was sie alles falsch machen, was sie alles nicht können, wie schlecht sie sind, wie wenig sie an die Maßstäbe herankommen, die der Perfektionist setzt.

Weil sie teilweise pedantisch auf ihren eigenen Ideen und Vorstellungen beharren und andere damit regelrecht tyrannisieren können, werden Perfektionisten genau dadurch zu unangenehmen Mitmenschen.

Einsamkeit

So verbauen sich Perfektionisten den Weg zu dem, was sie am meisten bräuchten – zu Nähe und Gemeinschaft. Sie können sich nicht fallen lassen, sondern bauen Mauern und vermitteln unausgesprochen: »Komm mir ja nicht zu nahe.« Oder: »Du kannst mir gar nicht nahe kommen. Bevor ich dich akzeptiere und dann ein bisschen Nähe zulasse, musst du vorher erst noch perfekter werden.« Das sind Schranken, die Perfektionisten um sich herum aufbauen.

So nimmt der Perfektionismus den Menschen mehr und die Freude und wird zu einem inneren Monster. Dieses Monster drängt zu dauernder Beurteilung, Verurteilung, Kritiksucht und Nörgelei. Perfektionisten sind darin gefangen und werden so zu unangenehmen Mitmenschen. Das Kritisieren wird zur Gewohnheit, damit die eigene Unzulänglichkeit überdeckt wird. »Wenn ich andere kritisiere, stelle ich mich über diesen Menschen. In Gedanken bin ich dann wenigstens noch besser als die anderen.« – Im gleichen Zug leiden Perfektionisten unter ihren permanenten Versagensgefühlen, Schuldgefühlen und Minderwertigkeitskomplexen.

Je mehr sich Perfektionisten in ihr Netz verstricken, desto schlimmere Formen kann die Pedanterie annehmen – bis hin zur krankhaften Zwanghaftigkeit. Auch neurotische Angstzwänge, tiefe Einsamkeit, körperliche Krankheit, Konzentrationsstörungen, Schlampigkeit und Verlust der Kreativität können Folgen von übersteigertem Perfektionismus sein.

So wird der Perfektionismus ein ideales Mittel, Ideen und ihre Umsetzung wirksam zu blockieren.

Perfektionisten möchten ihre Fehler verbessern und Unrecht beseitigen. Statt aus der Vergebung zu leben, statt Schuld einzugestehen, basteln sie ständig an einem Bild von sich, an der eigenen Selbstdarstellung, an der eigenen Maske.

Dahinter steckt die Angst, niemand würde mich noch lieben, wenn er wüsste, wie ich eigentlich bin, wie ich wirklich empfinde und denke.

Wege aus den Zwängen des Perfektionsmus

Wie findet ein Mensch, ein Mann oder eine Frau, der so in diesem Netz des Perfektionismus gefangen ist, wieder heraus?

Tiefpunkte als Chancen zu Veränderung entdecken

Oft sind es in unserem Leben gerade die Tiefpunkte und Krisen, die uns eine Chance zum Neuanfang geben. Situationen, die uns wachrütteln. Bemerkungen, die wir immer wieder gesagt bekommen.

Es kann sein, dass wir mit Ängsten und Zwangsgedanken nicht mehr zurechtkommen und spüren, dass wir Hilfe brauchen.

Es kann sein, dass wir plötzlich spüren, dass wir im Tiefsten uns so in ein Gefängnis verstrickt haben, dass wir dadurch ganz einsam geworden sind.

Es kann sein, dass wir Beziehungen verlieren, vielleicht Kinder in der Pubertät, die das Theater nicht mehr mitmachen, die aus unseren Mustern ausbrechen – oder »Freunde«, die den Kontakt abbrechen.

Es kann auch mal ganz direkt ein Bibeltext sein, ein Hören auf Gott in ganz neuer Weise als bisher, auch eine Predigt, ein Seminar oder ein Vortrag, die uns herausnehmen aus unserem Gedanken- und Empfindungs-Gefängnis.

Oder ein anderer Einschnitt im Leben: ein wichtiger Geburtstag, eine Krankheit, eine Operation, ein Unfall bei uns oder bei uns nahen Menschen, die uns aus unserem alltäglichen Rotieren herausreißen und uns tiefer in die Reflexion, ins Nachdenken führen, dahin, dass wir uns hinterfragen.

Solche Zeiten können uns verunsichern und in ein tieferes Fragen führen. Worauf gründe ich mein Leben, was zählt für mich wirklich – und lebe ich auch danach? Entsprechen meine Verhaltensmuster, mein Denken und mein Empfinden meinen Lebenszielen und -werten?

Die andere Seite in uns kennen und sehen lernen

Wir alle haben auch ein zweite, eine andere Seite im Leben, die Gegenseite der perfektionistischen Frau: eine unperfekte, eine nicht so schöne Seite: Negative Gefühle bis hin zu Hass und Wut, Selbstablehnung, an manchen Stellen vielleicht sogar Tendenzen zur Sucht.

Die andere Seite in uns kann z. B. auch Schuld sein oder tiefes Verletztsein, das wir nicht zugeben können oder wollen, kann Trauer sein über verpasste Gelegenheiten, Versäumnisse, Fehler. Die andere Seite können auch peinliche Wünsche sein, Gedanken oder Gefühle, die wir als unnormal empfinden und darum unterdrücken.

Das Bild, das wir von uns selbst haben, ist immer idealisiert. Ehrlichkeit sich selbst gegenüber ist darum oft harte Arbeit. Wenn wir erkennen, wie wir wirklich sind, dann ist das demütigend und beschämend, da zerbricht unser Stolz, unser so schönes perfektes Image.

Wer zu seinen Fehlern und Schwächen stehen kann, der wirkt entkrampft, der kann manche Last und manchen Zwang ablegen. Zugleich baut er Brücken zu anderen und kann anderen helfen, ebenfalls offener und ehrlich zu sein oder zu werden.

Da, wo ich meine Sehnsüchte und Ängste, meine schlimmen

Gedanken und Gefühle kenne und wahrnehme, wo ich sie zugebe und dazu stehe: »Ja, so bin ich ...«, dort werde ich ein Mensch, der offen und barmherzig werden kann. Das ist eine Erfahrung, die zunächst viel Angst macht, aber dann ein Tor nach dem anderen zu echten Beziehungen öffnet.

Wer sich selbst kennt, kennt die ganze Welt und hat den Schlüssel zu aller Menschen Herzen – und das hat mit Barmherzigkeit zu tun. Wer seine Schwächen kennt und zu seinem Versagen steht, wird ein ehrlicher und herzlicher Mensch.

Sich selbst erkennen ist der erste Schritt zur Heilung, der erste Schritt heraus aus dem Gefängnis des Perfektionismus. Wenn ich mich selbst als einen von Gott geliebten Menschen wahrnehme mit allen Seiten, die mein Menschsein ausmachen, öffnet sich für mich ein Tor zu neuer Freiheit. Dieser Prozess ist aber oftmals mit viel Angst verbunden, weil dabei die Frage mitschwingt: »Verliere ich die Achtung oder die Anerkennung anderer Menschen, wenn diese mich wahrnehmen, wie ich wirklich bin, wenn ich den Mut habe zu zeigen, was auch an Schattenseiten, an Negativem, an Bedrohlichem oder Beängstigendem in mir lebt? Verliere ich etwa manche Menschen? Erleide ich Liebesverlust, wenn ich echt bin?«

Doch genau das Gegenteil ist der Fall: Offenheit schafft immer tiefere Zuneigung zueinander. Das Innerste von sich preiszugeben, ist wie ein Schlüssel zu neuen und intensiveren Beziehungen zueinander. Wir müssen einander nichts mehr vormachen.

Wer so lebt, der wird ein immer freierer Mensch, muss immer weniger verstecken, aber ist auch verletzlicher – an manchen Stellen preisgegeben an andere Menschen.

Ein ganzer Mensch werden

Das Spannendste an diesem Prozess ist die Entdeckung, dass Gott mich mit all dem noch liebt, was sich da bei mir an Schlimmem, Schwierigem oder Beängstigendem findet. Diese Liebe Gottes befreit mich dazu, auch andere Menschen mehr und mehr zu lieben und barmherzig mit ihnen zu werden.

In der Bibel gibt es einen Satz: »Werdet vollkommen, wie auch unser Vater im Himmel vollkommen ist.« Diesen Satz könnte man leicht dahingehend missverstehen, dass wir zu noch mehr Leistungen und zu noch perfekterem Leben angespornt werden sollen. In Wirklichkeit meint er aber genau die andere Seite: »Werdet ganz, werdet Menschen, die sich in ihrer Ganzheit – mit allen Seiten und Facetten als geliebte Menschen vor Gott sehen können. Stellt euch mit all dem vor Gott und setzt es in Beziehung zu ihm, lasst ihn in alle Bereiche eures Lebens hineinwirken.«

Wer sich vollkommen von Gott geliebt und angenommen weiß, bekommt Profil. Profil hängt zusammen mit Hell und Dunkel, mit Schatten und Licht. Schattenlose Menschen sind profillos. Menschen mit Schatten oder anders gesagt, Menschen, die ihren Schatten zeigen können, ihre dunklen Seiten nicht verleugnen, sondern zu ihnen stehen, sind Menschen, die interessant und anziehend sind – und darum profiliert.

Befreit werden von Zwängen und Selbstverurteilungen

Gott gleicht unser Minuskonto, unseren Mangel aus, den wir zutiefst in unserem Leben empfinden.

Wo wir uns schlecht, wertlos oder schuldig fühlen, beginnen normalerweise die Muster von Selbstbelohnung durch Arbeit oder Erfolge, durch Leistung und Tun – genau da stellt Gott sich uns in den Weg mit seinen offenen liebenden Vaterarmen und sagt: »Komm her zu mir. Bei mir darfst du alles abladen, was dich verletzt, was dir wehtut, was dich bedrückt. Bei mir darfst du auch weinen und damit auch loslassen – du darfst echt sein, deine Gefühle wahrnehmen und ehrlich sein.«

Jesus ist nicht zu den Gerechten gekommen, nicht zu denen, die alles können und wissen und alle Erwartungen erfüllen. Die bedürfen des Arztes nicht, sagte Jesus. Nein, Jesus ist zu den Kranken und Sündern gekommen, zu denen, die beladen und belastet sind, zu denen, die verzweifelt und einsam sind, zu denen, die immer wieder an ihre Grenzen kommen, zu denen, die sich hilflos fühlen, zu denen, die sich und anderen nichts mehr vormachen, zu denen, die sich nicht mehr als etwas Besseres darstellen müssen, als sie sind, zu denen, die vor Trümmern oder Schuld stehen. Sie will er befreien.

Wenn wir uns und Gott nichts mehr vormachen, werden wir verändert. Vergebung Gottes befreit. Wir dürfen uns geliebt wissen, nicht aufgrund unseres Tuns, sondern auch nur im Sein – im Stillsein vor ihm, im Dasein in Gottes Gegenwart, einfach so, bedingungslos.

Die Vergangenheit vor Gott stellen

Zum Heilwerden und Ganzwerden gehört es, dass wir Vater und Mutter verlassen. Das steht schon ganz vorn in der Bibel – auch als Voraussetzung für gelingende Ehebeziehung. Und mit diesem Verlassen ist nicht nur das äußere Verlassen gemeint, sondern noch vielmehr das innere Loslösen von den Abhängigkeiten zu meinen Eltern, das Loslösen von Mustern, die noch ganz tief in uns sitzen.
Wenn ein Kind Fehler macht, wird es abgelehnt, kritisiert, geschimpft. Die Folge wird sein, dass es in Zukunft krampfhaft versucht, besser zu werden oder perfekt dazustehen, um gelobt

und geliebt zu werden. Es wird für jedes Versagen eine Ausrede finden und für jeden Fehler eine Entschuldigung. Und diese Gewohnheit wird es auch als Erwachsener beibehalten und als Erziehungsmuster selbst wieder einsetzen: Dann heißt es den eigenen Kindern gegenüber: »Wenn du lieb bist, haben wir dich lieb. Wenn du gute Noten bringst, bist du okay. Wenn du aber nicht meinen Erwartungen entsprichst, dann rede ich nicht mehr mit dir, wenn du böse bist, dann will ich dich nicht sehen.«

Welche tiefe »Entwürdigung«, wenn wir so beurteilt werden – als ganzer Mensch verurteilt werden. Wenn Gott so mit uns umgehen würde ...

Aber er macht es anders: er liebt den Sünder und hasst die Sünde. Er unterscheidet zwischen Sache und Person. Zum Heilwerden und Ablösen von den Erziehungsmustern und Werten gehört auch, dass wir lernen, zwischen persönlicher und sachlicher Kritik zu unterscheiden.

Es kann schon sein, dass ich etwas falsch gemacht habe – aber deswegen bin ich nicht als ganzer Mensch gleich zum Scheitern verurteilt.

Die Vergangenheit hinter sich zu lassen bedeutet, die Gesetze zu erkennen, die hinter unseren Zwängen stehen: Die Belohnungsmuster erkennen, die wir uns haben auferlegen lassen. Z. B., dass ich gut bin, wenn ich für andere wichtig bin, wenn ich anderen etwas Gutes getan habe. Das treibt uns oft in ganz tiefe Abhängigkeiten von Menschen bzw. auch dahin, dass wir andere Menschen von uns abhängig machen. Denn wenn wir für sie wichtig sind, ist das doch ein Zeichen für unsere Wertigkeit oder etwa nicht? Also machen wir uns unentbehrlich, werden ein Mensch für den anderen, ohne den er angeblich nicht leben kann – so entstehen in der Ehe oder in der Erziehung oft ganz falsche Abhängigkeiten.

Aufgrund dieser Abhängigkeiten sind Perfektionisten dann oft auch von einem tiefen Zorn beherrscht. Sie beurteilen die anderen, sehen auf ihre Fehler, nörgeln an ihnen herum und fühlen sich als dauernde Weltverbesserer, auf die doch niemand hört.

Genau von solchen Mustern müssen wir uns lösen. Mustern, mit denen wir uns immer wieder selbst Wert und Wichtigkeit geben und uns gleichzeitig abhängig machen von dem, was wir für andere sind. Unser Wert hängt nicht davon ab, was wir für andere sind, und auch nicht von dem Erfolg oder der Anerkennung, die wir uns bei anderen Menschen verschaffen, sondern davon, dass wir vor Gott etwas sind - von ihm gewürdigt und wert geachtet.

Die Muster der Vergangenheit müssen wir bewusst verabschieden - auch im Blick auf Zorn und Wut. Hinter Zorn und Wut steckt oft eine tiefe Verletzlichkeit und Hilflosigkeit. Es ist viel besser, hinter die Wut und den Zorn zu sehen und wahrzunehmen, was sich dahinter verbirgt, als dauernd mit Zorn und Wut die Welt um sich herum kaputtzumachen. Denn das geschieht ja, wenn wir unserem Perfektionismus permanent Raum geben. Mit unterdrückter oder jähzornig ausbrechender Wut schaffen wir uns immer wieder Erleichterung und sind gleichzeitig verzweifelt, weil das nicht zu dem perfekten Image passt, das wir gerne verbreiten möchten.

Verletzungen der Vergangenheit und Verletzlichkeit gehören unter Gottes liebende und heilende Fürsorge, er kann und will uns helfen, an uns arbeiten und uns befreien, unser Leben öffnen und aufbrechen.

Die Vergangenheit hinter uns lassen, »Vater und Mutter verlassen« heißt auch aufzuhören, sich dauernd mit den Erziehungsfehlern unserer Eltern für unser Verhalten zu entschuldigen. Es gibt Menschen, die verbauen sich den Weg zu eigenständigem und eigenverantwortlichem Leben, in dem sie dauernd mit einem Vorwurf gegen die Eltern durch das Leben gehen: »Weil die so und so waren oder das und das mit mir gemacht haben, darum ist mein Leben verpfuscht ...«

Wer die Vergangenheitsmuster positiv verabschiedet, kann solche Rechtfertigungs- und Entschuldigungsmuster hinter sich lassen und selbst sein Leben in die Hand nehmen. Er kann dann auch ganz anders zu sich und seinen Fehlern stehen. Wer Heilung erlebt hat und »Vater und Mutter wirklich verlassen hat«, schiebt die Schuld an seinem Ergehen nicht mehr dauernd auf die Verhältnisse, in denen er aufgewachsen ist, sondern ist bereit, selbst Verantwortung für sein Leben zu übernehmen. Selbstmitleid und Selbstbedauern haben dann auch ein Ende.

Das Ende der Selbstverurteilung beginnt da, wo ich Gottes Urteil über meinem Leben gelten lasse und nicht meines und nicht das anderer Menschen. Gott sagt erst mal grundsätzlich Ja zu mir. Darum darf ich mit dauernder Selbstkritik und Selbsterniedrigung aufhören.

Die kleinen Schritte des Alltags

Perfektionisten werden auch ihre Veränderung perfekt machen wollen und müssen darum auch im Blick auf sich selbst lernen, mit kleinen Schritten zufrieden zu werden.

- Den Perfektionismus als Teufelskreis, als Gefängnis, als Zwangsjacke erkennen und bewusst dagegen angehen wollen.
- So leben lernen, wie es uns wirklich entspricht, unseren Gaben und Grenzen. Nicht ständig mehr sein müssen, als wir sind.
- Teilziele formulieren, von zu hohen Zielen herunterkommen und lernen, mit weniger zufrieden zu sein.
- Erkennen, dass die dauernden Fehler, die wir an uns finden, nicht in unserem Verhalten zu suchen sind, sondern in unseren Denkmustern (in den zu hohen Zielen, Erwartungen).
- Unterscheiden lernen zwischen erfüllenden Aufgaben und Sich-unentbehrlich-Machen.
- Loslassen: Aufgaben in andere Hände geben, anderen etwas zutrauen, auch wenn diese es anders machen, als wir es tun

würden. Sie machen es sicher nicht so gut wie wir – zumindest nach unserer Beurteilung. Das müssen wir akzeptieren lernen.

- Hilfe annehmen lernen. Nicht meinen, die Verantwortung der ganzen Welt lastet auf mir allein.
- Lernen, andere zu loben. Wer andere loben kann, hat zu sich eine gesunde Beziehung entwickelt. Wenn Sie andere nicht loben können, dann haben Sie sich selbst nicht als von Gott geliebten Menschen angenommen. Folgende Gedanken laufen da in uns ab: »Wenn ich es schon nicht wert bin, gelobt zu werden, sind es andere ja erst recht nicht. Denn die strotzen ja nur so vor Fehlern.« Genau diese Denkmuster will Christus uns durchbrechen. Ich bin geliebt, und das gilt für den anderen genauso. Es gibt bestimmt Seiten an ihm, die ich auch würdigen und loben kann, auch wenn es nicht ganz perfekt ist, was der oder die andere gemacht hat.
- Humor sich selbst und seinen eigenen perfektionistischen Ansprüchen gegenüber entwickeln. Auch mal über sich lachen können und über die strengen Maßstäbe, die wir uns auferlegen.
- Voller Energie erfüllende Aufgaben wahrnehmen, aber dabei ruhig bleiben können und immer wieder auch etwas lassen können; nichts tun, Pause machen, aus der Mitte leben. Aus dem Frieden leben.

Perfektionisten leiden einerseits unter dem dauernden Zwang, alles richtig machen zu wollen, andererseits unter der Sehnsucht nach mehr Nähe und Gemeinschaft – zwei sich widersprechende Bedürfnisse, die den perfektionistisch veranlagten Menschen in ein pemanentes inneres Dilemma stürzen.

Perfektionisten sehen sich in ständiger Konkurrenz mit anderen, können Gefühle und Bedürfnisse schlecht zugeben, stellen viele Regeln für sich und andere auf und leiden gleichzeitig unter deren Nichterfüllung. Sie fühlen sich aufgrund ihrer Zwänge oft sehr einsam und allein gelassen.

Veränderung geschieht da, wo wir echt und ehrlich werden, wo wir unsere negativen Seiten erkennen und gleichzeitig entdecken, dass wir weder von Gott noch von Menschen abgelehnt werden, wenn wir ehrlich werden.

Wenn wir uns für die Liebe Gottes öffnen, werden wir erfahren, dass Gott uns aus unseren Zwängen befreit.

Manche Muster der Vergangenheit, die uns immer wieder in Selbstverurteilung und Unselbstständigkeit führen, müssen wir bewusst verabschieden und hinter uns lassen.

Veränderung geschieht in den kleinen Schritten des Alltags und muss nicht perfekt sein. Auch Humor und Gelassenheit, manchmal sogar die Fähigkeit, über Fehler schmunzeln zu können, gehören dazu.

Cornelia Mack

2. Ehe

Wenn der andere nur nicht so anders wär

Gottes Grund-Ideen für die Ehe

Die Ehe ist nach Gottes ursprünglichem Schöpfergedanken etwas sehr Gutes.

In der Bibel steht in 1. Mose 1,27ff.: »Und Gott schuf den Menschen zu seinem Bilde, zum Bilde Gottes schuf er ihn; und schuf sie als Mann und Frau. Und Gott segnete sie ... Und Gott sah an alles, was er gemacht hatte, und siehe, *es war sehr gut.*«

Gott schenkt Mann und Frau einander, und er schenkt damit Mann und Frau jeweils ein Gegenüber. Gott will nicht, dass der Mensch allein leben muss (es sei denn, jemand hat dazu ganz speziell eine Berufung, die es auch gibt). Gott will uns mit der Ehe Gemeinschaft schenken, einen Raum der Liebe, des Geborgenseins, einen Raum des Beschenktwerdens, der Versöhnung und des Einswerden – bis hinein in die geschlechtliche Ebene, wo Mann und Frau sich einander in ganz tiefer Weise beglücken dürfen.

Ein Aspekt dieser guten Idee Gottes für die Ehe ist die Ergänzung von Mann und Frau. Nur Gegensätze oder Pole können sich ergänzen. So liegt in der Unterschiedlichkeit von Mann und Frau ein von Gott gewollter Gedanke. Das Problem in vielen

Ehen besteht aber darin, dass gerade diese Unterschiedlichkeiten mit der Zeit mehr zum Leid, als zur Freude werden.

Neben den unwidersprochenen körperlichen Unterschieden von Mann und Frau bestehen auch in der Erlebnis- und Empfindungswelt, in der Wahrnehmung und Bewältigung des Umfelds große Gegensätze.

»Männer sind eher geprägt von der Kraft etwas durchsetzen zu wollen, sie haben einen stärkeren Realitätsbezug, sie haben den Wunsch, ihre Umwelt zu gestalten und zu bewältigen. Kampf, Eroberungsverhalten, Streben nach persönlicher Durchsetzung sind eher dem männlichen Verhalten zuzuordnen.

Frauen sind dagegen mehr auf innerseelische Prozesse ausgerichtet.

Ihre Aktionsbereitschaft besteht mehr im Beziehungsbereich, das emotionale und seelische Erleben steht bei ihnen mehr im Vordergrund. Persönliche Beziehungen sind ihnen wichtiger als reale Erfolge« (Anneliese Fuchs, in: Die Besseren Zwei).

Frauen definieren sich in ihrer Wertigkeit sehr stark von den Beziehungen her, in denen sie leben. Männer leiten ihren Wert eher von beruflichem Erfolg oder der Karriere ab, von dem, was sie geleistet haben, welchen Erfolg sie vorweisen können.

Frauen sind in der Regel die gesprächsfreudigeren, Männer haben eher Schwierigkeiten oder Hemmungen, über sich und ihre Probleme zu reden.

Oft fangen damit schon die ersten Schwierigkeiten in der Ehe an. Manche Frauen verurteilen ihren Mann dafür, dass er sich nicht so öffnen kann, wie sie es von ihm erwartet. Es gibt Männer, die haben ein Problem mit der Gesprächsfreudigkeit und auch mit der gelegentlichen Sprunghaftigkeit ihrer Frau und verschließen sich dem Gespräch, weil es ihnen nicht strukturiert genug ist. Für Frauen ist im Gespräch aber eher die Gesamtatmosphäre entscheidend, während Männer mehr in Einzelabschnitten empfinden.

Frauen sind auch mehr vom Gefühl her bestimmt, Männer dagegen mehr von äußeren Reizen stimulierbar.

Ohne gleich in Klischeedenken zu verfallen, sollten wir die unterschiedlichen Tendenzen bei Mann und Frau sehen und wahrnehmen.

Ganz egal, wie diese Unterschiede verteilt sind, Mann und Frau sind verschieden, aber gerade darin auf Ergänzung hin angelegt. Sie sollen sich in ihren unterschiedlichen Lebenshorizonten und Erlebnisweisen ergänzen und bereichern.

Diese Ergänzung soll auch in die Tiefenschichten unserer Persönlichkeit reichen. Der Mann kann der Frau helfen, die Chancen ihres Frauseins zu entdecken und zu entfalten. Er kann ihr helfen, Ja zu sagen zu sich und ihrem Körper. Viele Frauen haben erst durch die Wertschätzung ihres Mannes eine positive Beziehung zu ihrem Körper und zu ihrer Sexualität gewonnen. Für Männer kann es manchmal eine lange Durststrecke sein, bis eine Frau sich öffnen und fallen lassen kann.

Der Mann kann der Frau außerdem helfen, ihre Gaben zu entdecken und zu entfalten, kann ihr Mut machen zu neuen Aufgaben und Horizonten.

Er kann sie ermutigen, ihren Anteil einzubringen, indem sie ihre Umwelt kreativ mitgestaltet – und Schritte über den Familienhorizont hinaus macht.

Umgekehrt kann die Frau dem Mann helfen, Zugang zu seinen Gefühlen, zu seiner Seele zu finden. Sie kann ihn ermutigen, Zärtlichkeit als etwas Positives und durchaus nicht Unmännliches zu entdecken und zu entfalten.

Auch durch ihre Stärke in der Beziehungsgestaltung kann die Frau ihrem Mann helfen, dass er feinfühliger wird für Prozesse, die in Beziehungen ablaufen und ihm so ein Handwerkszeug mitgeben, das ihm hilft, mit Beziehungen besser zurecht zu kommen. Sie kann ihn auch ermutigen, sich positiv in die Familie einzubringen.

Nun sind Mann und Frau ja nicht nur in ihrer Geschlechtlichkeit und allen damit verbundenen Empfindungs- und Wahrnehmungsprozessen verschieden, sondern auch in ihrer jeweiligen Charakterstruktur. Gerade in einer Ehe finden wir oft ganz gegensätzliche Temperamente und Charaktere vor.

Unterschiedlichkeit als Krisen und Chance

Neulich sagte eine Frau zu mir: »*Als ich meinen Mann geheiratet habe, da habe ich gerade die Gemütlichkeit so an ihm gemocht. Aber jetzt stört es mich dauernd, dass er so gemütlich ist.*« – Verschiedenartigkeiten können zu einem Dauerstreitpunkt oder einem Dauerkrisenpunkt werden, aber sie können auch zu einer Chance werden, voneinander zu lernen und sich gegenseitig zu bereichern und zu erfreuen.

Jedes Ehepaar entdeckt mit der Zeit die Gegensätzlichkeit im Blick auf die Persönlichkeitsstruktur der beiden Partner. Am Anfang ist das noch aufregend und interessant, dass der andere so ganz anders ist; möglicherweise empfinden wir diese Verschiedenartigkeit als faszinierend und bereichernd. Aber im Lauf der Ehejahre oder auch schon in den ersten Ehemonaten fangen wir an, uns daran zu stören und zu ärgern. Denn der andere ist ja *immer* anders.

Einige Beispiele:
Er ist eher ruhig oder bedächtig, sie dagegen ist eher hektisch oder schnell.

Er ist sehr ordnungsliebend, alles hat seinen Platz, sie verteilt ihre persönlichen Utensilien in der ganzen Wohnung und fühlt sich dann erst richtig wohl. Sie kann auch tagelang einen Topf ungespült stehen lassen – aber ihn regt das auf.

Sie ist pünktlich, und es ist ihr sehr peinlich, zu spät zu kommen, er aber ist so gut wie immer unpünktlich und kommt einfach nicht weg von zu Hause. Ständig fällt ihm noch etwas ein, das er vorher noch machen muss oder noch mitnehmen will.

Sie ist eher ein dominanter Typ und will die Dinge im Griff haben, er will sich eher einordnen in gegebene Strukturen und nicht so gerne auffallen.

Er zeigt schnell aggressive Reaktionen und setzt sich ständig in Kontrast zu ihrer Umwelt; sie ist eher bereit, das Leben so zu nehmen, wie es eben kommt.

Sie ist eher grüblerisch und sieht in allem ein Problem oder eine Gefahr oder weiß etwas zu kritisieren; er ist eher heiter und gelassen und freut sich am Leben, so wie es sich ihm anbietet.

Er ist eher leistungsorientiert und fühlt sich nur wohl, wenn er Erfolge sehen kann; sie ist eher ein Genießertyp, eher lustorientiert.

So verschieden sind wir Menschen; und diese Verschiedenartigkeit finden wir dann eben auch in unserer Ehe wieder. Wir müssen lernen, damit umzugehen und uns damit zurecht zu finden. Diese Unterschiedlichkeit kann konfliktträchtig sein, kann zu einem echten Duell werden. Immer wieder sind es dieselben oder ähnliche Situationen, die zum Streit führen – und genau diese verleiten dann möglicherweise zu folgenden Aussagen: *»Wenn ich das gewusst hätte, wie verschieden wir sind, wer weiß, ob ich den anderen dann geheiratet hätte …«*

Aber: Jeder heiratet den Ehepartner, an dem er selbst zutiefst heil werden kann. Im Annehmen der Andersartigkeit des Ehepartners liegt gerade die große Herausforderung und Chance, zu lernen und zu reifen, ja heil zu werden.

»Am Ehepartner fällt einem ja gerade das auf und macht unruhig, aggressiv oder depressiv, was man selbst im eigenen Leben noch nicht bewältigt hat. Der Ehepartner ist wie ein Spiegel, in dem man seine eigenen guten Seiten sehen kann, ebenso seine schlechten, die man lieber verbergen möchte. Jeder Mensch – auch wenn er es nicht glauben will – hat den Partner, den er verdient... Jeder ist unbewusst auf jenen Menschen zugegangen, mit dem ihn viele Gemeinsamkeiten verbinden, andererseits auch genau jene Seiten zeigt, die in einem selbst unfertig und unreif sind, brachliegen und entwickelt werden müssen. Diesem unentwickelten Teil in sich kann man nicht entkommen. Selbst wenn man den Partner wechselt, wird man in einer neuen Beziehung auf dieselben Mauern und Hürden stoßen« (A. Fuchs: Die besseren Zwei, S. 145).

Es gibt zwei Möglichkeiten, mit unserer Verschiedenartigkeit in der Ehe umzugehen:

Die eine Möglichkeit: Ich ärgere mich dauernd über den anderen, vergleiche ihn mit meinem Idealbild und will ihn verändern. Solches Verhalten führt dann zu Unzufriedenheit und Streit. Viele Ehepartner gehen so mit ihren gegensätzlichen Persönlichkeitsstrukturen um und nehmen sich auf diese Weise die Freiheit zur Entfaltung.

Die zweite Möglichkeit:

Wenn ich beginne, mich über den anderen zu ärgern – weil er eben gerade so ganz anders ist als ich -, kann ich versuchen, in meinen Reaktionen innezuhalten, kann abwarten, darüber nachdenken, in welcher Weise der andere mir jetzt zur Herausforderung werden könnte, oder wie ich gerade jetzt vom anderen lernen kann, kann das hinterfragen, was ich bisher immer für richtig gehalten habe.

Konkretes Beispiel Ordnung

Wenn der Ordentliche sich mal gerade wieder über die Unordnung des anderen ärgert, kann das eine Anfrage an den Ordentlicheren sein, ob die unordentlichere Art des anderen, das leichte oder mittlere Chaos, das der andere verbreitet, nicht auch ein Hinweis zur Veränderung an ihn sein kann. Nicht nur dann ist doch das Leben gut, wenn alles geordnet ist. Ordentliche können in dieser Beziehung in einem Trugschluss leben oder auch in einer gewissen Zwanghaftigkeit. Wie gut kann es sein, wenn einer da ist, der mich darin korrigiert. Wie erfrischend und horizonterweiternd kann es sein, wenn da einer ist, der das Leben spontaner und ungezwungener sieht. Wie hilfreich kann es sein, wenn ich vom anderen lernen kann, dass ich mich nicht unbedingt blamiere, wenn es mal unordentlich ist.

Und umgekehrt gilt das Gleiche für den Unordentlichen. Der liebenswerte Chaot kann durch den Ordentlicheren lernen, mehr System, mehr innere Harmonie in sein Leben zu bringen. Er kann lernen, dass das Leben manchmal auch angenehmer ist, wenn man seine Sachen wieder findet. Er kann lernen, sich an Aufgeräumtem zu freuen und einen Sinn für Ästhetik und echte Schönheit zu entwickeln.

Anhand von ganz vielen Beispielen könnte man diese Chance zum Reifen jetzt durchdenken und durchbuchstabieren: Wo ist mein Ehepartner so ganz anders als ich, wo ist er genau entgegengesetzt zu mir? Und dann versuchen Sie, darüber mal unter neuen Horizonten nachzudenken, neue Gedankengänge zu wagen: Die Andersartigkeit des anderen soll eine Anfrage an *mich* und *meinen* Lebensstil sein, eine Anfrage an *meine* Reaktionen und *mein* Denken und Reden, eine Anfrage auch an *meinen* Egoismus oder *meine* Selbstgerechtigkeit.

Vielleicht gibt es Punkte, an denen ich gerade an diesen Stellen, wo mich der andere ärgert, Heilung oder Reifung brauche.

Das kann viel spannungsvoller sein als meine normale Reaktion. Denn eine solche Spannung auszuhalten und nicht gleich in Ärger zu entladen ist viel schwerer.

Mich hat im Physikunterricht einmal ein Experiment sehr fasziniert. Dieses Experiment ist mir immer wieder auch zum Bild für die Ehe geworden. Unser Physiklehrer baute ein elektrisches Feld auf. Nun kann man Elektrizität mit dem bloßen Auge nicht sehen. Um das Feld anzuzeigen, blies er feine Metallspäne auf ein Papier und legte dieses zwischen die beiden Pole. Dann passierte das Erstaunliche: Die Metallspäne sortierten sich zu einem wunderschönen Muster.

Die elektrische Spannung wurde sichtbar und sah schön aus. Unsere Ehen sind auch wie solch ein Spannungsfeld. Da begegnen sich zwei Pole. Wenn die Pole auf einem Punkt sitzen, gibt es Krach, dann entlädt sich zwar die Spannung, aber es gibt kein Feld, keinen Raum. Damit ein lebendiger, spannender Raum entsteht, damit die Gegensätzlichkeit zum Tragen kommt, müssen sich die Pole etwas voneinander entfernen, müssen ihre Gegensätzlichkeit entfalten können, müssen die Spannung stehen lassen – dadurch kann dann ein Raum entstehen.

Es soll ein Raum sein, in dem die Liebe Gottes Platz hat, ein Raum, in dem deutlich wird, dass wir uns an unserer Verschiedenartigkeit freuen und trotz aller Unterschiedlichkeit einander annehmen und lieb haben.

Die Verschiedenartigkeit von Mann und Frau kann zum Dauer-Duell werden, sie birgt aber auch eine große Chance zur Reifung und zur inneren Heilung in sich. Wenn wir voneinander lernen, können wir miteinander in versöhnter Verschiedenartigkeit leben.

Durch Idealvorstellungen und dauernde Forderungen hat sich noch keine Ehe verändert – auch nicht durch Nörgeln und Kritisieren. Unsere Ehen werden nicht erst dann gut, wenn wir den anderen umerzogen haben oder wenn der andere alle unsere Bedürfnisse und Wünsche erfüllen kann, sondern dann, wenn wir lernen, miteinander über unsere Wünsche und Bedürfnisse zu reden; wenn wir lernen, wieder über Wünsche und Sehnsüchte, über Bedürfnisse und Ängste offen und ehrlich zu werden.

Lieben, Vergeben, Ja-Sagen

Die Bibel beschreibt Liebe als etwas, das wir lernen und wofür wir uns entscheiden können. Liebe ist nach der Bibel nicht irgendein Gefühl, sondern eine konkrete Entscheidung für jemand, die sich auch in konkreten Taten äußert. Gerade weil wir Menschen in unseren Gefühlen sehr wechselhaft sind, ist es gut, dass Gott unserem Lieben eine tiefere Dimension zuordnet. Die Grundlage für eine Beziehung müssen wir nicht auf den wackligen Boden von Gefühlen stellen, sondern auf den Boden der willentlichen Entscheidung füreinander. Wirkliche Liebe ist Tat und immer wieder Entscheidung. Liebe ist nicht Gefühl, sondern eine Haltung.

Viele Ehepaare haben diese Erfahrung gemacht. Sie sind sozusagen zurück zu den Ursprüngen, haben sich noch mal erinnert an ihr Ja an der Hochzeit – und dieses Ja erneuert unter der Vergebung Jesu, unter seinem Kreuz, das die Kraft hat, alle Gegensätze zu versöhnen und alle Schuld wegzunehmen. Wo Ehepaare sich unter dieser versöhnenden Kraft neu füreinander entschieden haben, wieder gemeinsam den Blick nach vorn gewandt haben, da haben sie erfahren, dass sie ihre Beziehung neu miteinander gestalten können, dass Verletzungen geheilt werden können und dass dann auch wieder Gefühle zueinander erwacht sind.

Liebe hat mit Entscheidung zu tun. Liebe ist der Entschluss, das Ganze eines Menschen zu bejahen, auch wenn er an vielen Punkten nicht meinen Erwartungen oder Idealen entspricht. Lieben heißt, den anderen nicht nur trotz, sondern mit seinen Fehlern zu lieben.

»Meine Freunde sagten seit Jahren zu mir, ich solle mich ändern. Meine Frau nickte dazu. Jeder sagte mir immer wieder, ich solle mich ändern. Ich pflichtete ihnen bei, und ich wollte mich ändern, aber ich brachte es nicht fertig, so sehr ich mich auch darum bemühte. Dann sagte eines Tages meine Frau zu mir: ›Ändere dich nicht! Bleib wie du bist. Es ist wirklich nicht so wichtig, ob du dich änderst oder nicht. Ich liebe dich so, wie du bist. So ist es nun einmal.‹

Diese Worte klangen wie Musik in meinen Ohren. ›Ändere dich nicht. Ändere dich nicht ... ich liebe dich!‹ Und ich entspannte mich und wurde lebendig, und Wunder über Wunder, ich änderte mich!

Jetzt weiß ich, dass ich mich nicht wirklich ändern konnte, bis ich jemanden fand, der mich liebte, ob ich mich nun änderte oder nicht« (Robert de Mello).

Die Bereitschaft, den anderen anzunehmen und zu lieben – auch mit seinen Schwächen und Fehlern, ist die Basis, auf der erst Veränderung geschehen kann und möglich wird. Es liegt ein Geheimnis auf dem Ja-Sagen, auf der Bereitschaft, den anderen als ganzen Menschen zu achten und zu würdigen – auch mit seinen Schwächen und Fehlern. Es verändert unsere Beziehungen.

Unter der Vergebung Jesu ist auch Vergebung untereinander möglich. – Das ist eine wunderbare Chance der Erneuerung für unser Leben und unsere Ehen. Bei Jesus ist die Kraft, die mir fehlt. Bei Jesus ist die Liebe, die meine Mitmenschen und mich heilt. Er hat Frieden für unsere Beziehung bereit.

Eine Frau steht am Morgen vor ihrem Haus – jeden Morgen. Immer sieht sie auf die gegenüberliegende Seite des Tales. Dort steht ein Haus, und dieses Haus hat goldene Fenster.

Von Tag zu Tag schaut sie dieses Haus immer sehnsüchtiger

an. Eines Tages beschließt sie: In diesem Haus will ich wohnen – und so macht sie sich auf, verlässt ihr bisheriges Haus und geht. Sie wandert den ganzen Tag und kommt abends bei dem Haus ihrer Sehnsüchte an. Sie schaut sich ihr neues Haus an: Die Fenster sehen eigentlich ganz normal aus – wie bei ihrem vorigen Haus. Überhaupt, das ganze Haus sieht ein bisschen ähnlich aus wie ihres, vielleicht ist es an manchen Stellen sogar etwas schäbiger. Da blättert ein bisschen Putz ab und der Garten drumherum ist auch nicht so gepflegt.

Sie schaut sich um, sie schaut hinüber zur anderen Talseite und da sieht sie ein Haus mit goldenen Fenstern – es ist ihr eigenes Haus, und die Fenster glänzen golden in der Abendsonne.

In der Ehe können wir an unserer Unterschiedlichkeit leicht zerbrechen. Darum ist es wichtig zu sehen, dass Gott gerade diese Unterschiedlichkeit von Mann und Frau bewusst gewollt und auf Ergänzung hin angelegt hat.

Wenn ich mich der Herausforderung stelle und bereit bin, an mir zu arbeiten, kann ich an der Unterschiedlichkeit des Ehepartners reifen und lernen, statt mich dauernd zu ärgern und an ihm herumzunörgeln.

Es braucht in der Ehe immer wieder neu die Entscheidung zur Liebe, täglich neu das Ja zum anderen – auch in seiner Andersartigkeit. Nur das Ja sagen und bedingungslose Lieben verändert unsere Ehe, nicht der Streit und die Kritik. Auf diesem Weg kann ich selbst reifen und wachsen – und am Ende staunen darüber, was Gott aus unserer Ehe gemacht hat, wie er aus zwei gegensätzlichen Menschen eine Einheit werden ließ.

Cornelia Mack

Konflikte als Chance neu entdecken

Chancen wollen wir gerne nützen. Aber Konflikte als Chance anzusehen fällt uns schon schwerer. Konflikte sind etwas, das wir gerne meiden wollen. Fast jede Frau hat ein großes Harmoniebedürfnis. Das wurde uns von unseren Müttern beigebracht: »Seid lieb, streitet nicht!« Ist Streiten böse?

Kennen Sie das Märchen vom Schlaraffenland? Eine konfliktfreie Zone. Und die Folge: Trägheit, Langeweile ... Mir gefiel dieses Märchen nie. So sieht doch nicht wirkliches Leben aus. Und doch ist auch heute noch der Wunsch vieler junger Ehepaare eine harmonische Beziehung. Das ist eine unrealistische Sehnsucht. Wer keine Konflikte hat, hat auch keine tiefen, tragfähigen Beziehungen. Eine gute Beziehung zeichnet sich durch Konfliktfähigkeit aus.

Was ist ein Konflikt?

Im Lexikon steht: Konflikt (»lateinisch«) Zusammenstoß, Streit. Konfliktsituationen werden meist unlusthaft erlebt. Ihre Spannung kann sich in Ausweichhandlungen entladen. Wenn ich Konflikte nicht lösen kann, falsch verarbeite oder verdränge, kann es zu neurotischen Störungen oder Reaktionen führen.«

Die Bibel macht deutlich, dass verdrängte oder nicht gelöste Konflikte Gesundheitsstörungen hervorrufen: *»Denn als ich es wollte verschweigen, verschmachteten meine Gebeine«* (Psalm 32, 3). *»Eifersucht ist wie Eiter im Gebein«* (Sprüche 14, 30). *»Ein betrübtes Gemüt lässt das Gebein verdorren«* (Sprüche 17,22).

Was für Konflikte gibt es?

Es gibt innere Konflikte, die ich mit mir selbst ausmache, manchmal auch für mich selbst löse, manchmal auch verdränge, nicht wahrhaben will.

Und es gibt äußere Konflikte, die in irgendeiner Weise sichtbar werden – je nach Schwere und Temperament. Bis hin zum Krieg zwischen Völkern, oft durch weit zurückliegende, ungeklärte Konflikte. Gewaltausbrüche auf der Straße, in der Schule, im Stadion, in Ehe und Familie ...

Es gibt Konflikte mit mir selbst, mit anderen, mit Dingen und auch mit Gott.

Wie entsteht ein Konflikt?

Konflikte haben immer ein so genanntes *auslösendes Ereignis*, das bewusst oder unbewusst Gedanken in Gang setzt und dies führt dann zu einer *gefühlsmäßigen Reaktion.*

Auslösendes Ereignis: Ich werde kritisiert. Die gefühlsmäßige Reaktion ist sehr unterschiedlich, je nach der Beziehung zu dieser Person:

- *ich wehre mich und bin wütend oder*
- *ich bin hilflos und weine oder*
- *ich fühle mich abgelehnt, wertlos ...*

Einige Beispiele für solche **auslösenden Ereignisse:**
Unterschiedliche Einschätzung von Stimmungen
Bei guter Laune stecken wir vieles weg, bei schlechter Gefühlslage wird dieselbe Situation zum Problem.

Also, nicht nur *was* der andere sagt, kann zum Konflikt werden, sondern auch wie es bei mir *ankomm*t, wie ich es *bewerte.*

Unterschiedliche Bedürfnisse in Beziehungen
Der eine will Sport treiben, der andere faulenzen. Der eine liebt Gäste, der andere seine Ruhe. Der eine sucht Veränderung, der andere das Stetige.

Unterschiedliche Persönlichkeitsstrukturen
Jeder bringt in seinem Lebensrucksack etwas in die Beziehung mit:
- Verhaltensmuster, wie z. B. Gestik und Auftreten
- Durchsetzungstechniken, beim einen sind diese eher aktiv, beim anderen eher passiv.
- Vermeidungsstrategien – aus dem Weg gehen, oder nachgeben.
- Gefühlsdispositionen - der eine ist ein Gefühlsmensch, der andere eher sachlich orientiert.

➔ *Ein Ehepaar kommt zur Beratung. Sie wollen sich trennen und das möglichst fair, um der Kinder willen.*
Sie: »Er hat mich und die Kinder nie geliebt.«
Er: »Das stimmt doch überhaupt nicht. Ich habe doch immer für euch gesorgt. Sogar ein Haus habe ich wegen euch gebaut.«
Geredet haben sie nie miteinander über das, was Liebe für den Einzelnen bedeutet. Ihre Unfähigkeit, mit ihrer Unterschiedlichkeit umzugehen, hat ihre Ehe zerstört.

Zu hohe Erwartungen an sich, an den Partner, an das Leben

An falschen Erwartungen scheitern viele Ehen: Wenn der andere all meine Sehnsüchte, meine Defizite abdecken und stillen soll – möglichst so, dass mich selbst dies keine Mühe kostet, ist der Partner überfordert und die Beziehung hohen Belastungen ausgesetzt. Wer nach dem Motto lebt: »Veränderung, ja bitte – Mühe, nein danke«, lebt egoistisch und selbstbezogen.

Unterschiede von Mann und Frau

Gott hat uns gleichwertig, aber nicht gleichartig gemacht. Wir sollen uns in unserer Andersartigkeit entdecken und darin eine wunderbare Ergänzung sehen, nicht eine Konkurrenz. Frauen denken und fühlen in der Regel anders als Männer. Eine »Kontrastharmonie« sollten wir werden.

Schwierige Lebenssituationen

Chronischer Geldmangel, zu enge Wohnverhältnisse, Arbeitslosigkeit, Krankheit oder Tod können ebenfalls zu Konfliktsituationen führen. Als meine Schwester, trotz vieler Gebete, mit 44 Jahren starb, stürzte ich in einen tiefen Glaubenskonflikt.

Unterschiedliche Lebensgeschichten

Da kommt ein junges Ehepaar in die Seelsorge, ein Jahr verheiratet. Sie können einfach nicht miteinander klarkommen. Sie sagt: »Mit dem kann man nicht reden, *nie* sagt er, was Sache ist, *immer* zieht er sich zurück, er kann nichts ausdiskutieren. Er liebt mich nicht mehr.«

Er sagt: »Natürlich liebe ich sie. Aber warum muss sie nur alles zerreden. Über alles und jedes macht sie ein Theater. Nie habe ich meine Ruhe ... Es ist alles so mühsam. Ich fühle mich total hilflos ...«

Ja, es stimmt, das Reisegepäck, das unsere Ehe belastet, ist unsere Vorgeschichte. Erwartungen können ein Gefängnis sein.

Was war nun bei diesem so liebenswerten Ehepaar in ihrem Lebensrucksack?

Er: Sohn einer frommen Familie, die Mutter sorgte immer schnell für Harmonie, Streit und heftige Diskussionen gab es nicht.

Sie: Tochter einer Rechtsanwaltsfamilie, in der über alles und jedes ausdauernd diskutiert wurde.

Sie lernten in der Seelsorge, einander zu verstehen, sich neu anzunehmen, streiten und sich wieder versöhnen zu lernen.

Fragen an Gott

Das erlebe ich in der Beratung häufig. Fragen an Gott werden zum Konfliktpotenzial: »Warum heilt Gott nicht, wenn ich bete?« »Gott hat mich mit meinen Ehe- und Familienproblemen im Stich gelassen.« »Wo war der Schutzengel meines Kindes, als es ertrunken ist?« »Warum schenkt mir Gott kein Kind?« ...

Das heißt, ich habe Erwartungen an Gott, ein Bild, wie er sein sollte, wie er handeln sollte ... und bin enttäuscht, wenn das Leben anders als erwartet verläuft.

Lösung von Konflikten – wo liegt die Chance?

Wege zur Konfliktfähigkeit

- In Ruhe noch einmal diesen Konflikt mit meinen inneren Augen anschauen, wie wenn eine Videokamera mitgelaufen wäre. Auf Körpersprache und Stimmfall »hören«.

- Das auslösendes Ereignis finden, z. B.: Ich habe erwartet, dass mein Mann rechtzeitig nach Hause kommt, weil ich noch einkaufen wollte – aber gesagt habe ich nichts. Er kommt eine Stunde später. Ich mache ihm Vorwürfe. Er ist sauer, fühlt sich ungerecht behandelt, der Streit ist programmiert.

- Wir suchen das Gespräch und verzichten auf gegenseitige Forderungen und Erziehungsmaßnahmen. Den anderen kann ich nie ändern. Aber wenn ich mich verändere, wird der andere nicht so bleiben, wie er ist. Wir lernen, Gefühle zu verbalisieren, ohne den anderen zu verletzten.

- *»Ihr ... werdet die Wahrheit erkennen, und die Wahrheit wird euch frei machen«* (Johannes 8,32). Auch die Wahrheit über mich selbst sehen lernen, über mein Gewordensein, über meinen Zorn, meine Bitterkeit und auch über meine Schuld.

- Auf die Worte achten. Worte wie »immer, nie, nur ...« sind verboten. Sie haben den Samen der Endgültigkeit und Hoffnungslosigkeit in sich. Reden Sie per »ich«. »Du-Botschaften sind sündenbockorientiert« (R. Ruthe).

- Schuld und Verletzungen sind Bestandteile von Konflikten. Ich darf deshalb in Offenheit alles vor Gott ausbreiten und mit seiner Hilfe ein neues Verhaltensmuster lernen.

- Nicht bei der Anklage stehen bleiben. Ich verdränge nicht, ich lasse vor Gott meine ganze Not heraus. Meine Anklage wird zur Klage vor ihm über mich und meine Situation.

- Lernen, Streit fair zu beenden, einen guten Kompromiss zu suchen. Es darf nicht einen Sieger und einen Verlierer geben. Ich übe Versöhnungsbereitschaft. Ich will geduldig sein bei Rückschlägen und Hilfe in Anspruch nehmen.

- Für meinen Körper will ich gute Entspannungstechniken lernen (z. B. nach Jacobsen –> siehe Artikel »Immer mit der Ruhe«, S. 469).

- Für alle Konflikte und Verletzungen - auch für lang zurückliegende - gibt es Hilfe, Vergebung und Heilung bei Jesus. Über Schuld und Versagen wächst auf die Dauer kein Gras. Zeit heilt auch keine Wunden, sie lässt sie nur ein paar Ebenen tiefer rutschen. Nur Jesus heilt Wunden und vergibt Schuld.

- Es ist wichtig, Verzeihung zu gewähren und Verzeihung zu empfangen. Meinen Eigenanteil bei diesem Konflikt muss ich jedoch erkennen, auch wenn es nur 2% sind. Auch für meine Unversöhnlichkeit oder mein jahrelanges »Sammeln« brauche ich Vergebung.

- Ich sage Jesus alles und verzichte auf meine Erwartungen und Forderungen. Ich verändere sie in Bitten und Wünsche. Ich lege meinen Konfliktmüll am Kreuz Jesu ab. Da ist »Entsorgung« für immer ohne »Zwischenlagerung«.

- Ich vergebe im Namen Jesu, auch um meinetwillen, denn ungelöste Konflikte schädigen mich. *»Vergebt euch untereinander, wenn jemand Klage hat gegen den andern«* (Kolosser 3,13).

Gottes Gebote sind immer aus Liebe von ihm und uns zur Hilfe gesagt.

- Wir sind immer Lernende, nie fertig. Zusammenfassend kann ich persönlich sagen, dass ich immer noch am Lernen bin. »Werden wie Kinder«, d.h. fallen und aufstehen ...Was ich dabei erfahren habe und wirklich als Chance und Veränderung entdeckte, sehe ich bei manchem erst im Rückblick.

→ *Z. B., dass ich durch eine Krankheit vier Jahre Rollstuhlfahrerin war und gelernt habe, dass mein Wert nicht von meiner Leistung abhängt, dass meine Beziehung zu Jesus durch Krisen tiefer wurde, dass er nicht immer meine Gebete erfüllte, aber immer bei mir war ...*

Aus manchen Konflikten habe ich – leider – nichts gelernt und musste einige schmerzliche Erfahrungen neu erleiden.

In manchen Konflikten wurde ich schuldig und kann nichts mehr klären oder wieder gutmachen. Wie gut, dass Jesus mir vergibt.

An manchen Konflikten zerbrechen Menschen, Ehen, Freundschaften und Beziehungen.

Manche Konflikte brauchen Zeit, bis sie ausgereift sind und es möglich ist, sie anzusehen oder zu vergeben. Das erlebe ich in der Seelsorge bei tief verletzten, misshandelten und missbrauchten Menschen.

Mit manchen Konflikten muss ich leben lernen, sie aushalten. Sie werden auf dieser Welt nicht gelöst (z. B. Tod, Krankheit, Hunger, Umweltzerstörung, Katastrophen ...). Wir sind noch nicht im Himmel. Erst dort wird es kein *»Leid noch Geschrei noch Schmerz«* mehr geben und *»Gott wird abwischen alle Tränen«* (Offenbarung 21, 4).

Aber mit Gottes Hilfe bietet jeder Konflikt die Chance, reifer zu werden, sich und andere besser kennen zu lernen, Beziehungen zu Gott und Menschen zu vertiefen. Unser Leben wird heiler und wertvoller. Er will uns helfen, uns Zukunft und Hoffnung geben und uns seine Liebe dabei nie versagen.

»Ich glaube, dass Gott aus allem, auch aus dem Bösesten, Gutes entstehen lassen kann und will. Dafür braucht er Menschen, die sich alle Dinge zum Besten dienen lassen« (Dietrich Bonhoeffer).

Wenn Konflikte verdrängt werden, schadet uns das.

Konflikte können ganz unterschiedliche Gründe und Auslöser haben.

Konflikte entstehen aus der Unterschiedlichkeit von uns Menschen: unterschiedliche Wahrnehmungen, Gefühle, Bedürfnisse und Erwartungen.

Hilfen zur Lösung von Konflikten gibt es vielerlei: die Wahrheit über sich erkennen, das Gespräch miteinander suchen, reifen lernen am anderen, Vergebung empfangen, faire Auseinandersetzungen einüben, Gesprächsführung üben.

Es gibt auch Konflikte, die wir nicht lösen können, sondern aushalten müssen. Eine konfliktfreie Zeit wird es erst in der Ewigkeit Gottes geben, wenn Gott und Mensch für immer beieinander wohnen werden.

Hilde Bausch

Jahrgang 1942, drei Kinder, leitet zusammen mit ihrem Mann Günther Bausch seit neun Jahren den Bereich Ehe- und Familienarbeit des Wörnersberger Ankers (Christliches Lebenszentrum für junge Menschen e.V.) und ist auch in der Gesamtleitung des Zentrums tätig.

Sexualität – die große Gabe Gottes

Wir haben nicht eine Sexualität, sondern wir sind durch und durch sexuelle Wesen. Jede Körperzelle sagt aus, dass wir Frau oder Mann sind – durch das Chromosom, das bei unserer Befruchtung festgelegt wurde. In unserem Fall traf eine X-Samenzelle auf die Eizelle unserer Mutter. Deshalb wurden wir eine Frau. Wäre es eine Y-Samenzelle gewesen, wären wir männlichen Geschlechts. Von unserem Vater ging also die Bestimmung unserer Weiblichkeit aus, ohne dass er darauf allerdings Einfluss gehabt hätte.

Auf eigenartige Weise hat Gott von Anfang an Mann und Frau voneinander abhängig gemacht, miteinander verknüpft. Einer kann ohne den anderen zwar leben, aber nicht Leben weitergeben. Tief drinnen sind wir auf ein Du hin geprägt und tragen diese Sehnsucht in uns, mit ihm eins zu sein.

Dabei ist häufig die Frau gefühlsmäßig mehr mit dem Mann verbunden als umgekehrt. Vielleicht ist dies mitbegründet in der Entstehungsgeschichte der Frau. Sie wurde aus dem Mann herausgenommen. Wir lesen in 1. Mose 1, 27: »Gott schuf den Menschen zu seinem Bilde, zum Bilde Gottes schuf er ihn; und schuf sie als Mann und Weib.«

Es ist interessant, dass hier zunächst die Einzahl gebraucht ist. Der Mensch, gestaltet nach dem Bild Gottes, war männlich und weiblich. Er trug die Vielfalt Gottes in sich. Als Gott die Einsamkeit des Menschen sah, schuf er ihm ein Gegenüber.

Entstehung der Frau

Gott nahm nicht wie bei Adam, Erde, der er Leben einhauchte, sondern er entnahm Adam Teile seines Körpers – und sicher auch seines Wesens. Während der erste Mensch in einem tiefen Schlaf lag, löste Gott die weiblichen Anteile aus ihm heraus, um einen zweiten Menschen zu schaffen, der ihm ähnlich, aber doch auch ganz anders sein sollte.

Ich kann mir vor Augen malen, wie Gott viel Weichheit herausnahm, als er teilte. Liebevoll formte er diesen zweiten Menschen aus vielerlei Flüssigkeiten, Sensibilität, Zartheit, aber auch eigenartiger Kraft in dieser scheinbaren Schwachheit, die schon im Körperbau zeigt, dass eine andere Stärke als die der Muskeln bei ihr wichtig ist.

Schon bei unserer Entstehung im Mutterleib stand fest, ob wir Mann oder Frau sein würden. Ab der zwölften Woche zeigte sich diese Entwicklung auch äußerlich.

Es scheint, als habe Gott, indem er teilte, Mann und Frau spiegelbildlich geschaffen. Was sich bei den Sexualorganen des Mannes außen zeigt, weist bei der Frau nach innen. Sein Penis entspricht der nach innen gerichteten Vagina. Seine Hoden, doppelt angelegt, zeigen den Weg zu den Eierstöcken der Frau, die diesen in Form und Größe entsprechen.

Kind und Teenager in ihrer Beziehung und Entwicklung zur Sexualität

Ein Kind zeigt keine sexuellen Bedürfnisse. Es entdeckt irgendwann, dass die Berührung der Geschlechtsteile bestimmte Gefühle auslöst und studiert diese auch über bestimmte Zeit. Danach verliert sich das Interesse daran, bis es in das Alter der Pubertät gelangt.

In dieser Zeit werden erstmals in der Hypophyse, einer kleinen, erbsengroßen Drüse hinter dem Nasenbein, Geschlechtshormone gebildet, die das Wachstum der Geschlechtsorgane anregen. Beim jungen Mann werden die ersten Samenzellen gebildet. Seine Fantasie dreht sich um Mädchen. Nacktheit zieht ihn an und erschreckt ihn gleichermaßen.

Beim Mädchen reifen die ersten Eizellen. Die Regelblutung wird vom Mädchen als Zeichen dafür erwartet, dass es *normal* ist. Gleichzeitig bewirken die wechselnden Hormone eine Fülle von Stimmungen, Hochgefühlen, aber auch depressiven Gedanken. Das Leben scheint irgendwie schwer zu sein, aber auch aufregend. Die Sehnsucht, verstanden zu werden, wächst. Das Mädchen ist innerlich auf der Suche nach einem Menschen, der es ganz versteht. Die Distanz zu den Eltern wächst.

Erstes sexuelles Erlebnis und Verletzung

Irgendwann begegnet das Teenager-Mädchen dem Jungen, das ihn versteht. Während das Mädchen zunächst mehr den inneren Kontakt zum Jungen sucht, erlebt der Junge in stärkerem Maß seine drängende Sexualität. Oft lässt sich das Mädchen dabei auf mehr körperliche Nähe ein, als es ursprünglich wollte.

Das erste sexuelle Erlebnis vor der Ehe habe ich noch von keinem Mädchen als beglückend beschrieben bekommen. Häufig war es eine Enttäuschung. Die junge Frau spürt, dass Sexualität in das Haus der Geborgenheit gehört, die sie braucht, um sich sicher zu fühlen. Mit dem ersten sexuellen Kontakt wächst eine Abhängigkeit zu diesem Mann.

Der Mann, dem es in diesem Alter an Reife mangelt, möchte diese innige Nähe zum Mädchen nur ab und zu pflegen. Das durch die Sexualität geweckte Mädchen sucht jetzt den Freund, um alles mit ihm zu teilen und zu besprechen. Für den Jungen stellt dies häufig eine Überforderung dar. Er versucht das Mädchen wieder los zu werden ...

In der Zeit der Pubertät kommt es leider oft zu schweren inneren Verletzungen der Frau. Sie entdeckt, dass der Junge Liebe sagt, aber Sexualität meint. Dadurch findet in ihr eine Abwertung der Sexualität statt. Sie sucht auf der einen Seite weiter nach dem Mann, dem sie sich ganz anvertrauen kann. Dabei gibt sie sich immer schneller hin, weil sie es gelernt hat, sich auf diese Weise preiszugeben und für kurze Zeit Nähe zu erleben. Aber tief drinnen entwickelt sie häufig Vorbehalte, die sie in eine spätere Ehe mitnimmt, so z. B. den Gedanken: ›Männer wollen nur das eine.‹

Missbrauch und Folgen

Noch weit zerstörerischer wirkt sich Missbrauch auf die sexuellen Gefühle der Frau aus. Unter Missbrauch wird verstanden: das Berühren von Brust- und Genitalbereich des Kindes und Jugendlichen, ebenso auch Geschlechtsverkehr ohne Einverständnis dieses Menschen. Selbst wenn das Kind oder der Jugendliche sich nicht gegen solche Übergriffe wehrt oder sogar einverstanden ist, ist dies Missbrauch, da die Betroffenen die Folgen noch nicht übersehen konnten.

Wenn ein Mädchen Vertrauenspersonen wie Vater, Onkel oder Opa als Verführer erlebt oder unter Drohung und Zwang dazu gebracht wird, sexuelle Handlungen an sich zu dulden oder an anderen durchzuführen, ist seine Sexualität oft ein Leben lang gestört. Das, was Gott zur Freude und zur Bereicherung des Paares geschaffen hat, gerät auf die falsche Bahn als Lustgewinn von gestörten Menschen.

Wenn eine Frau solche frühen Störungen ihrer Sexualität erlebte, muss sie häufig einen längeren Heilungsprozess durchlaufen, bevor sie Sexualität als Geschenk annehmen und erleben kann (siehe auch Artikel »Innere Heilung erfahren«, S. 529).

Verschiedenartigkeit von sexuellem Empfinden bei Mann und Frau

Da die Sexualität des Mannes anderer Art ist als die der Frau, kann die Frau manchmal zu der erschreckenden Erkenntnis kommen: »Gib dem Mann Sexualität – und er ist zufrieden. Eigentlich sucht mein Mann nicht mich. Er braucht nur meine Sexualität. Ich bin ihm im Grunde gar nicht wichtig. Sonst würde er anders mit mir umgehen. Wie ist das zu erklären? Er geht brummig aus dem Haus; wenn er heimkommt, fragt er nur nach dem Essen. Wenn er dann irgendwann zu Bett geht, denkt er urplötzlich über Sexualität nach, nachdem er den ganzen Tag nicht zärtlich zu mir war. Er kann doch nicht mich meinen, sondern spürt sicher nur mal wieder seinen Trieb!« Solche Aussagen höre ich immer wieder im Gespräch mit verheirateten Frauen.

Mir scheint, als habe Gott Mann und Frau unterschiedliche ›Kommoden‹ gegeben. Beim Mann sind offensichtlich viele Schubladen angelegt. Männer denken eher eingleisig. Das gibt ihnen die Fähigkeit, an einer Sache zu bleiben und sie bis zum Ende durchzuziehen. Dabei schalten sie alles ihnen Unwichtige aus. Sie leben in ihrer entsprechenden ›Schublade‹. Alles andere stört.

Als ich einem Mann vorschlug, seine Frau nochmals liebevoll zu küssen, bevor er aus dem Haus zur Arbeit ging, lachte er nur: »Sie sind wirklich eine Frau! Wenn ich meine Frau beim Abschied nochmals innig küssen soll, habe ich überhaupt keine Lust mehr, zur Arbeit zu gehen. Viel lieber würde ich dann mit ihr ins Schlafzimmer gehen.«

In früherer Zeit lagen im Büro meines Mannes nur geschäftliche Angelegenheiten. Eines Tages sagte ich voller Vorwurf: »In deinem Büro hat deine Familie offensichtlich keinen Platz.« »Nein«, meinte er schmunzelnd. »Hier muss ich euch vergessen, um arbeiten zu können.«

Die Kommode der Frau besteht eher aus einer einzigen Schublade. In dieser lebt und denkt sie. Fast immer gibt es eine Ecke darin, die nicht so geordnet ist, wie sie es sich wünscht. Aber sie kann diese Schublade nicht schließen, weil all die anderen Bereiche auch darin enthalten sind. Wenn nun am Abend die Frau zu Bett geht, ist ihre mehr oder wenig geordnete Schublade das, was sie beschäftigt. Der Mann hat evtl. die Schublade Arbeit inzwischen geschlossen und die neue Schublade Sexualität geöffnet. Doch er entdeckt, dass die Frau in ganz anderen Bahnen denkt. Sie versucht, den Ärger beim Abendessen zu verarbeiten, ihre Gedanken kreisen um die kranke Mutter, um die Schulprobleme des Kindes. Bevor sie sich dem Mann hingeben kann, will sie sprechen und durchs Gespräch Schwierigkeiten loswerden.

Durch das Verständnis des Mannes baut sie eine innere Nähe zu ihm auf, die sie dann fähig macht, ihm auch körperlich nah zu sein.

Da bei der Frau der Tag dazugehört, um Nähe aufzubauen, hat sie am Abend wenig Empfindungen für den Mann, wenn dieser nicht herzlich mit ihr umgeht. Der normale Alltag lässt dafür in der Regel wenig Raum. Der Mann kommt gestresst nach Hause, ebenso die Frau, falls sie berufstätig ist. Beide reagieren gereizt aufeinander. Auch der Frau mit kleinen Kindern geht es ähnlich. Sie ist ›fertig‹, wenn der Mann die Haustür aufschließt. Beide sehnen sich nach Entspannung. Stattdessen steht wieder ›Arbeit‹ an. Die Frau hat im Bett meist keine Lust, noch eine weitere Aufgabe anzufügen. Sie möchte einfach schlafen und sich ausruhen. Der Mann hat evtl. Freude, ihr in der Sexualität noch zu begegnen. Aber die Frau ist zu müde. Er bekommt einen Korb und reagiert am nächsten Morgen gereizt. Die Frau kann sich dem Mann jetzt noch weniger hingeben. Er aber ist noch mehr unter Spannung. Beide Partner gehen leer aus in einem ständigen Teufelskreis.

Eizelle und Samenzelle im Vergleich

Die Samenzellen des Mannes bewegen sich mit einer ungeheuren Schnelligkeit vorwärts. Verglichen mit Größe und Geschwindigkeit eines Autos würden sie auf 180 km/h kommen. Die Menge der Samenzellen, die bei einer Ejakulation frei werden, bewegt sich in der Größenordnung von vielen Millionen.

Vergleicht man damit die Eizelle, ist diese bewegungsarm und zahlenmäßig kaum wahrzunehmen. Bei jedem Zyklus, etwa einmal pro Monat, werden zwei bis drei Eizellen zum Größenwachstum angelegt. Meist kommt schließlich nur eine zur vollen Reifung, um, nachdem sie an die Oberfläche des Eierstocks gelangt ist, den Weg durch den Eileiter anzutreten. Sie lässt sich dabei Zeit. Obwohl sie ein Vielfaches der Samenzelle misst, braucht sie zwei bis drei Tage, bis sie den kurzen Weg zur Gebärmutter zurückgelegt hat.

Es scheint, als hätte der Schöpfer auch organisch angelegt, was die Frau fühlt. Die Frau braucht Zeit, um sich für Sexualität zu öffnen. Tief in ihr geschieht das Ereignis des Eisprungs. Tief drinnen hat sie am ehesten Zugang zu ihrer Sexualität. Jemand verglich die Frau einmal in der Sexualität mit einem Spaziergänger, den Mann mit einem Bergsteiger. Während die Frau noch auf dem Weg ist, sich innerlich zu öffnen, hat beim Mann der Erregungsablauf oft schon stattgefunden.

Manche Paare treffen sich dabei nie. Die Frau fühlt Leere. Aber auch der Mann ist unbefriedigt, wenn er das Gefühl hat, nur genommen zu haben, ohne auch schenken zu dürfen. Hier müssen beide Partner lernen, sich einander mitzuteilen und aufeinander einzugehen.

Orgasmus und Liebe

Für die Frau geht es in der Regel nicht um den Orgasmus, sondern um die Begegnung mit ihrem Mann. Die Frau sucht die innere Nähe, das Verstehen, das Gefühl, angenommen, geliebt zu werden. Sie will nicht zuerst Sexualität, sondern das Wissen, für den Mann als Person wichtig zu sein. Je mehr sie sich dessen sicher ist, umso mehr kann sie sich hingeben und Gefühle entwickeln.

Die Frau, die noch nie einen Orgasmus erlebte, ist häufig auf dieses Geschehen fixiert. Sie hat den Eindruck, zu kurz gekommen zu sein und meint, Ehe nie richtig erlebt zu haben. Durch diese Fixierung lässt sie leider einen Bereich der Ehe aus, der Liebe heißt. Sich hinzugeben hat zunächst nichts mit Orgasmus zu tun. Wer lernt, sich liebend einem Menschen zu öffnen, wird dabei tiefe Bereicherung empfinden. Es gibt Frauen, die sehr leicht zum Orgasmus finden und diesen gar nicht als etwas so Außergewöhnliches einstufen.

Wichtig ist darum: Machen Sie den Orgasmus nicht zum Mittelpunkt Ihres Denkens! Glück ist vom Orgasmus unabhängig.

Trotzdem können Sie sich mit diesem Thema beschäftigen und mit bestimmten Übungen verschiedene Muskelgruppen trainieren. Durch Stärkung des Beckenbodenmuskels beugen Sie auch einer Senkung der Gebärmutter vor. Außerdem können Sie dadurch ein stärkeres Körperbewusstsein entwickeln, das Ihnen auch sonst zugute kommt. Beim Zusammensein mit Ihrem Mann wird dies zu einer Bereicherung Ihres gemeinsamen Erlebens beitragen.

Bereitschaft der Frau während einer bestimmten Phase des Zyklus

In der Mitte des Zyklus entwickelt die Frau oft ein größeres Bedürfnis nach körperlicher Nähe als zu den anderen Zeiten. Sie fühlt sich zum Mann körperlich mehr hingezogen als sonst und sucht seine Nähe stärker. In dieser fruchtbaren Zeit des Zyklus wirkt der Gang der Frau leichter und freier. Sie fühlt sich besonders ausgeglichen und leistungsfähig, ebenso stärker belastbar. Diese Phase ist durch das Östrogen zu erklären, das zu dieser Zeit in hoher Konzentration im Blut zu finden ist. Es bewirkt, dass sich die zähe Flüssigkeit im Gebärmutterhals auflöst und nach außen fließt. Damit wird der Weg in den Uterus frei für

Samenzellen, und die Befruchtung der Eizelle möglich. Dieses Hormon wird auch als ›Stimmungsmacher‹ der Frau bezeichnet.

Die Begegnung in der Sexualität ist vom Schöpfer jedoch nicht nur zur Fortpflanzung gedacht. Denn als Gott Mann und Frau erschaffen hatte, gab er dem Mann den hohen Auftrag, Vater und Mutter zu verlassen, an seiner Frau zu hängen, um mit ihr seelisch und körperlich ein Fleisch zu werden (1. Mose 2,24). Hier steht nichts von Kindern. Gott schuf Sexualität als Möglichkeit innigster Kommunikation.

Dass Gott in der Zeit der Fruchtbarkeit der Frau eine besondere Sehnsucht nach körperlicher Nähe schenkte, zeigt mir persönlich, wie sehr er Menschen durch Kinder beschenken will.

Wer das Brot hat, sollte austeilen

Sexualität ist die tiefste Form der Kommunikation. Sie sollte vom Paar als Möglichkeit gepflegt werden, sich auszutauschen, um sich einander nicht fremd zu werden. Es ist nicht so wichtig, ob beide gleichzeitig Lust zu dieser Art Austausch haben. Wenn der eine Begegnung will, ist es wünschenswert, dass der Partner auf diesen Wunsch eingeht. Bedeutsam ist auch nicht, wer von beiden dieses Gebiet in der Ehe mehr pflegen will und dazu einlädt. Viel gravierender ist, dass beide es als Teil ihrer Ehe ansehen, der jeden von ihnen angeht. Wer Hunger hat, dem Partner zu begegnen, sollte mit ›Brot‹ und nicht mit ›einem Korb‹ abgefertigt werden. Noch schöner sind natürlich gute ›Brotaufstriche‹ und ab und zu ein ›Stück Kuchen‹.

Wer in einer Ehe unter mangelnder körperlicher Nähe leidet, wird selten ein freundliches Gegenüber sein.

Die Abhängigkeit des Mannes von der Frau und sein Verlangen nach ihr. – Die Frau als Heimat des Mannes

In vielen Lebensbereichen ist der Mann stärker von logischem Denken geprägt, während die Frau eher intuitiv Entscheidungen trifft. Eigenartig, dass Gott dem Mann über den Bereich der Sexualität keinen logischen Zugang gegeben hat. Genau in diesem Bereich agiert der Mann rein gefühlsmäßig. Darin kann er nicht kopfgesteuert handeln, sondern ist abhängig von seinen Gefühlen, die er allerdings sehr wohl einordnen kann, wenn er Treue gelernt hat.

Die länger verheiratete Frau geht im Bereich der Sexualität oft logisch um. Sie weiß, dass, wenn sie mit ihrem Mann längere Zeit nicht zusammen kommen konnte, Spannungen entstehen. Sie kann Sexualität eher steuern, indem sie sich hingeben kann, zunächst auch ohne Gefühl. Ihre Gefühle entwickeln sich manches Mal erst, wenn sie mit ihrem Mann zusammen ist.

Hätte Gott dem Mann die Sexualität überlassen als etwas, das er voll im Griff hat, würden sicher viele Männer nicht heiraten. So aber legte Gott eine tiefe Sehnsucht in den Mann, mit seiner Frau eins werden zu wollen. Er kann diese Gefühle nicht für alle Zeit verdrängen, sondern wird immer wieder an sie erinnert.

In der Frau findet er Heimat. Sexualität ist für ihn das Heilwerden von den Wunden, die die Welt ihm geschlagen hat. In der Sexualität gibt er sich der Frau preis. Er lässt sich auf sie ein, obwohl er im Alltag manchmal wenig nach ihr fragt. Er kann sich ihr öffnen und Gefühle zeigen.

Hier reagiert der scheinbar immer berechenbare und logische Mann auf sein Gegenüber, kann sich völlig verändern, wenn er sich in den Armen seiner Frau sicher weiß. Viele Männer wollen in solchen Momenten nicht sprechen. Ihnen fehlen die Worte. Sie wollen in der Sexualität die Liebe zu ihrer Frau ausdrücken, was von der Frau leider oft falsch gedeutet wird.

Die Frau sehnt sich nach dem vollkommenen Mann, der sie umwirbt, ihr auf alle mögliche Weise seine Liebe ausdrückt – mit Komplimenten, Mithilfe, lieben Worten, freundlichen Blicken. Wenn solche Zeichen nicht kommen, zieht die Frau sich enttäuscht zurück, in der Meinung, nicht wirklich geliebt zu werden. Oft liegt der Schlüssel aber gerade darin, dass die Frau zur Heimat für den Mann wird. Der Mann, der sich in der Sexualität angenommen weiß, ist häufig fähig, sich auf die Frau einzulassen, seine Angst vor ihr zu verlieren.

Der Mann lebt in einer tiefen Abhängigkeit von der Frau. In einer Frau wurde er gezeugt, in einer Frau verbrachte er die ersten Monate seines Lebens. Er trank an den Brüsten einer Frau, erhielt bei einer Frau seine Erziehung, wurde im Kindergarten in der Regel durch Frauen gelenkt, merkte die Überlegenheit der Frau in seiner Lehrerin, die ihn nach Leistung beurteilte. Immer wieder sieht er in der Frau Stärke, auch dort, wo sie selbst keine empfindet.

Die Frau als ›Heilige‹ und ›Hure‹

Die wenigsten Frauen sind zuerst durch die Sexualität verführbar. Wenn Frauen aus der Ehe ausbrechen, dann meist deshalb, weil sie sich durch einen anderen Mann als Mensch angenommen und geachtet fühlen. Frauen suchen meist den Gesprächspartner, der sie versteht, auf sie eingeht, der sie umwirbt. Wenn dies der Fall ist, entwickelt die Frau durch die Nähe zu solch einem Mann schließlich auch sexuelle Gefühle. Die Verführung findet also mehr im zwischenmenschlichen Austausch statt als über einen optischen Reiz. Die wenigsten Frauen fühlen sich von Nacktbildern angezogen. Diese wirken eher abstoßend auf sie. Die Frau sucht den ganzen Menschen, nicht nur den sexuellen Reiz.

Die Frau, die zufällig auf ein solches Bild stößt, wendet sich eher ab, weil sie dies als nicht zu ihr gehörig empfindet und es sie eigentlich nichts angeht.

Beim Mann ist es eher umgekehrt. Nacktheit gibt ihm das Gefühl von Vertrautheit. Er fühlt sich dadurch angezogen. Es lockt ihn, ein zweites Mal hinzuschauen. Nacktheit verbindet sich bei ihm mit Nähe, mit Geborgenheit, mit sexuellem Reiz. Deshalb muss er sich eher zwingen, nicht mehr hinzublicken, wenn sich fremder Reiz anbietet.

So ist zu erklären, dass für den Mann pornographische Filme oft einen Reiz bieten, die Frau solche Filme aber eher abwertend für sich selbst empfindet, weil dort Gefühle für einen Körper entwickelt werden, der mit der eigenen Ehe nichts zu tun hat. Solche Filme töten letztlich die Liebe, denn sie bringen negative Elemente in die Ehe hinein und lassen den Ehepartner nur zum Ersatz werden. Sexualität ist von Gott für das Paar gedacht. Jede Ehe hat ihre eigenen Gesetze und Grenzen, in denen niemand sonst Platz haben darf.

Die länger verheiratete Frau gleicht in ihren sexuellen Gefühlen einer Tür mit Schloss. Wenn sie regelmäßig mit ihrem Mann zusammen ist, spürt sie im Alltag kaum ihre eigene Sexualität. Wenn wenig Sexualität stattfindet, fehlt ihr meist mehr die herzliche Unterhaltung mit dem Mann, als dass sie es als Defizit fühlt, längere Zeit sexuell nicht mit ihm zusammen gewesen zu sein.

Je weniger aber der liebevolle Umgang im Alltag miteinander gepflegt wird, umso weniger hat sie überhaupt Verlangen nach ihm. Der liebevolle Umgang des Mannes ist wie der Schlüssel zu dieser Tür. Die Sexualität der Frau muss immer neu geweckt werden. Sie schlummert in ihr. Sie denkt selten oder gar nicht über Sexualität nach. Deshalb empfinden Männer ihre

Frauen manchmal als Heilige, die fern aller Sexualität scheinbar ganz gut zurechtkommen.

Der Mann sucht in der Frau wohl auch diese Art Heiligkeit, weil er sich wünscht, dass seine Frau ihm allein gehört und sie ihre Gedanken nicht an einen anderen Mann hängt. Aber er wünscht sich seine Frau auch als Verführerin. Er möchte seine eigene Frau auch als eine erleben, die ihn mit seiner Sexualität nicht nur erträgt, sondern begehrt, ihn sucht, ihn auch haben will. Er möchte nicht nur Bettler sein, sondern auch Schenkender. Er möchte seiner Frau seine Liebe in der Sexualität beweisen und auf ihr Begehren antworten an einer Stelle, wo er damit begabt ist.

Frau und Kleinkinder – Frau und Teenager

Bei der Frau mit kleinen Kindern ist das Bedürfnis nach Nähe zu ihrem Mann meist gering. Zum einen lebt die Frau als Mutter, indem sie für sich selbst und das Kind ständig denken und sorgen muss, zum anderen ist sie verheiratet und ist in diesem Bereich Partnerin.

Gerade beim ersten Kind nimmt das viel Kraft in Anspruch. Sie fühlt sich häufig damit überfordert. Da mit dem kleineren Kind Kommunikation nur bedingt möglich ist, sehnt sich die Frau nach dem intensiven Austausch mit dem Mann. Die sexuelle Begegnung mit ihm ist für die Frau mit kleinen Kindern oft Nebensache. Das Bedürfnis nach Nähe ist abgedeckt durch die ständige Berührung mit dem Kleinkind.

Durch das Kind wird die Ehebeziehung gestärkt, aber auch strapaziert. Ein Kind fragt nicht, ob der Moment richtig ist, in dem es stört. Dadurch hat der Mann manchmal den Eindruck, nun erst an zweiter Stelle zu stehen. Das Kind scheint Vorrang vor ihm zu haben. Er möchte aber nicht nur Vater des Kindes, sondern in erster Linie Ehepartner sein. Er sehnt sich nach der Zweisamkeit mit seiner Frau in der sexuellen Begegnung. Unterredungen und Gespräche musste er den ganzen Tag im Beruf führen.

Die Frau, ermüdet durch das Kleinkind, unterernährt im Austausch von Gedanken, sucht Gespräch – der Mann, überfüttert durch Worte, will körperliche Nähe.

Hier müssen Ehepartner aufeinander eingehen lernen, damit nicht beide zu kurz kommen.

Die Mutter mit Teenagern fühlt sich häufig durch die täglichen, oft anstrengenden Auseinandersetzungen, geschafft. Wenn der Abend kommt, sehnt sich die Frau oft dringend nach ihrem Mann als Austauschpartner, um die Tagesereignisse verarbeiten zu können.

Der Mann aber fühlt sich dann eher als Schiedsrichter. Er sieht die Streitigkeiten meist als weniger gravierend an als die Frau. Da er den ganzen Tag nicht zu Hause war, hat er mehr Abstand und bringt sich meist auch emotional nicht so stark ein wie die Frau. Eigentlich will er beim Heimkommen nur seine Ruhe.

Die enttäuschte Frau zieht sich dann häufig zurück und fühlt sich mit den Problemen allein gelassen. So enttäuscht möchte sie ihrem Mann auch nicht begegnen. Durch die fehlende körperliche Nähe werden sich beide fremd.

Die Kinder werden gehen, der Ehepartner aber bleibt! Darum müssen Ehepaare immer neue Wege des Gesprächs und der Begegnung finden.

Das Klimakterium der Frau

Eine Frau durchlebt im Lauf des Lebens viele Phasen des Zyklus. Wenn die Eierstöcke langsam ihre Funktion einstellen, beginnt für die Frau eine neue Zeit. Die meisten Frauen erleben dies mit über 40 Jahren, manche Frauen sind auch schon 50 Jahre alt. Es gibt Frauen, die diese Umstellung kaum bemerken, außer dass der Zyklus nicht mehr so regelmäßig stattfindet. Viele Frauen klagen über Beschwerden, es gibt Frauen, die ihre bisherige berufliche Tätigkeit nicht mehr weiterführen können. In dieser Zeit verändern sich die Hormone im Körper. Das Östrogen, das sich positiv auf die Stimmung der Frau auswirkt, nimmt ab. Frauen leiden stärker unter Kopfschmerzen. Häufig fällt in diese Zeit auch das Weggehen der erwachsenen Kinder, der Selbstwert wird in Frage gestellt.

Manchmal fühlt sich die Frau sexuell nicht mehr attraktiv für ihren Mann. Zusätzlich kann dieser sich ebenfalls in einer Lebenskrise befinden. Die Sexualität wird jetzt intensiver und schöner erlebt, wenn eine gute Ehebeziehung im Lauf der Jahre gebaut wurde. Schwierig ist es, wenn Schmerzen und Kraftlosigkeit die Freude an der Sexualität hemmen.

In dieser Phase muss eine neue Sensibilität füreinander entwickelt werden. Das Heil liegt nicht in einer neuen Beziehung, in der die Schmetterlingsgefühle zu einem anderen Mann erwachen! Jetzt gilt es, alte Verletzungen aufzuarbeiten. Vergebung ist angesagt, damit ein Neuanfang mit dem eigenen Mann möglich wird.

Den anderen neu mit seinen Grenzen anzunehmen, ist der Schlüssel für inneres Wachstum und Reifwerden, auch wenn dies alles andere als bequem ist.

Die nicht begehrte Frau

Immer mehr begegne ich Frauen, die darunter leiden, dass ihr Mann ganz selten die körperliche Seite der Ehe pflegen will. Diese Frauen bezeichnen ihre Männer als einfühlsam, liebevoll, zur Mithilfe bereit, als liebevolle Väter und Männer, die ihnen Komplimente machen. Viele Frauen können von einem solchen Mann nur träumen. Doch die Frauen mit solchen Männern sind nicht glücklich. Ihnen fehlt die sexuelle Gemeinschaft. Es scheint, als sei es vom Schöpfer so gewollt, dass Mann und Frau sich in der Sexualität begegnen. Wenn der eine nicht die Sehnsucht nach dieser innigen Nähe entwickelt, empfindet sie der andere umso gravierender.

Solche Frauen fühlen sich oft nicht begehrt, haben den Eindruck, unnormal zu sein, leiden darunter, dass ihr Mann sie in der Sexualität nicht sucht. Häufig werden sie von dem Gefühl heimgesucht, sich hingeben zu wollen, und geraten dabei in Versuchung, sich an einen Mann zu hängen, der sich gerne in dieser Richtung betätigen würde. Sie kommen sich als Frauen oft wie eine Prostituierte vor und verachten sich wegen dieser Gedanken. Auf der anderen Seite ist es ihnen kaum möglich, dies zu verdrängen.

Leider haben sexuell desinteressierte Ehemänner selten Verständnis für das Verlangen ihrer Frau. Sie finden sich meist selbst in Ordnung und sehen die Schwierigkeit nur in ihr.

Warum es Männer gibt, die in diesem Bereich so anders reagieren, ist bis heute nicht geklärt. Ob die Angst vor der früher dominanten Mutter eine Rolle spielt, ob es um eine Verdrängung der Sexualität geht, um eine Sehnsucht, keine sündigen Gedanken über Sexualität aufkommen zu lassen, etwa inzestuöser Art, oder auch eine fehlende Libido durch weniger männliche Hormone – alle diese Faktoren können eine Rolle spielen. Man vermutet ebenso, dass durch die ständige Anwesenheit von Sexualität in den Medien eine Überreizung stattfindet, die der Mann dadurch bewältigen will, dass er auf diesem Gebiet völlig abschaltet. Er reagiert mit innerem Rückzug, weil er den Ansprüchen der Medien, immer und überall sexuell aktiv sein zu können, sowieso nicht gerecht werden könnte.

Wichtig scheint mir, dass Sie Ihrem Mann Ihre Sehnsucht mitteilen. Gott ist der Erfinder der Sexualität und möchte, dass seine Kinder darin Freude empfinden. Fühlen Sie sich nicht klein oder schlecht, wenn Sie Ihre Bedürfnisse ausdrücken.

Die Sexualität der unverheirateten Frau, der Frau nach einer Scheidung oder der verwitweten Frau

Manche Frauen heiraten nicht. Dafür gibt es unterschiedliche Gründe. Wenn eine Frau ledig ist, hört sie nicht auf, Frau zu sein. Wir haben nicht dann nur eine Sexualität, wenn sie ›gebraucht‹ wird, sondern sie ruht in uns als Teil unserer selbst.

Wenn eine Frau schon einmal sexuelle Kontakte mit einem Mann gepflegt hatte, ist ihr sexuelles Verlangen häufiger ausgeprägter als bei der Frau, die nie mit einem Mann zusammen war.

Es gibt Frauen, die fern aller Sexualität ihr Leben erfüllend leben. Ihre sexuellen Gefühle wurden nie geweckt. Diese Frauen sind häufig sehr ausgeglichen und voller Hingabe in ihrem Dienst, bereit, anderen Menschen zu helfen.

Das schließt jedoch nicht aus, dass auch unverheiratete Frauen große Sehnsucht nach sexueller Gemeinschaft haben können. Sexualität ist Kommunikation in höchster Form. In jedem Menschen ist die Sehnsucht auf ein Du angelegt. Je mehr ein Mensch Bestätigung erlebt in seinem Beruf oder in seinem Umgang mit Menschen, umso weniger vermisst er diese Gemeinschaft. Aber je mehr Versagensgefühle, Vereinsamung, Enttäuschungen, Frustration erlebt werden, umso mehr sehnt er sich danach. Sexuelle Gefühle bauen sich häufig nach solchen Negativ-Erfahrungen auf, weil die fehlende Gemeinschaft und der Mangel an Austausch dann besonders schmerzlich empfunden werden.

Manche Frauen suchen Erleichterung in der Masturbation, weil die sexuelle Spannung dadurch weicht. Allerdings wird die Einsamkeit danach oft noch heftiger empfunden und ist manchmal mit Schuldgefühlen verknüpft. Vielleicht ist es ein Erkennen, dass mit dieser Handlung keines der Probleme gelöst ist – und die Reduzierung aufs eigene Ich ein Betrug war. Wer als Frau gelegentlich dieses Mittel als Spannungslöser nimmt, sollte sich nicht noch mit Schuldgefühlen plagen. Bringen Sie Gott Ihre Einsamkeit und bitten Sie ihn darum, diese schmerzvolle Lücke in Ihrem Leben zu füllen. Gelegentliche Masturbation baut Spannung ab und macht die Gedanken wieder frei, um sich nicht länger um sich selbst zu drehen. Dasselbe gilt für ledige, verwitwete und geschiedene Frauen gleichermaßen.

Frauen schreiben mir von diesen Gefühlen, die ihnen auch Angst machen. Ich sehe diese gelegentlichen sexuellen Spannungen als völlig normal an. Sie zeigen diesem Menschen, dass er selbst nicht asexuell ist, auch wenn er ohne einen Partner lebt. Sie erinnern ihn daran, in aller Erfüllung durch Beruf und Gemeinde, dass auch Ehe erfüllend gelebt werden kann.

Wer häufig masturbiert, erlebt dies manchmal als echte Plage, die zu schweren Selbstwertzweifeln führen kann. Manche Frauen fühlen sich als Versager, weil sie etwas tun, was sie eigentlich nicht wollen. Bleiben Sie in solch einem Fall nicht allein. Suchen Sie sich einen vertrauensvollen Menschen, um aus diesem Kreis wieder auszubrechen. Wer Selbstbefriedigung zwanghaft erlebt, sollte sich eine Seelsorgerin oder Therapeutin suchen.

Auch die Ausübung der Sexualität mit einem beliebigen Partner ist keine Lösung des Problems. Viele Frauen sind heute schon in jungen Jahren geschieden. Die in ihrer Ehe geweckte

Sexualität sehnt sich nach einem neuen Du. Sie erleben, ähnlich wie bei der Frau, die früh Witwe wurde, ein Defizit von sexueller Nähe.

Gerade dann, wenn die Frau vom Mann wegen einer anderen Frau verlassen wurde, befindet sie sich in einer schweren Krise. Die Einsamkeit wird doppelt belastend erlebt. Die sexuelle Bevorzugung der anderen Frau ruft Minderwertigkeitsgefühle hervor. Ihre Sehnsucht nach dem oft noch geliebten Ehepartner wird auch in der fehlenden Sexualität schmerzlich empfunden.

Bei der Frau, deren Partner starb, steht die Trauer im Vordergrund. Wenn sie eine erfüllte Partnerschaft mit dem Mann hatte, fühlt sie sich wie amputiert, nicht mehr vollständig. Auch in der Sexualität spürt sie diesen Mangel besonders. Ohne den geliebten Partner weiterzuleben scheint zunächst unmöglich. Sie sehnt sich nach Austausch, auch auf körperlicher Ebene.

Viele Frauen begreifen erst nach dem Verlust des Ehepartners durch Wegzug oder Tod, wie wichtig Sexualität für sie war, obwohl sie diese zuvor nicht als bedeutend eingestuft hatten.

Gott schuf mich als Frau. Je mehr ich seine Bestimmung für mein Leben annehme, umso mehr finde ich zum Frieden in meinem Frausein.

Wir haben nicht eine Sexualität, sondern sind sexuelle Wesen durch und durch. Als Frau fühle und handle ich anders und empfinde Sexualität auf andere Weise als der Mann.

Sexualität ist gute Gabe Gottes. Er hat sie zur Freude für Mann und Frau geschaffen. Es geht dabei nicht zuerst um Lust, sondern um Austausch miteinander, der gepflegt werden muss.

In der Ehe gehöre ich nicht mehr nur mir selbst. Jeder gehört auch dem anderen. Wir sind ein Organismus. Wenn es einem schlecht geht, leidet der andere auch. Wer das Brot hat, darf es mit dem anderen teilen und sollte es nicht aus Lustlosigkeit vorenthalten. Es darf auch Kuchen und Torte sein. Aber Brot ist das Mindeste.

Sexualität zeigt sich als Sehnsucht auf ein Du. Die dazu gehörenden Gefühle sind die Erinnerung daran, dass Gott uns zum Austausch und zur Bereicherung füreinander gemacht hat.

Gott schuf den Menschen, ihm zum Bilde. Im Bereich der Sexualität geht es darum, den Partner in seiner Eigenart anzunehmen, wie er ist – und nicht so zu erziehen, wie ich ihn gerne hätte.

Wer lernt auf die Bedürfnisse des anderen einzugehen, wird selbst Beschenkter sein.

Ruth Heil

Jahrgang 1947, verheiratet mit Hans-Joachim Heil, 1. Vorsitzender von Family-Life-Mission, elf Kinder; gelernte Krankenschwester; seit 25 Jahren in Eheseminaren und -beratungen tätig; Mitarbeit bei verschiedenen christlichen Zeitschriften; Autorin zahlreicher Bücher zum Thema Ehe, Schwangerschaft und Kinder.

Was sich ein Mann von seiner Frau wünscht

Es ist gar nicht so leicht, die zahlreichen und unterschiedlichen Wünsche und Erwartungen der Männer auf einen Nenner zu bringen. Sucht der eine eine junge attraktive Frau, um im Kreise seiner Freunde Aufmerksamkeit zu erhalten, so wünscht sich der andere eine mütterliche, häusliche Frau, die es versteht, eine warme Geborgenheit zu schaffen. Und wieder ein anderer sucht eine sportliche Frau, mit der er seine athletische Leidenschaft teilen kann oder wenn sie schon nicht seine Leidenschaft teilt, so doch dafür Verständnis aufbringt. Und ist der Mann Christ, wird es sein größter Wunsch sein, dass auch seine Frau in diesem Glauben lebt und sie beide somit eine gemeinsame Basis haben.

Aber ein Mann sucht wohl kaum eine Frau, die ihn erzieht und ihm sagt, was ihm fehlt. Das weiß er in den meisten Fällen selbst – oder zumindest meint er, es zu wissen. Er sucht vielmehr eine Frau, die ihn so akzeptiert wie er ist und ihn dennoch liebt.

Es mag nun etwas seltsam erscheinen, wenn eine Frau zu diesem Thema Stellung bezieht, denn wäre es nicht Sache eines Mannes, hier seine Erwartungen und Wünsche zum Ausdruck zu bringen? So war es nahe liegend, dass ich meinen Mann mit einbezog und damit all jene Männer, die über viele Jahre in der Praxis Rat und Hilfe suchten. Seine Antwort war ganz eindeutig: »Ein Mann wünscht sich eine Freundin, eine Frau und eine

Mutter.« Um herauszufinden, ob das auch dem Wunsch eines Jugendlichen von heute entspricht, fragte ich dann meinen jungen, noch unverheirateten Sohn. Spontan fasste er seine Erwartung in einem Begriff zusammen und sagte schmunzelnd: »Silent support« (stille Unterstützung). Damit wollte er nicht etwa sagen, dass eine Frau in die passive Rolle gedrängt wird, aber dass sie durch ihr stilles Dasein eine größere Hilfe für einen Mann darstellt als mit ihrem wortreichen Rat und klugen Vorschlägen. Und ich glaube, er hat mit diesem Punkt eine ganz wesentliche Sache angesprochen. Denn neigen wir Frauen nicht dazu, etwas in den Mann hineinzulegen, etwas zu wissen, was ihm selbst verborgen zu sein scheint und gehen von unserem vermeintlichen Wissen aus? Dabei merken wir nicht, dass wir unbewusst unsere eigenen Wünsche und Erwartungen auf den Partner übertragen und sind ganz überrascht, wenn diese Wünsche und Erwartungen nicht unbedingt mit denen des anderen identisch sind.

Lassen Sie mich das an einem Beispiel aus dem Alltag verdeutlichen. Ein Mann hatte mit einem seiner Kollegen eine unerfreuliche Auseinandersetzung, die ihn noch immer belastet. Als er nach der Arbeit nach Hause kommt, ist er stiller als sonst. Die Frau merkt, dass ihn etwas bedrückt und möchte ihm helfen. Sie fängt an zu bohren. Unwillig gibt der Mann das eine und andere preis, zieht sich dann aber wieder in sich selbst zurück. Beinahe automatisch bietet seine Frau ihm Ideen und Vorschläge als Lösung an. Aber was der Mann sich wünscht, sind nicht unbedingt gute Ideen und Vorschläge. Er möchte sich von seiner Frau angenommen wissen. Er möchte, dass sie da ist, ohne zu fragen, ohne zu erwarten, dass ihre Liebe ihn umfängt und er in dieser Liebe ausruhen kann, dass sie ihm einen Raum schafft, in dem er ohne Angst er selbst sein darf.

Normalerweise bemüht sich ein Mann, seine Frau nicht mit in seine persönlichen Nöte hineinzuziehen. Einerseits möchte er sie nicht belasten, auf der anderen Seite möchte er sich selbst nicht bloßstellen; denn eine Not einzugestehen, bedeutet für ihn Beschämung. Es dauert oft Jahre, bis ein Mann bereit ist, sich seiner Frau gegenüber als schwach zu zeigen. Es ist für ihn ganz selbstverständlich, dass der Mann stark sein muss – auch gegenüber seiner Frau. Das entspricht dem Idealbild, das er von sich selbst hat. Er meint, es nicht zugeben zu dürfen, dass er selbst einer ist, der Hilfe braucht. Er will schützen und bergen, trösten und heilen – und das schließt seiner Meinung nach aus, dass er seine eigene Angst zum Ausdruck bringen darf.

Steht dahinter nicht die heimliche Befürchtung, solch ein Eingeständnis der eigenen Schwäche könnte der Beziehung schaden? Aber erst dann, wenn ich meine eigene Hilflosigkeit und Schwachheit eingestehe, wecke ich in dem anderen die Fähigkeit, zu helfen und Schutz zu gewähren.

Das heißt nun nicht, dass der Mann eine Therapeutin als Partnerin sucht. Solch eine Beziehung ist von vornherein sehr belastet. Es geht hier vielmehr um das partnerschaftliche Miteinander, dieses Miteinander in guten und in schlechten Tagen. Es geht darum, dass Mann und Frau zueinander stehen, ganz gleich ob der andere stark ist oder schwach. Ja, manches Mal kann das Eingeständnis der eigenen Schwäche eine Befruchtung der Beziehung werden, wodurch die Liebe zueinander wächst.

Wenn wir nun fragen, was sich ein Mann von seiner Frau wünscht, so soll hier keine Wunschliste aufgestellt werden, der dann die Frau entsprechen sollte. Es gibt viele unausgesprochene, heimliche Erwartungen, einige davon sind berechtigt, andere sicherlich illusorisch.

Die Ehefrau als Freundin

Was bedeutet es nun, dass der Mann sich seine Frau als Freundin wünscht? Ein Freund ist jemand, mit dem ich meine Interessen teile. Dem ich vertrauen kann. Ein Freund ist einer, von dem ich mich angenommen und geliebt weiß. Einem Freund darf ich mich ungeschützt offenbaren, ohne Angst. Mit einem Freund kann ich gemeinsam leben. Wir können miteinander lachen und miteinander weinen. Und dieses Miteinander ist nicht auf den Sonntag beschränkt, sondern in allen Situationen kann ich dessen gewiss sein, dass mein Freund zu mir hält.

Aber Freundschaft ist auch mit Verantwortung verbunden. Ich denke immer für den anderen mit. In meinen Plänen beziehe ich den anderen mit ein. Wenn der Mann sich seine Frau als Freundin wünscht, so möchte er mit ihr über alles sprechen können; d.h. nicht, dass sie zu allem Ja sagen muss; aber wenn Meinungsunterschiede aufkommen, so möchte der Mann sachlich mit ihr über diese Unterschiede oder Probleme sprechen können – ohne emotionale Überbetonung. Das aber ist leider in den meisten Fällen nicht möglich, da die Frau bei Auseinandersetzungen oft stark emotional reagiert. Einem emotionalen Ausbruch jedoch steht ein Mann häufig völlig hilflos gegenüber.

Ich erinnere mich an ein eheliches Streitgespräch, in dem die Frau in einem emotionalen Ausbruch all die Sünden ihres Mannes auflistete und ihn nicht zu Wort kommen ließ. Sobald er versuchte, seine Position ruhig zu erklären und seinen Standpunkt darzulegen, unterbrach sie ihn mit einem neuen Wortschwall. Der Mann wusste nicht, wie er auf diesen Ausbruch reagieren sollte und schwieg resigniert. Als die Liste der Anklage fortgesetzt wurde, platzte er schließlich und schrie nun seinerseits seine Frau an, woraufhin die Frau in Tränen ausbrach. Zwei erwachsene Menschen, die sich wie Kinder stritten.

Wie oft erleben wir, dass eine Frau sich in ihre Frustration hineinsteigert und es dem Mann unmöglich macht, das, was er sieht und empfindet auszudrücken. Ein Mann möchte über die Sache diskutieren, nicht auf Emotionen reagieren müssen. Er möchte seine Sicht der Dinge darlegen und Verständnis von seiner Frau erhalten. Auf dieser sachlichen Ebene des Gesprächs kann er dann auch Korrektur und Kritik annehmen.

Die Ehefrau als Frau

Eine Ehe ist noch tiefer als eine Freundschaft. Eine eheliche Verbindung bezieht auch das Sexuelle mit ein. So wünscht sich ein Mann nicht nur eine Freundin auf seelischer Ebene, sondern eine Frau, mit der er auch das Sexuelle teilen kann, wobei es nicht nur darum geht, dass sie fähig ist, ihm Kinder zu gebären und damit seinen Namen fortleben lässt, er sucht eine Ergänzung, um mit ihr zur Einheit zu gelangen. Am beglückendsten ist es für ihn, wenn auch sie diesen Wunsch nach dem Einssein in sich trägt. Wenn die Frau die Leidenschaft ihres Mannes lediglich über sich ergehen lässt, kann das für einen Mann sehr frustrierend sein. Dann fühlt er sich abgelehnt und unfähig, sie zu begeistern. Die Folge ist: Er beginnt, an sich zu zweifeln und kommt zu dem Schluss: »An mir muss ein Defekt sein.« Wenn er jedoch sieht, dass seine Frau nicht nur widerstrebend auf sein sexuelles Verlangen eingeht, sondern darüber hinaus ihn als Mann begehrt und ihm sagt, was sie erfreut, so erlebt das der Mann als tiefe Beglückung.

Eine echte Erfüllung aber erlebt er erst dann, wenn die Seele mitschwingt, d. h., wenn seine Frau zugleich Freundin ist, mit der er durch die sexuelle Beziehung die Freundschaft vertieft. Romantisch und leidenschaftlich, ihm völlig ergeben und zugleich mit spielerischen Einfällen ihn stets aufs Neue entzücken und verführen – das ist die Idealvorstellung eines Mannes von seiner Frau.

Die Ehefrau als Mutter

Das Dritte, was er sich von seiner Frau wünscht, ist eine Mutter. Nicht nur eine Mutter seiner Kindern, sondern auch Mutter für ihn selbst.

Vielleicht wird sich manch einer entschieden dagegen wehren, aber offensichtlich suchen doch die meisten Männer, die wir im Lauf vieler Jahre kennen gelernt haben, nicht nur eine Freundin und Partnerin, sondern auch eine Mutter. Das schließt nicht aus, dass sie – zumindest in den meisten Fällen – jünger ist als er selbst und er sie gerne als seine Frau auch seinen Geschäftsfreunden als attraktive Partnerin vorstellen möchte. Ja, er möchte, dass ihn andere um seiner Frau willen bewundern und beneiden. Aber es ist auch die Mutter, die er sucht; die Mutter, die es versteht, das Haus in ein Zuhause zu verwandeln. Die eine häusliche Atmosphäre schafft, in der er sich wohl fühlen kann.

Ich denke an einen Mann, der es nach vier Jahren Ehe nicht mehr aushielt und sich von seiner Frau trennte. »Unser Haus ist ein Chaos«, klagte er. »Meine Frau kümmert sich um nichts. Das Geschirr stapelt sich Woche um Woche im Spülbecken, bis ich mich darüber erbarme. Und wenn unsere Tochter einnässt, so überzieht sie nicht das Bett, erwartet vielmehr, dass ich es tue. Wenn sie wenigstens noch ein schmackhaftes Essen zubereiten könnte. Aber auch das kann sie nicht.«

Durch den Einfluss der Psychologie ist manch ein Mann bemüht, sich von den Fesseln der Mutterbindung zu befreien. Das ist sicherlich teilweise auch berechtigt; aber es kommt immer auf die Beziehung an, die ein Mann mit seiner Mutter hatte. War das Verhältnis zu seiner Mutter in seiner Kindheit positiv, so wird er – um mit C. G. Jung zu sprechen – nicht allzu viel Probleme mit seinem »Schatten« haben. Doch war das Verhältnis zu seiner Mutter belastet, so kann sich auch die eheliche Beziehung als sehr problematisch erweisen, denn in seinem Unterbewusstsein lebt die negative Beziehung weiter. Ja, es können geradezu Probleme initiiert werden, um die alte Beziehung wieder aufleben zu lassen. Entweder wählt einer von vornherein solch eine Partnerin, die seine eigene Mutter widerspiegelt, oder er überträgt die alte Beziehung zu seiner Mutter auf seine Frau und drängt seine Frau in solch eine Rolle hinein. Das kann dann im Alltag so aussehen, dass der Mann so lange an seiner Frau herumkritisiert, bis sie sich genauso verhält wie früher seine Mutter und er das zu hören bekommt, was er stets als Kind hören musste. Auch wenn er sich dagegen wehrt, kreiert er unbewusst selbst die gleiche Situation, denn das Unbewusste bestimmt weitgehend unser Verhalten.

Echte Liebe fragt nach dem anderen

Doch fragen wir jetzt genauer: Was ist es, das sich *mein* Mann von *mir* wünscht? Ich glaube, es ist gut, als Frau darüber nachzudenken. Denn wie oft ist es so, dass einer mit der Frage beschäftigt ist, »Was kommt für *mich* dabei heraus?« »Werden *meine* Wünsche erfüllt?«, oder »Was gewinne *ich*?« Nur selten kommt die Frage auf, »Was ist es, das meinen Partner erfreut?«, oder »Was ist es, das mein Partner jetzt in dieser Situation sich erhofft oder sogar braucht?«

Es wird zwar heute vielfach das Anderssein angezweifelt, doch zeigt es sich immer wieder, dass das »andere Geschlecht«

trotz allem das andere bleibt und nicht ohne weiteres auswechselbar ist. Ja, manches Mal hat man in der Tat den Eindruck, als käme der andere von einem anderen Planeten. Am besten wäre, wenn sich beide Partner in einer stillen Stunde – in der das Fernsehen schweigt und die Kinder schlafen – über diese Frage austauschen und dabei offen über ihre gegenseitigen Wünsche, Hoffnungen und Erwartungen sprechen würden. Dieses gemeinsame Gespräch kann in beiden eine tiefe Sehnsucht offenbaren, aber dann auch zu einer neuen beglückenden Erfahrung führen. Wie oft wird dieser heimliche Wunsch tief vergraben, immer in der stillen Hoffnung, der andere müsste ihn von selbst erraten. Aber das ist oft nicht der Fall, allein schon deshalb nicht, weil der andere mit seiner eigenen heimlichen Erwartung beschäftigt ist.

Zugegeben, solch ein Sichpreisgeben ist jedes Mal mit einem gewissen Risiko verbunden, dem Risiko, innerlich verletzt zu werden. Und wer setzt sich schon gerne dieser Gefahr aus! Aber wenn wir uns verschließen, was gewinnen wir dann?

In vielen Punkten werden sich zweifellos die Wünsche der beiden Partner decken, aber in manchen Punkten wird auch die andere Erwartung zum Ausdruck kommen. Wenn ich weiß, was mein Partner im Stillen von mir erhofft, kann ich ihm anders begegnen. Selbst dann, wenn ich nicht in der Lage bin, seinem Wunsch zu entsprechen, kann ich doch meinen Standpunkt offen darlegen und begründen. Dann kann auch solch ein Spannungsfeld letztlich zur Reifung beitragen.

Ein Mann wünscht sich in seiner Frau eine *Freundin*, mit der er sich sachlich austauschen kann, vor der er sich öffnen kann, vor der er auch Schwächen zeigen kann. Auch wenn diese Wünsche oft nicht bewusst sind, so sind sie doch unausgesprochen gegenwärtig und bestimmen sein Verhalten und Empfinden.

Ein Mann wünscht sich eine *Frau*, mit der er auch schöne sexuelle Erlebnisse teilen kann, die begehrt werden möchte und sich auch an der Sexualität freuen kann.

Ein Mann wünscht sich in seiner Frau auch eine *Mutter*, die es versteht, ihm Heimat und einen Raum der Geborgenheit zu schaffen.

Mann und Frau sollten im Lauf der Jahre lernen, sich auf den Prozess einzulassen, einander mehr und mehr von ihren tiefsten Sehnsüchten und Wünschen preiszugeben. Auch wenn Mann und Frau sich nicht gegenseitig alle Bedürfnisse erfüllen können, so ist es doch gut, voneinander zu wissen und auch im Aushalten der unerfüllten Sehnsüchte miteinander zu reifen und einander annehmen und lieben zu lernen.

Hildegard Horie

lebt mit ihrem Mann, Dr. Michiaki Horie, in Victoria, Kanada, und hat zwei Kinder. Sie ist im deutschsprachigen Raum besonders durch ihre zahlreichen Veröffentlichungen zu psychologischen und zeitkritischen Themen, aber auch durch ihre Biografien zu biblischen Personen bekannt.

Das Gespräch in der Ehe

Viele Ehepaare haben verlernt, miteinander zu reden. – Eine Untersuchung in den USA macht dies deutlich: Ein amerikanisches Ehepaar redet heute im Durchschnitt nur noch 4 Minuten am Tag miteinander. In Deutschland sind es immerhin noch 32 Minuten in der Woche. Auf den Tag umgerechnet aber sind das auch nur noch 4,5 Minuten. Andere Umfragen kommen immerhin noch auf 10 Minuten – aber auch das ist nicht gerade viel.

Sicher ist das fehlende Gespräch, der fehlende intensive Austausch ein Grund, warum der Zustand mancher Ehen heute so desolat aussieht. Denn vieles, was sich im Lauf eines Tages oder einer Woche an Spannungen aufbaut, können wir nur in Angriff nehmen, wenn wir darüber reden und es zum Thema machen, wenn wir daran miteinander arbeiten wollen. Stattdessen sitzen wir miteinander vor dem Fernseher, dem Gesprächstöter Nummer 1, oder gehen uns aus dem Weg. Konflikte, die dringend der Klärung bedürfen, werden unter den Teppich gekehrt. So bauen sich zwischen Ehepartnern mit der Zeit Mauern und Spannungen auf, die das Klima vergiften und die Herzlichkeit und Offenheit ersterben lassen.

In einer Ehe miteinander zu reden und einander wahrzunehmen, ist nicht leicht. Denn das geschieht nicht nur mit Worten, sondern auch mit Gesten und Mimik. Zu einer guten Kommunikation gehört nicht nur das Reden, sondern auch die Fähigkeit zuzuhören.

Weil das Zuhören so schwer fällt, können sich in Gesprächen in kürzester Zeit erstaunlich viele Missverständnisse aufbauen.

Wir hören bei den Worten unseres Ehepartners viel anderes schon mit:

- Wir denken, wir wüssten schon, was der andere jetzt sagen möchte, und hören nicht mehr richtig zu.
- Wir antworten, bevor der andere zu Ende gesprochen hat, und reagieren auf manche Aussagen gereizt.

Der, der die Botschaft abgesandt hat, ist oft höchst verwundert darüber, wie die Botschaft beim anderen angekommen ist. Kommunikation lernen heißt, einander wieder neu und ganz wahrzunehmen, wirklich zuzuhören und sich echt und offen mitteilen zu können.

Ein gutes Gespräch in der Ehe ist nicht selbstverständlich. Wir reden oft nur noch Oberflächliches, Unwichtiges, Sachbezogenes. Eigentliches und Wichtiges kommt nur selten noch zur Sprache. Wir scheuen uns davor, uns in der Tiefe voreinander zu öffnen und zu begegnen. In vielen Gesprächen geht es letztlich nicht mehr darum, den anderen zu verstehen, sondern darum, sich selbst zu rechtfertigen und zu verteidigen. So findet anstelle eines Du-Gesprächs, bei dem wir am anderen wirklich Interesse haben, eine Ich-Verteidigung statt.

Gestörte Kommunikation ist davon gekennzeichnet, dass man sich gegenseitig nicht mehr wahrnimmt. Jeder ist nur auf seine eigenen Bedürfnisse und Gefühle konzentriert. Echter Austausch ist nicht mehr möglich. »Ein Paar, das nicht mehr miteinander redet, verlernt sich kennen« (M. L. Moeller).

Michael Lukas Moeller (Psychoanalytiker und Paartherapeut) nennt solche Gespräch nicht Zwiegespräche, sondern *Zwiespaltgespräche.*

Eigene Bedürfnisse stehen immer im Vordergrund

Alles, was der andere sagt oder tut, messe ich daran, was es mir bringt. Folgende Fragen laufen dann in uns ab: »Komme ich jetzt zu kurz? Hat der andere Vorteile davon und ich Nachteile?«

Alles, was ich tue und sage, läuft erst mal durch den Filter, wie es mir dabei am besten geht.

Ich messe mich selbst an den Idealen, die ich habe, und den anderen an seinen Fehlern und Taten

Ich überhebe mich über den anderen, fühle mich besser als der andere, idealer. Ich beginne, den anderen zu verachten: ich bin besser, der andere macht immer alles falsch. Doch solch eine Haltung hat einen tiefen Grund: Bei jeder Kränkung, die ich dem anderen zufüge, geht es darum, den eigenen Selbstwert zu erhöhen, sich besser zu fühlen als der andere. Indem ich den anderen schlecht mache, bin ich ja der oder die Bessere.

Ein solches Verhalten entlastet uns von den Seiten, die wir an uns selbst verachten. Dabei ziehen wir uns immer mehr voreinander zurück, lassen einander nicht mehr ausreden. Dies ist ein Zeichen dafür, dass wir in uns zutiefst einen Widerstand gegeneinander haben und uns nicht wirklich wahrnehmen und verstehen wollen. Wir wollen nicht sehen, wie wir selbst sind und schieben dafür dem anderen den schwarzen Peter zu.

Entfremdung

Vorwürfe und Kritik sind ein Zeichen für Entfremdung. Das kann sich in vielerlei Bereichen zeigen bis dahin, dass wir uns vielleicht auch im sexuellen Miteinander voreinander entziehen. So wird der Ort, der zur gegenseitigen Beglückung und Bereicherung dienen soll, zu einem Ort der Rache und des gegenseitigen Verletzens. Auch Kinder können Opfer unserer Zwietracht werden: Konflikte, die wir in der Ehe miteinander klären sollten, werden auf dem Rücken der Kinder ausgetragen. Diese leiden unter der gespannten Atmosphäre. Ärger und Aggressionen, die wir eigentlich im Gespräch miteinander loswerden müssten, entladen wir über den Kindern.

Schuldzuweisungen

Es ist schwer zuzugeben, wenn wir uns schuldig fühlen. Darum machen wir lieber dem anderen einen Vorwurf. Das ist einfacher, es entlastet uns von eigenen Schuldgefühlen, und wir fühlen uns besser. Was uns am anderen ärgert, sagen wir ihm nicht direkt, sondern benützen einen dritte Person, um ihm eines auszuwischen. Wir machen den Ehepartner für Probleme eines Kindes verantwortlich: »Weil du das und das gemacht hast, darum hat das Kind jetzt dieses oder jenes Problem.« Viel besser wäre es, ehrlich über Versagens-Gefühle zu werden, einander teilhaben zu lassen, an dem, wo wir uns schuldig und schlecht fühlen oder wo wir ein Problem haben. Dann miteinander nach Lösungen oder Trost suchen zu können wäre der bessere Weg.

Erpressung

Tränen sind oft ein Mittel, das wir Frauen einsetzen: »Ich weine jetzt so lange, bis du dich ganz schlecht fühlst und nachgibst.«

Mit Schweigen können wir unser Gegenüber ebenfalls unter Druck setzen: »Ich rede jetzt einfach nicht mehr mit dir, bis du angekrochen kommst.«

Auch im sexuellen Bereich gibt es Erpressung: »Wenn du nicht mehr mit mir redest oder dies oder jenes nicht mehr tust, dann schlafe ich nicht mehr mit dir.« Oder umgekehrt: »Ich schlafe erst wieder mit dir, wenn du auf meine Forderungen eingehst.«

Bestrafung

Wir wollen dem anderen wehtun, wollen ihn durch Vorwürfe an den empfindlichen Stellen treffen, die wir ja besonders gut kennen. Wir wollen ihn verletzen. »Du hast ja immer an diesem Punkt ein Problem, das sieht dir mal wieder ähnlich ...« Auf subtile Art und Weise bestrafen wir uns mit solchem Verhalten aber auch selbst. Ich werte einen anderen nur ab, weil ich mich selbst abgewertet fühle. Ich kränke den anderen aus eigenem Gekränktsein. Die eigene Selbstabwertung oder Geringschätzung wird nach außen gewendet und gegen den anderen gerichtet. Solche Gespräche sind dann meistens sinnlose Diskussionen mit gegenseitigen Vorwürfen, Kritik und Ironie.

Ursachen gestörter Kommunikation

Unsere gestörte Kommunikation hängt mit unserer Verstrickung in Schuld zusammen, also damit, dass wir aus der ursprünglichen Gemeinschaft mit Gott gefallen sind.

- Darum haben wir Angst voreinander oder vor uns selbst, vor unsern Gefühlen, vor der Wahrheit die zutage kommt, wenn wir ehrlich sind.
- Darum sind wir überempfindlich. Jedes Wort muss der andere auf die Goldwaage legen. Wir können keine sachliche Kritik zulassen, sondern verstehen Kritik immer gleich persönlich.

- Auch Unbeherrschtheit, Jähzorn und Schreien sind Zeichen unserer Verstrickung in Schuld. Sich mit Charakterprägung für solches Verhalten zu entschuldigen wäre billig. Wir sollten solches Verhalten dringend zum Anlass nehmen, nach Veränderung zu suchen – evtl. auch im Rahmen einer Therapie oder in seelsorgerlichen Gesprächen.
- Nicht verarbeitete Vergangenheit ist ein weiterer häufiger Grund für gestörte Kommunikation. Wir haben in der Kindheit Verhaltensmuster gelernt, die wir fortsetzen, wie z. B. einen verletzenden oder unehrlichen Stil. Solche Muster müssen uns bewusst werden – und dann verarbeitet werden, sonst schwingen diese Kindheitsmuster bei jedem Gespräch, das wir führen, mit. Wir hören dann in einem Gespräch statt einer Information oder einer sachliche Aussage einen Vorwurf oder eine Verletzung, obwohl der andere das überhaupt nicht so gemeint hat.

Echte Kommunikation

Veränderung in unserer Ehe beginnt,

- wo wir lernen, echt zu sein,
- wo wir den andern meinen,
- wo wir wirklich zuhören können,
- wo wir bereit sind, um des andern willen an uns selbst zu arbeiten,
- wo wir wirklich aufeinander eingehen und füreinander da sind,
- wo wir das, was der andere uns mitteilt, für uns behalten.

Dann machen wir die Erfahrung, dass wir dem anderen wirklich wertungsfrei begegnen können. Was der andere sagt, muss ich nicht gleich als Angriff auf mich werten. Wenn der andere beginnt sich zu öffnen, kann ich mich freuen, statt zu sagen: »Ja das wusste ich sowieso schon, dass du so bist«. Wenn der andere anfängt, über Ängste und Versagensgefühle zu sprechen, muss ich nicht sagen: »Ja, das ist typisch für dich, dass du da ein Versager bist«, sondern kann mich selbst im Blick auf ähnliche Gefühle und Erfahrungen öffnen.

Bei Eheseminaren oder ähnlichen Gelegenheiten lassen sich erstaunliche Beobachtungen machen. Wenn Ehepartner – am besten unter Anleitung – sich gegenseitig einmal offen sagen können, wie sie empfinden, passiert es immer wieder, dass beide sehr erstaunt sind über das, was der andere sagt: »Dass du das so meinst, habe ich erst jetzt wirklich begriffen. Ich habe immer gedacht, du willst mich damit ärgern oder mich damit angreifen – aber du meinst das ja ganz anders. Das hat bei dir ganz andere Hintergründe. Auf die Idee, dass du das so meinen könntest, bin ich noch nie gekommen.«

Deshalb ist es wichtig, im Gespräch immer wieder zu fragen: »Wie meinst du denn das jetzt wirklich? Warum hast du das jetzt so gesagt, was ist der Grund dafür?« Fragen ohne Unterton sind wichtig, ohne dabei den Partner gleich wieder zu werten oder zu beurteilen.

Dazu brauchen wir aber auch die Erfahrung und Bereitschaft von gegenseitigem Vertrauen, Bereitschaft zur Hingabe und Offenheit, die Erfahrung von Jesu Vergebung.

Wenn wir um unser eigenes Versagen und unsere Schuld wissen und auch, dass bei Gott Vergebung möglich ist, dann ist es in der Ehe leichter, auch über diese Dinge zu reden.

Es kann eine große Bereicherung und Beglückung in einer Ehe sein, darüber reden zu können, wo ich schuldig bin, wo ich versagt habe, wo ich Ängste oder Schwierigkeiten habe. Unrecht zuzugeben ist schwer, da zerbricht unsere stolze Fassade. Wenn wir Schuld, Unrecht, Ängste oder Traurigkeit zugeben, gehen wir ein Risiko ein. Wir wissen nicht, was unser Ehepartner damit macht. Wenn wir verletzliche Seiten zeigen, könnte der andere es als Gelegenheit nützen, um mich zu demütigen. – »Siehst du, schon wieder, das habe ich mir doch gleich gedacht.« Rächt sich der andere, unterdrückt er mich, erpresst er mich vielleicht sogar damit?

Wenn ich mich öffne, kann das der Anfang von neuem Vertrauen sein. Mauern der Angst können zerbrechen, wenn wir unseren Stolz aufgeben und Ehrlichkeit voreinander einüben. Die Bindung der Ehepaare zueinander vertieft sich, wenn es gelingt, die eigenen Unsicherheiten und Ängste dem anderen einzugestehen. Die Offenheit schafft auch immer tiefere Zuneigung zueinander. Dazu brauchen wir die Bereitschaft, das Innerste von uns preiszugeben. Echte Liebe liebt den anderen mit Grenzen und Schwächen. Gottes Treue zu uns ist die Grundlage für tiefe Offenheit und Ehrlichkeit. Gottes Ja zu uns kann uns den Mut geben, auch unser Ehegespräch wieder in Gang zu bringen oder lebendig zu halten.

Wie können wir das eheliche Gespräch wieder in Gang bringen?

Überlegen Sie sich zuerst, wie viel Zeit Sie bisher für das Gespräch in der Ehe haben und wie viel Offenheit darin möglich ist. Manchmal fällt uns bei solchen Überlegungen erst auf, wie sehr das Gespräch durch Aktivitäten und Belastungen, die es überdecken, erstickt ist. Beruf, Haushalt, Hobby oder auch zu viel christliches Engagement fordern ihren Tribut. Manche Paare entdecken besonders dann, wenn die Kinder aus dem Haus gehen, schmerzlich, dass sie sich kaum noch etwas zu sagen haben und dass die Ehe leer geworden ist.

Entscheiden Sie sich, Ihr Ehegespräch wieder behutsam in Gang zu bringen. Überfordern Sie sich nicht gegenseitig, sondern machen Sie kleine Schritte. Manchen Paaren hilft es, einen festen Abend für das Gespräch einzuplanen.

Geben Sie Ihrem Gespräch ab und zu auch einen schönen, bergenden, vielleicht auch festlichen Rahmen – bei einem guten Essen, bei gemütlicher Musik. Auch ein Spaziergang oder eine Wanderung zu zweit kann wieder der Beginn für offene Kommunikation sein. Vielleicht ist uns unsere Ehe auch mal ein Wochenende in einem Hotel wert?

Manche Ehepaare wissen genau: Bei uns haben sich viele Verletzungen im Lauf der Zeit aufgebaut. Schuld hat sich angesammelt und blockiert das Gespräch. Lassen Sie Ihre Beziehung an der vergebenden Liebe Jesu neu werden. Wir leben nicht von unserer Perfektion und nicht von der Fassade, die wir aufbauen, sondern von der Echtheit und der Vergebung Gottes, die auch miteinander einen Neuanfang ermöglicht.

Nehmen Sie auch Hilfe von Dritten (Eheseelsorge, Eheseminare) in Anspruch, wenn sie den Eindruck haben, dass Ihr Gespräch festgefahren ist und immer wieder nur in Vorwürfen und Anklagen endet. Prägungen aus der Kindheit und Jugend können uns blockieren. Diese müssen uns bewusst gemacht und ausgeräumt werden.

Prüfen Sie sich selbst an den Stellen, an denen Sie nicht bereit sind zu reden:

Rede ich nicht, weil der andere nicht zuhört?

Weil ich Angst habe, abgewiesen zu werden?

Weil ich Angst habe, dass der andere das Anvertraute als Waffe gegen mich einsetzt?

Weil es mir leichter fällt, gewisse Themen um des lieben Friedens willen nicht zu berühren?

Geben Sie Ihren Wunsch nach tieferen Gesprächen nicht auf.

Fordern Sie das Gespräch aber nicht klagend oder vorwurfsvoll, sonst fühlt sich der Partner nur eingeengt.

Üben Sie das aktive Zuhören ein. »Die Menschen sprechen sich in dem Maße über das, was sie bewegt, aus, als wir bereit sind zuzuhören. Beim wahren Dialog hört man zu, nicht um zu antworten, sondern um am Gefühlsleben des Partners teilzunehmen« (Paul Tournier).

Sternstunden des Gesprächs

Wenn ich gewagt habe, alles auszusprechen, was mich persönlich bewegt, dann spüre ich: Es tut mir unendlich gut, endlich einmal alles gesagt zu haben. Wenn der andere mir seine Gefühle anvertraut, bekomme ich Einlass in seine Seele und in sein Herz. Das sind »Sternstunden« in unserm gemeinsamen Leben. Wir sind uns wieder näher gekommen. Durchsichtigkeit und Offenheit kennzeichnen unsere Beziehung.

Das Gespräch in der Ehe ist oft gestört oder gar erstorben. Gestörte Kommunikation äußert sich in Nörgeln und Vorwürfen, Schuldzuweisungen, Entfremdung voneinander, Ichbezogenheit, Erpressungs- und Bestrafungsmechanismen.

Ursache der gestörten Kommunikation ist unsere Entfremdung von Gott. Diese äußert sich in Angst voreinander und vor Gott, Unbeherrschtheit und Zorn, Selbstmitleid und Egoismus.

Gute Kommunikation ist gekennzeichnet von tiefer Ehrlichkeit und Offenheit, von einem angstfreien Raum und der Bereitschaft zur Hingabe aneinander und gegenseitiger Vergebungsbereitschaft.

Um das Ehegespräch wieder in Gang zu bringen, helfen uns eine Bestandsaufnahme (»Wie sieht es bei uns aus?«), ein fester Termin, ein festlicher oder gemütlicher Rahmen, Ungestörtheit, aktives Zuhören und der Wille, immer wieder neu miteinander anzufangen.

Cornelia Mack

Literaturhinweis:

Michael Lukas Moeller: Die Wahrheit beginnt zu zweit, Hamburg 1992

Er passt doch zu mir

In wenigen Tagen feiern wir unsere Silberhochzeit! Seit 25 Jahren gehen wir nun zusammen einen Weg. Aber war es wirklich immer ein gemeinsamer Weg?

Wie selbstverständlich erwartete ich dies, als wir heirateten. Die Voraussetzungen schienen ideal zu sein. Wie gut ergänzte mich mein Mann mit seinem Humor, über den ich immer neu lachen musste. Wie klar und einfach konnte er Probleme analysieren, über die ich mir den Kopf zerbrach. Wenn ich mich aufregte, legte er eine sachliche Überlegenheit an den Tag, die mich beruhigte und mir half. Auch auf meine gerade frisch geborene Beziehung zu Jesus reagierte er zwar erstaunt, aber dankbar, denn meine Depressionen, die ihm Sorgen gemacht hatten, lösten sich in wenigen Wochen in der Liebe und Geborgenheit Gottes wie Schnee in der Sonne auf. Er freute sich an dem, was Gott in meinem Leben an deutlicher persönlicher Befreiung wirkte, und ich war begeistert, dass mein Mann Gott so anerkannte!

Aber schon bald nach unserer Hochzeit merkte ich zu meinem Entsetzen, dass alle Unterschiedlichkeit, die ich noch vor einigen Monaten als eine absolute Bereicherung und gemeinsame Stärke empfunden hatte, eher die Ursache zu einem Frontenkrieg wurde.

Seinen Humor empfand ich zunehmend als albern und kindisch – ich hoffte so sehr, er würde sich als Mann würdiger benehmen. Seine Art, Probleme anzugehen, kam mir gefühllos vor – ebenso wie seine beschwichtigenden Worte, wenn ich mich sorgte. Ich fühlte mich in meinen Schwierigkeiten nicht ernst genommen.

Am schmerzlichsten aber empfand ich seine gleichgültige Weise, in der er auf meine Begeisterung für Gott reagierte. Es war für ihn akzeptabel, wenn ich in den Gottesdienst ging, aber es blieb für ihn unverständlich, dass mir dies so wichtig war.

Wie verschieden wir plötzlich dachten, fühlten, Begriffe füllten, wie entgegengesetzt unsere Zielen zu sein schienen!

Ich war entsetzt, enttäuscht und fühlte Panik in mir aufsteigen bei dem Gedanken, dass wir nun ein ganzes Leben lang zusammen sein sollten, ohne letztlich miteinander zu sein.

Nein, wir gingen unseren Weg nicht zusammen – und dies trotz all unserer Liebe zueinander. Seine Liebe erschien mir jetzt nicht stärkend, sondern eher kraft- und hoffnungslos.

Einige Wochen später lernte ich eine Frau in unserer Gemeinde kennen, die in einer ähnlichen Situation mit ihrem Mann lebte.

Wir fanden uns in der Trostlosigkeit unserer Situation und rangen um unsere Männer. Jede Woche trafen wir uns und beteten verzweifelt, dass Gott sie doch ändern möchte!

Gottes ungewöhnliche Ideen

Eines Tages empfing sie mich mit einem strahlenden Gesicht und erzählte überschäumend: »Heute habe ich einen Text aus dem 1. Petrusbrief, Kapitel 3 gelesen, und mir fiel es wie Schuppen von den Augen. Maria – lass uns unsere Männer gewinnen, in dem wir Gott um seine Liebe und Fantasie für sie bitten und wir ihnen so neu begegnen!« Ich war sehr skeptisch, fand ich doch meine Liebe zu meinem Mann ausreichend!

Wir beteten dementsprechend – ich allerdings sehr zaghaft –, und ein Gedanke kristallisierte sich heraus: »Wechselt euch im Gottesdienst ab und bleibt jeweils einen Sonntag zu Hause!«

Dies war viel verlangt. Hauptsächlich, weil ich diese sonntägliche Gemeinschaft liebte und auf gar keinen Fall darauf verzichten wollte. Schließlich war es das Einzige, was ich bewusst ohne meinen Mann tat, und ich meinte, ein Recht auf diese Zeit zu haben. Aber meine Freundin war so überzeugt, dass dies eine Idee Gottes war, dass ich schließlich in einen Versuch einwilligte. Je länger ich mich aber in meinen Gebeten und Gedanken mit diesem Vorhaben beschäftigte, desto mehr Freude gewann ich daran und war bald voll Eifer, was und wie ich am Sonntag meinen Mann überraschen könnte.

Als ich das erste Mal nach unserer Abmachung meinen Mann mit einem fürstlichen Frühstück wecken wollte, schaute er nur verschlafen hoch, stutzte über das Tablett, meinte brummend »Warum gehst du denn nicht in deinen Gottesdienst?«, drehte sich um und schlief wieder ein.

Wütend und heulend trank ich meinen Kaffee und schwor mir: »Das passiert mir nie wieder!«

Wie gut, dass meine Freundin einen längeren Atem hatte. Sie tröstete mich nicht nur, sondern ermutigte mich, nicht sofort aufzugeben.

Und wirklich – das nächste Mal schon reagierte mein Mann sehr viel freundlicher, und schließlich genoss er die gemütlichen gemeinsamen Sonntagsfrühstücke – und auch ich freute mich auf dieses 14-tägige Zusammensein mit ihm. Wie kaum eine andere Zeit in der Woche schienen diese Kaffeestunden für unsere Ehe wichtig zu sein. Wir begannen über vieles sehr ausgiebig und intensiv zu sprechen. Es war, als würde der Segen Gottes, den die Gemeinde zur selben Zeit 15 km weiter empfing, auch unsere Küche erfüllen. Die gegenseitige Offenheit wuchs trotz mancher Stolpersteine.

Auch die Predigten an den Sonntagen, an denen meine Freundin bei ihrem Mann blieb, erlebte ich als besonders gehaltvoll, und sie intensivierten sich noch durch das gegenseitige Berichten. Meine Freundin und ich wurden in dieser Zeit in doppelter Hinsicht gesegnet.

Die Gebete für unsere Männer hatten sich verwandelt. Statt »Herr, verändere sie!«, beteten wir nun für uns, um mit Gottes Weisheit, Liebe und Fantasie unseren Männern zu begegnen.

Einige Monate später meinte eines Sonntagmorgens mein Mann wie nebenbei: »Nächsten Sonntag könnte ich ja mal mit in den Gottesdienst kommen!«

Bei diesem einen Mal blieb es nicht. Es dauerte aber noch gut drei Jahre, bis er ganz konkret Jesus Christus sein Leben übergab und sich Gott total anvertraute.

Die Gefangenschaft unserer Erwartungen

Der lang erträumte, erbetene Augenblick war endlich, endlich gekommen. Wie oft hatte ich voller Neid Ehepaare beobachtet, die zusammen in der Bibel lasen, beteten und sich miteinander an Gott und seinem Handeln in ihrem Leben freuten.

Ich war außer mir vor Freude. Jetzt würde es endlich richtig losgehen!

Aber – die Enttäuschung folgte auf dem Fuß – meine Erwartungen und Hoffnungen in dieser Hinsicht erfüllten sich in keiner Weise.

Es war wunderbar zu sehen, dass Gott zu meinem Mann sprach, sich ihm offenbarte und in seinem Leben wirkte, aber dies lief auf einer scheinbar ganz anderen Ebene ab, als ich es erlebte. Entgegen meinem intensiven Forschen und Wühlen im Wort Gottes, war die Art meines Mannes, die Bibel zu lesen, damals kurz und bündig. Auch gegenüber meinen sehr ausschweifenden Gebeten wirkten seine Worte knapp und sachlich.

Auf meine Anfrage, ob ihm nicht der Hintergrund des Textes wichtig wäre, reagierte er unverständlich, denn ihm war immer alles so klar. Auch war er überzeugt, dass Gottes Geist das für ihn Aktuelle offenbarte, denn dies sei schließlich sein Gebet. Dabei ließ er mich deutlich spüren, dass meine Art, das Wort zu lesen und zu beten, viel zu umständlich sei. Durch dies unterschiedliche Erleben Gottes schienen wir uns erneut zu entzweien, unser Umgang miteinander wurde nun eher komplizierter und schwieriger statt leichter und intensiver. Sollte dies unsere gemeinsame Zukunft sein, dass wir zwar die gleiche Lebensgrundlage und dasselbe Lebensziel hatten und doch auf verschiedenen Wegen gingen? Ich war wütend und bitter!

Gottes Weg in die Freiheit

Ohne den Trost und das Gebet meiner Freundin wäre ich damals verzweifelt. Sie ermutigte mich, an Gottes Zusage über unserer Ehe, »dass wir mit einem Munde Gott loben sollten« (vgl. Römer 15, 6) als sein Versprechen für unsere Ehe festzuhalten – über den momentanen Zustand hinweg! So starteten wir immer mal wieder neu den Versuch, uns vor Gott zu finden. Einmal lasen wir morgens zusammen die Bibel. Dabei äußerte mein Mann sich zu einem Abschnitt in einer Weise, die ich nicht akzeptieren konnte, und sofort wollte ich ihn über die theologischen Zusammenhänge belehren, als ich tief in meinem Herzen eine sehr energische Stimme vernahm: »Du bist ihm nicht zur Korrektur gegeben, sondern zur Ergänzung!« Mir blieben die Worte buchstäblich im Hals stecken und zum Erstaunen meines Mannes verstummte ich wirklich. In den Tagen danach stand dieser Satz wie mit Leuchtschrift vor meinen Augen. Und ich rebellierte – war Belehrung nicht auch Ergänzung? War ich nicht die Ältere und Erfahrenere im Glauben an Gott? Schließlich fragte ich Gott –

etwas herausfordernd –, wie ich meinen Mann ergänzen sollte, ohne ihn zu korrigieren.

Als hätte unser himmlischer Vater nur darauf gewartet, begann er mir zuerst vieles an Ablehnung, ja Verachtung gegenüber meinem Mann zu offenbaren, was mich wirklich schockierte, war ich doch meiner fürsorglichen Liebe zu ihm so sicher gewesen!

Aber noch etwas machte Gott mir sehr deutlich: »Das Leben, auch das geistliche Leben deines Mann ist in meiner Verantwortung, nicht in deiner! Halte dich da heraus! Ich habe meinen Plan der Erneuerung mit ihm, wie ich meinen Plan mit dir habe! Vertrau mir! Sei du vor mir und höre, ich will dich verändern, so wie ich mich dich gedacht hatte. Überlasse mir deinen Mann!«

Als ich dies begriff und ergriff, übergab ich ganz neu mein Leben und auch unsere Ehe in seine Verfügungsgewalt.

Ein nächster Prozess – zur Einheit

Zuerst lernte ich mehr und mehr, meine Sehnsüchte und Korrekturwünsche nicht mehr meinem Mann zu sagen, sondern unserem Gott und Herrn. Nach und nach spürte ich, wie sich meine verkrampfte Erwartungshaltung meinem Mann gegenüber entspannte. Dabei erlebte ich sehr intensiv, dass Gott selbst mein Versorger, mein Tröster, mein Lehrer, meine Zuflucht wurde. Er selbst erfüllte damals vieles, was ich mir von meinem Mann als geistlichen Partner ersehnte. Und seltsam – je mehr ich die Erfüllung meiner geistlichen Sehnsüchte von Gott selbst bezog, desto erstaunter registrierte ich, wie mein Mann sich neben mir veränderte!

Es kam mir vor, als hätte ich anfangs pausenlos im neu angepflanzten Herzensbeet meines Mannes nach aufgehenden

Pflanzen – entsprechend meinen erwarteten Vorstellungen – geschaut, ja gepuhlt und dabei unachtsam etliches zertreten, das Gott schon aufgehen ließ. Ich war dankbar, dass ich dieses »Beet« nun in Gottes Obhut und Pflege belassen konnte!

Ich war so froh, dass Gott den Humor meines Mannes, den ich ihm fast durch mein Gemäkel ausgetrieben hatte, in wunderbarer Weise neu entwickelte und gebrauchte, um etliche Situationen zu entspannen und vor allem mir, die ich zu depressiven Stimmungen neige, ein Gegengewicht zu sein. In einem sehr komplizierten, seelsorgerlichen Gespräch entknotete mein Mann die Verworrenheit der Angelegenheit mit wenigen sehr einfachen, klaren Sätzen. Ich begann Gott für den Mann an meiner Seite zu danken! Immer mehr erlebte ich, wie sehr Gott mich mit ihm ergänzte.

Jetzt erst begannen wir wirklich miteinander zu gehen, nicht nur nebeneinander, sondern in einem zunehmenden Maße ineinander greifend, verbunden auf der gleichen Basis, zu dem selben Ziel der Liebe Gottes, der Gnade unseres Herrn Jesus Christus und in der Gemeinschaft mit dem Geist des Vaters.

... und heute ...

Vieles hat sich in den letzten 15 Jahren verändert!

Mein Mann liest inzwischen genauso gerne und viel in Gottes Wort wie ich und doch erfasst er Gottes Wort anders. Er betet ebenso leidenschaftlich, aber doch anders, als ich es tue. Seine Begeisterung äußert sich in anderen Worte, die ich nun gelernt habe zu verstehen. Das Andere, Ungewohnte, für mich nicht Nachzuvollziehende ist mir nicht mehr Angriff, sondern eine sehr nötige Komponente zu der Einheit in Gott geworden.

Ich habe nicht mehr den Mann, den ich einmal geheiratet habe, so sehr hat er sich verändert. Gott entfaltete seine Persönlichkeit nach seinem weisen Plan! Der Lern-, ja Loslösprozess ist bis heute nicht abgeschlossen. Immer neu werde ich von Gott daran erinnert, dass mein Mann ihm gehört und nicht mir, und dass nur Gott allein sein Werk der Heiligung sowohl in mir als auch in ihm vollendet.

Gott führte mich hinaus in die Weite – er brachte mir Rettung, denn er hat Lust an mir (Psalm 18, 20). Ich bin zutiefst dankbar dafür.

Was ich daraus gelernt habe

1. Gottes Gedanken und Ideen mit uns sind immer größer und weitreichender als unsere. Sie sprengen unser religiöses, frommes Denkschema, und das ist – immer wieder neu – nötig! Gott lädt uns ein, zuallererst ihn kennen zu lernen und mit ihm vertraut zu werden. So hören wir auf seine Stimme und werden hineinbezogen in seine Pläne mit uns und mit den Menschen um uns. Das ist die Grundlage, durch die Gott in uns und durch uns wirken will!
2. Selten sind wir für Menschen so blind wie für die, die direkt um uns sind. Unsere Gedanken und Erwartung sind z.B. durch Aussagen oder Erfahrungen festgefahren und so oft in Hoffnungslosigkeit verkrustet.
   Gott allein sieht und kennt die Herzen, und er allein hat den Schlüssel dazu, und dieser ist fast immer sehr unorthodox, dies wird durch sehr viele biblische Beispiele bezeugt.
   Wenn wir nicht vertraut werden mit Gottes liebevollem und fantasiereichem Wesen, wird er uns nur sehr schwer in seine vorbereiteten, heilenden Wegen leiten können.
3. Gott möchte uns in einen Lernprozess leiten, in dem wir

begreifen, dass er der Garant meines Friedens, meiner Freude, meiner Geborgenheit usw. ist – nicht mein Mann!

4. Nur wenn ich selbst eine eigenständige, lebendige Beziehung zu diesem Gott lebe bzw. erlebe, werde ich fähig und frei, auch meinen Partner – oder heranwachsende Kinder – in die eigene Verantwortung vor Gott zu entlassen.
5. Nur die persönliche Heiligung meines Partners wird mich auf dem Weg, den Gott für uns in der Ehe vorbereitet hat, wirklich ergänzen.
   Wenn ich nicht vertraut bin mit Gott selbst, der mich liebt, der das Beste für mich vorbereitet hat, damit ich darin »wandeln« soll – werde ich aus Angst und Unsicherheit nicht die Eigenständigkeit meines Partners fördern, sondern sie beschränken, ja sogar dagegen ankämpfen – und das Beste, nämlich Gottes Plan mit uns, verpassen.

Oft erleben wir folgendes:

Was mich ursprünglich an meinem Mann anzog, was ich an ihm schätzte, wird mir mehr und mehr zum Ärgernis!

Es ist wichtig, in der Ehe nach Gottes – eventuell sehr ungewöhnlichem – Schlüssel für unseren Partner zu suchen.

Nach der Bekehrung des Partners bleibt oft die Enttäuschung nicht aus, dass er anders mit Gott lebt, als wir es gewohnt sind, als wir es uns für unser Miteinander ersehnten.

Darum müssen wir lernen, den Ehepartner loszulassen, ihn in Gottes Verantwortung und Obhut zu geben.

Wichtig ist auch, auf Gottes ganz persönliche Leitung und Heiligung in mir zu achten.

Wenn wir Gottes wunderbare und eigene Entfaltung der Persönlichkeit des Partner akzeptieren und seine Weisheit darin entdecken, können wir oft nur noch staunen.

Maria Czerwonka
Jahrgang 1952, ist Hausfrau und Mutter von zwei erwachsenen Kindern. Sie ist als Referentin bei Freizeiten und Seminaren tätig; von ihr erschienen schon zahlreiche Beiträge in verschiedenen Zeitschriften.

3. Beziehungen

Freundschaft leben

Es war vor ein paar Jahren. Die besten Ehemänner von allen – nämlich der meiner »besten« Freundin und mein eigener – inklusive Kinder hatten uns zu einem runden Geburtstag eine Woche Urlaub von der Familie geschenkt. Diese herrliche Zeit verbrachten wir auf Malta, untergebracht in einem Hotel direkt am Strand. Es war einzigartig und herrlich. Wir verstanden uns trotz engsten Kontakts bestens und hatten unwahrscheinlich viel Spaß miteinander. Eines Abends kehrten wir von einem wunderschönen, ausgezeichneten Abendessen zurück ins Hotel. Das heißt, wir wollten es. Wir brauchten allerdings 10 Minuten, um über die Hotelstufen, an der Rezeption vorbei, die Gänge entlang, zu unserem Zimmer zu gelangen. Warum? Weil wir miteinander so lachen und kichern mussten, dass uns die Tränen die Wangen herunterrannen, ebenso das Make-up und die Wimperntusche. Dazu kam, dass wir beide dringend aufs Örtchen mussten, aber dazu hätten wir die Stiegen erklimmen, an der Rezeption vorbeigehen, die Empfangshalle duchqueren müssen ... und das in diesem Zustand! Also zappelten wir, vor Lachen gekrümmt, ein paar Schritte vom Hoteleingang entfernt so lange vor uns hin, bis wir mit letzter Kraft die Hürden nehmen und die Toiletten erreichen konnten ...

Ja, meine beste Freundin und ich ...

Welcher Mann hält es locker aus, wenn zwei Frauen leicht fortgeschrittenen Alters kichern und herumalbern wie zwei unreife Teenager – und sich dabei auch noch köstlich amüsieren? Wie kann auch der einfühlsamste Mann eine Frauenseele ganz verstehen? Und umgekehrt? Wer weiß um Frauenwehwehchen besser Bescheid als eine einfühlsame Freundin? Wer kann einem Rat geben wie sie? Wer kann »einfach nur da sein« wie sie? Oh ja, die beste Freundin ist unersetzlich!

Als ich über berühmt gewordene Freundschaften nachdachte, fielen mir manche Männerfreundschaften ein – aber keine berühmt gewordene Frauenfreundschaft. (Sollten Sie welche kennen, schreiben Sie mir bitte über den Verlag ...)

Im Alten Testament (2. Samuel 1) steht König »Davids Klagelied«. Darin besingt er den Verlust seines Freundes Jonatan (die Geschichte dieser Freundschaft können Sie ab 1. Samuel 18 nachlesen). Jonatan war im Kampf gegen die Philister umgekommen, und David weint und klagt in Vers 26 um ihn: »Es ist mir leid um dich, mein Bruder Jonathan, ich habe große Freude und Wonne an dir gehabt; deine Liebe ist mir wundersamer gewesen, als Frauenliebe ist.«

Ehrlich gesagt, dieser letzte Vers hat mich anfangs schon sehr irritiert. Doch wir wissen, dass David schöne und auch kluge Frauen geliebt und geschätzt hat und mehrere davon zur Frau genommen hat, obwohl dies nicht Gottes Bild der Ehe entsprach. Damit hat er sich auch manche Schwierigkeit eingehandelt und es wäre verständlich, wenn ihm so eine »ruhige Männerfreundschaft« etwas geboten hat, was seine Frauen ihm nicht geboten haben oder bieten konnten. Später habe ich seine Aussage mit meinen eigenen Erfahrungen verglichen, habe meine Freundschaft mit meiner besten Freundin zum Vergleich herangezogen ... Und was musste ich feststellen?

Die Liebe und Freundschaft zu und von meinem Mann ist etwas Einzigartiges, Kostbares, Unvergleichliches.

Die Zuneigung und Freundschaft zu und von meiner Freundin auch! Ich kann zwar Davids Bevorzugung der gleichgeschlechtlichen Freundschaft nicht teilen, aber die Erkenntnis, wie kostbar, einzigartig und unvergleichlich die gleichgeschlechtliche Freundschaft (wie z. B. zwischen meiner Freundin und mir) ist, schon.

Das Wort »Freund« hatte früher die Bedeutung der Blutsverwandtschaft. Heute sagen wir zu jemanden, der uns sehr nahe steht, das ist mein »Seelenverwandter«. Blut und Seele – beides drückt die Intensität aus, zu der Freundschaft fähig ist. – Da gibt es jemanden, der mir ganz nahe ist, körperlich und seelisch. Was aber verstehen wir unter einem »echten Freund« oder einer »echten Freundin«? Ich habe einige Meinungen gesammelt:
»Eine Freundin kann man auch enttäuschen – man weiß, dass einem trotzdem vergeben wird.«
»Eine Freundin nimmt mich an, wie ich bin – ich muss keine Leistung bringen, um geschätzt zu werden und muss keine Show abziehen.«
»Eine Freundin versteht mich.«
»Einer Freundin kann ich blind vertrauen, dass sie zu mir hält.«
»Eine Freundin tratscht nicht, redet nicht hinterrücks.«
»Eine Freundin geht mit dir durch dick und dünn.«

Eine der schönsten Schilderungen von Freundschaft in der Literatur bietet die »Bürgschaft« von Friedrich Schiller. Da sind zwei Freunde sogar bereit, ihr Leben füreinander einzusetzen – und nötigenfalls füreinander zu lassen. Aber nicht nur das. In diesem Gedicht geht es um Folgendes: Ein Mann versucht den Tyrannen des Landes zu töten, wird dabei »geschnappt« und vor den Diktator geschleppt. Der Tod ist ihm sicher. Der Gefangene bittet jedoch den König, die Strafe für drei Tage auszusetzen, er müsse noch – wie es die Sitte verlangt – die Schwester verheiraten. Als Sicherstellung, dass er zurückkehren wird, bietet er dem König seinen Freund an. »Und der König lächelt mit Argelist ...« Er gewährt ihm den Aufschub und bietet ihm folgende Abmachung an: Du kannst deine Schwester verheiraten, nach drei Tagen wird dein Freund gehängt – bist du rechtzeitig zurück, kann er gehen, und du stirbst. Bist du jedoch nicht zurück

– stirbt er, und du bist frei ... Obwohl es Hollywood zu Schillers Zeiten bekanntlich noch nicht gab – es gibt ein »Happyend«: der Freund kommt trotz gewaltiger Hindernisse gerade noch rechtzeitig zurück und kann den anderen vor dem Tod retten. Dem Tyrannen kommt diese Wendung des Geschehens sofort zu Ohren, er ist von der Macht dieser Freundschaft und Liebe so ergriffen, dass er eingesteht: »Es ist euch gelungen, ihr habt das Herz mir bezwungen; und die Treue, sie ist doch kein leerer Wahn, so nehmt auch mich zum Genossen an! Ich sei, gewährt mir die Bitte, in eurem Bunde der Dritte.«

Wie sagte schon Jesus? Größere Liebe hat niemand als der, der sein Leben lässt für seine Freunde (Johannes 15, 13).

Ein gewaltiger Anspruch! Wer wird ihm gerecht? Schildert die Bürgschaft nicht ein unerreichbares Ideal? Ja und nein. Ja, weil unser Leben mit Versagen können und dürfen verbunden ist, und nein – weil der Text die wichtigsten »Zutaten« für eine gelungene Freundschaft aufzeigt:

Zwei Freunde sind sich in ihrer Freundschaft so total sicher, dass sie sogar lebenswichtige Entscheidungen füreinander treffen können, ohne sich vorher darüber beraten zu müssen. Dieses »sicher sein« heißt kurz und bündig »vertrauen«.

Vertrauen

Vertrauen ist also die Basis einer Freundschaft. Darauf baut Freundschaft auf. Vertrauen, das wider den Schein hofft und glaubt ... Wie geht´s denn mir in heiklen Situationen? Wenn Gerüchte und Tratsch über meine Freundin an mein Ohr dringen? Schenke ich dem Gehör? Oder vertraue ich ihr erst mal, meinem Wissen über sie, meinen Erfahrungen mit ihr? Der Mann in Schillers »Bürgschaft« scheint keinen Zweifel daran gehabt zu haben, dass sein Freund alles versuchen würde, um sein Versprechen einzulösen und ihn vor dem Tod zu bewahren. Kein Zweifel daran, dass sein Freund der Versuchung, sein Leben auf billige Art zu erkaufen, widerstehen wird.

In der Ballade fallen Worte wie *»Liebe«*, *»Treue«* und *»Pflicht«* – Begriffe, die heutzutage fast unbekannt sind – wir können sie wieder beleben! »Liebe« ist zwar nahezu in aller Munde, aber vermutlich wurde sie auch noch nie so verkannt und missbraucht.

Liebe

Freundschaft beinhaltet Liebe, oder sagen wir einfach »eine ganz tiefe Zuneigung« zu der Person meines Vertrauens. Wenn ich jemandem »zugeneigt« bin, dann bin ich ganz, bildlich gesprochen, auf »Blickkontakt«, auf »Empfang« eingestellt. Dann ist mir mein Gegenüber vielleicht sogar wichtiger, als ich es selbst mir bin ... Herrscht diese gegenseitige Zuneigung in einer Beziehung vor, dann gibt es auch kein Problem mit »hören« und »reden« – denn dann ist »geben« und »nehmen« ausgewogen vorhanden, und keiner kommt zu kurz. Sollte dies doch vorkommen, kann man unter Freunden solche Gefühle auch ansprechen ... Echte Liebe ist die gewaltigste Macht auf Erden – in der Ballade führt sie dazu, dass das Böse, also der Tyrann, von ihr überwunden wird. Er möchte auch »gut und edel, ja, liebenswert« werden. Zeigen und leben wir Liebe, die in anderen Menschen Sehnsucht weckt nach ähnlichen Erfahrungen?

Treue

Bedeutet dieses Wort den »Ausschluss« aller anderen Personen, bedeutet es »traute Zwei-Genügsamkeit?« O nein! Das Wort »treu« heißt eigentlich »fest, stark wie ein Baum« – es ist ein Bild, mit dem wir etwas anfangen können. Tief ins Vertrauen eingewurzelt, wächst ein starker Baum, an dem wir uns anlehnen können, der von Stürmen vielleicht gebeugt, aber nicht entwurzelt wird. So ein Vertrauen entsteht aber nicht von heute auf morgen. Wie sich der Baum aus einem Samenkorn entwickelt und langsam größer und stärker wird, so entwickelt sich auch Freundschaft im Lauf der Zeit. Echte Freundschaft mündet nicht in Enge und Umklammerung. Sie bietet Weite und Raum zum Atmen und zur Entfaltung. Die Geborgenheit einer tiefen Freundschaft ermutigt und gibt Kraft auch auf andere zuzugehen, sich auf andere Menschen einzulassen.

Echtheit

Vielleicht aber ist gerade bei Frauen am Beginn einer Freundschaft die Gefahr des »Klammerns« – aus Angst vor dem Verlust der neuen Freundin, aus Eifersucht, Unsicherheit, der Sehnsucht nach Nähe, Geborgenheit und Verständnis. Da helfen ehrliche Gespräche – wir müssen dabei ja nicht gleich »mit der Tür ins Haus fallen«, wir können vorsichtig Gedanken äußern, Gefühle ansprechen. Ehrliche Gespräche helfen, Emotionen »durchzusortieren« und richtig einzuordnen. Was hindert uns eigentlich daran, Gefühle an- und auszusprechen? Vielleicht ist es in einer »Männergesellschaft« nicht so »in« – aber Gott selbst scheut sich nicht, seine Gefühle zu zeigen und darüber zu sprechen, warum sollen wir uns also davor fürchten? Gefühle sind von Gott gewollt! Er hat sie uns geschenkt! Wir dürfen zu unseren Gefühlen, unseren Tränen, unserem Lachen stehen. Doch umgekehrt brauchen wir uns unseren Gefühlen auch nicht auszuliefern, uns von ihnen beherrschen und etwas diktieren lassen. Gott ist der Herr in unserem Leben. Er hilft uns zu einem »gesunden Gleichgewicht«. Selbst wenn sich dieses zeitweise »verabschiedet« heißt das nicht, dass wir aus seinem Schutz herausfallen.

Nicht immer können wir große Siege feiern. Manche Siege über Traurigkeit, Verzagtheit, Depressionen, Schwachheit werden ersehnt, aber der Sieg darüber bleibt unsichtbar. Ja, Siege sehen manchmal sehr bescheiden aus und gar nicht so laut und protzig, wie uns gerne weisgemacht wird.

Brauche ich noch zu erwähnen, wie wunderbar es ist, eine Freundin zu haben, die einen auch durch schwere Tage begleitet?

Pflicht

Was hat denn Pflicht mit Freundschaft zu tun?

Antoine de Saint-Exupery lässt den Fuchs im »Kleinen Prinzen« sagen: »Du bist zeitlebens für das verantwortlich, was du dir vertraut gemacht hast – du bist für deine Rose verantwortlich.« Ich finde, dieser Satz drückt sehr schön aus, was hier mit Pflicht gemeint ist. Ich bin dem anderen verantwortlich. Weil ich ihn mir vertraut gemacht habe und ich ihm vertraut geworden bin, bin ich mit an seinem und er an meinem Wohlergehen beteiligt. Hier hinein passt auch die ursprüngliche Bedeutung des Wortes »Pflicht«, nämlich »pflegen« – und wir alle wissen, dass Beziehungen und erst recht tiefe Freundschaften gepflegt werden müssen. Auch Ehepaare müssen sich daran immer wieder erinnen lassen, das sind wir einander schuldig!

Wie kann man eine gute Freundschaft aufbauen?

Natürlich gibt es die schon zitierten »Seelenverwandten«. Aber es gibt sie nicht in Unmengen. Ist es nicht im »wirklichen Leben« eher so, dass wir mit ganz »normalen« Menschen zusammentreffen, mit denen wir uns ganz »normal« verstehen? So richtig ohne überschwängliche Gefühle? Wie haben wir dann je die Chance auf eine tolle Freundschaft?

Aus eigenem Erleben kann ich Ihnen versichern, dass für den Beginn ehrliches Interesse füreinander und der beidseitige Wunsch nach einer guten Beziehung genügen. Dazu gehört die Bereitschaft, an der Beziehung zu arbeiten. Auch der »Zeitfaktor« spielt eine maßgebliche Rolle. – Um einander kennen zu lernen, müssen wir miteinander Zeit verbringen, Interessen miteinander teilen, Gespräche führen. Offenheit und Ehrlichkeit sind notwendig, obwohl wir dadurch verletzbar werden. Das ist ein Risiko, das ich eingehen muss, um herauszufinden, ob eine Beziehung nur eine »Schönwetterfreundschaft« oder auch belastbar ist und in schweren Tagen Bestand haben könnte. Wenn ich am Leben meines Gegenübers Anteil nehme, wächst Vertrauen und Zuneigung. Freundschaft bedeutet zwar nicht, einander immer und in allem verstehen zu können, aber sie ermöglicht es, einander beizustehen – über das Verstehen hinaus. Zusätzliche Aufmerksamkeiten geben einer Freundschaft den gewissen »touch« – aber sie sind nicht selbstverständlich. Wir können einander – und Gott immer wieder dafür danken.

Freundschaft zwischen Christ und Nichtchrist

Macht es überhaupt einen so riesigen Unterschied, ob die Freundin gläubige Christin ist oder nicht? Auch nicht-»christliche« Freunde und Freundinnen sind wichtig.

Freunde bringen Farbe ins Leben, gerade auch wenn die Lebensgeschichten unterschiedlichste Prägungen aufweisen. Durch sie erfahre ich von ihren Lebenswirklichkeiten, von ihren Lösungsansätzen. Sie halten mich in Verbindung mit dem Leben dieser Welt, einem Leben, in dem sich die Mehrheit unserer Mitmenschen zurechtzufinden versucht. Was also ist das Besondere daran, wenn meine beste Freundin Christin ist?

Wir haben die gleiche Basis und das gleiche Ziel. Wir wissen, dass Gott uns liebt, und wir lieben ihn auch – und wir haben einander lieb. Aber dieses »Glaubensband« ermöglicht uns, füreinander in einer Form einzutreten, die es sonst nicht gibt. Wir können getrennt sein und sind doch durch das Gebet und das Wissen unserer Zuneigung verbunden. Wir können hilflos und machtlos sein, haben aber durch das Gebet und die Zusage der Hilfe Gottes mehr als alle Macht der Welt zur Seite und können für den anderen diese Hilfe und Macht herabflehen. Wir können mittragen, uns mitfreuen, mitleiden, aber noch mehr. Wir können miteinander beten, unsere Anliegen, unsere Sorgen, Bitten, unseren Dank und unsere Freude miteinander und mit Gott austauschen. Das ist eine so gute, segensreiche Erfahrung und jede Minute wert. Außerdem verhindert es, dass wir uns in »Tratsch« verlieren – im Gegenteil, es wird uns mehr bewusst, wann ein direktes Gespräch mit jemandem »ansteht« – und Tratsch vermieden werden kann.

Wir können auch Anteil nehmen an unserer geistlichen Entwicklung. Gemeinsam können Gedankenbilder und Ansichten leichter hinterfragt, überprüft und nötigenfalls korrigiert werden. – Wir laufen ja doch manchmal Gefahr, uns unseren eigenen »lieben Gott« zurechtzubiegen, damit er nur ja zur eigenen Meinung passt. Freundschaft ist für mich die Beziehung im Leben, die »überleben« hilft – Freundschaften sind daher gerade auch für Singles wichtig. Einsamkeit muss nicht sein! Um ihr zu entgehen, heißt es aber »raus und unters Volk«, dem anderen entgegengehen. Das ist eine richtige Herausforderung! Nehmen wir sie an und entdecken die Schätze!

Freundschaft mit sich selbst

Wie geht's mir mit mir? Bin ich mir selbst freundlich gesinnt, oder habe ich meine eigene Person betreffend abschätzige Gedanken und Meinungen? Kann ich gute Seiten an mir entdecken, oder fallen mir immer nur meine Schwächen oder schlechten Seiten auf? Es ist schwer, jemanden anderen zu schätzen, wenn ich mich selbst verachte ... Lernen Sie, Ihre guten Seiten zu schätzen – auch wenn sie vielleicht so »selbstverständlich« aussehen, dass Sie leicht darüber hinwegsehen könnten. Gott hat uns nicht als »Superwoman« geschaffen – er ist barmherzig und voll Erbarmen mit unseren Unzulänglichkeiten. Sind wir es auch? Paulus schreibt in Römer 5, 8: »Gott aber erweist seine Liebe zu uns darin, dass Christus für uns gestorben ist, als wir noch Sünder waren.« Solche Liebe schenkt Raum zum Atmen, solche Liebe schenkt mir die Möglichkeit, mich selbst anzunehmen wie ich bin, Freundschaft mit mir und anderen zu schließen.

Freundschaft ist eine Beziehung im Leben,
die »überleben« hilft.

Sie ist zu einem guten Teil eine Willensentscheidung, braucht ehrliches Interesse am anderen und basiert auf Vertrauen, Zuneigung, Treue und Verlässlichkeit.

Freundschaft ist nicht eigennützig – bedarf aber zu ihrer Entfaltung der Pflege.

Wenn Gott das Bindeglied dieser Freundschaft ist, dann gewinnt sie an Dimension, die über die Zeit hinausreicht.

Doris Reinthaler

Jahrgang 1955, lebt in Elsbethen, Österreich. Sie ist verheiratet und hat zwei Kinder; zurzeit ist sie hauptberuflich Ehefrau und Mutter, nebenberuflich Erzieherin und in der Teenagerarbeit tätig; Veröffentlichungen in verschiedenen Zeitschriften und Büchern.

Hilfreiche Beziehungen – Zweierschaft und Seelsorge

Über mehrere Jahre hinweg hatte ich das große Glück einer Zweierschaft mit einer Freundin. Jede Woche trafen wir uns, um uns auszutauschen und füreinander zu beten. Es wurde kein Blatt vor den Mund genommen. Jede konnte ungeschützt reden und ihr Herz ausschütten.

Rein äußerlich betrachtet könnte man denken, hier treffen sich einfach zwei enge Freundinnen zum Kaffeeklatsch. Gemütliche Atmosphäre, entspannte Unterhaltung. Aber die Begegnungen sind viel mehr als das. In einer Zweierschaft kommen Menschen des gleichen Geschlechts zusammen, weil sie in ihrem Leben mit Jesus weiterkommen wollen. Ziel und Inhalt der Gespräche sind eindeutig die Dinge, die einem Leben mit Jesus im Weg stehen und die geklärt werden müssen, damit er zum Zug kommen kann. In einer Zweierschaft legen beide die Masken ab und werden ehrlich. Beide wollen an sich arbeiten und brauchen dazu die Unterstützung durch die andere, die auch mit Jesus lebt.

Zweierschaft ist kostbar

Es ist so einfach und doch so wirkungsvoll. Zwei Frauen verabreden sich regelmäßig für eine Stunde pro Woche mit derselben Person zum Austausch und Gebet. Und das über mehrere Wochen oder Monate hinweg. Jede erhält eine Zeit, in der sie berichten kann, wie es ihr geht. Dabei kann sie Probleme, Sorgen und Freuden erzählen. Die dringlichsten Gebetsanliegen werden genannt. Dann beten beide für diese Anliegen. Danach ist die zweite Person dran. Wenn eine der beiden beichtet, spricht die andere im Namen Jesu die Vergebung zu.

Selbstverständlich wird nicht nach außen getragen, was in diesem geschützten Rahmen gesprochen wird.

Ich erlebe in dieser Beziehung, dass jemand mich durch meine Offenheit sehr gut kennen lernt, mich (er-)trägt und für mich betet. Es entsteht eine Beziehung, in der ich sicher sein kann, dass die andere mich nicht fallen lässt. Dennoch ist nicht jede Zweierschaft automatisch eine intensive Freundschaft, in der wir uns täglich sehen und gemeinsam die Freizeit gestalten.

Wir können eine Zweierschaft nicht mit jedem Menschen eingehen. Aber ich bin sicher, dass jeder, der Zweierschaft will, auch jemanden finden kann, mit dem sich dann über längere Zeit hinweg solch eine offene Partnerschaft entwickeln kann. Es geht nicht um eine exklusive Freundschaft, sondern um einen gegenseitigen Dienst. Eine Zweierschaft braucht auch den Abstand zum anderen.

Es kann sehr kompliziert werden, wenn ich von einem einzigen Menschen erwarte, dass er alle vorhandenen Bedürfnisse nach Nähe und Geborgenheit stillen kann. Deshalb ist es wichtig, zu Beginn einer Zweierschaft miteinander abzusprechen, was wir voneinander erwarten.

Zweierschaft braucht Offenheit

Die Zweierschaft lebt davon, dass eine Frau der anderen ihr Herz öffnet. Hier ist sie nicht mehr die starke Mitarbeiterin, die fröhliche Ehefrau oder glückliche Mutter, hier kann sie ganz offen und ehrlich über ihr Versagen, ihre Sehnsüchte und Sorgen reden.

Als zwei Frauen, die mit Jesus unterwegs sind, wollen sie umsetzen, was Jesus gesagt hat: »Einer trage die Last des andern, so werdet ihr das Gebot Christi erfüllen.« Es ist so wertvoll, einen Menschen zu haben, der meine Last mit trägt, mit mir für meine Anliegen betet und mir durch seinen Rat weiterhilft. Wir sind beide Sünder, die ihre Schuld bekennen, sich ändern wollen und sich korrigieren lassen. Darum geht es in der Zweierschaft. Durchschaubar werden, sich von jemandem in die Karten schauen lassen. Und genauso darum, bereit zu sein, das Vertrauen der anderen nicht zu missbrauchen.

Zweierschaft braucht Verschwiegenheit

Beide Seiten müssen sich auf die Zuverlässigkeit und Verschwiegenheit der anderen verlassen können. Was in der Zweierschaft ausgetauscht wird, dringt nicht nach außen. Auch nicht als Gebetsanliegen getarnt. In vielen Gemeinden gibt es eine Form der Klatschsucht, die ganz fromm getarnt ist. Da wird heikle Information über andere weitergegeben, indem man sagt: »Bitte bete für Else. Sie hat folgendes Problem und braucht unsere Unterstützung!« Das führt dazu, dass bald alle Elses Problem kennen. Nur Else weiß nicht, dass alle es wissen.

Wer einmal so etwas am eigenen Leib erlebt hat, weiß, wie verletzt man dadurch wird. Der vielleicht noch gut gemeinte Versuch, andere zum Beten zu mobilisieren, ist ein Vertrauensbruch. Es kann Jahre dauern, bis Else jemals wieder etwas Persönliches jemandem in der Gemeinde anvertraut. In der Zweierschaft gilt: Es herrscht Schweigepflicht. Wir bringen die Probleme und Schuld gemeinsam vor Gott und erwarten Hilfe von ihm. Nicht die Freundin kann letztlich helfen oder Veränderung schenken, sondern nur Gott selbst.

Zweierschaft braucht Ziele

Was wollen wir beide miteinander erreichen? Diese Frage sollten wir uns am Anfang einer Zweierschaft stellen. Geht es um Beichte und den Zuspruch der Vergebung? Dann kann das Treffen mit Gebet und Bibellese beginnen. Jede hat aufgeschrieben, was sie vor Gott beichten will. Gemeinsam gehen wir auf die Knie und eine fängt an, ihre Schuld zu bekennen. Am Ende spricht die andere ihr im Auftrag und in der Vollmacht Jesu die Vergebung zu. Dann beichtet die zweite und der Ablauf ist gleich. Am Ende können wir uns Zeit nehmen, gemeinsam Gott für die Vergebung zu danken und ihn mit Gebeten und Liedern zu loben.

Geht es darum, an bestimmten Verhaltensweisen konsequent zu arbeiten und der Freundin Rechenschaft abzulegen, wie es gelaufen ist? Dann sollte jede kurz berichten, wie es ihr in der vergangenen Woche mit dem Problem ging. Nehmen wir als Beispiel das Rauchen. Beide wollen aufhören zu rauchen. Im Austausch erzählt jede, ob und wann sie schwach geworden ist. Dann überlegen beide gemeinsam, wie sie besser mit der entsprechenden Situation hätten umgehen können. Am Schluss steht das Gebet füreinander: Die Bitte um Gottes Hilfe beim Ausstieg aus dem Zigarettenkonsum.

Geht es darum, immer wieder und gemeinsam für Freunde, Verwandte und Bekannte zu beten? Dann können wir uns am Anfang austauschen, ob sich bei den entsprechenden Personen etwas verändert hat. Wie war die letzte Begegnung, der letzte Kontakt zu ihnen? Die meiste Zeit jedoch sollte dann die aktive Fürbitte haben.

Geht es darum, in der Gemeinde Verantwortung zu tragen? Dann kann jede kurz berichten, welche Aufgaben hinter ihr liegen und wie sie gelaufen sind. Und dann tauschen sich beide darüber aus, was an welchem Termin anliegt. Wieder steht das Gebet füreinander im Vordergrund.

Alle diese Ziele und viele mehr können für die Ausrichtung einer Zweierschaft gut sein. Ohne eine Definition des Ziels kann es dahin kommen, dass wir über alle möglichen Leute mehr oder weniger schlecht reden und dabei noch schuldig werden. Wenn Sie eine Zweierschaft starten, dann überlegen Sie gemeinsam, was Sie erreichen wollen. Und überprüfen Sie in regelmäßigen Abständen miteinander, ob Sie Ihre Ziele erreicht haben.

Wo liegt der Unterschied zwischen Zweierschaft und Seelsorge?

Aus den obigen Ausführungen wird klar, dass es für jeden Christen gut wäre, eine Zweierschaft zu pflegen. Sie ist das Bindeglied zwischen dem persönlichen Glaubensleben und dem, was wir in den großen Gemeindeveranstaltungen erleben.

Wichtig ist aber, diese Art der Beziehung nicht zu überfordern. Es gibt viele Probleme und Nöte, die können wir durch eine Zweierschaft nicht bewältigen. Da brauchen wir Seelsorge. Was das Wichtige für die Seelsorge ist, will ich weiter ausführen.

Seelsorge braucht Kompetenz

Anders als bei der Zweierschaft suchen wir uns für ein seelsorgerliches Gespräch einen Menschen, von dem wir annehmen, dass er das spezielle Problem versteht und helfen kann. Ein guter Seelsorger ist dies nicht allein durch eine Ausbildung in diesem Bereich, sondern braucht auch die geistliche Begabung dazu. Ich kenne Menschen, denen ich mich gerne anvertrauen würde. Menschen, die schon länger mit Jesus leben und aus ihrer Lebens- und Glaubenserfahrung auf viele Nöte und Fragen Antwort geben können. Manche Seelsorger haben sich auf bestimmte Probleme spezialisiert, z.B. sexueller Missbrauch oder Suchtprobleme.

Seelsorge braucht Vertrauen

Schon bei der ersten Begegnung wird klar, ob der Ratsuchende dem Seelsorger vertrauen kann. Die ersten Minuten eines Gespräches sind aufregend. Der Ratsuchende ist nervös. Wird er ein offenes Ohr finden? Wird er abgelehnt werden, wenn er sein Problem preisgibt? Wird der Seelsorger verstehen und helfen können? Das ist besonders dann der Fall, wenn die Gesprächspartner sich sonst gar nicht kennen und sich nur zur Seelsorge treffen. Der Ratsuchende wird sein Problem beschreiben und sagen, wie sehr es ihn belastet. Schon in der Reaktion des Seelsorgers merkt er, ob er verstanden wird. Die meisten Erstgespräche, die ich mit Ratsuchenden führe, beginnen erst einmal damit, dass ich eine halbe bis eine Stunde nur zuhöre. Erst, wenn die andere Person mich zum Antworten auffordert, tue ich das. Es ist so wichtig, dass der Ratsuchende erst einmal ein offenes Ohr findet und sich die Dinge vom Herzen reden kann.

Das allein ist schon heilsam. Meistens beginnen wir ja auch beim Erzählen mit Kleinigkeiten, oberflächlichen Dingen. Erst beim längeren Erzählen geht es tiefer und wird offener. Der Seelsorger sollte die Geduld aufbringen, nicht sofort eine Antwort zu suchen, sondern erst einmal hinzuhören und zu verstehen. Auch hier gilt: Was im Gespräch gesagt wird, dringt nicht nach außen. Der Seelsorger verpflichtet sich zum Schweigen über das Gehörte.

Seelsorge braucht Zeit

Wir können nicht in einem einzigen Gespräch die Lösung des Problems erwarten. Normalerweise treffen sich Seelsorger und Ratsuchender so oft, bis das akute Problem beseitigt ist oder die Einübung neuer Verhaltensweisen gut läuft. Die ersten Gespräche dienen der Orientierung. Jeder Mensch ist anders. Sein Charakter, seine persönlichen Erfahrungen in der Vergangenheit und seine Mechanismen, mit dem Leben umzugehen, bilden ein kompliziertes und kostbares Gebilde, das der Seelsorger erst einmal kennen lernen muss. Die Familienstruktur, die Freundeskreise und die aktuelle Lebenssituation gehören ebenso dazu wie die Erinnerungen an die Vergangenheit. Viele akute Probleme sind schon vor langer Zeit angelegt. Und in vielen Gesprächen gelingt es, die Weichenstellung aufzudecken, die vielleicht schon viele Jahre zurückliegt. Auch die Seele braucht Zeit, bis sie ihre gut verdrängten Geheimnisse freigibt und Erinnerungen hochkommen, die tief im Herzen eingegraben sind.

Seelsorge braucht Gottes Eingreifen

Zu Beginn eines Gespräches machen wir uns bewusst, dass Jesus dabei ist. Er kennt die Vergangenheit, Gegenwart und Zukunft. Und er ist der, der helfen kann und will. Wir bitten ihn, unser Gespräch zu leiten und uns auf die Dinge zu bringen, die wichtig sind für Heilung und Veränderung. Nehmen wir ein Beispiel. Vor mir saß eine junge Frau, die immer das Gefühl hatte, bald sterben zu müssen. Allerdings war sie kerngesund und hatte auch keine akuten körperlichen Symptome. Wir überlegten gemeinsam, ob ihr Leben schon einmal in Gefahr war. Ganz überrascht von ihrer eigenen Erinnerung erzählte sie, dass sie bei ihrer Geburt fast gestorben wäre. So tief und so existenziell am Anfang ihres Lebens hatte sich die Angst eingenistet. Ihr ganzes weiteres Leben stand unter dem Vorzeichen dieser Erfahrung.

Wir beteten gemeinsam und baten Gott, ihr diese Angst zu nehmen. Sie weinte zu Beginn, wurde dann aber ruhiger und fühlte sich dann ganz geborgen. Die Angst war weg und ist auch bis heute nicht zurückgekehrt. Gott selbst hatte sie getröstet und ihr diese Angst genommen. Ich kann als Seelsorger nicht Dinge der Vergangenheit ungeschehen machen. Aber Jesus ist Herr über die Vergangenheit. Unser Leben liegt vor ihm wie ein offenes Buch. Er kann auch Dinge, die Jahre zurückliegen, von ihrem Schrecken befreien und uns heilen.

Seelsorge braucht Gottes Weisheit

Oft geht es im seelsorgerlichen Gespräch um einen Rat, den wir brauchen. Wie soll es beruflich weitergehen? Soll ich die Beziehung zu meinem Partner beenden? Was ist Gottes Wille für mich?

Der Seelsorger darf nicht als Orakel missbraucht werden. Jeder von uns sollte lernen, selbst auf Gott zu hören und seinen Willen herauszufinden. Es geht im Gespräch darum, von außen neue Argumente und Entscheidungshilfen in meine eigene Entscheidung zu integrieren. Jeder ist und bleibt für seine Lebensentscheidungen selbst verantwortlich. Gerade vor wenigen Tagen sprach ich mit einer jungen Frau, die beruflich unzufrieden ist. Es stellte sich heraus, dass sie ihre beiden nacheinander abgeschlossenen Ausbildungen aufgrund des Rates eines Seelsorgers gemacht hatte, nicht aufgrund eigenen Interesses oder einer Klarheit von Gott. Diese Art der direktiven, bestimmenden Seelsorge kann sehr gefährlich werden. Der Seelsorger kann allenfalls helfen, die Dinge etwas objektiver zu sehen und neue Perspektiven aufzuzeigen. Aber er darf nicht über das Leben des anderen verfügen. Der Seelsorger ist immer nur Hilfe auf dem Weg, nie Herrscher über Menschen. Der Ratsuchende soll abhängig von Gott sein und werden, nicht von Menschen.

Seelsorge braucht Abstand

Bei aller Sympathie und allem Mitleiden bleibt in der Seelsorge doch immer noch ein Abstand zwischen beiden Gesprächspartnern. Der Seelsorger kann nur helfen, wenn er sich nicht emotional in das Problem mit hineinziehen lässt. Er muss die ganze Zeit im Gespräch mit Gott bleiben und versuchen, die Dinge aus Gottes Perspektive zu sehen. Es nutzt keinem etwas, wenn der Seelsorger genauso verzweifelt ist wie der Ratsuchende. Er kann und muss nicht alles emotional miterleben, was der andere erlebt hat oder gerade fühlt. Er zeigt sein Verständnis und Mitgefühl, aber auch seine Stärke. Er kann vermitteln, wie Gott die Situation sieht und wie es weitergehen kann. Im Gespräch decken beide gemeinsam die Wurzeln für die Not auf und gehen den Dingen auf den Grund. Aber sie überlegen auch gemeinsam, wie denn der nächste Schritt aussehen kann und wie Gottes Hilfe im Leben konkret werden kann.

Eigentlich brauche ich als Christ beides: Eine Zweierschaft mit einem Menschen, vor dem ich ehrlich werde und mit dem ich für mich und meine Anliegen, ihn und seine Anliegen, bete. Phasenweise brauche ich auch einen Seelsorger, der mir im Krisenfall oder bei tiefer liegenden Problemen durch Rat und Gebet hilft, Gottes Hilfe zu erfahren. Der eigentlich Handelnde ist Gott selbst. Denn nur von ihm kann Hilfe kommen.

Elke Werner

geb. 1956, Lehrerin für Haupt- und Realschulen, ist jetzt in der leitenden Mitarbeit im Christus-Treff Marburg. Sie ist mit Dr. Roland Werner verheiratet; sie ist Vorstandsmitglied im Ring Missonarischer Jugendbewegungen und in der Evangeliumsgemeinschaft Mittlerer Osten, außerdem ist sie als Referentin und Autorin tätig.

Zweierschaft erleben, also das gemeinsame, offene und ehrliche Austauschen und Beten ist ein unschätzbares Geschenk und eine große Hilfe im Glaubensleben.

Zweierschaft braucht zum einen Offenheit voreinander, zum anderen Verschwiegenheit nach außen. Auch die gemeinsamen Ziele sollten in einer Zweierschaft besprochen und hin und wieder auch überprüft werden.

Phasenweise brauchen wir auch den seelsorgerlichen Kontakt zu einem Menschen unseres Vertrauens. Die Kompetenz eines Seelsorgers liegt nicht so sehr in seiner Ausbildung als in seiner Verwurzelung im Glauben und dadurch seiner Glaubwürdigkeit.

Damit Vertrauen in einer seelsorgerlichen Beziehung wachsen kann, braucht es auch Zeit. Die wirkliche Hilfe kommt nie durch den Menschen, sondern immer durch Gott und seine Weisheit.

Zum Seelsorger müssen wir auch wieder Distanz gewinnen können. Einen Rat annehmen zu lernen ist eine gute Sache, aber der erste Gehorsam gilt Gott und seinen Weisungen.

Allein leben

Die Zeitschrift FOCUS 49/1993 meldete, dass es in Deutschland 12 Millionen Einpersonenhaushalte gibt. 1997 konnte man in AKTIV 23/97 lesen: Heute stellen Singles in Westdeutschland gut 30 Prozent aller Haushalte. Die Singles in unserer Gesellschaft und in unseren Gemeinden sind also nicht länger die Ausnahme – im Gegenteil, ihre Zahl nimmt von Jahr zu Jahr zu. Dabei handelt es sich längst nicht immer um »unfreiwilliges« Singlesein, weil entweder der ersehnte Prinz nicht auftauchte oder weil eine Beziehung auseinander ging oder weil durch den Tod eine Partnerschaft ein jähes Ende fand. Es gibt heute viele Menschen, die dem Singledasein gegenüber einer verbindlichen Beziehung den Vorrang geben. Soziologen nennen das Single-Phänomen »Ego-Gesellschaft«.

Dennoch – viele Alleinstehende haben Mühe mit ihrem Status und sehnen sich nach einer Veränderung. Weil sie das auf unterschiedliche Weise zum Ausdruck bringen, bleibt es gar nicht aus, dass ihnen oft mit Bedauern oder Mitleid begegnet wird. Aber das ist das Letzte, was sie brauchen. Sie wollen als vollwertige Personen geschätzt, geliebt und integriert werden. Sie brauchen froh machende, erfüllende, ermutigende Beziehungen. Am Singledasein geht ein Mensch nicht kaputt, aber an der Isolation zerbricht er, denn er ist für die Gemeinschaft geschaffen. Fehlt ihm das Gegenüber, wird das Grundbedürfnis nach Geborgenheit nicht befriedigt, und das kann zu schwerwiegenden seelischen Schäden führen.

Beziehungen haben also gerade im Leben der Singles einen hohen Stellenwert. Aber wie schafft man Beziehungen? Zu wem soll eine alleinstehende Frau Beziehungen aufbauen? Und wie können Beziehungen gepflegt werden, sodass sie dem Grundbedürfnis auch Rechnung tragen? In meiner Seelsorge an Frauen geht es bei fast 80% um Beziehungsnöte. Können sie überwunden werden? Können sie vermieden werden?

Die wichtigste Beziehung überhaupt

Bei der Beantwortung solcher Fragen stelle ich eine Behauptung in den Vordergrund: Eine lebendige Beziehung zu Gott ist die beste Voraussetzung und Grundlage für gesunde Beziehungen mit Menschen. Warum?

Frauen mit einer lebendigen Beziehung zu Gott vertrauen ihm. Sie wissen, dass er souverän ist, die Fäden in seiner Hand hat. Der fehlende Partner, die Scheidung, das Sterben eines geliebten Menschen – das sind Dinge, die ihm nicht als Fehler unterlaufen sind, sondern die an ihm vorbeimussten. Dieses Wissen hilft den Frauen, sich mit ihrem Singlesein zu versöhnen.

Frauen mit einer lebendigen Beziehung zu Gott leben aus der Vergebung. Sie können Vergebung empfangen und denen vergeben, die sie verletzt haben. Sie sind in der Lage, den Groll im eigenen Herzen zu überwinden, und somit sind sie frei für neue Beziehungen. Unbewältigte Vergangenheit und Bitterkeit aber verkrüppeln jede neue Beziehung.

Frauen mit einer lebendigen Beziehung zu Gott erkennen, dass nur bei ihm letzte Sehnsüchte und Wünsche erfüllt werden. Sie überfordern ihr Gegenüber nicht, indem sie zu hohe Erwartungen stellen, die den anderen zum Rückzug veranlassen.

Mein Rat:

Daraus ergibt sich der erste Rat ganz von selbst: Sorge für eine lebendige Beziehung zu Gott. Wenn diese Beziehung noch gar nicht vorhanden ist, lade Jesus Christus als deinen persönlichen Heiland und Herrn in dein Leben ein. Wenn diese Beziehung abgekühlt oder aufgrund von Enttäuschungen überschattet ist, erneuere sie, indem du dich entscheidest, ihm zu vertrauen, auch wenn Dinge in deinem Leben anders gelaufen sind, als du sie dir vorgestellt hast. Und dann pflege diese Beziehung, indem du dir Zeit nimmst für ihn und die Gemeinschaft mit anderen Christen.

Natürliche Beziehungen

Nun wäre es aber falsch zu meinen, wir kämen ohne andere Menschen aus. Es ist Selbstbetrug zu behaupten, wir bräuchten kein Gegenüber. Selbst wenn jemand töricht genug wäre, diese Meinung zu vertreten, so muss er doch zugeben, dass Menschen auf dieser Erde keine einsame Insel sind, sondern dass jeder in irgendwelche Beziehungen hineingestellt ist, ob er will oder nicht. Singles haben Eltern, Kinder, Verwandte, Arbeitskollegen und Nachbarn, und es ist nicht egal, wie sie in diesen Beziehungen leben. Viele dieser Beziehungen bringen Verpflichtungen mit sich, und viele dieser Verpflichtungen werden oft als Last empfunden, eben gerade aus dem Grund, weil man ihnen allein gegenübersteht.

Eltern stellen oft besondere Ansprüche an ihre allein stehenden Kinder. An Feiertagen erwarten sie ihren Besuch, bei Problemen erwarten sie ihre Hilfe, im Alter erwarten sie, dass sie von ihnen betreut werden. Und die alleinstehende Frau kann sich diesem Anspruch oder Druck oft nicht entziehen, obwohl sie ihre Freizeit oder ihren Urlaub gern anders verbringen würde. Sie kann ja auch nicht ohne weiteres aus dem Berufsleben aussteigen, wenn sie über die Runden kommen will. Was soll sie tun? Alles, was die Eltern von ihr fordern?

Kinder sind eine besondere Herausforderung für die allein erziehende Mutter. Sie soll ihnen auch den Vater ersetzen. Sie muss Entscheidungen treffen, ohne sich mit jemandem absprechen zu können. Sie muss zu Hause bleiben, wenn sich Ehepartner bei verschiedenen Aktivitäten abwechseln könnten – es sei denn, sie kann sich einen Babysitter leisten. Bei aller Liebe zu ihren Kindern empfindet sie diesen Zustand oft als bedrückend, so, als fiele ihr die Decke auf den Kopf. Was kann sie tun?

Verwandte, Arbeitskollegen und Nachbarn sind auch nicht immer die »beste Medizin«. Singles erleben die unterschiedlichsten Reaktionen: Mitleid, weil sie niemanden bekommen haben; Neid, weil sie frei sind; Ablehnung, weil, naja, Scheidung – da liegt die Schuld ja immer auf beiden Seiten; Bewunderung, weil die Karriere so offensichtlich ist; Rückzug, weil man sich in puncto Trost so hilflos fühlt; Einmischung beim Versuch zu verkuppeln. Vielleicht aber auch echtes Interesse an der Person, ehrliche Zuwendung mit ernst gemeintem Hilfeangebot. Wie sollen Singles mit diesen Beziehungen umgehen, in die sie nun einmal hineingestellt sind?

Mein Rat:

Nimm deine Verpflichtung deinen Eltern gegenüber ernst, aber denk daran, dass du nicht auf dieser Erde bist, um die Erwartungen von Menschen, sondern um Gottes Auftrag zu erfüllen. Setze deine Prioritäten in Absprache mit ihm. Ich pflege seit drei Jahren meine nun 89-jährige Mutter. Wenn es nach ihr ginge, dürfte ich nicht mehr weggehen. Aber ich nehme Dienste und Einladungen an, wenn während meiner Abwesenheit die Betreuung meiner Mutter gewährleistet ist.

Gib deinen Kindern dein Bestes, aber denke daran, dass du ihnen nicht alles sein kannst. Vertraue dem Herrn, der versprochen hat, allen Mangel auszufüllen, deinen und ihren. Mach die Kinder niemals zum Partnerersatz. Vertrau deine Kinder ruhig auch mal anderen Menschen an. Das wirkt sich meistens sehr positiv auf die Mutter-Kind-Beziehung aus.

Gehe souverän mit den Reaktionen anderer Menschen um. Sei nicht zu stolz, ihre Hilfe in Anspruch zu nehmen, ärgere dich nicht über Worte und Gesten, die nur Hilflosigkeit oder Unwissenheit zum Ausdruck bringen, vergib denen, die dich verletzen, und freue dich über jede Ermutigung und Zuwendung, ohne dein Wohlergehen davon abhängig zu machen.

Gesuchte Beziehungen

Aber Singles brauchen mehr als nur diese »Pflicht«beziehungen. Sie brauchen Freunde, Menschen, die ihnen zu einem echten Du werden und ihnen das Stück Angenommensein und Geborgensein vermitteln, nach dem sich jeder Mensch berechtigterweise sehnt. Wo finden sich solche Gegenüber? Tief gehende Beziehungen bzw. gute Freundschaften sind ein Geschenk Gottes, aber das entbindet den Menschen nicht davon, den Boden für dieses Geschenk vorzubereiten. Das kann geschehen, indem auch die alleinstehende Frau ein Heim schafft, das zur Stätte der Geborgenheit wird, eine Stätte, an der sie sich wohl fühlt, eine Stätte, an der sich auch Gäste gern aufhalten. Zu schnell denken Singles, dass der Einsatz sich für eine Person nicht lohne. Aber das ist eine Lüge. Eine attraktive äußere Erscheinung, Disziplin im Alltag, eine gemütliche Wohnung – diese Dinge sind nicht den Frauen im Familienbund vorbehalten. Wenn eine Frau sich nach Beziehungen sehnt, sollte sie alles dransetzen, was in ihrer Macht steht, um in anderen das Verlangen zu wecken, mit ihr zusammen sein zu wollen.

Außerdem muss eine Frau bereit sein, Freundin zu sein, wenn sie Freunde will. Dazu gehört, dass sie Verantwortung übernimmt, dass sie vertrauenswürdig und offen ist und Liebe verschenken kann. Sie muss auch bereit sein, an Orte zu gehen, wo sie Menschen trifft, mit denen sie eine eventuelle Freundschaft beginnen kann: die Gemeinde, Frauenkreise, Single-Treffs, Freizeiten, aber auch säkulare Einrichtungen wie Sportvereine, Volkshochschule und dergleichen.

Die Freundschaften sollten sich nicht auf Singles beschränken und auch nicht nur aufs gleiche Geschlecht. Frauen brauchen Freundinnen, aber sie brauchen auch das männliche Gegenüber, und das lässt sich in unserer Kultur am besten praktizieren, indem man auch Beziehungen zu Ehepaaren pflegt. Im Umgang mit Männern wird das Bewusstsein der Frau gestärkt. Manchmal stehen im Haushalt auch Dinge an, für deren Reparatur die Hilfe eines Mannes nötig wäre. Natürlich liegt in einer solchen Beziehung auch eine besondere Gefahr, aber birgt nicht jede Beziehung irgendwelche Gefahren? Zu meinen besten Freunden gehören Ehepaare. Das Zusammensein mit ihnen und ihren Kindern ist für mich eine große Bereicherung. Ich denke da an einen Urlaub, den ich zusammen mit einer Familie verbrachte. Da gab es den Einkaufsbummel mit der Frau, während der Mann etwas mit den Kindern unternahm. Da gab es den Nachmittag oder Abend, an dem ich die Kinder »hütete«, um den Eltern Raum für Zweisamkeit zu geben. Da gab es Zeiten, in denen wir zu dritt über die verschiedensten Themen diskutierten und meine Perspektive gerade gerückt wurde, weil die männliche Schau der Dinge mit einbezogen werden konnte. Wir haben aber auch alle zusammen Ausflüge gemacht, oder ich habe mich mal ganz abgesetzt, um einen Tag allein zu verbringen. Ein sagenhafter Urlaub, der allen meinen Bedürfnissen gerecht wurde. Dennoch ein Wort der Warnung. Wenn Männer zum Freundeskreis alleinstehender Frauen gehören, ist besondere Sorgfalt geboten. Es ist nicht angebracht, zu flirten, nur um herauszufinden, ob die weiblichen Reize noch eine Auswirkung haben. Ebenso wenig angebracht ist die Verkrampfung, die jede natürliche Kommunikation im Keim erstickt. Zum außerehelichen Geschlechtsverkehr brauchen Singles immer wieder ein ganz klares Nein, egal, wie groß das sexuelle Bedürfnis auch sein mag – sonst sind die Probleme vorprogrammiert. Auch im sexuellen Bereich gilt, dass Gott sehr wohl die Macht hat, allen Mangel auszufüllen und alle Sehnsüchte zu stillen.

An dieser Stelle möchte ich auch verheirateten Frauen einen Tipp geben. Auch wer heute in einer Partnerschaft lebt, sollte bewusst Beziehungen zu einigen Singles pflegen. Wenn die Partnerschaft ein Ende findet, aus welchem Grund auch immer, verliert man meistens eine Reihe von Freunden. Es ist nun mal eine Tatsache, dass sich Ehepaare schwer damit tun, Singles einzuladen oder einzubeziehen. Fehlt der Partner, stehen plötzlich viele Frauen allein da und müssen bei Null anfangen. Dem könnte vorgebeugt werden.

Freundschaften gehören zu den herrlichsten Geschenken Gottes an den Menschen. Jede Freundschaft schließt das Risiko der Verletzungen oder Enttäuschungen ein, aber das darf uns nicht davon abhalten, es immer wieder zu wagen, denn ich möchte noch einmal betonen: An der Partnerlosigkeit muss der Mensch nicht zerbrechen, während ein Leben in der Isolation, ein Leben ohne Freunde und Liebe mehr einem Existieren gleicht und weit entfernt ist von dem erfüllten Leben, das Gott für uns vorgesehen hat.

Weil Beziehungen so kostbar sind, müssen einige Faktoren beachtet werden. Ich will hier nur Stichworte aufzählen, weil das Thema der Freundschaften schon im vorhergehenden Kapitel behandelt wurde. Gute Kommunikation, gegenseitige Akzeptanz, Verständnis für die Bedürfnisse des anderen und die Bereitschaft, darauf einzugehen, denn Freundschaft ist niemals

Einbahnstraße, Freiraum, der davor bewahrt, den anderen Menschen als Besitz zu deklarieren.

Allein stehende Menschen müssen keine einsamen Menschen sein. Singles wissen zwar etwas von den Gefahren des Alleinseins (Frust, Selbstmitleid, zu viele Videos oder Fernsehfilme, Flucht in die Ersatzbefriedigungen), aber sie kennen auch den Unterschied zwischen Alleinsein und Einsamkeit. Während das Alleinsein von äußeren Umständen abhängt, mit denen sie sich versöhnen müssen, indem sie sie aus der Hand Gottes nehmen, hat Einsamkeit mit innerer Einstellung zu tun, die den Willensentscheidungen unterworfen ist.

Mein Rat:

Schaffe ein Heim, eine Stätte der Geborgenheit für dich und andere. Sei anderen die Freundin, die du dir für dich wünschst.

Suche bewusst Orte auf, an denen du andere Menschen kennen lernen kannst. Schließe Ehepaare mit ein in deinen Freundeskreis, aber sei wachsam im Umgang mit dem anderen Geschlecht. Beispiel: Lade die Frau zu einer Tasse Tee ein, während ihr Mann deine Waschmaschine repariert.

Partnerschaft ist ein zusätzliches Geschenk von Gott, über das sich eine Frau von Herzen freuen darf, wenn Gott diese Partnerschaft schenkt. Aber Partnerschaft ist keine Grundvoraussetzung für ein erfülltes Leben. Singles mit einer lebendigen Beziehung zu Gott, mit einem gesunden Umgang mit den natürlichen Beziehungen und mit froh machenden Beziehungen zu anderen Menschen können ein erfülltes Leben führen, wenn sie begriffen haben, dass ein glückliches Leben darin besteht, andere glücklich zu machen.

Das allerdings kann nur,

- wer gelernt hat, mit unerfüllten Wünschen zu leben,
- wer sich verpflichtet hat, das Wohl der anderen über das eigene zu stellen, wer nicht länger fragt, was bringt diese Beziehung mir, sondern was kann ich für den anderen sein,
- wer in einer solchen Beziehung zu Gott lebt, dass er die tiefen Bedürfnisse des Herzens stillen kann.

Die wichtigste Beziehung für jeden Menschen, ob verheiratet oder allein stehend, ist die Beziehung zu Jesus Christus.

Wir stehen immer in Beziehungen zu anderen Menschen und damit in Abhängigkeiten und Verpflichtungen. Es ist darum wichtig, ein gesundes Maß zu finden zwischen Verantwortung und Unabhängigkeit.

Wir sollten immer auch zusätzlich zu den vorgegebenen Beziehungen Freundschaften suchen, in denen wir uns wohl fühlen. Eine wichtige Voraussetzung dafür ist, dass wir allein sein können, es mit uns selbst aushalten können. Es gibt einen Unterschied zwischen dem Alleinsein und der Einsamkeit.

Die tiefsten Bedürfnisse von uns Menschen nach Nähe, Geborgenheit und Erfüllung werden nicht von Menschen gestillt, sondern von Gott. Er kann allen Mangel ausfüllen.

Anita Hallemann

Jahrgang 1945, gelernte Krankenschwester, ledig. Nach sieben Jahren Missionsarbeit auf den Philippinen nach Deutschland zurückgekehrt, arbeitet heute als Internatsleiterin und Lehrerin an der Bibelschule Brake. Veröffentlichungen: Neben zahlreichen Artikeln in verschiedenen christlichen Zeitschriften ein Buch unter dem Titel: Ja, ich bin Single.

Allein erziehen

Die übliche Kleinfamilie mit Vater, Mutter und Kind(ern) steht immer noch als Maßstab für »die Familie«, obwohl z. B. in Baden-Württemberg bereits 17% der Familien in registrierten Ein-Eltern-Familien leben.

Andere Bezeichnungen für diesen Typ Familie sind »Restfamilie«, »unvollständige Familie« oder »zerrüttete Familie« – und sind damit eine Defizitumschreibung, derer sich Alleinerziehende nicht gerne bedienen.

In der Regel haben Alleinerziehende ein Kind (ca. 70%), seltener zwei Kinder (gut 20%) und fast nie drei oder mehr Kinder (knapp 6%).

Überwiegend fällt die Rolle der Alleinerziehenden den Frauen zu, allein erziehende Väter sind eher die Ausnahme.

Egal aus welchem Grund der eine Elternteil allein erziehend ist – ob ledig, geschieden, verwitwet oder getrennt lebend –, er trägt allein die Verantwortung für die Kinder. Dazu kommt die Sorge um die finanzielle Absicherung bzw. die Berufstätigkeit und die Anforderungen der Haushaltsführung.

Diese Mehrfachbelastung bedeutet für die meisten Alleinerziehenden einen hohen Einsatz an Kraft, manchmal Kampf bis hin zur Überlastung. Viele Frauen erleben finanzielle Not, räumliche Enge, Gefühle des Alleinseins und der Isolierung.

Situation

Als Alleinerziehende gehöre ich nicht automatisch dem Singledasein an. Denn meine Flexibilität und Entscheidungsfreiheit wird durch die Verantwortung für die Kinder eingeschränkt. Ich teile mein Leben mit den Kindern; ich werde ständig gefordert und mit vielseitigen Auseinandersetzungen konfrontiert.

Ich bin nicht allein, auch wenn ich mich oft allein gelassen fühle.

Es lässt sich nicht leugnen, dass Alleinerziehende mit Kind(ern) auch nicht mehr zu den so genannten Familien gehören – denn ein Elternteil fehlt eben.

Deshalb ist es oft schwer, Freundschaften mit anderen Familien aufrechtzuerhalten, da immer für eine Person das Gegenüber nicht vorhanden ist.

Auch die Aufgabenverteilung unter den Eltern entfällt. Den Kindern entgeht ein »Vorbild« für eigenes Verhalten oder eine gegengeschlechtliche Orientierungsmöglichkeit.

»Defizite« können jedoch auch »normale« Familien erleben. Denn durch berufliche Anforderungen, Krankheit oder persönliche Interessen können oder nehmen nicht alle Elternteile Anteil an der Familie und an der Kindererziehung.

Verschiedene Phasen

Für den Alleinerziehenden gibt es keinen typischen Werdegang.

Die einen übernehmen schon als Ledige vor der Geburt des Kindes die volle Verantwortung. Manche können sich, wenn eine Partnertrennung absehbar ist, langsam auf diese Situation einstellen. Andere stehen plötzlich, fast von heute auf morgen – etwa durch den Tod des Partners –, mit der Erziehungsaufgabe allein da.

So sind die Kinder bei der alleinigen Verantwortungsübernahme in unterschiedlichem Alter, und jede Ein-Eltern-Familie hat ihre spezifischen Probleme.

Gemeinsam ist oft die ungeplante und damit wohl auch meistens ungewollte Veränderung.

Wenn Trennung, Scheidung, Krankheit oder Tod zum Alleinerziehen führen, müssen immer auch Verletzungen, Schmerz und Verlust bei Kindern und Erwachsenen verarbeitet werden.

Sie geben jeder Familie ein besonderes Gepräge.

Die unterschiedlichsten Lebensformen entwickeln sich nach der Trennung oder Scheidung, wenn die elterliche Sorge und das Besuchsrecht geregelt werden.

Es kann sich ergeben, dass die Kinder das andere Elternteil nie mehr sehen. Über unregelmäßige Treffen bis hin zu einem wechselnden Haushalt, dem die Kinder angehören, gibt es viele Varianten.

Auch die Möglichkeit des gemeinsamen Sorgerechts wird angeboten.

Chancen

Im Austausch mit anderen Alleinerziehenden wird deutlich, wie wenig Ein-Eltern-Familien in eine vorgedachte Norm passen und vergleichbar sind.

Bei Untersuchungen betonen betroffene Frauen auch die positiven Aspekte des Alleinerziehens: Selbstbestimmung, Empfinden von Freiheit, Selbstachtung, Entscheidungsfähigkeit und Stolz auf sich selbst können erlebt werden.

Für Kinder bedeutet dies oft den Wegfall von destruktiven Auseinandersetzungen mit dem Partner und ein weitgehend partnerschaftliches Zusammenleben mit dem einen Elternteil. Diese Kinder werden als selbstständig und in einem hohen Maß eigenverantwortlich erlebt.

Persönliche Erfahrungen

Mein persönlicher Weg führte mich vom Single, Heirat und Kinder über Scheidung zur Alleinerziehenden. Meine Kinder (Junge und Mädchen) waren damals im Kleinkind- und Kindergartenalter, als ich die alleinige Sorge übernahm. Ich hatte gerade stundenweise in meinem erlernten Beruf ausgeholfen und – als beide Kinder in den Kindergarten gehen konnten – das Angebot einer festen Arbeitsstelle mit geringer Stundenzahl.

Dies bedeutete eine zusätzliche Belastung, aber auch eine kleine finanzielle Sicherheit. (Der Unterhalt wurde erst nach der Scheidung mit Hilfe eines Rechtsanwaltes abgeklärt.)

Zu diesem Zeitpunkt hatte ich schwere Schlafstörungen. Die Auseinandersetzungen, Trennung und dann auch Scheidung haben mir so zugesetzt, dass ich monatelang nachts nicht mehr als zwei Stunden schlafen konnte.

Meine Kinder sind mit Atemwegserkrankungen und Allergien vorbelastet. So haben wir manche Zeit beim Arzt, im Krankenhaus oder in Sorge um die Gesundheit meiner Kinder verbracht.

Inzwischen sind meine Kinder der Grundschule entwachsen, und mit dem Älterwerden wurden wir drei mit immer neuen Herausforderungen konfrontiert: Entscheidungen über die weitere Schulwahl wurden gefällt. Die Besuche beim Vater sind durch das Mitspracherecht der Kinder im Lauf der Jahre immer weniger geworden. Die Kinder leben durch Freundschaften und eigene Interessen bewusst an unserem Wohnort und wollen nur bedingt wechseln, um sich in eine andere Familie einzugliedern.

Für mich bedeuteten diese Besuche Zeit zum Abschalten, einmal in Ruhe ein Buch lesen, die Möglichkeit, ungestört zu putzen oder Schriftliches zu ordnen. Auch Zeit, etwas allein mit einem anderen Erwachsenen zu unternehmen, wäre dann gegeben gewesen. Aber manchmal konnte ich mich nur »hängen lassen« und neue Kräfte sammeln für die Konflikte, die für die Kinder und damit auch für mich durch den Wechsel zwischen den Familien entstanden.

Ausblick

Durch etwas Abstand konnte und kann ich mir Gedanken darüber machen, was mir durch die Scheidung persönlich verloren gegangen ist. Auch was ich mir einmal für mein Leben, meine Familie erwünscht habe. Es zeigte sich, was nun Realität geworden war, was mir vielleicht weiterhin wichtig ist und wofür ich mich in Zukunft einsetzen möchte.

Mit meiner Situation bin ich besonders dann unzufrieden, wenn ich in Zeitnot stecke, wenn mir bei Entscheidungen der Austausch fehlt und wenn die alleinige Verantwortung mir zur Qual wird. Auch wenn die Ausdehnung der Berufstätigkeit ansteht und neue Probleme mit sich bringt, wenn die Worte Rente oder Altersversorgung nur verdrängt werden können, dann bin ich in meiner Situation nicht glücklich.

Dann ist es für mich immer wieder neu wichtig, meine Probleme und Sorgen zu jeder Tages- und Nachtzeit Gott mitteilen zu können. Ich kann meine Not, Verzweiflung, aber auch kleine und große erfreuliche Erlebnisse mit ihm teilen.

Mein und unser Leben wird durch Gottes Hilfe nicht unproblematisch und störungsfrei. Ich kann mich noch gut erinnern, wie ich mit Schrecken erkannte, dass für meinen Mann die Familie und auch ich nicht mehr wichtig war. Die Vorstellung über ein glückliches Familienleben war mir abhanden gekommen, und mein Glaube wurde dadurch kräftig durcheinander gewirbelt.

Die Zukunft schien nur unsicher und hatte keine freundlichen Aspekte mehr. Meine Gebete zu Gott bestanden oft nur aus einem einzigen Hilferuf.

Über die Jahre kann ich erkennen, wie wir doch in kleinen Schritten geführt wurden und immer wieder auch von Mitmenschen und Freunden Hilfe und Unterstützung bekamen.

In jeder schwierigen Situation gibt mir diese Erfahrung Mut, um auf weitere Veränderungen oder Lösungen in Bezug auf schwierige Entscheidungen zu hoffen.

Alleinerziehende im Alltag

Ich weiß, dass ich gerade als Alleinerziehende dem Bild der liebevollen Mutter und ständig pädagogisch richtig handelnden Erziehungsperson nicht entsprechen kann. Durch extreme Forderungen mache ich Fehler, Übermüdung und Ausgelaugtsein lassen mich unfreundlich reagieren.

Oft ist niemand da, der die Kinder in voller Verantwortung übernehmen kann, sodass Gelegenheit zum Erholen und Abstand gewinnen vorhanden wäre.

Manchmal nehme ich mir diese Möglichkeit aber auch selbst, weil ich mich nicht getraue, andere um Hilfe zu bitten und diese dann auch anzunehmen.

Ist es die Angst, im Moment den Dank ›nur‹ mit Worten ausdrücken zu können?

Das Angewiesensein auf Hilfe und Unterstützung führt nicht nur zu Dankgefühlen. Unbewusst schleichen sich da bei mir Hilflosigkeits- oder Minderwertigkeitsgefühle ein. Auch verstehen manche Helfer ihre Unterstützung als Aufforderung zur Mitsprache bei der Erziehung und der Lebensgestaltung, und damit tun sich neue Probleme auf.

Im familiären Umfeld wird die Ein-Eltern-Familie nicht immer als selbstständige und autarke Familie angesehen. Obwohl die Einzelnen es gut meinen, besteht doch immer die Gefahr, dass die angebotene Hilfe dann auch zur Gängelung oder Einengung wird.

Kontakte und Freundschaften

Die veränderte Lebenssituation des Alleinerziehenden wirkt sich auch auf Beziehungen und Kontakte zu Freunden aus. Manche waren besondere Freunde des Partners und trennen sich mit ihm.

Andere Beziehungen überstehen die Zeit der Auseinandersetzung, das Gefangensein in Verletzungen nicht. Mangelnde Kraft zur Kontaktpflege tut ihr übriges. Ich empfand es fast so, dass sich das Spreu vom Weizen trennt und nur die »echten Freunde« übrig bleiben.

In der Zeit der Umstellung auf eine neue Situation sind solche Freunde umso notwendiger.

Tipps

- Meistens sind die finanziellen Mittel der Ein-Kind-Familie begrenzt, so dass auf professionelle Hilfe nicht zurückgegriffen werden kann.

Aber wo kann mein Kind bleiben, wenn ein Gespräch mit dem Jugendamt oder dem Rechtsanwalt ansteht? Wenn ein schneller Arztbesuch notwendig wird? Wer hilft beim Verrücken der Möbel, repariert das Lieblingsspielzeug der Kinder? Wer zeigt einem, wie man einen Fahrradreifen flickt und so manche andere Dinge tut, die seither Hobby und Aufgabe des Partners waren? Wie regele ich all die Dinge, wenn ich außer leckere Kuchen backen und Fenster putzen keine »besonderen Gaben« an mir entdecken kann?
In manchen Städten wurden in Mutter-Kind-Zentren Austauschbörsen gegründet, wo gegenseitig Hilfeleistungen ohne Geldmittel getauscht werden können.Vielleicht lässt sich diese Idee ja auch auf einen Freundeskreis übertragen.

- Freundschaften sind aber nicht nur für Erwachsene notwendig. Auch die Kinder erleben das »Verlassen werden«, und es tut ihnen gut, nicht vergessen zu werden.
Bei Begegnungen mit Singles können Kinder erleben, dass andere auch als Unverheiratete glücklich sind.
Manchmal haben diese Singles Zeit für ein Spiel, eine Geschichte oder etwas, wozu die Zeit der Mutter nur selten ausreicht. Vielleicht finden die Kinder in ihr auch eine Person, der sie von den Problemen mit den beiden Elternteilen erzählen können, ohne dass jemand davon erfährt oder sich durch das Erzählte verletzt fühlt.

- Die Kontaktpflege zu anderen Familien lässt Kinder sehen und erleben, wie »normale Familien« leben. Dadurch können manche Utopie über Väter und Wunschträume zum Familienleben revidiert werden.
Haben es andere Kinder mit ihren Vätern wirklich *immer* besser?
Ein Kindertausch für ein Wochenende oder ein Urlaub in einer anderen Familie wäre eine Möglichkeit, dies zu überprüfen. So können die Kinder auf vielerlei Weise neue Erfahrungen ma-

chen. Vielleicht erhält ein Vater auch in seiner Familie ja daraufhin neue Wertschätzung!
Ein Papa könnte zu seinem Kind auch ein »vaterloses« mit zum Besuch ins Fußballstadion nehmen. Viele »normale« Familien sind mitunter sehr auf sich konzentriert – und es ist gut, wenn sich da Türen zu anderen auftun.

- Für Alleinerziehende ist die Pflege von Freundschaften mit Singles und Familien fast ein Muss, um einer Isolation zu entgehen.

- Andere Ein-Kind-Familien bieten für Erwachsene und Kinder viele Möglichkeiten zum Erfahrungsaustausch. Die andere Familie kennt manchmal ähnliche Probleme und kann außer Ratschlägen auch Aufmunterung weitergeben.

- Damit die Begegnungen nicht einschlafen, müssen wir uns eine gewisse Regelmäßigkeit und feste Absprachen angewöhnen. Spontanität ist eine gefragte Begabung als Alleinerziehende. Aber nicht immer hat eine befreundete Familie oder ein Single gerade Zeit, wenn wir oder ich alleine frei hätte.

- Durch hilfreiche Nachbarn oder Freunde ergibt sich immer mal wieder die Gelegenheit für einen Spaziergang nur mit sich allein, einen Stadtbummel ohne Kinder oder einen ungestörten Mittagsschlaf. Mit dem Abgeben der Verantwortung für die Kinder kann ich offen für neue Eindrücke sein, mich entspannen und muss nicht ständig reagieren. In der Begegnung mit Eltern aus Kindergarten oder Schule ergeben sich mitunter weitere Freundschaften.

- Mit der Zunahme der Ein-Eltern-Familien hat sich auch das Literaturangebot zum Thema erweitert. In Büchereien und Bibliotheken lässt sich manches Lese- und Informationsmaterial finden.

Auch das Spektrum des Lesestoffes und der Bilderbücher für Kinder hat zugenommen. Eine sorgfältige Auswahl in Bezug auf das Alter der Kinder und die unterschiedliche Situation hilft, unnötige Probleme zu vermeiden.

- Als Ansprechpartner gibt es in vielen größeren Städten oder für den jeweiligen Landkreis eine Frauenbeauftragte (Adresse und Telefonnummer unter Stadtverwaltung oder Landratsamt). Zum Teil werden durch Frauenbeauftrage spezielle Broschüren mit Informationen und Adresslisten über Ämter, Beratungsstellen, Gruppentreffs, Kursangebote und vieles mehr herausgegeben.

Gemeinde

Eine gute Chance, den Kontakt zu anderen Menschen (Familien) nicht zu verlieren, ist die Übernahme einer festen kleinen Aufgabe in Vereinen oder einer Gemeinde. So komme ich mit anderen fast »zwangsweise« ins Gespräch – auch wenn ich mich in meiner persönlichen Situation lieber vergraben möchte. Durch die eigene Aktivität fühle ich mich zudem nicht nur auf die Hilfe anderer angewiesen.

Für mich persönlich ist die Teilnahme an einem Gesprächskreis und Hauskreis wichtig. Der Austausch über Probleme, Erfahrungen meiner Mitmenschen, Mitchristen und über biblische Berichte gaben und geben mir eine andere Sicht für den Umgang mit meiner Situation.

Ein gemeinsames Gebet, besonders die Fürbitte, können mich ermutigen. Aber auch die Möglichkeit zu schweigen oder nur zuzuhören oder aber bruchstückhaft in Einzelgesprächen von mir zu erzählen war hilfreich.

Das Gefühl, manche mit meinen Erlebnissen zu überfordern, brachte mich dazu, *Tagebuch* zu schreiben. Abends war ich oft körperlich müde und ausgelaugt, aber in meinem Kopf arbeiteten die ganzen ungeklärten Dinge.

Durch das Schreiben, das Worte-finden-Müssen für meine tägliche Situation, wurden mir die einzelnen Gefühle deutlicher und Ansätze zur Lösungsfindung sichtbar.

Manche Veränderungen ließen sich auch erst im Nachlesen erkennen.

Das Nachdenken über Vergangenes ist oft auch in die Zwiesprache mit Gott gemündet. Ein Gebet zu Gott, in dem ich ganz bewusst mit Dank und Lob beginne, ist mir bis heute wichtig. Oft bin ich über den einfachen Dank für mein Bett und die Möglichkeit, zur Ruhe zu kommen, kurze Zeit eingeschlafen, und das Gebet ging mit Pausen über Stunden.

Als besonderes Geschenk habe ich Begegnungen und Gespräche mit einer Person mit seelsorgerlicher Ausbildung erlebt. Jemandem die Sorgen und Schwierigkeiten erzählen zu können, der nicht in die Situation eingebunden war und keine vorschnellen Lösungsvorschläge hatte, tat gut.

Mit zunehmendem Alter der Kinder verändern sich die Probleme. Mit dem Eintritt in die Pubertät wird das Fehlen des einen Elternteils, des anderen Geschlechts, vielleicht überdeutlich. Ein Wiedereinstieg oder das notwendige Ausdehnen der Berufstätigkeit verändert das Zusammenleben der Familie erneut.

Mit dem Selbstständigwerden der Kinder muss die Chance zum Loslösen von der Person des Alleinerziehenden gegeben werden.

Alleinerziehende sind in der Regel Frauen. Sie sind einer starken Mehrfachbelastung ausgesetzt.

Die Lebenssituation der Alleinerziehenden ist fast so vielfältig, wie es »Ein-Kind-Familien« gibt.

Positive Aspekte des Alleinerziehens: Selbstbestimmung, Freiheit, Selbstachtung, Entscheidungsfähigkeit. Kinder werden als selbstständig und eigenverantwortlich erlebt.

Freundschaften und Kontakte zu Singles und Familien sind dringend notwendig – nicht zuletzt, um die Problematiken des Alltags abfedern zu können.

Gott möchte gerade auch bei Alleinerziehenden Gegenüber und Gesprächspartner sein.

Christa Schuster

Jahrgang 1959, ist ausgebildete Erzieherin, hat zwei Kinder und ist Alleinerziehende.

4. Familie

Familie hat Zukunft

Ist die klassische Familie eine bedrohte Art, ein Auslaufmodell oder das Modell der Zukunft? Gut, dass die Familie in den letzten Jahren mehr und mehr wieder zum Thema gemacht wurde, dass darüber nachgedacht wird, was und wie Familie ist, wie Familienbeziehungen gelingen können und welche Fundamente und welche Rahmenbedingungen sie brauchen.

Was ist Familie?

In der Trendforschung werden verschiedene Familientypen unterschieden: Da gibt es die Kinderreichen – dazu gehören alle Familien mit drei Kindern und mehr. Sie gehören zum geringeren Prozentsatz der Familien. Die Traditionsfamilie ist die, die mit mehreren Generationen unter einem Dach wohnt. Mehr und mehr anzutreffen sind die Alleinerziehenden. 30 Prozent aller Kinder wachsen mit nur einem Elternteil auf, was mit großen Belastungen für die Betroffenen verbunden ist. Die Normfamilie ist die Familie, in der heute beide Eltern berufstätig sind. Sie hat ein bis zwei Kinder, die tagsüber in eine Form der Betreuung gegeben werden. In Patchwork-Familien sind ein oder beide Partner zum zweiten Mal verheiratet und haben Kinder aus den früheren Partnerschaften mitgebracht, eventuell haben sie selbst nochmals gemeinsam Kinder.

Nach einer Umfrage des Allensbacher Demoskopischen Institutes von 1991 ist die Mehrheit der Bevölkerung davon überzeugt, dass die Verankerung in einer Familie eine Grundvoraussetzung für individuelles Glück ist. Nur 1 Prozent meint, dass andere Formen besser sind. Für 70 Prozent der westdeutschen und 77 Prozent der ostdeutschen Bevölkerung gehört Familie zu den sehr wichtigen Lebensinhalten. Warum ist das so? Wegen der materiellen Absicherung, aus Statusgründen oder wegen sozialer Absicherung? Nein, die Familie wird als »emotionale Heimat, als Ort, an dem Offenheit, gegenseitiges Verstehen, gegenseitige Hilfe, Liebe und Geborgenheit möglich sind, angesehen. Fragt man die Bevölkerung, was Familie für sie bedeutet, so beschreibt die Mehrheit Familie vor allem als Gemeinschaft von Menschen, die sich gegenseitig helfen, auf die man bauen, denen man vertrauen kann, die lieben und geliebt werden, frei ihre Meinung sagen können, verstanden werden, Freude erfahren, eine Quelle von Stolz und Anregungen. ... Darum wünscht auch die überwältigende Mehrheit der Bevölkerung keine Schwächung, sondern eine Stärkung der Familie ... Nur 12 Prozent der Frauen und 16 Prozent der Männer würden sich in einem Konfliktfall zwischen Beruf und Familie zugunsten des Berufs entscheiden, zwei Drittel der Frauen und auch jeder zweite Mann prinzipiell zugunsten der Familie. Insgesamt kann man sagen, dass die erstrebenswerteste und lohnendste Form für die meisten Menschen heute immer noch die Familie ist. Die Familie ist noch lange nicht am Ende« (Renate Köcher: Festschrift 40 Jahre Familienpolitik, Luchterhand Verlag).

Lernfeld Familie

Bei allem Funktionsverlust und allen Veränderungen hat die Familie Zukunft, denn die Familie hat Qualitäten, die unersetzbar sind. Die Familie ist ein Lern- und Übungsfeld für die tragenden Werte des gesellschaftlichen Miteinanders und darum durch nichts zu ersetzen. Familie ist für die Entwicklung eines gesunden Menschseins unerlässlich. In einer Familie kann eine Fülle von Verhaltensweisen eingeübt und gelernt werden: Zuwendung zum Mitmenschen, Fürsorge und Achtung der Schwächeren, Kompromissfindung in Konfliktfällen, Aufgaben aufteilen und gemeinsam an einem Ziel arbeiten, miteinander teilen und aneinander teilnehmen, Rücksichtnahme, Grenzen der eigenen Freiheit, mit anderen Meinungen umgehen lernen, verschiedene Ansichten respektieren, Streiten und Versöhnen, sich in andere Hineindenken und Hineinfühlen. Die Familie prägt Charaktere, Familie ist ein Lernort für vielfältiges Sozialverhalten. Wir brauchen in unserer Gesellschaft diese Verhaltensweisen und Werte. Wo sonst als in einer Familienstruktur können sie erlernt werden?

Belegt wird dies auch durch eine Langzeit-Studie aus England: 13 Kinder waren drei Jahre lang in einem Kinderheim. Danach litten sie unter schweren geistigen Schäden. Sie wurden daraufhin in ein Behindertenheim eingewiesen, aber nur elf fanden dort Platz, zwei kamen deshalb auf die Station für geistig behinderte Frauen und ältere Mädchen. Diese Kinder zeigten nach kurzer Zeit bemerkenswerte Fortschritte – nicht nur gesundheitlich, sondern auch geistig und sozial. Was war der Grund dafür? Sie erlebten ein hohes Maß an emotionaler Zuwendung. Daraufhin wurde die Leitung des Behindertenheimes hellhörig, änderte das Programm und nahm die elf anderen Kinder ebenfalls auf die Erwachsenen-Stationen auf. Die Erwachsenen übernahmen für die Kinder Elternfunktionen. Der IQ der Kinder nahm dadurch um 45% zu, und bald wurden sie zur Adoption freigegeben. Nach 20 Jahren wurden die damaligen Kinder wieder ausfindig gemacht – alle nunmehr Erwachsenen waren selbstständig und unabhängig und hatten ›normale‹ Berufe ergriffen (Lehrerin, Kosmetikerin, Friseuse, Sozialarbeiter, Krankenschwestern, acht Personen dieser Gruppe hatten die High-School abgeschlossen). Von keinem dieser Menschen könnte man annehmen, dass sie irgendwann in ihrem Leben als geistig behindert angesehen wurden. Ihre heutigen Partner würden das als einen Witz ansehen.

An diesem Beispiel wird deutlich, wie wichtig eine Familienstruktur für eine gesunde seelische und geistige Entwicklung des Menschen ist. »Nur aus Kindern ohne Liebe werden Erwachsene voller Hass« (Rene Spitz).

Wo die Familie stabil ist, gibt sie dem Einzelnen äußeren Halt und innere Heimat.

Allerdings dürfen wir Familie auch nicht idealisieren. Alle, die in Familien leben, wissen, dass die Strukturen und damit die Beziehungen in der Familie oftmals gefährdet sind, dass Familie voller Konflikte und Gefährdungen sein kann.

Familie kann auch ein Ort der Gewalt und des Missbrauchs sein; Familie mit gestörten Beziehungsmustern kann der Nährboden für Neurosen, Zwänge und Süchte sein.

Eltern brauchen darum auch immer wieder Korrektur und Reflexion ihrer Ziele, Überprüfung ihrer Grundlagen und Methoden in der Erziehung, damit Familie ein Ort der Geborgenheit und der positiven Lebensprägung sein kann.

Die Grundlage – gegenseitige Wertschätzung und Liebe

Wertschätzung und Geborgenheit, Anerkennung und Liebe, Güte und Vertrauen sind der Boden, auf dem Persönlichkeiten reifen und wachsen können, auf dem eine positive Lebens- und Konfliktbewältigung gelernt werden kann.

Auf unseren Alltag konkretisiert, heißt das: Kindern brauchen jeden Tag ein Lob, ein gutes Wort, eine Anerkennung, eine Umarmung, eine zärtliche Geste und freundliche Blicke. Körperkontakt und Augenkontakt unterstreichen diese Wertschätzung. Vertrauen und Ermutigung, freundliche Korrektur verstärkt positives Verhalten viel mehr als Kritik und Strafe.

Auch der Umgang der Eltern miteinander hat Modellcharakter und ist Vorbild für die Kinder im Positiven wie im Negativen.

Das Ziel – Konfliktfähigkeit und Verantwortungsbewusstsein

Damit Menschen konfliktfähig werden und Verantwortung übernehmen können, müssen sie belastbar sein. Frustrationstoleranz ist dafür eine wichtige Voraussetzung, also Spannungen aushalten zu können, wie z.B. Hunger, Schmerz oder Ungeduld, aber ebenso auch unterschiedliche Meinungen oder Einschätzungen von Situationen. Wer als Kind lernt, dass durchgestandene Spannungen einen positiven Ausgang nehmen können, wird als Erwachsener auch einen langen Atem haben. Wenn Kinder erfahren, dass nicht nur die Bedürfnisorientierung und die Lusterfüllung zählen, sondern höhere Ziele wie gemeinschaftliches Handeln und die Achtung der Bedürfnisse aller, werden sie auch als Erwachsene Konflikte besser durchstehen können, unterschiedliche Interessen integrieren können und in schwierigen Situationen belastbar sein. Ein Leben, das allein auf die Bedürfnisorientierung und Lusterfüllung ausgerichtet ist, wird auf Dauer leer und schal. Echte Freude kann nur der erleben, der auch die Tiefen kennt, das Durchhalten und Warten können. Damit solches Verhalten eingeübt werden kann, müssen die Eltern zur Anteilnahme, zur Auseinandersetzung, aber auch zur Konsequenz und Grenzsetzung bereit sein.

Der Weg
hilfreiche Konfliktlösungsmodelle

Für das Lernen von Konfliktlösungsmodellen ist die Familie ein idealer Raum: Menschen verschiedenen Alters, unterschiedlichster Interessen und gegensätzlicher Temperamente leben Tag für Tag zusammen und müssen lernen, miteinander auszukommen.

Damit Konflikte wirklich gelöst werden können und nicht unter den Teppich gekehrt werden, braucht es Methoden, die helfen. Lösungen müssen gefunden werden, die allen einigermaßen gerecht werden, z. B.:

Meinungsverschiedenheiten werden genannt, und es wird gemeinsam nach Lösungen gesucht.

Sachliche und persönliche Kritik werden auseinander gehalten.

In Auseinandersetzungen dürfen der Tonfall und die Wortwahl die Würde des Gegenübers nicht verletzen.

Gefühle werden offen ausgesprochen, auch wenn die Wahrheit schwer zu ertragen ist.

Persönliche Interessen werden den allgemeinen Interessen untergeordnet.

Vergebung schafft neues Vertrauen und nimmt die Angst voreinander.

Ehrlichkeit voreinander und vor Gott öffnet die Herzen füreinander und macht immer wieder einen Neuanfang möglich.

Familie hat Zukunft, aber sie wird immer auch eine gefährdete Konstellation sein. Die heile Familie ohne Konflikte und Versagen gibt es nicht. Familien sind nichts Fertiges, sondern ständig im Wachsen und Werden, in Veränderungsprozessen und Neuorientierung begriffen.

Dennoch ist die Familie das Modell der Zukunft, sie ist in allen Wandlungen überlebensfähig geblieben – das überlebensfähigste soziologische Phänomen der Weltgeschichte.

Wer für ein Jahr sorgen will, muss Korn säen.
Wer für zehn Jahre sorgen will, muss Bäume pflanzen.
Wer aber für hundert Jahre vorausdenkt,
muss sich um die Familie kümmern.
Chinesisches Sprichwort

Familie steht im öffentlichen Meinungsbild hoch im Kurs. Die Mehrheit der Bevölkerung hält Familie für das beste Modell des Zusammenlebens.

Familie ist ein Lernfeld für soziales Verhalten und für den Umgang mit Konflikten aller Art. Familie hat aber auch ihre Gefährdungen.

Darum braucht Familie ein klares Fundament, klare Ziele und Modelle zur Umsetzung dieser Ziele.

Cornelia Mack

Im Spannungsfeld Familie und Gemeinde

Dem Herrn dienen

Ich aber und mein Haus wollen dem Herrn dienen. Diesen Entschluss Josuas hatten wir uns, damals als angehendes Ehepaar, als Trautext und somit als Motto für unser gemeinsames Leben ausgesucht. Welche unterschiedlichen Formen der Dienst in unserem Leben, zuerst zu zweit und dann als immer größer werdende Familie, annehmen würde, ahnten wir nicht. Dass nach vielen Jahren ehrenamtlicher Mitarbeit in unserer Kirchengemeinde einmal die Arbeit als »Hauptamtlicher« auf meinen Mann zukommen würde, konnten wir damals auch noch nicht wissen.

Immer ist die Familie mitbetroffen, egal welchen Dienst, welche Arbeit in der Gemeinde man übernimmt, ganz gleich, ob der Vater oder die Mutter oder auch die heranwachsenden Kinder sich engagieren. Nicht immer ist es leicht, in diesem Spannungsfeld »Familie–Dienst« die rechten Entscheidungen zu treffen und dann die entsprechenden Wege miteinander zu gehen.

Wenn man mich fragt, welche Platzierung ich Gott, meinem himmlischen Vater, in meinem Leben gebe, dann kann ich antworten: Platz 1. Wenn ich gefragt werde, auf welchem Rang sich meine Familie befindet und welchen Listenplatz die Gemeinde, oder der Dienst einnehmen, dann komme ich ins Stottern und kann ehrlicherweise keine klare Antwort geben. Diese Rangfolge ist nicht ein für alle Mal geklärt. Es gab und gibt Zeiten und Situationen, in denen der Dienst in der Gemeinde Vorrang vor der Familie hatte und hat. Aber es ist sehr oft gerade umgekehrt, bzw. wir als Ehepaar hatten uns aufzuteilen. Schon die nach und nach größer werdende Familie und schließlich die Berufung meines Mannes in den hauptamtlichen Dienst, führte dazu, dass sich meine Mitarbeit in der Gemeinde immer mehr lichtete. Durch die viele Abwesenheit meines Mannes – bedingt durch die überregionale Arbeit und damit verbundene Reisetätigkeit – habe ich mich Stück für Stück aus der aktiven Mitarbeit zurückgezogen. Allerdings sind unsere älteren Kinder in dieser Zeit so langsam in die Mitarbeit hineingewachsen. Momentan ist mein Platz in der Familie, mein Mann und die größeren Kinder sind »aktiv im Dienst«.

Ich denke, dass, wenn meine Kinder größer sind, auch für mich wieder eine aktivere Mitarbeiterphase in der Gemeinde dran ist. Ich bin schon gespannt, was dann möglich sein wird.

Gerade das zu entscheiden, was gerade dran und was meine persönliche Aufgabe ist, macht die Spannung aus, in der wir uns befinden.

Das geht nicht nur uns Müttern so. Die Väter stecken in der gleichen Spannung. Auch sie müssen zwischen Beruf, Familie und Dienst entscheiden. Denn neben dem Beruf auch noch ehrenamtlich in der Gemeinde tätig zu sein ist nicht immer leicht. Denn man hat ja auch noch Familie. Bei den so genannten »Hauptamtlichen« ist das auch nicht anders, nur sind da die Grenzen zwischen »Dienst« und »Ehrenamt« etwas verwaschener.

Einerseits möchte man mitarbeiten. Es gibt ja auch viel zu tun. Andererseits gilt es zu entscheiden, ob ich die Kraft und die Ausdauer dazu habe und ob die Familie es verkraften kann, wenn ich einen Dienst übernehme.

Familie ist Dienst

Das Wort Familie kommt aus dem lateinischen »famulus« und bedeutet Diener; die Familie ist sozusagen die »Gesamtheit der Dienerschaft«. Manchmal habe ich mich bei dem Gedanken erwischt, dass ich ohne Familie viel mehr für Gott und die Gemeinde tun könnte. Stattdessen sitze ich zu Hause in meinen vier Wänden, bin im üblichen Hausfrauentrott gefangen und bin eigentlich unzufrieden. Ich beneide die, die ungebunden und ohne das »Anhängsel Familie« sich voll und ganz für die Sache Jesu einsetzen können. Manchmal denke ich das auch im Blick auf meinen Mann. Wäre er nicht freier, flexibler in seinem Dienst, wenn da nicht auch noch unsere Familie wäre, die den Vater braucht?

Doch das sind undankbare Gedanken. Gott hat mir eine Familie geschenkt. Und da fängt mein Dienst an: Ich kann den Kindern die Geschichten aus der Bibel erzählen, vorlesen. Ich kann mit ihnen singen. Ich kann ihnen das Wort Gottes lieb machen. Mein Auftrag ist, in der Familie ein Wegweiser zu Gott zu sein. Das ist nicht immer leicht, denn wir werden ganz genau abgeklopft, ob Reden und Leben übereinstimmen. Da wird Glaube praktisch. Dieser Auftrag kann uns nicht wichtig genug sein, und wir dürfen ihn unseren Kindern gegenüber nicht vernachlässigen. Wir haben in der Familie die große Chance, unsere Kinder – und damit, nebenbei gesagt, ja auch die zukünftigen Mitarbeiter in der Gemeinde – positiv zu prägen und ihnen Glaubens- und Lebensfundamente zu vermitteln. Dieser Dienst ist um keinen Deut weniger wert als zum Beispiel Predigtdienst, Bibelstunden halten, Straßenevangelisationen veranstalten usw.

Wir brauchen das Gebet

Nach außen ist dieser Dienst eigentlich recht unspektakulär. Ich kann nicht nachweisen, wie viel Krankenbesuche ich gemacht habe, kann mich keiner gehaltenen Jungscharstunden mit tollen Besucherzahlen rühmen oder wegen vieler absolvierter Hausbesuche freuen. Aber Gott hat auf das Beten ganz besondere Verheißungen gelegt. Deshalb rede ich gerne und viel mit ihm über all die Dienste, die meinem Mann aufgetragen sind. Ich bitte um Bewahrung bei all den vielen tausend Kilometern, die er ständig unterwegs ist. Beim Bügeln und Wäsche sortieren sind mir meine Kinder deutlich vor Augen, und ich nutze die Chance, um ganz konkret für sie zu beten. Jedes hat seine eigenen Schwierigkeiten, ungeklärte Fragen und auch verschiedene Aufgaben. Fotos an meiner Pinnwand erinnern mich an Missionare, und ich denke an sie und ihre besondere Situation. Durch dieses konkrete Beten bleibe ich informiert und beteiligt am Dienst in der Gemeinde. Von Inaktivität kann also nicht die Rede sein. Denn »das Gebet ersetzt keine Tat, aber es ist eine Tat, die durch nichts anderes ersetzt werden kann« (D. Hans von Keler).

Wenn wir mit dem Auto unterwegs sind, sind wir darauf angewiesen, eine Tankstelle zu finden. Auch wenn mir der Benzingeruch zu schaffen macht, finde ich sie eine tolle Einrichtung. Das Auto bekommt dort seinen lebensnotwendigen Sprit, dort können auch Lebensmittel gekauft werden und Zeitungen, damit wir informiert sind; die Scheiben werden geputzt, sodass wir wieder einen guten Über- und Durchblick haben. Wenn es sein muss, ist dort auch ein Reifenwechsel kein Problem. Alles dient der Sicherheit und Pflege von Auto und Fahrer. Dieses Bild gefällt mir sehr gut, weil es für unsere Situation manches verdeutlicht.

Wenn wir uns engagieren, brauchen wir einen Ort, an dem wir auftanken können, wo wir zur Ruhe kommen, wir die Beine hochlegen, wir über unseren Dienst nachdenken, Frustrationen aussprechen und Niederlagen verarbeiten können. Wir brauchen einen Raum, wo wir auch unsere Freude und Begeisterung zum Ausdruck bringen können, wo uns, wie beim Auto, die Scheiben geputzt werden und wir wieder klar sehen. Vielleicht muss uns auch, bildlich gesprochen, eine Schraube festgezogen werden, die sich gelockert hat. Und wir brauchen einen Platz, an dem wir auch nur mal über »das Wetter« reden können.

Familie ist eine Tankstelle

Das Wissen: meine Eltern stehen hinter meiner Mitarbeit, z. B. in der Kinderkirche, im Jugendchor, in der Jungschar usw., motiviert die Kinder. Zu wissen, meine Eltern beten für meine Arbeit und denken mit, macht doch die Kinder stark. Das ermutigt, mit geistlichen Fragen zu ihnen zu kommen. Da können wir auch erzählen, wenn eine Gruppenstunde voll daneben ging. Saftkränzchen mit einfachen Keksen aus dem Supermarkt, umgeben von Spielzeug, ungebügelter Wäsche und nicht abgeräumtem Mittagessen können Großes wirken. Da kann man auch konstruktiv kritisiert werden, ohne gleich sein Gesicht zu verlieren. Genauso wichtig ist das für die Ehepartner. Es ist nämlich nicht aufbauend, wenn dieser nach Hause kommt und gleich zu hören bekommt, dass er schon wieder so viel weg war und keine Zeit mehr für die Ehefrau und die Familie hat.

Ja sagen zur eigenen Situation

Solch eine Tankstelle können wir aber nur sein, wenn wir ein ganzes Ja haben zum Dienst.

Damit meine ich nicht nur das grundsätzliche Ja. Mitarbeit im Reich Gottes, Dienst in der Gemeinde ist selbstverständlich. Aber zu diesem grundsätzlichen, theoretischen Ja muss das praktische Ja kommen. Es gibt eine Unmenge an Möglichkeiten zur Mitarbeit. Und wenn wir eine Aufgabe übernehmen, können wir oft nicht genau übersehen, was da auf uns zukommt und welche Ausmaße der Dienst annimmt. Einerseits ist das ja spannend. Es warten neue Herausforderungen. Ich hätte zum Beispiel nie gedacht, einmal für das leibliche Wohl auf Zeltlagern zuständig zu sein – ohne Kühlschrank, Kühltruhe und Backofen. Und was habe ich durch Jugend- und Hauskreisarbeit interessante Menschen kennen und schätzen gelernt. Welche Vielfalt an Arbeitszweigen, Gemeinschaften, Gruppierungen und Geschwistern begegnet mir in der Evangelischen Allianz. Ich wollte sie nicht missen, und ich merke, wie bereichernd der Dienst ist, auch für die ganze Familie.

Andererseits führt der Dienst uns in Situationen, die nicht so einfach zu bewältigen sind. Mir war anfangs noch nicht definitiv klar, wie oft ich nun zum Beispiel mit meinen Kindern allein bin. Das geht einem ganz schön an die Substanz. Wenn man dann sieht, wie in der Nachbarschaft die Familien sonntags und auch unter der Woche an den Abenden gemeinsam etwas unternehmen, dann schlucke ich mehrmals, bis ich diesen Kloß unten habe. Diesen Kloß, gemischt aus Ärger, Neid, Schwermut und Selbstmitleid. Er steckt in meinem Hals, wenn ich einen Vater sehe, der liebevoll die Fahrräder seiner Kinder repariert oder der mit seinen Sprösslingen, geschmückt mit Schal und Fahne, am Samstag zum Stadion marschiert. Wenn ich bei runden Geburtstagsfesten, die sich in unserem Freundeskreis mehren, oder bei Orchesteraufführungen in der Schule nach meinem Mann gefragt werde, dann berührt mich das schon komisch. Etwas zynisch meinte ich neulich zu ihm, ich würde am liebsten den »Club der allein erziehenden Strohwitwen« gründen.

Aber mit solchen Gedanken mache ich nicht nur mir das Leben schwer, sondern auch meiner ganzen Familie. Wie schnell überträgt sich diese Negativhaltung auch auf meine Kinder, sodass sie die viele Abwesenheit des Vaters als gemein, unzumutbar und einfach unmöglich empfinden. Ich bin dabei auf dem besten Weg, einen Graben zwischen Vater und Kindern aufzurichten. Aber eigentlich sollte ich zusammenhalten, Brücken schlagen, die Beziehung zwischen Vater und Kind mit aufrechterhalten, gerade dann, wenn es zeitlich und organisatorisch schwierig ist. Dieses Selbstmitleid trübt mir auch den Blick für all die positiven Dinge, die wir als Familie durch die Arbeit meines Mannes erleben.

Es ist tröstlich, dass ich mit dieser Situation nicht die Einzige bin. Eine Freundin wurde mal gefragt, ob sie überhaupt einen Mann hätte, man würde sie immer nur solo sehen. Außerdem sind nicht nur wir ›frommen‹ Frauen vom Strohwitwendasein betroffen. Jede Frau, deren Mann im säkularen Bereich einen verantwortungsvollen Posten innehat, muss sich mit diesem etwas anderen Familienleben auseinander setzen. Familien, deren Väter abends nach Dienstschluss regelmäßig ihre Stammtische, Fitnesszentren, Sportclubs und Tierschutzzentren besuchen, geht es auch nicht anders.

Ich merke auch, dass eine Antihaltung meiner Situation gegenüber mich unfähig macht, mit meinem Mann zusammen konstruktiv nach besseren Lösungen zu suchen. Es ist oft einfacher zu resignieren, sich einzuigeln und zu sagen: »Es hat doch keinen Zweck, es ist einfach so, ich muss damit leben, ich Arme.« Dazu dann noch die Opfermiene aufgesetzt, damit auch jeder, vor allem meine Kinder, merken, wie ich leiden muss und wie schwer der Dienst ist.

Nein! Wir müssen miteinander überlegen, wo und wie wir uns einsetzen können, wie stark die Familie belastet werden kann.

Wir müssen uns korrigieren, den Rotstift ansetzen, wenn es nötig ist. Wer sehr engagiert ist, merkt oft nicht, wie die Verbindung zur Familie locker wird. Vor lauter Aktivität verlieren wir die aus den Augen, die einem primär anvertraut sind. Da brauchen wir Rückbesinnung und Korrektur. Das ist leichter gesagt als getan, meist auch ein schmerzhafter Arbeitsvorgang. Aber es ist lebens- und überlebensnotwendig. Wir wollen dem Herrn dienen. Ja, aber nicht auf Kosten der Familie. Wie bitter ist es, wenn Eltern später zu Recht von seinen Kindern kritisiert wird: Euch waren andere Menschen und der Dienst immer wichtiger als wir.

Ich muss nicht alles machen

Ich aber und mein Haus wollen dem Herrn dienen. *Ja, aber ich muss nicht alles machen.*
Gott hat uns in eine Gemeinschaft hineingestellt.

Ich staune immer wieder über die vielen verschiedenen Begabungen, mit denen Gott seine Kinder ausgerüstet hat. Da gibt es die Musikalischen, die Sportlichen, die Kreativen. Andere sind redebegabt, im Dekorieren spitze, im Kochen unübertroffen. Wieder andere haben einen Blick und Gespür für Menschen in ihren Problemsituationen. Und dann gibt es noch die Organisationstalente, die Motivationstalente. Da sind Menschen, die mit mehr körperlicher Kraft ausgestattet sind als andere, und noch vieles, vieles mehr. Keiner hat alle Gaben. Und ich denke, dass Gott das bewusst so wollte, damit wir uns gegenseitig brauchen, gegenseitig ergänzen und sich keiner als der »Allerbegabteste« ausweisen kann. Das ist tröstlich für mich, denn sonst gäbe es für mich nichts zu tun.

In diese große Dienstgemeinschaft darf ich meine Gaben einbringen, wie es meine Kraft und mein Umfeld zulassen. Ich darf mich auch aus dem außerfamiliären Dienst zurückziehen, kürzer treten, wenn die Familie mich braucht. Dann gibt es andere, die meinen Dienst übernehmen. Vielleicht ist er auch nicht mehr notwendig. Nur nicht krampfhaft an Aufgaben festhalten – sei es aus Pflichtbewusstsein, Wichtigtuerei oder falschem Aktivismus – und gleichzeitig ein ständig nagendes schlechtes Gewissen der Familie gegenüber mit sich herumtragen. Warum nicht mal ein paar Sabbatmonate einlegen? Eine befreundete Familie hat das ausprobiert. Der Vater hat pausiert – nicht von der Familie – und ist dann, neu motiviert und gestärkt, wieder ehrenamtlich in die Gemeindearbeit eingestiegen.

Wie stark oder weniger stark wir uns im Dienst engagieren, egal ob ehrenamtlich oder hauptamtlich, muss in und mit der Familie geklärt werden. Da gibt es keine allgemein gültigen Rezepte, gerade weil wir so unterschiedlich begabt und belastbar sind. Doch wir müssen vor allem immer wieder unsere Motivation überprüfen. Natürlich setzen wir aus Dankbarkeit Gott gegenüber unsere Gaben ein. Es macht Freude, Mitarbeiter zu sein. Passen wir auf, dass sich nicht Geltungsbedürfnis, Ehrsucht und falscher Aktivismus einschleichen. Oder engagieren wir uns so sehr und unermüdlich, weil wir vor dem Alltag, der uns zu Hause erwartet, davonlaufen? Natürlich ist es lukrativer, als beliebter Leiter vor einer Gruppe zu stehen, als sich zu Hause im alltäglichen, nervenden Kleinkram in der Familie auch noch Freude und Begeisterung abzuringen.

Andererseits brauchen wir uns nicht zu sorgen: Wenn wir im Gehorsam gegenüber Gott unsere Aufgaben erfüllen, werden wir uns nicht überarbeiten, weil uns Gott nicht überfordert. Auch wenn wir manchmal zappeln, er lässt uns nicht im Stich.

Vergessen wir nicht: Gott ist unser Schöpfer, unser Herr und Heiland, unser liebender Vater, unser Tröster und Helfer, unser König. Welch ein Adel, ihm zu dienen.

Vorrang im Leben eines Christen hat die Sicht für das Reich Gottes, die sich als Grundgesinnung darstellt. Sie hat Verheißung. Matthäus 6, 33: Trachtet zuerst nach dem Reich Gottes und nach seiner Gerechtigkeit, so wird euch das Übrige (was ihr zum Leben benötigt, was euer Dasein normalerweise sorgenvoll bestimmen würde) alles zufallen.

In diese Grundentscheidung eines Lebens ist auch die ganze Familie mit einbezogen. Es ist wichtig, dass diese Ansicht von der Familie mit getragen wird.

Das Ja zum Reich Gottes bedeutet kein Nein zur Familie. Arbeit in der Familie ist vielmehr ein Teil der Reich-Gottes-Perspektive. Sie ist erstes Bewährungsfeld für Christenleute.

Es gibt keine Patentrezepte, wie die unterschiedlichen Aufgabenfelder bewerkstelligt werden sollen. Als Menschen, denen die Leitung durch Gottes Geist versprochen ist, dürfen wir im Gebet, im gemeinsamen abwägenden betenden Prüfen, im Einzelnen die Entscheidungen im Vertrauen darauf treffen, dass uns Gott seine Absichten aufzeigen wird, uns vor Irrwegen bewahrt, uns korrigiert und dafür sorgen wird, dass wir nicht zu kurz kommen.

Aus eigener Kraft können wir unsere Aufgaben in Familie und im Reich Gottes nicht erfüllen. Wer das weiß, für den gewinnt das Gebet hohe Priorität. Beten bedeutet auch eingestehen, dass wir es allein nicht schaffen, und schenkt die Gelassenheit, dass wir es auch allein nicht schaffen müssen. Wir sind darauf angewiesen, dass Gottes Hilfe bereitsteht.

Angelika Steeb

Jahrgang 54, ist gelernte Krankenschwester. Sie ist verheiratet mit Hartmut Steeb, Generalsekretär der Deutschen Evangelischen Allianz; sie haben zehn Kinder plus Schwiegertochter; im Moment ist sie als Hausfrau und Mutter tätig.

Kinder neu sehen lernen

Reinhard Mey singt: *»Kinder werden als Riesen geboren, sie sind nur von außen klein. Später wachsen sie und werden innerlich ganz klein.«*

Stimmt das? Werden Kinder durch die Erwachsenen »klein gemacht«?

Vielleicht wurden Sie selbst auch durch Erlebnisse in Ihrer Kindheit klein gemacht? Sie haben dann wenig Selbstwertgefühl, fühlen sich unsicher, Hunger nach Liebe und Anerkennung bestimmt Ihr Sein?

Ein Buchtitel heißt: »Kinder sind Gäste, die nach dem Weg fragen« (J. Prekop). Kinder sind Gäste – nicht unser Eigentum. Für eine begrenzte Zeit dürfen wir sie beherbergen, ihnen Wegbegleiter und Helfer sein. Sie fragen uns nach einem Weg zu einem Ziel hin. Welche Antwort geben wir ihnen? Welche Antwort wurde uns gegeben?

Wo führen wir sie hin? Wo wurden wir hingeführt? Kennen wir ein Ziel für sie? Nur wer ein Ziel hat, kann konkrete Schritte tun. Kinder fragen nicht mit Worten, sondern mit ihrem ganzen Sein. Sie nehmen auch unsere Antwort ganzheitlich auf. Was wir leben, redet lauter als das, was wir sagen.

Taten und Worte von uns sind wie Samen, die früher oder später aufgehen. Was ernten wir gerade in unserer Gesellschaft, in unserer Kirche, in unseren Familien, in unserem Leben ganz persönlich? Was wurde da gesät?

Das Wort aus der Bibel: *»Was der Mensch sät, das wird er ernten«* soll für uns zur Chance werden, nicht zur Drohung. Wir dürfen säen, und wir säen auch bei jeder Begegnung mit Kindern, bewusst oder unbewusst. Welche Chance, jeden Tag neu.

Natürlich säen wir auch Unkraut. Manchmal wächst es einfach mit auf, aber wenn es gute Früchte verhindert, sollte es auch »ausgerissen« werden und guter Samen wieder neu gesät werden.

Verschiedene Sichtweisen auf Kinder

Kinder wurden ja schon immer ganz unterschiedlich gesehen, z. B.

- als Wirtschaftsfaktoren (für die Industrie),
- als zukünftige Rentenzahler (für die Politiker),
- als Altersversorgung (für die Eltern).
- Sie werden materiell verwöhnt wie noch nie, aber auf der an deren Seite als Karriere-Bremsen empfunden und emotional vernachlässigt.
- Sie können kleine Prinzen und Tyrannen sein;
- Kinder werden abgetrieben und missbraucht (nicht nur sexuell, auch als Partnerersatz), als Machtobjekte bei Scheidungen eingesetzt, mehrmals verteilt. Es gibt nicht mehr nur das Problem der kinderreichen Eltern, sondern auch das der elternreichen Kinder.

Wie kann ich Kinder neu sehen lernen?

Bewusst machen, wie ich Kinder sehe

Was bedeuten mir meine Kinder?

Sind sie gewollt, ungewollt, geduldet? Mag ich sie? Kann ich etwas mit ihnen anfangen? Sind sie mein Lebensinhalt? Wie erlebe ich mich im Umgang mit ihnen? Bin ich froh, wenn sie endlich erwachsen sind und aus dem Haus gehen (z.B. in schwierigen Phasen bei Teenies)? Will ich sie festhalten, vor allem Bösen bewahren, sie verwöhnen...? Kann ich sie annehmen wie sie sind, oder hätte ich gerne bravere, hübschere, klügere, musikalischere, sportlichere ... Kinder?

Eine Mutter kommt zum Gespräch, weil ihre Tochter keine Empfehlung für das Gymnasium bekommen hat und »nur« auf die Hauptschule gehen wird. »Es macht mir etwas aus, ich schäme mich vor der Verwandtschaft, fühle mich irgendwie schuldig, ich bin zornig auf dieses Kind. Sie ist doch nicht dumm, aber wenn ich mit ihr lernen will, blockt sie ab... Was soll ich nur machen?«

Kinder spüren, wie wir zu ihnen stehen. Sie sind kleine »Seismographen«, d.h., sie nehmen Stimmungen wahr, oft bevor sie uns selbst bewusst sind und reagieren darauf.

Wenn die Eltern abends weggehen wollen und alles so machen wie immer, reagieren schon die Kleinsten anders als sonst. Es zieht sich alles hinaus und die Spannung wächst.

Kinder spüren auch Uneinigkeit oder mangelnde Absprache in der Erziehung und spielen oft die Eltern gegeneinander aus. Intuitiv erfassen sie, bei wem sie was durch Brüllen oder Schmeicheln, durch Weinen oder Bocken erreichen.

Wie ich Kinder sehe, hat aber auch etwas mit meiner eigenen Lebensgeschichte zu tun. Meine Erfahrungen werden meinen Erziehungsstil prägen. Vergleichen Sie doch einmal Ihren Umgangston im Konfliktfall mit dem Ihrer Eltern. Wie sehe ich meine Kinder? Wie fühle ich mich dabei?

Beschluss fassen

Es kann eine Hilfe sein, sich neu für einen neuen Blick auf die Kinder zu entscheiden: Ja, ich will mich (neu) auf meine Kinder einlassen, mich und meine Sichtweise hinterfragen und neue Schritte tun.

Dabei kann ich von Jesus lernen, von Gottes Wort.

Gott liebt Kinder bedingungslos. *Sie sind eine Gabe Gottes* (vgl. Psalm 127, 3).

Er hat sie gewollt, gebildet im Mutterleib, sie sind wunderbar gemacht, ein Gedanke Gottes, der in den Kindern Gestalt angenommen hat.

Gott hat eine Liebespädagogik für Kinder und keine Verhaltenspädagogik. Ihm geht es immer um die intakte Beziehung zu ihm.

Er will, dass wir unsere Kinder zu ihm bringen.

»Du sollst den Herrn deinen Gott lieb haben von ganzem Herzen, von ganzer Seele und mit all deiner Kraft. Und diese Worte, die ich dir heute gebiete, sollst du zu Herzen nehmen und sollst sie deinen Kindern einschärfen und davon reden, wenn du in deinem Hause sitzt oder unterwegs bist, wenn du dich niederlegst oder aufstehst. Und du sollst sie binden zum Zeichen auf deine Hand, und sie sollen dir ein Merkzeichen zwischen deinen Augen sein, und du sollst sie schreiben auf die Pfosten deines Hauses und an die Tore« (5. Mose 6, 4-9).

Glaube wird in der Bibel immer als etwas Umfassendes, in den Alltag Eingebettetes gezeigt, sichtbar, öffentlich ... Nicht eingegrenzt auf bestimmte Frömmigkeitsübungen.

Wir sollen Gottes Wort vermitteln. Seine Gebote weitergeben durch unser Leben. Ihn unseren Kindern lieb und vertraut machen.

Wenn wir unseren Kindern Grenzen setzen, sollen wir das als Schutz und aus Liebe tun. Nicht indem wir elterliche Gewalt ausüben, sondern indem wir Stärke und Konsequenz durch Liebe leben.

Für Jesus haben Kinder einen ganz besonderen Wert:

Er sagt: *»Lasst die Kinder zu mir kommen und wehrt ihnen nicht, denn solchen gehört das Himmelreich«* (Markus 10,14).

Das heißt also: »Haltet die Kinder nicht ab von mir, haltet sie nicht ab von einer ganz persönlichen Liebesbeziehung zu mir.«

Jesus streichelt die Kinder, segnet sie, schmust mit ihnen. Er weiß, wie wichtig Körperkontakt ist, gezeigte Liebe, Hautkontakt. Liebe bekommen und Liebe geben ist ein Grundbedürfnis aller Menschen, genauso wie Essen, Trinken und Schlafen.

Kinder brauchen diese Liebe, nicht weil sie immer liebenswürdig sind, sie können uns ja nerven, überfordern und uns an unsere Grenzen bringen. Und doch ist es so, dass unsere Kinder gerade dann unsere Liebe am meisten brauchen, wenn sie diese am wenigsten verdienen.

Von den Kindern lernen

Kinder können eine ganz persönliche Beziehung zu Jesus haben.

Sie sind ganz offen für diese Botschaft und gehen noch so natürlich damit um.

Als ich unserer Enkeltochter Hannah zu ihrem 6. Geburtstag gratulierte und ihr sagte, dass ich es schön finde, dass es sie gibt, war ihre Antwort: »Ja, das weiß ich. Gott hat mich ja auch extra gemacht. Echt cool, gell?«

Kinder haben oft eine ganz eigene Art, etwas auszudrücken.

Ich betete abends mit unserer anderen Enkeltochter Lisa, als sie ganz unvermittelt zu mir sagte: »Du Oma, ich sag auch nicht Blödmann zu Jesus.« Ich antwortete: »Das ist ihm sicher recht, denn das würde ihm nicht so gefallen.« Lisa: »Ich sag überhaupt keine Ausdrücke zu ihm, weil er nämlich mein Freund ist.«

Sie hat etwas Wesentliches kapiert. Jesus ist ihr Freund. Das hat etwas mit persönlicher Beziehung zu ihm zu tun.

Kinder lieben biblische Geschichten. Ihr Glaube ist viel vertrauender als unser Glaube.

Ein anderes Wort zeigt uns, wie wichtig Väter für Kinder sind.

»Ihr Väter frustriert eure Kinder nicht, damit sie nicht scheu werden« (vgl. Epheser 6, 4), d.h. unsicher werden, zu wenig Selbstwertgefühl haben.

Wie viel (unbewusste) Enttäuschung erleben Kinder in ihrer Seele, weil die Väter keine Zeit haben oder ihren Erziehungsauftrag nicht wahrnehmen, nicht sehen, wie wichtig sie sind. Sie reduzieren sich auf Spielväter, auf Freund sein. Natürlich gehört das auch dazu, aber Vater sein ist noch mehr, es heißt, aktiv im Leben der Kinder dabei zu sein.

Welche Not gibt es zunehmend durch die vielen zerbrochenen Beziehungen. Immer weniger Kinder leben in intakten Familien. Das ist eine wichtige Herausforderung für uns Christen. Auch diese Kinder sollen wir neu sehen lernen und darauf reagieren. Und auch die Freunde unserer Kinder sollen durch uns Jesus persönlich kennen lernen.

Durch Jesus bekommen Kinder auch einen ganz besonderen Wert. Er sagt: *»Wer ein ... Kind aufnimmt in meinem Namen, der nimmt mich auf« (Matthäus 18, 1-5).*

Kinder lieben heißt, Gott lieben

Mit Kindern leben ist »Gottesdienst«.
Mit Kindern achtsam umgehen heißt, Gott ehren.
»Wehe, wer eines dieser Kleinen gering achtet ...« (vgl. Matthäus 18,6); d.h. auch wer meint, Kinder zu erziehen wäre weniger wert als Karriere und Berufstätigkeit. Diese Ermahnung betrifft Väter und Mütter.

Die Beziehung zu Jesus wird unseren Kindern Raum zur Lebensentfaltung geben.

Wir sollen ihnen vermitteln, dass sie nie aus dieser Liebe fallen, durch nichts, was auch immer sie tun, und dass Jesus immer für sie da ist, sie hört und sie wichtig für ihn sind.

Praktische Hilfen im Alltag

Natürlich sollten wir selbst im Glauben leben, mit Gott reden, Bibel lesen ... unseren Alltag aus der Liebesbeziehung zu ihm gestalten. Und die Kinder mit hineinnehmen und unsere Erfahrungen mit ihm erzählen.

- Den Kindern zu persönlichen Erlebnissen mit Gott zu verhelfen, indem sie sensibel werden, wie Gott ihre Gebete erhört, sie behütet und versorgt.
- Biblische Geschichten kreativ gestalten durch Malen, Rollenspiele, Erzählen, Geschichten raten lassen, mit Erlebnissen aus dem Alltag vergleichen.
- Bei Fragen in Alltagssituationen oder Problemen miteinander überlegen, was Jesus wohl dazu sagen oder tun würde?
- Lieder singen mit einer guten, klaren, fröhlichen Botschaft. Kinder singen und bewegen sich gerne. Es gibt Kassetten, Videos, Liederbücher und auch Schulungen als Hilfe. Dadurch wird eine gute Botschaft »spielend« weitergegeben.
- Kinder lernen durch Geschichten der Bibel Jesus kennen, wie er ist, was er tut, was er sagt (natürlich altersgemäß). Dadurch

wächst ihr Vertrauen zu ihm. Einem Fremden vertraut man ja nicht.

- Wir sollten uns keine Sorgen machen, ob sie das auch alles verstehen.
  Verstehen wir Erwachsenen schon alles? Kinder sind sensibel für uns und für Gott.
- Jesus konnte wunderbar Verhalten und Person trennen: Er liebte den Sünder und hasste die Sünde. Davon können wir als Eltern oder Begleiter von Kindern lernen, dass unsere Liebe zu Kindern nicht von ihrem Verhalten abhängig sein soll.
- Wie wir mit ihnen oder über sie reden, wird sie prägen. Wir sollten nie negativ über Kinder oder ihre Ungezogenheiten reden oder sie bloßstellen, wenn sie dabei sind. Es ist wichtig, auf unsere Worte zu achten. Wie ich über Kinder denke und rede, wird mein Verhalten prägen.

Wenn unsere Kinder dann größer werden und nicht mehr mit uns beten wollen oder sich manchmal für den Glauben verschließen und Wege gehen, die uns Not machen, so können wir sie getrost an Gott abgeben, denn »*Des Herrn Arm ist nicht zu kurz, dass er nicht helfen könnte und seine Ohren sind nicht hart geworden, sodass er nicht hören könnte*« (Jesaja 59,1).

Lassen wir uns von Gottes Sichtweise neu leiten und inspirieren und sehen wir unsere Kinder dadurch ganz neu. Er ist mit uns, und seine Gnade – d. h. auch die Chance für Neues – ist täglich für uns da.

Eltern sollten sich von Zeit zu Zeit in der Stille vor Gott auf das hin prüfen, wie sie ihre Kinder sehen. Sind sie ihnen lästig oder Geschenk, mehr Anlass zum Ärger oder Freude?

Bewusste Entscheidungen für die Kinder, Entscheidungen zu neuen Sichtweisen können uns helfen, die Beziehung zu den Kindern zu verändern.

Von der Art, wie Kinder vertrauensvoll und vorbehaltlos ihren Glauben leben, können wir als Erwachsene lernen und uns davon inspirieren lassen.
Gottes Art zu lieben kann uns im Umgang miteinander und mit unseren Kindern eine große Hilfe sein. Er liebt bedingungslos und zärtlich.

Für die konkreten Umsetzungen unseres Glaubens mit den Kindern bieten sich vielfältige Möglichkeiten. Auch mit den Kindern zusammen können wir dabei immer wieder Ideen entwickeln und kreativ werden.

Hilde Bausch

Jahrgang 1942, drei Kinder, leitet zusammen mit ihrem Mann Günther Bausch seit neun Jahren den Bereich Ehe- und Familienarbeit des Wörnersberger Ankers (Christliches Lebenszentrum für junge Menschen e.V.) und ist auch in der Gesamtleitung des Zentrums tätig.

Wie Familie Spaß macht

Wann macht Familie so richtig Spaß? In unserer Familie würde die Antwort lauten: an Familienabenden, im Urlaub, an Weihnachten, an Geburtstagsfeiern, an Silvester. Unsere Kinder lieben Zeiten, in denen wir gemeinsam Filme anschauen, zusammen spielen, einen Ausflug unternehmen oder allein und mit anderen feiern. In dieser Zeit kann der Anrufbeantworter den Telefondienst übernehmen. So haben die Kinder das Gefühl: »Wir sind unseren Eltern wichtig.«

Was ist ein Familienabend?

Für uns bedeutet ein Familienabend, dass wir als Eltern und Kinder eine gute, entspannte und eingeplante Zeit allein verleben. Wir beginnen einen Familienabend mit einem guten Essen. Kinder bekommen oft Stielaugen, wenn wir für Gäste besondere Gerichte zaubern, manchmal auch mehrere Gänge zubereiten oder ein Käsefondue anrühren. An Familienabenden kochen wir die Gerichte, die sie sich wünschen: Käsefondue, Raclette oder Fleischfondue. Beliebt sind auch ausländische Spezialitäten: Fladenbrot, das sich jeder selbst mit Hackfleisch, Krautsalat, Tomaten und Gurken füllen kann, oder ein Abend bei Mc. Horn. Nachmittags brate ich dann flache Frikadellen, kaufe Brötchen, verschiedene Saucen und Salate und stelle alles auf den Tisch. Jeder bereitet sich dann seinen Hamburger selbst zu. Manchmal erfreue ich meine Lieben mit einer Speisekarte: »Willkommen in der Crèperie«. Dann schreibe ich auf ein Blatt verschiedene Crèpes, die jeder bestellen kann: Crèpes mit Zucker, mit Erdbeermarmelade, mit Käse oder mit Zucchinischeiben. Auch eine Einladung in eine »Pizzeria« könnte der Clou sein. Jeder darf sich die Pizza selbst belegen.

Da das Auge bekanntlich mitisst, kann ein Abendbrot schon durch Servietten, Kerzen und eine kleine Überraschung auf dem Teller zu einem Festessen werden. Oder wie wär's, wenn Sie den Wurst- und Käseteller liebevoll garnieren? Verstecken Sie doch mal eine Nuss in einem Nachtisch, und wer sie findet, bekommt eine Überraschung. An Kindergeburtstagen mische ich in den Nusskuchen oft mehrere ganze Nüsse. Was meinen Sie, wie schnell der Kuchen aufgegessen ist und wie vorsichtig die Kinder den Kuchen essen? Über die zusätzlichen Schokoladenriegel freut sich jeder, der fündig geworden ist.

Gekochte Eier eignen sich nicht nur zur Osterzeit, um darauf für jeden etwas Liebes oder eine kleine Aufforderung zu schreiben: du darfst heute beten, ein Spiel aussuchen, dir etwas zum Knabbern wünschen etc. Wer keine Eier mag, schreibt einfach Aufgaben auf ein Kärtchen und lässt jeden eins ziehen.

Auch Eisbecher kann man liebevoll herrichten. Mit Hilfe einer Nudelpresse ist Spaghetti-Eis leicht selbst herzustellen. Kreieren Sie Ihren persönlichen Eisbecher mit Waffeln, Sahne und bunten Dekorationen. Kinder lieben jede Art von Extra, und Ihre Mühe lohnt sich.

Neulich bat ich unseren 9-jährigen Sohn, den Frühstückstisch zu decken. Er fragte: »Darf ich etwas Besonderes machen, so mit Servietten und einer süßen Überraschung?« Auch wenn die Vorbereitung dann sehr lange dauerte, haben wir uns alle sehr darüber gefreut und einmal mehr begriffen, wie sehr das Vorbild erzieht.

Das Essen ist der erste Teil des Abends. Der Kreativität sind keine Grenzen gesetzt. Wenn man eine Familie mit vielen Kindern hat, könnte man die Kleineren jetzt schlafen legen und mit den Großen noch zusammen weiterfeiern.

Familie braucht Zeiten der Entspannung

Es gibt viele Kartenspiele und Gesemllschaftsspiele, die Spaß machen. Wenn dazu noch etwas zum Knabbern gereicht wird, kann der Abend fast nicht mehr schief gehen. Aus Ihrem Wohnzimmer können Sie z. B. ein Kino machen. Leihen Sie sich einen Videofilm aus und schauen Sie ihn sich zusammen mit den Kindern an. Am schönsten ist es, wenn die Kinder dabei im Arm oder sogar auf dem Schoß sitzen können. Anschließend sprechen wir noch gemeinsam über den Film.

Das Wochenende oder der Urlaub laden zu gemeinsamen Unternehmungen wie Fahrradtouren, Schwimmen, Kegeln und Besichtigungen ein. Wir haben die besten Erfahrungen damit gemacht, die Kinder bei der Planung miteinzubeziehen. Fragen Sie ihre Kinder: Was möchtet Ihr gerne mal mit uns machen?

Besondere Zuwendung

Sehr bewährt hat sich in unserer Familie, wenn Einzelne mal etwas Besonderes allein mit einem Elternteil machen können. Die Mutter geht mit der Tochter zum Stadtbummel und anschließend noch ein Eis essen. Der Vater versucht sich mit dem Sohn an einer Kletterwand im Fitnessstudio oder umgekehrt?

Väter und Mütter haben oft verschiedene Gaben und Möglichkeiten, um ihre Kinder zu begeistern. Mit dem Vater auf Kanutour, mit der Mutter ins Theater oder Konzert. Auch gemeinsame Näh-, Bastel- und Hausarbeiten prägen das Familienklima positiv. Mit dem Sohn eine Schürze selbst nähen, mit der Tochter ein Fahrrad reparieren, gemeinsam Plätzchen backen oder ein Essen vorbereiten waren bei uns einige Aktionen.

Kleine Geschenke

Da wir alle gerne verwöhnt werden, kommen kleine Geschenke immer gut an. Manchmal lege ich einem Kind ein paar Kaugummis aufs Bett und schreibe dazu: »Danke, dass du dein Zimmer so schön aufgeräumt hast.« Oder der Papa bringt dem kranken Sohn als Trostpflaster einen roten Spielzeugferrari mit. Ein Kind fand einen Gutschein für ein gemeinsames Würfelspiel mit den Worten: »Schön, dass du mein Sohn bist.«

Einmal haben wir eine »Engelwoche« ausgerufen. Der Name jedes Familienmitglieds wurde auf ein Blatt geschrieben. Dann zog sich jeder einen Namen, für den er – wie beim Wichteln – eine Woche lang täglich eine kleine Überraschung erstellen sollte. Erst am Ende sollte die Auflösung erfolgen, wer wen gezogen hatte. Es ist oft sehr spannend, wo man die kleinen Überraschungen dann findet: ein Bonbon im Bett, ein Kompliment auf dem Frühstückstisch, ein Gutschein mit Lippenstift auf den Spiegel gemalt, eine Blume auf dem Schreibtisch. Noch heute hängt ein Kompliment meines Sohnes in meinem Zimmer, das er mir damals schrieb.

Die Weihnachtszeit animiert viele zum Basteln. Wie wär's diesmal mit einem ganz besonderen Adventskalender. Unserer bestand im letzten Jahr aus lauter Zetteln mit kleinen Aufträgen: Backe deine Lieblingssorte Weihnachtsplätzchen. Suche dir ein Spiel und einen Partner dazu aus oder leite den nächsten Familienabend.

Ermutigungen und Komplimente kann man lernen

Oft wird in Familien Kritik größer als Lob geschrieben. Unser Dreijähriger kam gestern zum Frühstück und hatte sich vollständig allein angezogen. Leider hatte er den Pullover linksherum an. Was sagt jeder zuerst? »Du hast deinen Pullover falsch herum an!« Wir müssen uns regelrecht darin üben zu loben: »Super, du hast dich allein angezogen, alles ist richtig, Strümpfe, Unterhemd und Unterhose. Nur deinen Pullover müssen wir schnell umdrehen.« Wie schnell frustrieren wir uns gegenseitig und helfen uns nicht in den guten kleinen Anfängen, Dinge zu erlernen und zu ändern.

Mein Sohn sagte neulich: »Mama, es macht immer so viel Freude, aus der Schule nach Hause zu kommen, weil du sagst: ›Wie schön, dass du da bist.‹« Erwarten Sie Ihre Kinder! Viele Eltern sagen: »Oh, ich bin so froh, wenn die Ferien um sind.« Für Kinder ist das keine positive Aussage. Sie spüren, ob sie uns stören oder ob wir uns an ihrer Gegenwart freuen. Manchmal hilft die Vorstellung, dass Kinder uns nur eine kurze Strecke begleiten. Jetzt nervt es Sie vielleicht, mit einem Zweijährigen einkaufen zu gehen. Aber in 20 Jahren sehnen Sie sich vielleicht danach. Versuchen Sie, die Gegenwart zu genießen und nicht die Vergangenheit. Ich möchte mich an meinen Kindern freuen, nicht nur an meinen Enkelkindern.

Wir haben es regelrecht trainiert, unseren Kindern zu sagen, was sie gut machen, wo wir ihre Gaben sehen und wo wir positive Veränderungen beobachten. Kinder brauchen unsere Ermutigung wie Blumen das Licht zum Wachsen.

Bedürfnisse ernst nehmen

Eine gute Familienatmosphäre kann schnell dadurch gestört werden, dass wir die Bedürfnisse des anderen nicht ernst nehmen. Wir unterscheiden generelle Bedürfnisse wie ausreichend Schlaf, Essen, Bewegung, ausreichend Zeit als Familie und Zeiten der Muse von individuellen Bedürfnissen: Ausübung von Hobbys, Treffen mit Freunden, Zeiten, in denen man seine Gaben entwickeln kann etc.

Wenn wir als Eltern nicht darauf achten, dass unsere Kinder genügend Schlaf bekommen, brauchen wir uns über knatschende, lustlose Kinder nicht wundern. Viele Lehrer klagen, dass Eltern ihren Kindern völlige Freiheiten geben, ins Bett zu gehen, wann sie wollen, sodass Kinder oft morgens müde auf den Stühlen hängen und sich nicht konzentrieren können. Achten Sie darauf, wie viel Schlaf Ihr Kind braucht. Bei mehreren Geschwistern sollte man darauf bestehen, dass sich die Kinder nicht gegenseitig wach halten. Kinder können lernen, auf andere Rücksicht zu nehmen. Für viele Kinder ist auch eine täglich eingehaltene Mittagspause von einer Stunde die reinste Erholung. Wenn sie klein sind, können sie schlafen, und wenn sie größer werden, können sie allein und ruhig im Zimmer spielen. Es ist wichtig, Kindern beizubringen, das Zimmer nicht zu verlassen, dann kann sich die Mutter in der Zeit auch etwas ausruhen oder Arbeiten ausführen, die sie besser ohne Kinder erledigt.

Essenszeiten harmonisch gestalten

Die Liebe geht durch den Magen. Dieser Tipp wurde so mancher jung verheirateten Frau gegeben. Doch auch Kinder sind sehr dankbar, wenn eine Mutter regelmäßig gutes und abwechslungsreiches Essen kocht. Mein Mann hat unsere Kinder durch sein Vorbild gelehrt, dankbar für meine Mühe bei der Essenszubereitung zu sein. Es macht viel mehr Spaß, für dankbare Kinder zu kochen.

Eine Mutter zog einmal die Notbremse. Eines Mittags kamen ihre beiden Jungs nach Hause und wunderten sich, dass Mama nicht wie jeden Mittag gekocht hatte. Ihre Mutter erklärte ihnen, dass sie die ständige Nörgelei an ihrem Essen satt habe und dass sie deshalb im Kochstreik sei. Sie könnten sich gerne Brote machen. Ihr Streik dauerte acht Tage. Nach ihren Aussagen haben ihre Kinder danach nie wieder genörgelt. Es geht hierbei nicht darum, Kindern abzugewöhnen, Kritik an misslungenem oder schlechtem Essen zu äußern. Es ist wichtig, dass Kinder lernen, weitgehend alles zu essen, sich die richtige Menge auf den Teller zu nehmen, aufzuessen und die Arbeit des Kochs zu würdigen. Dann ist es leichter wegzustecken, wenn die Kinder anmerken: »Mama, heute ist die Suppe aber fad oder versalzen.« Für uns ist es auch wichtig, dass Jungen und Mädchen gleichermaßen das Kochen und die übrige Hausarbeit erlernen. So werden sie von allein dankbar, weil sie den Wert der Arbeit kennen lernen.

Bewegung macht gute Laune

Jeder, der kleine Kinder hat oder auf Familienfeiern mehrere Stunden an einem Esstisch verbracht hat, weiß, dass mangelnde Bewegung schlechte Laune und Unausgeglichenheit bewirken kann. Mütter klagen über Schlechtwetterperioden, in denen ihre Sprösslinge unausstehlich werden, weil sie seit Tagen nicht draußen waren. Achten Sie darauf, dass Sie und ihre Familie genug Bewegung haben? Für manche Eltern ist der allsonntägliche Spaziergang noch in verhasster Erinnerung. Doch wie wär`s mit anderen Möglichkeiten: ein Fahrradausflug, eine Spazierfahrt auf Rollerskates, ein Schwimmbadausflug, ein Fußballspiel, segeln, surfen, Federball spielen etc.

Ausreichend Zeit mit den Eltern

Kinder geraten leicht aus dem Gleichgewicht, wenn sie an Wochenenden zu viele Eindrücke verarbeiten müssen oder zu wenig Zeit mit den Eltern verbracht haben. Immer wieder klagen Eltern über anstrengende Kinder nach Wochenenden mit Besuch oder wenn die Familie unterwegs war. Ein guter Tipp: Planen Sie stressarme und intensive Zeiten mit den Kindern auch an Wochenenden ein oder kommen Sie rechtzeitig zurück, so dass die Kinder sich wieder in den Alltag eingewöhnen können. Ihre Kinder brauchen die Geborgenheit der Eltern, um ihr inneres Gleichgewicht zu halten. Kinder haben einen Liebestank, der immer gefüllt sein sollte. Ähnlich wie ein Auto nicht ohne Benzin im Tank fahren kann, geht es Kindern auch.

Ihr Vormittag mit einem kleinen Kind kann entspannter sein, wenn Sie Ihre Arbeit ab und zu unterbrechen, dem Kind ein Buch vorlesen und ihm dann erklären: »So, jetzt muss ich weiterarbeiten.« Wie oft hört Ihr Kind auf eine Bitte das Wort »gleich«? Die Bedeutung des Wortes »gleich« ist für Kinder oft nicht einzuschätzen, da es alles bedeuten kann: von fünf Minuten bis gar nicht. Ein Schlüssel zu einer guten Familienatmosphäre ist die Verlässlichkeit Ihrer Aussagen. Kinder sind auch gerne zur Mithilfe bereit, wenn Sie ihm erklären: »Wenn du mir jetzt beim Kuchenbacken hilfst, haben wir später Zeit, ein Puzzle zusammen zu machen.«

Gaben entwickeln

Es gibt kreative, musikalische und sportliche Kinder. Achten Sie auf die Individualität. Nur um der Gerechtigkeit willen sollte nicht jedes Kind ein Instrument lernen und eine Sportart ausüben. Das musikalische Kind kann auch zwei Instrumente spielen und das sportliche zwei Sportarten erlernen. Wir versuchen, jedes Kind seinen Gaben entsprechend zu fördern und ihnen beizubringen, dass in unseren Augen Gerechtigkeit nicht bedeutet, dass jeder das Gleiche am Ende kann und gelernt hat, sondern dass jedes Kind seine Gaben entwickeln durfte und Freude daran gehabt hat.

Pflichten erfüllen

Achten Sie darauf, dass aufgestellte Gebote eingehalten werden. In der Familie sollte sich keiner durchmogeln können.

Achten Sie darauf, dass sie kein Lieblingskind haben. Geschwister reagieren sehr allergisch auf Bevorzugung und Ungerechtigkeit in diesen Bereichen. »Wenn ich meine Hausschuhe nicht anhabe, werde ich gleich angemotzt, aber Marianne darf machen, was sie will«, beschwert sich Otto. »Wenn ich mein Zimmer vor dem Putztag nicht aufräume, gibt es Taschengeldabzug, aber Reiners Chaos wird von dir immer weggeräumt«, klagt Mirke. Ich bin sehr hellhörig, wenn meine Kinder mich anklagen. Meistens haben sie Recht, und ich will mich auch hinterfragen lassen. Neulich meinten die Großen: »Unser Nesthäkchen ist ja wohl das Kind, das am schlechtesten erzogen wurde.« Leider musste ich ihnen Recht geben. Dann überlegten wir gemeinsam, wie ich das ändern kann und wie sich das entwickelt hat. Sind wir korrekturfähig? Ich entschuldige mich oft bei meinen Kindern, wenn ich etwas nicht richtig beurteilt oder falsch gemacht habe. Sie schätzen diese gemeinsamen Versöhnungszeiten sehr und haben auch nicht so große Schwierigkeiten, sich ihrerseits zu entschuldigen. Sehr tröstend ist es für mich, wenn dann z. B. der Sechsjährige sagt:« Mama, ich habe ja verstanden, warum du so sauer auf mich warst.«

Behandeln Sie Ihre Familie von Zeit zu Zeit wie wichtige Gäste, die Sie zum Essen einladen. Die Mühe lohnt sich.

Entspannen Sie gemeinsam beim Spielen, bei Unternehmungen oder im Heimkino.

Kleine Geschenke erhalten die Freundschaft.

Aus Ermutigungen und Komplimenten ist das Öl gemacht, das die gegenseitige Reibung mindert. Das Loben muss eingeübt werden

Die Bedürfnisse des anderen zu achten, können wir lernen.

Für ausreichenden Schlaf zu sorgen ist eine Erziehungsaufgabe der Eltern.

Liebe geht durch den Magen und sorgt für gute Stimmung, deshalb ist es wichtig, gemeinsame Essenszeiten harmonisch zu gestalten.

Bewegung baut überschüssige Aggressionen ab und schafft gute Laune.

Der Liebestank wird durch gemeinsame Zeit mit den Eltern gefüllt und sorgt für Geborgenheit.

Jeder braucht Zeiten, seine Gaben entfalten zu können.

Das Leben besteht nicht nur aus Spaß. Familienmitglieder müssen auch lernen, ihre Pflichten treu zu erfüllen. Wenn wir als Eltern nicht darauf achten, wird Streit und Geschwisterhass vorprogrammiert.

Ute Horn

Jahrgang 1954, Hautärztin, hat fünf leibliche und zwei Pflegekinder. Sie ist zurzeit Hausfrau und zu Ehe- und Familienthemen seit mehreren Jahren als Referentin tätig; Veröffentlichung zahlreicher Artikel in verschiedenen Zeitschriften.

Ohne Regeln geht es nicht

Im Straßenverkehr brauchen wir Regeln, wie z. B. rechts vor links, Ampeln und Verkehrsschilder. Ohne solche Regeln würde das Chaos ausbrechen. Genauso braucht auch eine Familie Regeln. Dazu gehört auch, dass Aufgaben in einer Familie gerecht verteilt werden.

»Erziehung ist Beispiel und Liebe – und sonst nichts.« – Dieses Zitat stammt von Fröbel, dem Begründer der deutschen Kindergartenbewegung vom Anfang des 19. Jahrhunderts.

Liebe und Beispiel sind notwendig, sie reichen aber nach der Erfahrung vieler Eltern leider nicht immer aus. Manchmal müssen wir unsere Kinder dazu bringen, Dinge zu tun, die sie nicht tun wollen – gemeint sind »lästige« Aufgaben und Pflichten, die wir als Eltern für wichtig und notwendig halten. Dazu braucht es manchmal mehr als nur Liebe und Beispiel. Es braucht den Mut, mit innerer Konsequenz Kinder zu führen und ihnen Dinge abzuverlangen, die zunächst als lästig erscheinen, aber langfristig die Persönlichkeit des Kindes positiv prägen und es zu einem verantwortungsfähigen und belastbaren Menschen machen. Kinder lernen in einer Familie, sich in eine Gemeinschaft einzuordnen und übergeordneten Interessen zu dienen.

Darum ist es wichtig, dass Eltern wissen, was sie wollen und dies auch deutlich machen. Sonst übernehmen die Kinder das Kommando. Bereits im l. Lebensjahr spürt ein Kind die Unsicherheit der Eltern. Wenn das Kind den Tagesablauf bestimmt, führt das zu Stress und »Theater« bei jeder Kleinigkeit – sei es beim Anziehen, beim Essen, beim Aufräumen oder beim Zubettgehen. Ein Kind, das macht, was es will, wird zum kleinen Tyrann. Wer Kindern immer und ständig gefällig sein will, wird zum Untertan seiner Kinder und zieht sich so kleine oder größere Herrscher heran. Solche Kinder können sich nur schwer in andere hineindenken und für andere da sein. Sie lernen letztlich nur, wie man den eigenen Willen durchsetzt. Für solche Kinder steht an erster Stelle die Frage: »Was kann ich bekommen?«, und nicht: »Was kann ich geben?«

Bei Eltern wächst der Trend, es Kindern unbedingt recht machen zu wollen. Gleichzeitig damit geht die Angst einher, von den eigenen Kindern abgelehnt zu werden.

Kinder brauchen aber Autoritäten, an denen sie sich orientieren und mit denen sie sich auseinander setzen können.

»Eine Familie ist wie eine Mannschaft auf hoher See. Dort herrschen die gleichen Gesetze wie im wirklichen Leben. Es gibt Gefahren, Regeln, Zwänge, und es gibt ein Ziel. Der Kapitän gibt die Kommandos, der Steuermann bringt notwendige Kurskorrekturen an. Die Mannschaft muss motiviert werden, damit alle miteinander ans Ziel kommen. Wenn man am Ziel angekommen ist, gibt es Freigang für alle.«

Wenn es also gelingt, dass man innerhalb einer Familie Rücksicht aufeinander nimmt und gemeinsam miteinander arbeitet, dann kann Familie als etwas Befreiendes und Entspannendes erlebt werden.

Einerseits sollen sich unsere Kinder wohl fühlen und nicht zu sehr eingeengt werden. Andererseits sollen sie auch nicht zu Marionetten werden, die nur blinden Gehorsam kennen.

Gerade darum brauchen wir für ein entspanntes Miteinander in der Familie Regeln, an die sich alle halten und die jedem Familienmitglied auch ein gewisses Maß an Sicherheit und Geborgenheit vermitteln.

Welche Regeln sind wertvoll und wichtig?

Jede Familie ist anders, jedes Kind ist verschieden. Deswegen ist es schwierig, allgemein gültige Regeln zu formulieren. Darum sollten Sie als Eltern oder Mutter überlegen, welche Regeln wichtig und wertvoll für ihr Kind sind. Dabei sollten wir immer daran denken, dass Kinder von dem lernen, was wir ihnen beibringen und vorleben:

- Ein gesunder Rhythmus zwischen Tag und Nacht.
- Es gibt Momente am Tag, an denen man sich allein beschäftigen darf (soll).
- Neugier und Erforschergeist sind erwünscht, aber es gibt Dinge, mit dem das Kind nicht spielen darf.
- Die Eltern nicken und lachen bei vielen Sachen, die das Kind macht, aber es gibt Dinge, bei denen sie den Kopf schütteln und »nein« sagen.

Durch tagtägliche Erfahrungen prägen sich die ganz kleinen Kinder schon Regeln ein. Der Lernprozess geht stetig voran, im Kleinkindalter sind dies andere Dinge wie im Schulalter.

- Bei uns gibt es regelmäßige Mahlzeiten und Schlafzeiten.
- Am Tisch bleiben alle sitzen, auch wenn jemand nicht so hungrig ist.
- Ab dem Kindergartenalter kann ich meine Spielsachen selbst aufräumen, wenn es mir Mama sagt.
- Als Schulkind gehe ich pünktlich zur Schule.

- Ich mache meine Hausaufgaben selbstständig, nur wenn ich etwas nicht verstehe, frage ich meine Mama.
- Ich kann mein Bett selbst machen.
- Bei uns zu Hause gibt es einen Plan, wann ich dran bin mit Tischdecken oder Spülmaschine ausräumen usw.

Durch zunehmendes Lernen von Verantwortlichkeit und Selbstständigkeit, durch das Wahrnehmen von Aufgaben wird ein Kind mehr und mehr fähig, bis es dann im Erwachsenenalter eine eigene Familie aufbauen kann. Es wächst heran zu einem Menschen, der es gelernt hat, Verantwortung zu übernehmen, Stück um Stück von klein auf.

In ihren Gefühlen sind Kinder oft starken Schwankungen unterworfen, aber auf Regeln und Grenzen muss sich ein Kind auf Dauer verlassen können.

Bei bestimmten Dingen sind sich alle Eltern einig: z. B. dass ein kleines Kind nicht auf die Straße rennen oder kleine Gegenstände in den Mund nehmen darf. Auch setzen die meisten Eltern ihr Kind im Auto in einen Kindersitz und schnallen es an. Und sie lassen es nicht mit Werkzeug und Steckdosen spielen.

Schwieriger wird es, wenn entschieden werden muss, welche Regeln gelten, was das Schlafen, Fernsehen, Süßigkeiten, Aufräumen, pünktlich nach Hause kommen usw. angeht. Ein Kind wäre völlig überfordert, wenn es über diese Dinge selbst entscheiden müsste. Ein Kind soll sich durch die Vorgaben der Eltern sicher und beschützt fühlen.

Beispiel Hausaufgaben

Wer fühlt sich für die Erledigung der Hausaufgaben zuständig – Sie oder Ihr Kind? Die Verantwortung muss unbedingt Ihr Kind übernehmen. Nur dann kann es sich für die Folgen selbst verantwortlich fühlen. Bieten Sie Ihrem Kind Ihre Hilfe an, wenn es etwas nicht versteht, und bleiben Sie in Kontakt mit der Lehrerin oder dem Lehrer.

Beispiel Freizeit

Es ist wichtig, dass Kinder lernen, die Freizeit sinnvoll zu gestalten.

Erlauben Sie auf keinen Fall, dass jede »Minute« Leerlauf automatisch mit Fernseh- oder Computerkonsum zugestopft wird. Kinder sollten unbedingt lernen, mit Langeweile umzugehen. Es muss sich entscheiden: »Will ich herumhängen und nichts tun – oder fällt mir etwas Besseres ein?« Oft entstehen in solchen Momenten kreative Ideen und Einfälle. Das Kind spürt Ihre Grundhaltung – ob Sie ihm vertrauen, eigene Entscheidungen treffen und Verantwortung übernehmen zu können.

Auch Kinder müssen lernen, unangenehme Dinge zu erledigen, Wünsche zurückzustellen, verzichten zu können.

Kinder werden konflikt- und durchsetzungsfähig, einfühlsam und kritisch, solidarisch, mutig, gerecht und rücksichtsvoll, wenn sie lernen, einander zuzuhören und miteinander zu sprechen.

Beispiel Rituale

Klappt bei Ihnen zu Hause irgendetwas auch ohne Stress und Theater?

Es gibt so ein paar Dinge wie: Anschnallen im Auto, Hände waschen vor dem Essen, Zähneputzen nach dem Essen usw., die in »Fleisch und Blut« übergegangen sind. Wieso klappt es bei diesen Dingen? Es klappt nur, wenn alle in der Familie sich daran halten.

Hilfreich sind solche Rituale, die die Familiengemeinschaft und den Zusammenhalt fördern, z.B.:

- gemeinsame Mahlzeiten,

- vor dem Schlafen eine Geschichte erzählen, singen und beten,
- kleine Pflichten im Haushalt: das eigene Bett machen, die Spülmaschine einräumen oder ausräumen, den Tisch decken.

Eine große Hilfe und Erleichterung dafür ist ein Plan. Darauf steht, an welchem Tag wer was macht. Dieser wird – gut sichtbar für alle – aufgehängt. Kinder passen sehr gut auf, ob die anderen ihre Aufgabe auch erledigen.

Kinder wollen wissen, woran sie sind. Überschaubare und einfache Regeln, Rituale, wiederkehrende Rhythmen und Routinen erleichtern Kindern, sich zurechtzufinden.

Dabei können auch Eltern von ihren Kindern lernen – Spontanität, Unvoreingenommenheit, Herausforderungen zu wagen oder eingefahrene Bahnen zu verlassen.

Der Kreis des Beachtetseins

Wenn ein Kind zu wenig beachtet wird, sucht es sich einen Weg aufzufallen, z. B.

- indem es andere Kinder schlägt (oder Erwachsene),
- indem es sich auf den Boden wirft und brüllt,
- indem es wegen jeder Kleinigkeit weint,
- indem es Essen auf den Boden wirft usw.

Durch das negative Verhalten wird das Kind zwar beachtet, aber auf negative Weise. Meistens schimpfen die Eltern mit dem Kind und weisen es zurecht. Dies kann zu einem Kreislauf werden, der sich immer wiederholt.

Dies führt oft dazu, dass Kinder in einer Schublade landen wie: »Trotzkopf«, oder »aggressiv«, oder »Schweinchen«, oder »Heulsuse« usw.

Kreis des Beachtetseins

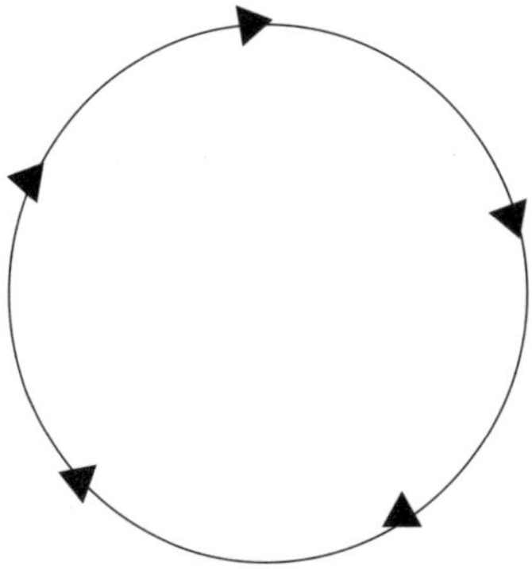

Oft »belohnen« wir Eltern durch unsere Reaktion genau die Verhaltensweisen, die uns eigentlich stören. Wir reagieren also auf das Negativverhalten, wenden uns auf diese Weise dem Kind zu und verstärken damit sein Verhalten, weil es spürt, dass es genau auf diese Weise Zuwendung bekommt – wenn auch nur im Negativen. Aber das ist in den Augen des Kindes immer noch besser als gar keine Beachtung und wird so zu einem Verhaltensmuster.

Je mehr positive Beachtung Sie Ihrem Kind schenken, desto weniger wird es sich auffällig benehmen, um beachtet zu werden.

Die Botschaft: »Ich freue mich, dass es dich gibt«, ist für Ihr Kind lebenswichtig. Ein liebevoller Blick, ein Kuss oder eine spontane Umarmung sind so wirksam wie ein Lob. Ihr Kind braucht jeden Tag Zeit der Zuwendung.

Falsche Elternreaktionen

- Vorwürfe bewirken niemals eine Verbesserung des Verhaltens. Das Kind ist gefährdet, in den Kreis des Beachtetseins hineinzurutschen, weil es das Gefühl bekommt, dass es nicht geliebt wird.
- Forderungen ohne Folgen sind schädlich für das Kind.
  Wenn Eltern dem Kind eine klare Anweisung geben und das Kind befolgt sie nicht, wird es schwierig, wenn Sie nicht handeln. Das Kind lernt, dass es den Eltern egal ist, ob es gehorcht oder nicht, und es hört Ihnen nicht mehr richtig zu.
- Warum-Fragen der Eltern verbessern das Verhalten Ihres Kindes nicht.
  Diese Frageform zeigt, dass wir verärgert oder hilflos sind.
  Das Kind fühlt sich durch unseren Ärger abgelehnt und kommt so in den Kreis des Beachtetseins hinein.
- Ein Kind um etwas zu bitten oder gar anzuflehen ist in dringenden Angelegenheiten überhaupt nicht angebracht. Das Kind fühlt sich überlegen und kann bei dieser Fragestellung auch nein sagen.
- Drohungen helfen nicht. Ankündigungen ohne Folgen gibt es sehr oft: »Wenn du nicht aufräumst, dann darfst du nicht fernsehen.«
  Das Problem ist: oft passiert das Angedrohte doch nicht. Dadurch lernt das Kind: »Was meine Eltern sagen, tun sie sowieso nicht.« Das Kind nimmt die Eltern nicht mehr ernst und hört das nächste Mal gar nicht mehr zu.

- Ignorieren löst meistens aus, dass das Kind sehr schnell in den Kreis des Beachtetseins hineinkommt.
  Das Ignorieren von sehr schlechtem Benehmen ist äußerst gefährlich, weil früher oder später die Eltern dies nicht mehr aushalten und es dann zum Wutanfall oder zu unüberlegter Bestrafung führt.
- Beschimpfungen bringen nichts Gutes. Sie lösen höchstens schlechte Gefühle beim Kind aus, sodass sein Selbstvertrauen zerstört wird, besonders wenn es angeschrien wird.
- Strenge Strafen oder Drohungen bewirken im Kind Angst oder aber Gedanken der Rache. Dadurch wird die Beziehung zwischen den Eltern und dem Kind stark belastet.
- Körperliche Gewalt kann nur schaden und seelische Verletzungen hinterlassen.

Haben Sie sich in einigen der oben genannten Punkte wieder gefunden?

Leider werden uns Eltern immer wieder Fehler passieren. Wir können nicht alles richtig machen. Wichtig ist die Bereitschaft, eigene Fehler zu erkennen und zuzugeben - und daraus zu lernen.

Manche Eltern glauben, dass eine Entschuldigung ihre Autorität untergräbt, aber tatsächlich beweisen sie damit Respekt vor den Gefühlen des Kindes.

Positive Elternreaktionen

Ihr Kind braucht die tägliche Rückversicherung, dass Sie es lieben. Zeigen Sie dies Ihrem Kind deutlich. Als Eltern haben wir viele Möglichkeiten, dies unser Kind wissen und spüren zu lassen.

- Schenken Sie dem positiven Verhalten des Kindes Beachtung.

- Lassen Sie es wissen, dass Sie seinen Fähigkeiten vertrauen.

- Heben Sie das Gute und Positive hervor – die Fortschritte und den guten Willen –, und nennen Sie nicht als Erstes die Fehler. So wächst das Vertrauen in die eigenen Fähigkeiten.

- Sagen Sie Ihrem Kind, was Sie an ihm gut finden! Loben Sie Ihr Kind täglich!

- Sagen Sie Ihrem Kind genau, was Sie mögen. »Dein Bild finde ich wunderschön, besonders der Regenbogen hat so leuchtende Farben.« – »Du hast die Küche super aufgeräumt, sogar die großen Töpfe hast du gespült, das muss ich Papa erzählen.«

- Lassen Sie das Positive einfach so stehen. Oft kommt nach dem Lob so einer kleiner Nachsatz, der alles wieder kaputtmacht.
  »Diese Zeile hast du sehr schön geschrieben. Aber der Rest sieht schrecklich aus.« – »Deinen Schulranzen hast du wirklich schön eingeräumt, sonst sieht er immer so unordentlich aus.«

- Lassen Sie Ihre Gefühle sprechen. Wenn Sie Ich-Botschaften verwenden (»Ich bin stolz auf dich.« – »Ich finde es toll.« – »Ich freue mich.«), spürt das Kind, dass es Ihnen wichtig ist, was es tut und dass es in Ihnen gute Gefühle bewirken kann.

Wie lernt ein Kind, sich an Regeln zu halten?

Um Regeln zu vermitteln, ist es notwendig, auf das Gute zu achten.

- Ihr Lob, Ihre Zuwendung und Ihre Ermutigung stärken Ihr Kind und bilden ein wichtiges Gegengewicht zu den unangenehmen Forderungen, die zum Leben gehören.

- Geben Sie deutliche Anweisungen.
  Sagen Sie Ihrem Kind genau, was es tun soll! Unklare Aufforderung: »Wie sieht es denn in deinem Zimmer aus?« Eindeutige Aufforderung: »Timo, räume zuerst die Legosteine in die Kiste!« Unklare Aufforderung: »Du bist ja immer noch nicht angezogen!« Eindeutige Aufforderung: »Susi, ziehe jetzt deine Strümpfe an!«

- Körpersprache und Stimme sind wichtig.
  So wichtig wie Ihre Wortwahl ist auch der Klang Ihrer Stimme. Der Ton macht die Musik. Reden Sie mit fester, ruhiger Stimme.

- Lernen aus logischen Folgen
  Das Kind lernt aus den Folgen seines eigenen Verhaltens.
  Alex trödelt, obwohl er einige Male erinnert wurde, dass er auf diese Weise zu spät in die Schule kommt. Logische Konsequenz: Er kommt zu spät in die Schule und muss deshalb nachsitzen.
  Peter kippt aus Wut die ganze Legokiste auf den Boden. Logische Konsequenz: Er muss die ganzen Legos wieder einräumen.

Bewahren Sie sich den weiten Horizont

Erziehung ist zwar eine ernste Sache, doch manchmal nehmen wir sie zu ernst. Die Last der Verantwortung lässt dann keinen Raum mehr für die Freude an unseren Kindern.

Wenn wir als Eltern Regeln aufstellen, müssen wir uns vorher darüber im Klaren sein, was uns wirklich wichtig ist.

Hilfreich kann dabei die Frage sein: »Ist das in einer Woche überhaupt noch wichtig?« Sind Sonderwünsche zum Frühstück oder Löcher in den Jeans überhaupt eine Auseinandersetzung wert? Hilfreich kann es auch sein, wenn wir uns zwei Listen erstellen, eine mit festen und eine mit flexiblen Regeln. Es ist gut, wenn Kinder merken, dass sich über bestimmte Regeln diskutieren lässt; die Kinder können auf diese Weise mitdenken und mitentscheiden. Je größer sie werden umso mehr.

Statt zu schimpfen, sollten Sie sich Zeit nehmen, Ihre Gedanken Ihren Kindern aufzuschreiben. Solche »Liebesbriefe« nehmen sich Kinder sehr zu Herzen.

Ein Hausmeister beklagte sich eines Tages bei einer Mutter über das Benehmen ihres Sohnes. Die Mutter wollte ihr Kind schon zur Rede stellen, besann sich dann aber und schrieb folgenden Brief:

Lieber Sohn,

der Hausmeister hat dich im Flur spielen sehen, und als er dich bat aufzuhören, hast du ihm eine patzige Antwort gegeben. Diese Notiz soll dich an etwas erinnern.

Vater und ich sind sehr stolz auf dich, und wir erwarten von dir, dass du andere Menschen höflich und respektvoll behandelst. Wenn du ein Problem hast, komm damit zu Vati und mir.

Ich liebe dich.

Deine Mama

Nachdem der Junge diese Notiz erhalten hatte, entschuldigte er sich sowohl beim Hausmeister als auch bei seiner Mutter. Er ging nicht in Abwehrstellung, weil seine Mutter, statt ihn anzugreifen, auf seine Einsicht vertraut hatte.

Ohne Regeln geht es nicht. Ein gutes Familienklima hängt mit davon ab, dass es Regeln gibt, an die sich alle halten. Wo Willkür herrscht, fühlt sich niemand wohl.

Welche Regeln wertvoll und wichtig sind, muss jede Familie für sich entscheiden. Das Einüben von Regeln fängt allerdings schon im Babyalter an.

Wenn ein Kind zu wenig beachtet wird, sucht es sich einen Weg, um auf negative Weise aufzufallen.

Negative Elternreaktionen lösen in der Regel auch negative Reaktionen bei den Kindern aus und vergiften langfristig das Klima. Positive Umgangsformen schaffen ein gutes Miteinander.

Kinder lernen Regeln durch unmissverständliche Anweisungen, durch Körpersprache und Stimme. Wenn Worte nichts nützen, müssen Taten folgen.

Schließlich und letztlich ist es wichtig, dass Eltern sich den weiten Horizont nicht nehmen lassen. Hilfreich ist dabei, nicht den Ehrgeiz zu haben, immer alles richtig machen zu wollen. Entscheidungen sollten in einen weiten Raum gestellt werden. Das hilft, auch im Alltäglichen gelassen zu bleiben.

Margrit Frei

Jahrgang 1947, hat sieben eigene Kinder und in den vergangenen Jahren vier Kinder in der Langzeit-Tagespflege betreut. Sie ist Mitarbeiterin bei Frühstückstreffen für Frauen und in der Kinderarbeit tätig.

Wenn das Nest leer wird

Vor einigen Jahren verbrachten wir als Familie unseren Urlaub regelmäßig an einem wunderschönen See in Bayern. An einem Nachmittag zog ich mich allein ans Ufer zurück. Ich beobachtete, wie sich mit viel Lärm neun Kinder auf drei kleine Schlauchboote verteilten. Nicht weit von ihnen entfernt stand die Mutter und schaute dem Gedrängel und Gekicher zu. Die Boote entfernten sich, mal drehten sie sich im Kreise, mal ging es auch in die falsche Richtung – doch sie kamen vorwärts. Die Mutter blieb allein zurück, nachdenklich, mit einem Lächeln im Gesicht.

Es ist ein Bild, das wir auf die Situation des leeren Nestes übertragen können: Die Jahre, die unsere Kinder im Familienboot, im Familiennest verbringen, sind spannend. Wie oft ich nun auch Mutter geworden bin, jedes Kind ist ein einmaliges Wunderwerk Gottes. Um es im Laufe seiner Entwicklungsjahre in die Eigenverantwortung und Selbstständigkeit zu führen, brauchen wir viel Einfühlungsvermögen, klare Ziele und die Kraft, auch spannungsvolle Zeiten auszuhalten. In diesem Prozess wachsen wir als Eltern und Kinder zusammen. Da geht es im Familiennest sehr lebendig zu.

Doch eines Tages kommt die Zeit, in der das Nest zu eng wird. Unsere Kinder lehnen sich hinaus und wollen flügge werden. Sie suchen das Weite. Ausbildung und Heirat geben dazu Anlass. Plötzlich ist das »Kinderzimmer« leer. Nichts liegt mehr herum. Niemand spielt auf der Gitarre oder hat den CD-Player auf volle Lautstärke gedreht. Haustürklingel und Telefon werden weniger beansprucht. Selbst die Waschmaschine verbraucht weniger Energie. Alles wird ruhiger.

Ja, und was meine seitherige Anrede betrifft, die mich über zwanzig Jahre bestimmt hat, das Wörtchen »Mama« gewinnt Seltenheitswert.

Der Anblick des leeren Nestes kann in mir als Mutter so manche Gefühlsschwankungen, Verlustgefühle und Trennungsschmerzen auslösen. Da findet ein Stück Sterben in mir selbst statt.

Während das flügge werdende Kind nach vorne schaut, um sein Leben selbst in die Hand zu nehmen, blicke ich als Mutter doch eher zurück auf die gemeinsame Zeit mit den Kindern. Will ich sie in diesem Prozess loslassen oder halte ich sie eher fest? Das hat für beide Generationen ganz entscheidende Folgen.

Startschwierigkeiten beim Wegfliegen der Kinder

Beispiel 1: Wer hält wen fest?

1. Eltern können zu sehr festhalten, indem sie z. B. dem jungen Menschen nur wenig zutrauen, aus Angst heraus reagieren und fortwährend Gebote oder Ratschläge erteilen. Es gibt für den jungen Menschen zwei Möglichkeiten, darauf zu reagieren. Ist er innerlich stark genug, wird er Kräfte entwickeln, um auszubrechen, sei es im Trotz, im Protest oder in der Rebellion. Er wird das Nest verlassen.
   Ist demgegenüber der Heranwachsende zu schwach, zu sensibel und ängstlich, wird er sich eher festhalten lassen. Ihm fehlt die Kraft, sich aus dieser Haltung herauszulösen. Er

passt sich an und bleibt im Nest hängen und wird so kaum ein gesundes Selbstbewusstsein entwickeln.

2. Auch Kindern kann das Loslassen schwer fallen. Wir mögen als Eltern den Eindruck haben, mit dem Kind auf dem richtigen Weg zu sein, und nehmen gar nicht wahr, dass sich im kindlichen Denken und Fühlen eine Eigendynamik entwickelt hat, die zu folgendem Denken führt: »Meine Eltern können ohne mich nicht leben. Sie brauchen mich. Ich darf sie nicht verlassen.« Der Heranwachsende ist bei jedem Schritt zur Selbstständigkeit von starker Ängstlichkeit beherrscht. Solch verzerrte Wahrnehmung muss befreit werden.
   In manchen Fällen können dann auch Seelsorge oder Therapie hilfreiche Anstöße zur Korrektur des Denkens und des Verhaltens geben.

Beispiel 2: Welche Botschaften gebe ich durch mein Verhalten und Reden, durch meine Körpersprache weiter?
Ich erinnere mich an einen Bericht in einer Fernsehsendung. Eine ältere Mutter rät ihrem 35-jährigen Sohn, der immer noch zu Hause wohnt, selbstständig zu werden und nach einer eigenen Wohnung Ausschau zu halten. Nach längerem Zögern wagt er den ersten Versuch. Seine Mutter wird krank. Daraufhin zieht er den Entschluss zurück. Nach einiger Zeit ermutigt sie ihn von neuem. Er schaut sich weitere Wohnungsangebote an. Die Mutter wird erneut krank. Schließlich wird sie nach seinem dritten Versuch ins Krankenhaus eingeliefert. Da gesteht sie ihrem Sohn: »Weißt du, ich habe gedacht, wenn ich so vernünftig bin, dich loszulassen, dass auch du dann so vernünftig bist zu bleiben.« Solche doppelbödigen Botschaften irritieren und blockieren. Sie sind nun mal nicht eindeutig. Sie binden und geben den jungen Menschen nicht frei.

Beispiel 3: Wie sieht es mit meiner Bemutterung aus?
Ein junger Mann stellt fest, dass er nach mehreren Beziehungs-

krisen nicht bindungsfähig ist. Er reflektiert seine Situation und stellt fest, dass er noch zu stark von seiner Mutter abhängig ist. Sie sorgt rundum für ihn. Weil sie alles für ihn tut, »braucht« er eigentlich auch keine Frau. Mit dieser Konsequenz ist er nicht einverstanden. Deshalb entscheidet er sich auszuziehen, eine eigene Wohnung zu nehmen und erst einmal in den kleinen Alltagsdingen selbstständig zu werden. Er steht zu seinem Weg, obwohl ihn seine Eltern nicht verstehen können. Die bevorstehende Zeit wird entscheidend für ihn, um das Nest auch einmal lebenstüchtig verlassen zu können. Mittlerweile ist er glücklich verheiratet.

Bemutterung hört nicht unwillkürlich am Nestrand auf. Sie kann auch das weggeflogene Kind verfolgen. Die Karikatur ist hierfür ein Beispiel und gibt Anstöße zum Nachdenken.

»Mutter, ich bin verheiratet, habe zwei Kinder, einen Haushalt – wann darf ich mal selber Mutter sein ?! «

Beispiel 4: Ein neuer Lebensstil muss eingeübt werden
Wenn das Nest leer geworden ist, besteht die Möglichkeit, dass beide Generationen verunsichert sind, wie nah oder distanziert sie einander begegnen sollen. Was erwarten die Eltern von ihrem erwachsenen, selbstständig gewordenen Kind? Was will der

junge Mensch selbst? Welcher Schritt ist für ihn nun der richtige?

In diesem Prozess müssen wir uns als Eltern klar machen, dass Kinder, die das Elternhaus verlassen haben, nun ihren eigenen Lebensstil gestalten sollen. Dazu benötigen sie einen besonderen Schonraum. Im Falle einer Heirat steht das junge Paar zwischen zwei meist unterschiedlichen Prägungen durch die Elternhäuser und soll trotz geheimer Erwartungen, Ängste und Sorgen beider Elternteile den eigenen Weg finden.

Loslassen können fordert Gelassenheit. Ich soll ja nicht nur mein Kind loslassen, sondern ebenso auch meine Ängste und Sorgen um seinen Weg und sein Wohlbefinden. Perfekte Wegführungen gibt es nicht. Fehler und Irrtümer tragen mit zum Wachstums- und Reifungsprozess bei.

Neuentdeckungen im leeren Nest

Wieder allein zu zweit

Sind die Kinder ausgeflogen, stehen sich im leeren Nest zwei Augenpaare gegenüber. Da werden Erinnerungen an die Freundschafts- und Verlobungszeit geweckt, auch an die Zeit der jungen Ehe, bevor das erste Kind geboren wurde.

Was ist seither mit unserer Ehebeziehung geschehen? Haben wir uns noch etwas zu sagen? Halten wir uns zu zweit alleine aus? Haben wir unseren eigenen Gesprächsstoff entdeckt? Jetzt können wir uns nicht mehr voreinander verstecken bzw. vor eigenen Problemen fliehen. Das war noch möglich, als uns die Kinder im Nest voll und ganz in Anspruch nahmen.

Wieder allein zu zweit – das kann der Beginn einer neuen, kostbaren Ehephase sein, die einen eigenen Zauber in sich trägt und in der belebende Entdeckungen gemacht werden können.

So kann die freundschaftliche Ebene in der Ehe neu gepflegt werden:

- gemeinsame Unternehmungen in der Freizeit
- gegenseitige Anteilnahme und Hilfsbereitschaft in Haus, Garten und Beruf
- Beziehungspflege mit Freunden und Bekannten
- ungestörte Gesprächspflege zu zweit, die den Austausch von persönlichen und intimen Anliegen zulässt
- Im Bereich der Sexualität kann die reife Ehe »allein zu zweit« eine Chance sein, ganz neu und entspannt aufeinander zuzugehen.

Als die Kinder klein waren, kamen wir nachts nicht zur Ruhe. Als sie größer wurden, wurden die Nächte kürzer. Entspannte Zeit am Abend war nicht immer möglich.

Natürlich treten auch in dieser Ehephase neue Verpflichtungen und Herausforderungen auf. Dies können u.a. die Pflege der Eltern, Berufssorgen oder persönliche Krankheitszeiten sein. Wie wichtig sind da Offenheit und Ehrlichkeit, um gute Wege im Miteinander zu finden und sich ganz bewusst füreinander und miteinander Freiräume zu schaffen.

Zärtlichkeit und Sexualität wollen in den ehelichen Lebensraum integriert sein. Wo die Beziehung durch das Gespräch im Lauf der Jahre Tiefgang erfährt, wird Sexualität auch beim Älterwerden Freude und Erfüllung schenken.

Als Frau allein im leeren Nest

Das erwachsene Kind ist bereits weggezogen, und dennoch besteht die Gefahr, dass ich es gerade als einzelner Elternteil festhalten will. Es sind die ausgesprochenen und unausgesprochenen Erwartungen, die fesseln und Schuldgefühle auslösen können.

Mache ich mir als Mutter Sorgen um meine eigene Zukunft? Habe ich Angst vor dem Alleinsein? In welchen Bereichen kann ich ganz neu Verantwortung übernehmen? Gibt es Menschen, denen ich Liebe austeilen kann? Lebe ich selbst in einem Beziehungsnetz, sodass ich eingeladen werde und selbst einladen kann?

Wer innerlich und äußerlich loslässt, bekommt zwei Hände frei. Meine Blicke müssen sich nicht auf das leere Nest konzentrieren. Ich darf über den eigenen Nestrand hinausschauen und neue Entdeckungen machen. Doch dazu ist es wichtig, erst einmal selbst zur Ruhe zu kommen, inneren Frieden über der eigenen Vergangenheit zu finden, aufzutanken, um dann auch neu gestärkt vorwärts gehen zu können.

Ausblick aus dem Nest

Wenn das Nest auch leer geworden ist, kann es dennoch den zurückgebliebenen Eltern Schutz und Geborgenheit bieten, um miteinander eine neue Lebensphase zu gestalten.

Es kann sich aber auch als Schneckenhaus entpuppen, in das wir uns aus Enttäuschung und Bitterkeit zurückziehen, weil die Kinder eine Flugroute eingeschlagen haben, die wir ihnen nicht gewünscht hätten. In diesem Schneckenhaus versuchen wir nun die entstandene Leere z. B. durch Flucht in die Arbeit oder durch das Anhäufen von materiellen Gütern zu überspielen bzw. zu verdecken. Weitere Frustrationen können sich einschleichen, wenn wir den Fehler begehen, unser eigenes Flüggewerden mit dem der Kinder zu vergleichen. Auch damals hatten wir Wünsche und Erwartungen an die Eltern, wie sie diesen Einschnitt innerlich begleiten sollten. Doch eine solche Situation ist nicht auf die nächste Generation übertragbar. Was ich mir z.B. von meiner eigenen Mutter wünschte, muss nicht unweigerlich auch dem Bedürfnis meiner Kinder entsprechen.

Orientierung im leeren Nest

Wie erfahre ich nun Orientierung, um innerlich fest zu werden, um meinen Blick zu weiten über den Rand unseres Nestes hinaus?

Loslassen, ohne ins Wanken zu geraten und ohne dabei selbst die Orientierung zu verlieren, kann ich nur, wenn ich einen stabilen Standort habe und von außen gehalten werde. Aus eigener Kraft schaffe ich es nicht. Es muss außerhalb von mir einen starken Faktor geben, der mich aushält und der mir neue Orientierung schenkt.

Gott, unser Schöpfer, hat in unser Lebensprogramm den Umgang mit dem Loslassen vom Anfang bis zum Ende eingeplant. Es beginnt mit der Geburt, wenn das Leben des Neugeborenen von dem seiner Mutter getrennt wird. Im Laufe des Lebens folgen z.B. Loslösungsprozesse während der Ausbildungszeit, im Beruf, durch Umzüge, durch Krankheit und Leid. Und schließlich müssen wir am Ende unseres Lebens einmal alles loslassen, was uns im Leben wichtig geworden war. Was hält uns dann?

Gott, der mich geschaffen hat, möchte mir jeden Tag in meinem Leben zur Seite stehen. In seinem Sohn Jesus Christus ist er ja selbst Mensch geworden, um eine feste Bindung mit mir eingehen zu können. Sein Liebesmotto ist die Treue. Er verlässt mich nicht, wenn ich mich ganz und gar an ihn binde. Darauf darf ich mich verlassen. Dieser Bindungsschritt muss nicht auf einmal vollzogen werden. Es ist ein Prozess, der ein Leben lang eingeübt werden kann. Daraus erwächst Vertrauen zu Jesus Christus, der mich hält.

Die Schmerzen des Loslassens werden auch weiterhin zu spüren sein, aber mein Blick wird geweitet, sodass ich Gottes Freundlichkeiten in meinem Leben entdecken lernen kann. Ich muss nicht nur aufgeben und abgeben. Wo meine Hände sich öffnen und loslassen, können sie neu gefüllt werden. Dann wird auch das leere Nest mit neuem Leben gefüllt, ob ich nun alleine bin oder mein Ehepartner an meiner Seite steht. Und immer bittet Gott als der Zweite bzw. Dritte im Bunde um Einlass in dieses Nest. Er möchte Gesprächspartner und Berater sein.

Die Bibel gibt dafür ganz praktische Beispiele, wie z.B. Abrahams Berufung (1. Mose 12, 1-9) oder das Gleichnis vom verlorenen Sohn (Lukas 15,11-32). Aus Liebe heraus müssen wir unsere Kinder loslassen. Sie müssen uns verlassen.

Aber Gott wird uns aus tiefster Liebe heraus **nie** verlassen. Er breitet seine Arme über das leere Nest aus. Und sie reichen noch weiter hinaus bis zu unseren Kindern, die in alle Himmelsrichtungen verstreut sind.

Zum Nachdenken

1. Zurücksehen aus Dankbarkeit ist erlaubt. Zurücksehen, das zum Zurücksehnen (= Festhalten) wird, kann blockieren.
2. Das sicherste Mittel, Kinder zu verlieren, ist, sie für immer behalten zu wollen (Adolf Sommerauer).
3. Wir müssen beide lernen, auf eigenen Füßen zu stehen. Nicht nur die Kinder müssen ihre Eltern verlassen, die Eltern müssen auch ihre Kinder verlassen; und dann werden wir uns auf eine neue Weise wieder finden (Ingrid Trobisch, Du bist eine starke Frau, S. 42).
4. Die Stunde des Abschieds von den Kindern ist die Stunde der Ernte für die Ehe der Eltern (Irmela Hofmann).
5. Wer loslässt, hat zwei Hände frei, um sie neu füllen zu lassen.
6. Die reife Persönlichkeit hat es gelernt, loszulassen und hinzugeben – und dann Neues zu empfangen. Beides gehört zu einem Lebensstil der Weisheit (Günther Schaible).
7. Wer bei Gott loslässt, was er nicht behalten kann, gewinnt, was er nicht verlieren kann (Jim Elliot).
8. Lass die Art, wie du lebst, ein ständiges Hinausgehen sein – im Vertrauen auf Gott –, und es wird ein unaussprechlicher Zauber über deinem Leben liegen (Oswald Chambers).

Irgendwann kommt für jedes Elternpaar oder für die allein erziehende Mutter die Zeit, in der sie ihre Kinder loslassen muss. Das leere Nest kann manche schmerzhaften Gefühle auslösen.

Wenn wir nicht loslassen, schaffen wir den Kindern unnötig Probleme in der Gestaltung ihres Lebens und verhindern bei uns persönlich Reifungs- und Verwandlungs-Prozesse.

Das leere Nest ist für die Eltern der Beginn einer neuen Ehephase, wenn sie sich den Herausforderungen stellen und die neuen Freiräume füreinander und miteinander nutzen.

Der Blick über den Nestrand hinaus ist wichtig.
Wer im Verlustschmerz und in der Wehmut stecken bleibt, kann keine neuen Horizonte entdecken.

Loslassen gehört zum Menschsein von Anfang an dazu. Was uns trägt in Umbruch- oder Krisenzeiten, ist Gottes Treue, der uns nie loslässt. Seine Liebe reicht auch bis zu unseren flügge gewordenen Kindern.

Gerdi Stoll

früher Lehrerin, Mutter und Pfarrfrau, in der Frauenarbeit und Seelsorge tätig, Autorin mehrerer Bücher.

Erziehungsergebnis und Schuldgefühle

Vor kurzem besuchte ich einen meiner längst erwachsenen Söhne, ein überzeugter Single. Beim Betreten seiner kleinen Wohnung verschlägt es mir den Atem. »O Schreck, o Graus, wie sieht's hier aus?« entfährt es mir. »Wieso?«, meint er seelenruhig, »Ich habe den Boden gesaugt, alle Sitzflächen sind frei von Zeitschriften, nur den Mittagstisch habe ich noch nicht abgeräumt!« Mit einem kurzen Seitenblick erkenne ich durch die offene Küchentür ein erschütterndes Chaos. Dabei überlege ich: »Was ist wohl die Ursache dieser Unordnung? Faulheit? Sein Phlegma? Kommt er im Beruf auch nicht zurecht? Ist er vielleicht unglücklich, deprimiert oder gar überfordert?« Ich seufze: »Ich habe halt einen anderen Begriff von Ordnung als du!«

Dabei entsteht in meinem Bauch ein mulmiges Gefühl. Mir wird ganz elend zu Mute. Eine nagende Stimme in mir: »Du warst nicht fähig, ihn zur Ordnung zu erziehen! Du hast ihm zu viel Freiheit gelassen! Zu wenig hast du ihn zur Disziplin aufgefordert! Wenn du zärtlicher zu ihm gewesen wärst, wäre er schon längst verheiratet! Dass er so sehr introvertiert und verschlossen ist, das ist doch wohl auch deine Schuld!« Ich schaue meinen Sohn an und spüre, dass ich ihn liebe; doch in manchem hätte ihn gern anders! »Übersieh dabei nicht seine vielseitige Begabung und seine wohltuenden Seiten«, sage ich zu mir selbst. »Dein Sohn steht auf eigenen Füßen und hat es zu etwas gebracht! Du kannst als Mutter zufrieden sein. Trotz schwieriger

Bedingungen hast du deine Sache gut gemacht!« lobe ich mich selbst, um die nagende Stimme, die mich deprimieren will, zu übertönen.

Beim nächsten ›Müttertreff‹ lege ich mein Problem offen auf den Tisch und frage: »Sind wir Mütter daran Schuld, wenn unsere Teenager und erwachsenen Kinder sich nicht so verhalten, wie wir es gerne hätten? Haben wir vielleicht zu wenig geglaubt und gebetet, wenn sie andere Wege gehen, als wir es erwarten? Sind wir die Verursacherinnen, wenn sie psychische Schäden haben? Sind wir schuldig, wenn sie nicht bindungsfähig sind und ihre Beziehungen häufig zerbrechen? Was haben wir versäumt, wenn sie kein gesundes Selbstvertrauen haben, erfolglos und nicht lebenstüchtig sind und wenn sie sich scheuen, Verantwortung zu übernehmen?«

Gemeinsam stellen wir fest: Angeblich sei immer die Mutter daran Schuld! Das ist zurzeit der Modetrend! Während der Vater sich heraushält oder abwesend ist, ist sie im Leben ihres Kindes die erste und prägende Bezugsperson, die naturgemäß auch Fehler macht; denn perfekte Mütter gibt es nicht!

Wer ist also verantwortlich zu machen, wenn Teenager und erwachsene Kinder nikotin-, drogen-, oder alkoholsüchtig sind? Wenn sie Pleiten erleben, Minderwertigkeitskomplexe haben und nicht mit Geld umgehen können? Wenn sie labil sind, sich zum Schlechten verführen lassen und rechtswidrig handeln? »Die Mutter, die ihr Kind vernachlässigt oder verwöhnt hat, ist daran Schuld!« so verurteilen heutzutage viele die Mütter.

Wir Mütter lassen unsere Köpfe hängen und denken manchmal: »Kinder erziehen gehört zum Allerschwierigsten, das es gibt! Unser Leben wäre leichter – allerdings auch ärmer –, wenn wir keine Kinder hätten! Denn: Mutter sein heißt schuldig werden!«

In unserem vertrauten Kreis gesteht eine 55-jährige Mutter: »Es war sehr verletzend und demütigend, als damals mein Mann mir untreu wurde und mich und unsere drei Kinder verlassen hatte. Aber was ich jetzt erlebe, verletzt mich zutiefst: Meine beiden unverheirateten und kinderlosen Töchter sind voller Vorwürfe gegen mich eingestellt. Sie sind sich einig, dass ich gravierende Erziehungsfehler gemacht hätte und halten sie mir öfters vor. Ja, für ihr Versagen, oft durch Ungehorsam gegen Gottes Gebote, schieben sie mir – nur mir! – die Schuld in die Schuhe! Inzwischen bin ich ihre Anschuldigungen restlos leid und lasse sie mir nicht mehr gefallen! In meinen Augen sind meine erwachsenen Töchter in einer Art Teenagerrebellion stecken geblieben. In diesem Punkt sind sie nicht ihren Jahren entsprechend gereift. Doch mein verheirateter Sohn streicht mir Balsam auf meine Mutterwunde. Er sagt: ›Mutter, es ist enorm, wie du es geschafft hast, drei Kinder allein zu erziehen! Uns machen schon unsere beiden Kleinen mit ihren Ein- und Durchschlafschwierigkeiten fix und fertig! Was sie wohl, wenn sie erwachsen sind, uns Eltern einmal vorhalten werden? Denn die Erziehungsziele und -methoden ändern sich ja etwa alle zehn Jahre!‹«

Mother-burn-out-Syndrom

Welche Gründe gibt es für gravierende Erziehungsfehler? Nur zwei von vielen seien hier erwähnt:

Häufig leiden junge Mütter unter ihrem ›Mother-burn-out-Zustand‹: Sie sind körperlich und seelisch total ausgebrannt. Vielleicht haben sie sich nach Geburt und Stillzeit nie richtig erholen können, weil ihr Nachtschlaf monate- oder jahrelang unterbrochen wurde. Vermehrte Hausarbeit und viele Probleme sind zu bewältigen, und die lieben Kleinen verbrauchen durch entnervendes Geschrei die letzten Kraftreserven ihrer ausgelaugten Mutter. Ständig reißt ihr der mühsam geknüpfte Geduldsfaden, und es kommt zu schlimmen Ausbrüchen. Sie ist deshalb deprimiert oder gar depressiv. Ihr mütterlicher Liebesstrom ist blockiert. Mechanisch macht sie noch ihre Hausarbeit, aber das viel gepriesene Mutterglück entpuppt sich für sie als Lüge. Zudem macht sie sich Vorwürfe, weil sie ihr hohes Erziehungsideal wohl nie erreichen wird.

Aber auch die Kinder stellen heute viel höhere Ansprüche an ihre Mutter als früher: Sie muss alles können, immer Liebe schenken und allezeit die Bedürfnisse ihres Nachwuchses befriedigen. Kindliche Bescheidenheit und die Einsicht, dass die Mutter auch Freiräume braucht, um wieder von Herzen froh sein zu können, hat ihnen niemand beigebracht.

Vermeiden von Auseinandersetzungen

Ein anderer Grund für unzählige Missverständnisse und Verletzungen während den Ablösungsphasen der Heranwachsenden ist die fehlende Kommunikation. In dieser Zeit entstehen Verhärtungen und Schuldgefühle auf beiden Seiten. Die harmoniebedürftige Mutter geht feige den Auseinandersetzungen mit den Kindern aus dem Weg und verlässt lieber den Raum. Eine Schutzmaßnahme vor neuen Verletzungen! Positives Streiten ohne Spitzen kostet viel Kraft und muss eingeübt werden; denn die Jungen wollen ihre Zungen wetzen.

Meistens bleibt auf beiden Seiten ein bitterer Satz von Schuldgefühlen zurück und vergiftet das Familienklima. Trotz aller Aufopferung bekommen Mütter oft wenig Bestätigung und Lob, dafür umso mehr Kritik und verächtliche Gleichgültigkeit. Sie sind nur noch der Packesel der Familie! Wir sollten einen neuen Slogan einführen: »Hast du Muttern heute schon gelobt?«

Aber oft genug bleibt solch wohltuendes Lob aus. Wichtig ist darum, dass wir unseren Grundwert von Gott abhängig machen: von dem Wissen, eine einmalige, wertvolle Persönlichkeit zu sein, von Gott geliebt und berufen.

Mütterverurteilung

Heutige Psychotherapeuten machen interessante Aussagen zur gängigen »Mütterverurteilung«.
Da gibt es eine alte, z. T. überholte Linie und mehrere neue. Die Psychoanalytiker, zurückgreifend auf S. Freud (1856–1939), sagen u. a.: »Das Schicksal des Menschen wird in einem hohen Ausmaß von der Art und Weise bestimmt, wie er in dieser Welt empfangen und in seiner frühen Kindheit erzogen wurde. Besonders die Mutter wird dabei als ›Schicksal‹ erfahren.« (Schottlaender). Deshalb leiden heute viele Mütter unter Angst und Unsicherheit, sie könnten in den ersten fünf Jahren ihrer Kinder deren schlechte Entwicklung verursachen. Sie stehen oft rat- und machtlos vor dem scheinwissenschaftlichen Argumentieren ihrer Zöglinge, die ihr Versagen in der Schule, ihr Fehlhandeln gegenüber Mitmenschen, ihre Flucht vor Verantwortung mit dem Vorwurf rechtfertigen, eine autoritäre Erziehung, stellenweise auch laxe, ließe ihnen keine andere Wahl.

Dem entgegen erforscht die gegenwärtige Wissenschaft die kindliche Entwicklung mehr ganzheitlich. Die Psychologin Paula J. Chaplan hat nach gründlichen Untersuchungen ein englisches Fachwort für die Mütterverurteilung gefunden und nennt es *»mother-blaming«*. Annemarie Pfeifer, Therapeutin und Autorin, stellt fest: Bei der Erziehung wirken außer der Mutter noch andere Faktoren prägend mit, nämlich die genetischen Anlagen, welche das Kind mit auf die Welt bringt, das Verhalten des Vaters, die Rolle der Geschwister, soziale Einflüsse durch Kindergarten, Schule, Umfeld, Kultur und Zeitgeist. Besonders ausschlaggebend für die kindliche Entwicklung ist jedoch die Eigenverantwortung des Kindes. In vielem modelliert das Kind sich selbst! Sehr früh kann es zwischen Gut und Böse unterscheiden und entschließt sich bewusst oder unbewusst für das eine oder andere. Kinder sind Persönlichkeiten und keine Marionetten! So mächtig ist die Rolle der Mutter gar nicht, dass sie das alleinige Schicksal ihres Kindes sein könnte!

Manche heutigen Therapeuten, z. B. Haro Schreiner, sagen sogar: »Von mütterlicher Schuld kann nur in den seltensten Fällen die Rede sein, etwa dann, wenn die Mutter ihr Kind generell von Anfang an ablehnt, es absichtlich quält und misshandelt«. Außerdem gibt es in der Erziehung viele Graubereiche, wo wir nicht unterscheiden können, was richtig und falsch ist. Es kann das Falsche für später sogar richtig sein und umgekehrt. Wer weiß es genau, wie gerade die Belastungen in der Kindheit den Charakter stärken und zielorientiert machen?

Zu unserem Trost: Der Heilige Geist ist der beste Pädagoge für unsere Kinder. In unseren Gebeten übergeben wir sie seiner Leitung. Wenn Kinder sich ihm öffnen, bringt er alles zurecht, was wir Mütter eventuell verbogen haben.

Sind Schuldgefühle berechtigt?

Für uns Mütter erhebt sich also die Frage: Sind unsere Schuldgefühle unberechtigt? Vielleicht nur eingebildet? Von anderen uns übergestülpt und erwartet? Oder durch einen viel zu hohen Maßstab entstanden?

Schuldgefühle sind nicht immer ein Zeichen von echter Schuld! Es fällt uns schwer, sie einzuordnen. Selten ist unsere Gewissensstimme mit Gottes Stimme gleichzusetzen. Sie ist vielmehr eine Mischung von Erlerntem aus unserer eigenen Kindheit und von den oft maßlosen Ansprüchen unserer Kinder. Sie entstehen aus der Kluft zwischen unserem Idealismus, eine perfekte Mutter sein zu müssen und der Wirklichkeit, wie wir sie dann vorfinden.

Und was ist tatsächliche Schuld? Sie besteht nicht darin, dass ich etwas Verkehrtes tue, sondern dass mein ganzes Wesen eine verkehrte Richtung hat: ich bin von Gott abgekehrt. Aus dieser

Verkehrtheit heraus entstehen dann die einzelnen Verfehlungen.

Trotzdem kann uns nach all diesen Überlegungen doch das eine oder andere mütterliche Fehlverhalten bedrücken. Wir bleiben auf der »Hätt-ich-doch-Station« stecken und grämen uns. Das ist nicht nötig! Es genügt festzustellen: »In diesem und jenem Punkt habe ich mich als Mutter falsch verhalten. Das tut mir aufrichtig Leid!« Dieses ehrliche Bekenntnis geben wir je einmal an zwei Adressen weiter: zuerst an Gott, den Vater, dann bei passender Gelegenheit – schriftlich oder mündlich – an unser Kind.

Dabei stellen wir fest, dass kleinere Kinder im Vergeben viel großmütiger sind als verhärtete Erwachsene. Doch es ist unter unserer Würde, uns laufend bei diesen zu entschuldigen, nur weil sie es erwarten. Eine ältere Mutter erzählte: »Zum 40-jährigen Geburtstag bei jedem meiner vier Kinder schrieb ich dem Geburtstagskind einen liebevollen Brief. Darin erzählte ich ihm einige originelle Episoden aus seiner Kindheit, bat es aber auch um Vergebung für meine Erziehungsfehler. Besonders bedauerte ich die Ausrutscher in meiner ›Mother-burn-out-Phase‹. Leider hielt sie wegen der Kinderzahl und ungenügender Hilfe jahrelang an. Diese Briefe taten ihnen und mir gut!«

Wohin mit konkreter Schuld?

Es kann sein, dass wir feststellen: In unserem Leben wie bei der Erziehung ist wirkliches – und nicht vermeintliches – Fehlverhalten Schuld! Schuld vor Gott! Und Schuld muss bezahlt werden! Doch womit? (Die folgenden Gedanken werden in H. Risch, ›Vergeben hilft leben‹, ausführlicher behandelt.)

Es ist kaum zu glauben: Einem muss ich sehr liebenswert sein; denn freiwillig hat er längst meine ganze Schuld bezahlt in der einzigen Währung, die im Himmel und für alle Zeiten gültig ist. Nur dieses eine Zahlungsmittel erkennt Gott an: Es ist das Blut seines geliebten Sohnes, das er am Kreuz sterbend vergossen hat. Nun kann Gott meine Schuld nicht mehr einfordern, denn der schuldfreie Gottessohn hat für Schuldige bezahlt. Sie ist restlos getilgt. Gott denkt nicht mehr daran.

Auch kein Mensch darf mir die frühere Schuld noch anrechnen – weder in dieser Zeit noch in der Ewigkeit. Selbst Satan, der Verkläger, kann sie nicht mehr gegen mich anführen. Alles ist beglichen!

Je gründlicher ich darüber nachdenke, desto froher und freier werde ich. Ich lasse mich von Gottes Vergebung füllen wie ein leerer, frisch gereinigter Brunnentrog, der überläuft. Nun fällt es mir nicht mehr schwer, voll innerem Frieden meinen Sohn oder meine Tochter für mein Versagen um Vergebung zu bitten. Gleichzeitig vergebe ich auch ihnen ihre verletzenden Vorwürfe. Der Heilungsprozess kann beginnen. Mit der Zeit wird nach und nach ein neues Miteinander entstehen.

Sich selbst vergeben

Eines fällt uns Müttern besonders schwer: uns selbst zu vergeben.

Vielleicht haben wir verstandesmäßig längst begriffen, dass Gott uns restlos vergeben hat. Doch diese Wahrheit ist noch nicht bis in die tiefsten Tiefen unserer Seele gedrungen. In mir ist immer wieder diese nagende Stimme, die mich verklagt. Wie kann ich sie schlussendlich zum Schweigen bringen?

Zuerst mache ich mir klar, dass ich unbedingt auch mir selbst vergeben muss, weil Gott mir ja längst vergeben hat. Der Beweis für seine Vergebung hängt am Kreuz! Für ihn ist meine Sünde gar nicht mehr vorhanden – so, als hätte ich sie überhaupt nicht begangen! Ich staune. Darum will ich endlich seine Vergebung ernst nehmen; denn sie hat ihn sein Herzblut gekostet. Von jetzt an will ich mich mit den barmherzigen Augen meines himmlischen Vaters betrachten: Von Gott geliebt und berufen! Kann es etwas Besseres für mich geben?

Unsere heranwachsenden oder erwachsenen Kinder rufen mit ihrem Verhalten oder ihren Charakterausprägungen oft Schuldgefühle in uns hervor. Wir werfen uns Fehler in der Erziehung vor, und denken, dass unser Verhalten als Mütter mitverantwortlich ist für das, was aus unseren Kindern geworden ist.

Dem heutigen Trend der Mütterverurteilung (»mother blaming«) müssen wir bewusst widerstehen. Persönlichkeiten werden nicht nur durch Erziehung geprägt, sondern auch durch Veranlagung und eigene Entscheidungen, die unsere Kinder treffen.

Es gibt keine perfekte oder schuldlose Mutter. Aber bei Christus gibt es Vergebung für konkrete Schuld. Wir dürfen frei werden von allen Lasten der Vergangenheit und der Gegenwart und zu einem befriedigenden Umgang mit unseren (erwachsenen) Kindern finden.

Hannelore Risch

Jahrgang 1929, Pfarrerin i.R., früh verwitwet, sechs erwachsene Kinder, vier Enkel, Autorin mehrerer Bücher.

5. Erziehung

Die Säuglingszeit – und ihre Bedeutung für die Persönlichkeits-entwicklung

Ein Arztehepaar sucht mit einer ihm rätselhaften Sorge Hilfe bei der Erziehungsberatung. Es hat vier Kinder, lebt in gut situierten, gepflegten Verhältnissen, die Familienmutter ist konstant im Haus anwesend und kümmert sich bemüht liebevoll um die Erziehung der Kinder. Es scheint auch alles wohl zu gelingen: Die älteste Tochter, 18 Jahre alt, der jüngste Sohn, vierzehn Jahre alt, besuchen mit gutem Erfolg die Oberschule und machen ihren Eltern durch ihr Verhalten und die Entfaltung musischer Begabungen Freude. Aber plötzlich, wie aus heiterem Himmel, schlägt der Blitz ein in dieses Glück: Das dritte Kind, eine fünfzehnjährige Tochter, entwickelt auf einmal mitten aus der heiteren Geborgenheit des Elternhauses heraus einen Hang zum Vagabundieren. Zunächst schwänzt sie immer wieder die Schule, ohne dass es entdeckt wird; denn sie schreibt selbst mit raffiniert gefälschter Unterschrift die Entschuldigungen.

Schließlich bleibt das Mädchen nächtelang aus dem Elternhaus fort, sodass die Eltern Suchanzeigen bei der Polizei aufgeben müssen. Und nun geschieht etwas Merkwürdiges: Die Tochter aus gutbürgerlichem Haus wird immer wieder in Unterkünften für Stadt- und Landstreicher aufgegriffen. Es stellt sich heraus, dass sie mit Strafgefangenen mitging und sich sexuell mit ihnen einließ. Die Vernehmung dieser Männer ergibt, dass das Mädchen aktiv die Bekanntschaft anstrebte, und zwar immer mit der einen Frage: »Bist du auch heimatlos?«

»Wie kann sich unsere Barbara heimatlos fühlen?«, ruft der Vater berechtigterweise gekränkt aus. Auch das Mädchen selbst weiß keine Erklärung dafür und zuckt auf Befragen die Schultern. »Ich fühle mich eben so«, sagt sie und gesteht: »Ich habe gemeint, wenn zwei heimatlos sind, müssen sie sich doch besonders gut verstehen.«

»Hat sich denn das bestätigt?«, wird sie gefragt.

»Ach nein«, antwortet sie müde, angeekelt, »die haben mich doch alle nur ausgenutzt, bei denen war doch nur Geld und Sex drin – aber ich glaube, ich suchte etwas ganz anderes.«

Was suchte Barbara denn so drängend, dass sie dabei alle behütenden Grenzpfähle umriss? Die testpsychologische Untersuchung und die Befragung der Eltern brachten ans Licht, dass es doch eine dunkle Zeit in ihrem Leben gegeben hatte. Als Barbara sieben Monate alt war, erkrankte ihre Mutter in der Schwangerschaft mit dem vierten Kind schwer an einer Nierenentzündung. Da Angehörige oder Personal nicht vorhanden waren, gaben sie die beiden älteren Kinder zu Freunden und Barbara in ein vorzüglich geleitetes privates Säuglingsheim an der Nordsee. Und da sich die Mutter nach der Geburt des jüngsten Kindes nur schwer erholte, ließen sie Barbara dort, bis sie fast zwei Jahre alt war.

Wenn die Eltern auch meinten, dass Barbara dort gut gepflegt worden sei und sich danach, wenn auch etwas verspätet, »normal« entwickelt habe, so lässt der Einblick in ihre Seele doch erkennen: Das Kind hatte damals eine schwere seelische Verletzung erlitten. Es hatte seine Mutter und seine Heimat zu einem Zeitpunkt verloren, zu dem es sich gerade geborgen, bekannt und sicher zu fühlen begann. Es hat sich, innerlich irritiert, in einer neuen Heimat, dem Kinderheim, neu zu verwurzeln versucht, was vermutlich nicht gelang, da die Pflegepersonen fortgesetzt wechselten. Es kam nach Hause, blieb aber in der Tiefe seiner Seele doch immer misstrauisch, ob es wirklich dazugehörte. Das Mädchen sagt: »Irgendwie hatte ich immer das Gefühl, es stimmt etwas nicht. Manchmal habe ich sogar gemeint, dass meine Eltern gar nicht meine richtigen Eltern seien. Ich weiß nicht, woran das lag; denn ich wurde genauso behandelt wie meine Geschwister.«

Diese und ähnliche Geschichten haben uns in den letzten 30 Jahren, seit man sich intensiver mit den Verhaltensstörungen der Menschen zu beschäftigen begann, einen großen Respekt vor dem Einfluss der Umwelteindrücke und der Erziehungseinwirkungen auf die Charakterentwicklung des Menschen aufgenötigt. Es ist den Praktikern deutlich geworden: Der Mensch bringt in seinem Erbgut sehr klar umrissene Möglichkeiten mit. Er ist, im Gegensatz zu jedem anderen Lebewesen, daraufhin angelegt, sich zu einem Wesen zu entfalten, das aufrecht gehen, sprechen, schreiben, reflektieren, zeichnen und hilfreich zu sein lernen kann.

Die Spannweite der Begabungen ist von Mensch zu Mensch angeborenerweise sehr verschieden und setzt der Erziehung Grenzen; aber innerhalb dieser Grenzen hat die Erziehung ein weites und verantwortungsvolles Aufgabenfeld. Der Mensch kann durch erzieherische Unterstützung auf das Maximum seiner Entfaltungsmöglichkeiten gebracht werden; er kann aber auch durch Unterlassungen, Übertreibungen oder schädliche Einwirkungen unzureichend entfaltet werden, d.h. also weit hinter dem in ihm Angelegten zurückbleiben.

Diese Erfahrungen der Kinderpsychotherapeuten sind in den 90er-Jahren durch die Forschungsergebnisse der amerikanischen Hirnforschung in einer eindrucksvollen Weise bestätigt worden. Es wurde jetzt erläutert:

Das Gehirn ist am Beginn seiner Entwicklung ein unendlich kostbares, sehr verletzbares Instrument. In einer Verlautbarung der Yale-Universität (auch über Internet zu beziehen) lässt sich Folgendes lesen:

»Der Durchbruch in der Hirnforschung an der Yale-Universität und anderen Forschungszentren hat deutlich gemacht, dass die ersten drei Lebensjahre für die emotionale und intellektuelle Entwicklung des Menschen weit wichtiger sind, als man jemals gedacht hat. ...

Die Erfahrungen während der ersten Lebenstage, -monate und -jahre haben einen entscheidenden Einfluss auf die Bildung neuronaler Verknüpfungen im sich entwickelnden Gehirn, und zwar für jeden Aspekt des späteren Lebens der Kinder. ... Die Forschung hat veranschaulicht, dass Eltern und Betreuer mithelfen können, dass sich das Gehirn eines Kindes zu seinem vollen Potenzial entwickelt: indem das Kind geliebt wird und ihm genug Aufmerksamkeit durch Sprechen, Vorlesen und Spielen zuteil wird. Wenn im Gegensatz dazu ein Kind vernachlässigt oder missbraucht wird, kann es zu Problemen kommen, die lebenslänglich anhalten können.«

Besonders gravierend ist die (eigentlich längst bekannte, aber nie durchgängig angemessen anerkannte) Gegebenheit, dass hier Fehlprägungen einrasten können, die auf den verschiedenen Sektoren hartnäckige Unverbesserlichkeit hervorrufen können: unverbesserliche Neigung zum Diebstahl, zum Raub, zur Gewalttat, zum Kindesmissbrauch, zur Betäubungssucht, durch was für Stimulanzien auch immer. Auch das Rückfalltätertum und die Therapieresistenz bei derlei seelischen Störungen erscheinen dadurch endlich in einem anderen Licht, sodass realistische Schlussfolgerungen in der Gerichtsbarkeit wie im Gesundheitswesen darauf aufgebaut werden könnten, vor allem aber wird eine vorbeugende Familien- und Gesundheitspolitik geradezu zwingend.

Viel ist es also – im positiven und negativen Sinn –, was im Erwachsenenalter von der Erziehung des Kindes und Jugendlichen vom ersten bis zum einundzwanzigsten Lebensjahr bestehen bleibt. Viel Schicksal des Erwachsenenalters, viel Charakterprägung wird durch erzieherische Weichenstellung in der Kindheit so und nicht anders vorbereitet.

Wenn wir aber als Erzieher von Kindern in der Lage sein sollen, der Aufgabe gerecht zu werden, Kindern zu ihrer optimalen Entfaltung zu verhelfen – und das heißt, ihnen so wenig wie möglich zu schaden –, so brauchen wir genaue Kenntnisse über die Entfaltungsbedingungen des Menschen. Denn wir benehmen uns in einer leichtfertigen und gefährlichen Weise ignorant, wenn wir meinen, wir dürften Kinder nach unseren eigenen Maßstäben erziehen. Die Entfaltung des Menschen vollzieht sich nach Gesetzen – in den ersten Lebensjahren sogar nach relativ starren Naturgesetzen –, die der Erzieher im Umgang mit dem noch ganz hilflosen Kind nicht ungestraft vernachlässigen oder verändern darf. In seinen ersten Lebensjahren ist die Entfaltung lebensnotwendiger Antriebe nötig, die zur Erhaltung des Individuums und seiner Art gebraucht werden.

Der Mensch ist daraufhin angelegt, Geborgenheit zu empfinden und Vertrauen zu den Menschen seiner Umwelt, zum Leben zu haben. Sich geborgen wissen und Vertrauen zu haben sind Eigenschaften, die das Leben eines Menschen festigen, ja, in einem hohen Maße von innen her erleichtern können. Aber bereits das Fallbeispiel am Anfang bewies: Es ist nicht ohne Information der Erzieher möglich, die Ausbildung dieser so wertvollen Eigenschaften zu erreichen. Deshalb ist es nötig, dass die Mütter von Neugeborenen die natürlichen Voraussetzungen für seelische Gesundheit im Erwachsenenalter kennen:

1. Jedes gesund geborene Kind sollte in seinen ersten Lebensstunden unmittelbar am Leib der Mutter gehalten werden. Die Geburt ist für das Kind ein nicht selten ängstigender Vorgang. Es bedarf der Beruhigung und findet diese nachweislich am besten in der Leibnähe der Mutter, da es ihre Stimme und ihren Herzschlag bereits kennt.

2. Das Kind sollte so bald wie möglich an der mütterlichen Brust angelegt werden. Die erste Milch der Mutter, das Kolostrum, enthält besonders schützende Stoffe der Abwehr von Infektionen.

3. Das Kind sollte – unter sorgsamer Pflege der Brustwarzen (Lanolin!) – immer dann angelegt werden, wenn es zu schreien beginnt. Die häufige Saugtätigkeit des Kindes stimuliert die Milchproduktion und ist Voraussetzung dafür, dass jede Mutter so viel Milch zu produzieren vermag, wie ihr Kind benötigt.

4. Aus diesem Grund sollte das Neugeborene Tag und Nacht in der unmittelbaren Nähe der Mutter bleiben.

5. Auch bei Kindern, die mit unzureichendem Gewicht geboren werden (unter 2500 g) und bei denen eine Brutkastenzeit unumgänglich ist, sollten diese Pflegeformen so bald wie möglich angewandt werden. In den USA hat eine Forschergruppe die Theorie erhärten können, dass das so genannte »Känguru-Prinzip« die zu früh Geborenen rascher ihr Untergewicht überwinden und häufiger überleben lässt.

6. Säuglinge sollten ein halbes Jahr in dieser Weise voll und nach Bedarf gestillt werden, wobei ein Vierstunden-Rhythmus der Brustmahlzeiten angestrebt, aber nicht erzwungen werden sollte. Auch ein ca. zweimaliges Stillen in der Nacht ist zunächst meist unumgänglich und ist am ehesten zu leisten, indem der ältere Säugling saugt, ohne dass die Mutter

aufsteht und ihren Schlaf unterbricht. Auf diese Weise erlebt das Kind Nestwärme. Freilich hilft uns dieser Begriff allein nicht viel, wenn wir darunter lediglich eine hygienisch einwandfreie Versorgung des Kindes verstehen.

7. Dem Kind Nestwärme zu geben, hat viele höchst konkrete Komponenten. Diese sind nicht einmal gleich bleibend, sondern müssen dem Entwicklungsalter des Kindes entsprechen. So müssen körperlich kleinere oder schwache Neugeborene in zwei- bis dreistündigem Abstand gestillt werden, bei anderen genügt ein vierstündiger Abstand. Die dem Entwicklungsstand des Kindes angemessene Nahrungszufuhr ist hier Voraussetzung, um Geborgenheit zu erleben und sich darin einzuüben. Haben aber dann die Säuglinge das erforderliche Gewicht erreicht, brauchen sie diesen kurzen Abstand nicht mehr. Im Gegenteil: Es würde ihr Geborgenheitsgefühl stören, wenn sie unentwegt aus dem Schlaf gerüttelt und gefüttert würden.

8. Das gilt auch für das einzige Signal des Kindes, das Schreien. Es hat den Sinn, die Mutter herbeizurufen, es macht auf Bedürfnisse aufmerksam. Ein Überhören dieses Signals über Stunden ist für den hilflosen Säugling schädlich, weil emotional und biologisch falsch. Es gehört zu den fundamentalen Aufgaben des Erziehers junger Kinder, die Ursachen des Schreiens (Hunger, nasse Windeln, Schmerzen, Langeweile) herauszufinden und abzustellen. Wer Säuglinge nicht stundenlang schreien lässt, wer ihre echten, lebensnotwendigen Bedürfnisse (auch das Bedürfnis nach Beschäftigung mit ihnen und das Bedürfnis, mit der Welt bekannt zu werden) einfühlsam befriedigt, hat alle Aussichten, ein seelisches Fundament von großem Wert zu legen.

9. Während der ersten drei Lebensjahre sollte ein Kind nicht ohne Not in fremde Hände gegeben werden. Väter, Großeltern,

ältere Geschwister oder andere ständig in der Familiengemeinschaft lebende Personen können gewiss vorübergehend die Betreuung des Kleinkindes übernehmen, aber nach Möglichkeit nicht so, dass die Stillphase abrupt beendet werden muss.

Die für den Menschen so wichtige Fähigkeit, später Bindungen einzugehen und sich sozial zu verhalten, bedarf der Vorbereitung durch die ungestörte Bindung zunächst vornehmlich an eine Person. Von der Natur ist dazu an sich die leibliche Mutter vorgesehen. Die Freistellung der jungen Mutter von der außerhäuslichen Berufstätigkeit, die durch das Erziehungsjahr eingerichtet worden ist, ist deshalb ein bedeutsamer Schritt in die richtige Richtung für mehr seelische Gesundheit. Jede verlässliche persönliche Betreuung des Säuglings ist besser als Kollektivversorgung in Kinderkrippen mit wechselnden Bezugspersonen.

Ein Kleinkind sollte im Krankheitsfall nie ohne die Begleitung einer ihm gut vertrauten Person in ein Krankenhaus gegeben werden. Hausärzte sollten sich bemühen, Säuglinge nur in lebensbedrohlichen Fällen in eine Klinik einzuweisen.

Es ist besser, öffentliche Hilfe hinzuzuziehen, wenn Säuglingsmütter überfordert sind, z. B. Dorfhelferinnen und Mutter-Kind-Kuren, als eine Erschöpfungsdepression in Kauf zu nehmen.

Da es sich aus den oben geschilderten Gründen als zwingend notwendig erwiesen hat, dass Säuglinge sorgfältig von einer immer gleichen Person betreut werden, sollte eine außerhäusliche Berufstätigkeit der Säuglingsmutter möglichst unterbleiben.

Tritt eine schwere Krankheit der Mutter ein, sodass eine Trennung des Kindes von ihr unvermeidlich ist, sollte das Kind in der Obhut der ihm vertrauten Personen, am besten auch in der ihm vertrauten häuslichen Umgebung bleiben.

Es ist ratsam, das Kind vom dritten Lebensmonat ab (durch Zugabe von Karottensaft z. B.) an den Löffel und vom sechsten Monat ab an Zusatznahrung zu gewöhnen. Mit dem Zahnen sollte die Brustnahrung allmählich eingeschränkt werden und im zweiten Lebensjahr des Kindes allmählich auslaufen. Das Abstillen sollte nicht ohne Not abrupt geschehen. Brustentzündungen lassen sich bei sorgsamer Pflege der Brustwarzen oft vermeiden. Bei Milchstau und bakteriellen Brustentzündungen können die erprobten Ratschläge der Still-Liga (Postfach 650096, 81214 München) in Anspruch genommen werden. Dann kann ein zu frühes Abstillen meistens vermieden werden. Passen Sie sich bei der Eingewöhnung an Fremdnahrung immer dem Appetit des Kindes an. Zwingen Sie ihm die Nahrung nicht auf.

Das Opfer der Mutter (und des Vaters) für ihr Neugeborenes zahlen sich später hundertfältig aus. Neue Untersuchungen haben bewiesen, dass Kinder, die in dieser Weise Bindung und Liebe erlebten, später bessere schulische Leistungen zu erbringen vermögen als ungestillte oder mit unnatürlichen Maßnahmen behandelte Säuglinge. Der im ersten Lebensjahr zur Zufriedenheit erwachte Mensch kann sich später auch mit notvollen Umständen besser abfinden, er hat eine größere Frustrationstoleranz.

Gefühle der Geborgenheit, des Vertrauens und der Bejahung sind die Basis der Sozialisation, der Einordnung des Menschen in die Gesellschaft überhaupt. Soziales Verhalten lässt sich weder durch Dressur noch durch Training echt und stabil erreichen. Die Voraussetzung zur Sozialisation des Menschen (wie übrigens auch vieler Säugetiere und mancher Vögel) liegt in einer angemessenen, die natürlichen Bedürfnisse befriedigenden Ich-Du-Beziehung in der Phase totaler Hilflosigkeit des jungen Erdenbürgers.

In den ersten drei Lebensjahren brauchen Kinder eine feste Bezugsperson, die dem Kind durch ihre Zuwendung und Verfügbarkeit Geborgenheit und Lebenssicherheit vermittelt.

Ergebnisse der Hirnforschung in den USA haben deutlich gemacht, dass die entscheidenden Lebensgrundlagen in dieser Zeit festgelegt werden.

Christa Meves

Jahrgang 1925, Studium der Philosophie an den Universitäten Breslau und Kiel, Staatsexamen in Hamburg, dort zusätzliches Studium der Psychologie. Fachausbildung im Psychotherapeutischen Institut in Hannover und Göttingen, Freipraktizierende Kinder- und Jugendpsychotherapeutin in Uelzen, Arztfrau, Mutter zweier Töchter, sechs Enkel. Seit 1978 Mitherausgeberin der Wochenzeitung Rheinischer Merkur.

Die Kleinkinderzeit – und ihre Bedeutung für die Persönlichkeitsentwicklung

Optimal ist es für ein Kind, im Schutzraum einer Familie mit Geschwistern und einander liebenden und verantwortungsbewussten Eltern sowie der Abstützung von Großeltern im Hintergrund groß werden zu dürfen. Interesse (kommt aus dem lateinischen), das heißt, das »Dazwischen sein« der Eltern ist während der gesamten Kindheit der Sprösslinge notwendig. Nehmen Sie sich die Zeit, zu Ihren Kindern eine vertraute Beziehung aufzubauen. Beschäftigen Sie sich immer einmal auch allein mit dem einzelnen Kind. Vermitteln Sie ihm so das Gefühl von Zusammenhalt, von Nähe und Zärtlichkeit. Beobachten Sie die Interessen des Kindes, regen Sie es spielerisch zu schöpferischen Beschäftigungen an und fördern Sie die sich abzeichnenden besonderen Neigungen und Begabungen.

Die Hirnforschung hat in den USA zu dem dringlichen Appell an alle junge Familien veranlasst, sich viel mehr mit den Kleinkindern zu beschäftigen, da die Hauptvoraussetzung selbst für die intellektuelle Leistungsfähigkeit das konstruktive Spielen mit dem Kleinkind ist. Umso erschreckender ist es, dass viele der Kinder heute nicht besinnlich spielen können. Es soll deshalb zunächst auf die Gründe für diesen bedeutungsschweren Mangel hingewiesen werden.

Eines der Haupthindernisse für unsere Kindergeneration, das Spielen zu lernen, liegt in der Gefahr der Reizüberflutung. Ein den ganzen Tag durch das Wohnzimmer flimmernder Fernsehapparat, eine ununterbrochene Lärmkulisse durch Radiogetöse, eine hektische, lärmreiche Alltagsatmosphäre sind erste Ursachen zur Lähmung der Impulse des Kindes.

Eine weitere gravierende Ursache besteht in der Versuchung der Erwachsenen, die Kinder mit zu viel vorgefertigtem Spielzeug zu überhäufen: Autos, die auf Knopfdruck irgendetwas machen; Maschinen, mit Hebelgriff zu bedienen, fordern unsere Kinder nicht heraus, sich etwas einfallen zu lassen. Diese Dinge beschäftigen das Kind zwar, aber sie regen seine Fantasie und seinen Erfindungsgeist nicht an, sie schütten diese Begabungen viel eher zu. Deshalb hat ungeformtes Material, Ton, Sand, Lehm, Holz, Stein, Wasser und Farben, einen viel höheren pädagogischen Stellenwert als unsere in der Superspielzeugindustrie hergestellten Sachen. Viele davon erfreuen die Kinder nur sehr kurz, verwöhnen sie durch die Leichtigkeit der Bedienung und machen sie daher auch nur kurzfristig glücklich; denn auf die Dauer wird der Mensch allein dadurch zufrieden, dass sich durch die Bewältigung von Schwierigkeiten seine Fähigkeiten und sein Selbstwertgefühl stärken. Seine Freude an Aktivität, am »Knacken der Nüsse« steigert sich auf diese Weise und schafft so die Voraussetzungen zur Gestaltung und Bewältigung der Schwierigkeiten des Lebens, die ausnahmslos auf jeden Menschen zukommen.

Ein weiteres großes Hindernis, das Spielen zu lernen, liegt für unsere modernen Kinder häufig auch darin, dass wir ihnen unbedacht und aus Unkenntnis vorenthalten, die entwicklungsnotwendigen Aufgaben, die jede einzelne Lebensphase hat, erfüllen zu können, oder andere zu früh an sie heranträgt.

Wichtig ist es, bereits den ersten Spielversuchen der Kinder mit bejahender Offenheit und Wachheit zu begegnen, ohne sich unentwegt und unüberlegt einzumischen. Schon ein lächelndes Kopfnicken ist wichtig, wenn das Krabbelkind mit einem Gegenstand auf den Boden schlägt und dabei lustvoll den selbst erzeugten Laut, die erste Freude am Tun erlebt. Es ist wichtig, die erste zarte Aufforderung zum Spielkontakt anzunehmen, wenn das auf dem Boden sitzende Kleinkind den Ball in die Richtung der Mutter schubst. Es ist wichtig, diese Kontaktversuche des Kindes aufzunehmen und entsprechend zu beantworten; es kann hingegen viele negative, kontakt behindernde Folgen haben, wenn solche Angebote des Kindes konstant übersehen oder gar unterbunden werden. Für das Kind sind Spiele im Grund ernsthafte Aufgaben; sie sind die ersten tastenden Versuche auf den Umgang mit Menschen und Dingen zu. Das Kind wird von innen her triebhaft zu Verhaltensweisen dieser Art genötigt und braucht Ermutigung und Unterstützung durch die Bezugspersonen, braucht ihr Reagieren und gelegentlich auch behutsames Weiterführen und Anregen.

Für eine optimale geistig-seelische Entfaltung der Kinder ist es außerordentlich wichtig, dass Eltern von ihren Kindern deren altersentsprechende Spielbedürfnisse ablauschen und diese unterstützen oder vielleicht auch durch entsprechende Gerätschaften fördern. Verspätungen oder Verfrühungen werden leichter vermieden, wenn Eltern sich hier mehr von der Beobachtung ihrer Kinder leiten lassen, als wenn sie sich nach einem starren Prinzip richten. So wird jede sorgsame Mutter und jeder dem Kind zugewandte Vater feststellen, dass ein gesund entwickeltes Kind spätestens im zweiten Lebensjahr einen sich von Tag zu Tag steigernden Bewegungsdrang zeigt. Es versucht, Stühle zu erklettern, es muss fortgesetzt irgendwo herunterspringen, es fängt an, jedes Mäuerchen zur Balance zu benutzen usw.

Eltern können dies fröhlich unterstützen; das Kind wird nicht mehr im Wagen durch den Wald gefahren, es darf auf den Holzstämmen balancieren; es wird nicht in einem Laufstall eingesperrt, sondern geht mit auf Spielplätze, auf denen Klettergeräte sind. Nicht alle Erwachsenen haben die Geduld, die Fabulierfreude der Vierjährigen anzunehmen oder Verständnis zu entwickeln für die stundenlangen Freuden der Kinder, mit Wasser zu spielen. Und doch enthalten gerade diese Freuden, die das Kind phasenweise nötigen, stundenlang das Gleiche zu tun, wichtige Entwicklungsschritte, die gefördert und durchlebt werden müssen.

Alle guten Spiele enthalten Vorstufen zur schöpferischen Gestaltungskraft des Menschen. Kinder, die mit den Grundelementen umzugehen gelernt haben, entwickeln schon als Fünfjährige eigenständig Erfindungsgeist und Einfallslust. Sie fangen an, Vorgänge darzustellen, zeichnend, bauend, fabulierend oder im mimischen Rollenspiel. Eltern, die eine zugewandte, hellhörige, aber nicht unentwegt dirigierende Haltung einnehmen, wenn ihre Kinder spielen, können die beglückende Erfahrung machen, dass sich die Fülle der Fantasie verstärkt, dass Spiellust und Spieldauer zunehmen. Förderlich ist es, wenn wir das noch unbeholfen gemalte Bild des Vierjährigen betrachten, uns daran freuen, es vielleicht auch für eine Weile an die Wand hängen oder den anderen Familienmitgliedern zeigen. Notwendig ist es, dass wir dem Kätzchenspielen des Dreijährigen in der Rolle der Mutterkatze begegnen, das heißt ein Stück mit in das Spiel eintreten und rollengemäß antworten.

Der Lohn solcher Mühe tritt sehr bald in Erscheinung; denn das Kind hat dann auch bald Freude daran, sich konstruktiv allein zu beschäftigen. Auch eine weitere wichtige geistige Vorbereitung muss in dieser Altersphase geschehen: die Lust zum Lesen anzuregen. Leselust bildet später die Voraussetzung zur Erweiterung des Wissens, zur Steigerung der Einsichts- und Kritikfähigkeit. Das Lesen erweitert damit den geistigen Spielraum des Menschen und fördert später die beruflichen Chancen der Herangewachsenen. Das Leseinteresse zu wecken ist deshalb eine entscheidend wichtige Aufgabe. Die Wahrscheinlichkeit, dass ein Mensch zum Leser wird, ist weitgehend von der Umwelt im Kleinkindalter abhängig.

Die erste Voraussetzung zur Leseerziehung liegt in der angemessenen Pflege des Kindes durch die Angehörigen. Deshalb haben diejenigen Eltern mit hoher Wahrscheinlichkeit später ruhige, interessierte, lesefreudige Schulkinder, bei denen in der ersten Lebenszeit eine möglichst ruhige, möglichst wenig wechselnde Umwelt geschaffen wurde, in der dem Kind der Weg des Geistes in die Welt vorgebahnt wurde.

Bereits in dieser Phase muss das Kind sehr behutsam mit den Gegenständen der Umwelt vertraut gemacht werden, indem sie gezeigt und benannt werden. Das behutsame »Auffordern zur Welt hin« jenseits des ersten Lebensjahres ist eine ganz wesentliche Voraussetzung und Vorbereitung zum geistigen Interesse. Es kann vom zweiten Lebensjahr an durch Leporello-Bilderbücher ganz gezielt weiter gesteigert werden, indem Kind- und Bezugsperson miteinander in fröhlichem Plaudern und Hantieren das Bilderbuch besehen. Hier werden die ersten positiven Valenzen zu dem Gegenstand Buch bereits vorgebahnt. Bei den Kleinkindern ist das zunächst durch liebevollen, leibnahen Kontakt (auf dem Schoß sitzen) ohne Krampf zu erreichen, wenn wir bereit sind, dem Kind unsere Zeit und unsere Zuneigung zu schenken. Ohne viel emotionale Zuwendung durch die Erwachsenen ist das geistige Interesse der Kinder nur sehr schwer zu wecken und vorzubereiten.

Eine zweite wichtige Voraussetzung, die geschaffen sein müsste, um dem Kind eine gesunde seelische Entfaltung zu ermöglichen, ist das Anlegen von Geduld, Ausdauer, Beharrlichkeit und Durchhaltefähigkeit in dem Kind. Ohne sie hält das Kind später der Mühsal des Schullebens nicht stand, gibt auf, resigniert zu früh, sodass Teufelskreise eingeschliffen werden. Die Einübung und Vorbahnung dieser Eigenschaften muss ebenfalls durch die gesamte Kleinkinderzeit hindurch erfolgen. Auf sie muss in unserer Zeit ganz besonders viel Wert gelegt werden, weil unsere Kinder durch die Technisierung unseres Lebens häufig durch Verwöhnung in ihrer Aktivität blockiert werden.

Bequemes Leben, angefangen von Breinahrung über das technisierte Spielzeug bis zum Fernseher schadet unseren Kindern. Sie erleben die Aufforderung, sich zu bemühen, sehr rasch als Überforderung und reagieren mit Abwehr, Protest und Blockierung der Lernvorgänge. Auch das Leseinteresse eines Menschen kann nur wachsen, wenn das Kleinkind gelernt hat, Herausforderungen anzunehmen und anzupacken. Verwöhnte Fernsehkinder haben durch eine Erziehung zur Passivität und Reizabstumpfung durch Reizüberbürdung wenig Chancen. Wer heute Kinder zum Lesen erziehen will, sollte den Fernsehapparat in einem Raum unterbringen, der den Kindern nur ausnahmsweise zugänglich ist. Das Kind kann nicht die nötige Ruhe und Geduld zum Konzentrieren auf Lernvorgänge entfalten, wenn es ungesättigte Bedürfnisspannungen zum Zappelphilipp machen. Die Beachtung der Tatsache, dass Kinder im Kleinkindalter die existenzielle Aufgabe haben, ihren Bewegungsapparat zu üben und Körperbeherrschung zu lernen, ist eine wichtige Komponente zur Vorbereitung auf das Arbeitsleben.

Das eben Gesagte macht deutlich, dass das Kind nicht ohne Not vor dem dritten Lebensjahr einer täglichen Unterbringung in einer sozialen Einrichtung überlassen werden sollte. Das Kind ist reif für den Kindergarten, wenn es mit Freude dorthin geht. Der

Zeitpunkt muss infolgedessen sehr individuell bestimmt werden. Kinderliebe Mütter mit mehreren Kindern, die nicht berufstätig sind und Zeit sowie Freude daran haben, sich mit den Kindern zu beschäftigen, haben alle Chance, ohne Kindergartenbesuch ihren Kindern eine optimale Vorbereitung auf den Schulalltag zu vermitteln. Auch zu einer rigiden Dressur der Sauberkeitserziehung sollten sie sich nicht nötigen lassen. Sie gelingt problemlos, wenn die Gehirnentwicklung so weit gereift ist, dass das Kind die Vorgänge begreift.

Zu einem oft großen Problem weitet sich nicht selten der Geschwisterzank auf dem Boden von Eifersucht und Rivalität unter den Kindern aus. Voraussetzung zur Bewältigung dieses Problems ist die Einsicht, dass Kleinkinder von Natur aus Egoisten sind und dass sie nicht neben ihren Geschwistern *auch* geliebt, sondern dass jedes *am meisten* von den Eltern geliebt sein will. Allzu viel Nächstenliebe ist deshalb im Kleinkindalter nicht zu erwarten. Sie ist eine Eigenschaft, die sich nur sehr allmählich durch ein vorbildliches Verhalten der Erwachsenen entwickeln lässt. Um Eskalationen zu vermeiden, müssen Eltern sich vor allem immer neu selbstkritisch die Frage stellen, ob sie zu allen ihren Kindern in gleicher Weise gerecht sind. Antipathien gegen das eine oder das andere Kind sollte mit viel täglicher Willensbemühung entgegengewirkt werden, da diese häufig der tiefere Grund von Querelen unter den Geschwistern sind. Grundsätzlich sollten wir es vermeiden, in den Geschwisterzank Partei nehmend einzugreifen. Sich wiederholt zankende und sich gegenseitig schlagende Kinder sollten kurzfristig voneinander getrennt werden – als eine unabdingbare Folge ihrer Unverträglichkeit. Eine erzieherische Maßnahme dieser Art pflegt erfolgreicher zu sein als Schimpfen, Schlagen und einseitiges Strafen.

Im Kleinkindalter brauchen die Kinder nicht so sehr vorgefertigtes Spielzeug, sondern Bilder, Materialien, Geschichten, die ihre Fantasie anregen und fördern. Vor allem brauchen sie Zeit und Ermutigung, selbst schöpferisch und gestalterisch tätig zu werden. Kindern sollten nicht alle Hindernisse aus dem Weg geräumt werden, sondern sie sollten dahingehend gefördert werden, dass es ihnen möglich wird, selbst das Leben zu entdecken und zu erforschen.

Christa Meves

Jahrgang 1925, Studium der Philosophie an den Universitäten Breslau und Kiel, Staatsexamen in Hamburg, dort zusätzliches Studium der Psychologie. Fachausbildung im Psychotherapeutischen Institut in Hannover und Göttingen, Freipraktizierende Kinder- und Jugendpsychotherapeutin in Uelzen, Arztfrau, Mutter zweier Töchter, sechs Enkel. Seit 1978 Mitherausgeberin der Wochenzeitung Rheinischer Merkur.

»Hilfe, meine Kinder schaffen mich«

Umgang mit Stress, Zorn und Hilflosigkeit in der Erziehung

Meine Kinder schaffen mich

Was steht hinter so einer Aussage? Welche Gefühle, Erfahrungen, Ängste oder vielleicht Zorn, Depression, Hilflosigkeit, ein Hilfeschrei ...?

Ein paar Beispiele aus dem Alltag

- Eine Mutter über ihre 16-jährige Tochter: »Ich hasse sie. Sie macht mich fertig mit ihrem frechen Mundwerk, ihren Forderungen, ihrer Rücksichtslosigkeit ... ich hasse auch meine Hilflosigkeit.«
- Eine Mutter mit drei Kleinkindern: »Ich bin total am Ende. Jede Nacht das gleiche Theater, bis ich alle drei bei mir im Bett habe ... ich wache wie gerädert auf. Letzte Woche ist mein Mann aus dem Schlafzimmer ausgezogen; was soll ich nur machen?«
- Oder andere Aussagen: »Dieser ewige Streit im Kinderzimmer.« »Dieses Chaos jeden Tag in der Wohnung.« »Ich kann verstehen, wenn Kinder übermäßig verprügelt werden. Manchmal erschrecke ich über die Wut in mir.«

Und doch lieben wir unsere Kinder und möchten sie so gerne auf einem guten Weg begleiten.

Erziehung – Herausforderung oder Überforderung?

Die Erziehung unserer Kinder fordert uns heraus und oft fühlen wir uns überfordert.
In dem Wort »Erziehung« steckt das Wort »ziehen« drin.

Und so erleben wir es auch. Wir wollen unsere Kinder in eine bestimmte Richtung ziehen, z. B. dahin, dass sie ihr Zimmer aufräumen, ordentlich essen, schön spielen, dass sie gehorchen ... oder dass Teenies unsere Werte übernehmen, nicht die halbe Nacht in Diskos oder Kneipen sind, für die Schule etwas tun ...

Wir wünschen uns, dass unsere Kinder sich leichter ziehen lassen. Aber oft erleben wir sie als bockige, störrische kleine Esel und unsere psychische und körperliche Kraft kommt an die Grenzen. Ich kenne Situationen, in denen ich total geschafft und überfordert war oder mich nur noch selbst bedauert habe.

Wer fordert eigentlich von wem?

- Bin ich es? Habe ich die Erwartung, eine perfekte Mutter zu sein?
- Darf ich Fehler machen?
- Sind es meine Kinder mit ihrer Anspruchshaltung?
- Ist es die Verwandtschaft, die Umwelt?
- Oder ist es Gott mit seinen Geboten?

Oft höre ich die Frage: »Was mache ich nur falsch?« oder »Was habe ich nur falsch gemacht?«

Das Verhalten unserer Kinder wird dann oft als Ergebnis gewertet: ob wir »gute« oder »schlechte« Eltern sind. Das kann uns manchmal die Freude an der Erziehung nehmen und uns nach unserer Berufsarbeit sehnen lassen.

Kennen Sie das Gefühl, mit einem brüllenden Schreihals in der Schlange an der Kasse des Supermarktes zu stehen – während das Kleinere gerade vom Wagen aus das Regal abräumt – und dem Kind dann kein Auto, kein Eis zu kaufen (Sie wollten endlich einmal konsequent sein ...)? Und dann rutscht Ihnen vielleicht sogar noch die Hand aus?

Hilfreich ist es in so einem Fall, wenn wir uns sachlich überlegen können, was da in uns vor sich geht. Z. B.: Meine Kinder sind zurzeit stärker als ich, ich fühle mich als die Unterlegene – zumindest im Moment.

So sachlich wird es aber in der Regel nicht erlebt. Da ist ja viel vorausgegangen an Versuchen, an Niederlagen, an Druck, an Kraftproben.

Wenn ich daran denke, wie viel Kraft ich oft gebraucht habe, auch um die Fassade nach außen, im Bekanntenkreis und in der Verwandtschaft, aufrechtzuerhalten. Ja nicht zu zeigen, wie hilflos ich war.

Eigentlich hatte ich mir das ganz anders vorgestellt. Eigentlich wollte ich doch alles gut machen. Eine gute (perfekte) Ehefrau und Mutter sein – und jetzt? Oft hatte ich das Gefühl, andere können es besser.

Ich erlebte mich in Stresssituationen oft als ungeduldig, inkonsequent und manchmal rutschte mir sogar die Hand aus. Dabei hatte ich mir geschworen, nie meine Kinder zu schlagen – und jetzt?

Ich entdeckte dann, dass das, was so anstrengend, so nachweislich stressig war, nicht das Maß an Arbeit war, sondern diese »kreativen« Unterbrechungen meiner Kinder.

- Bei nichts konnte ich bleiben.
- Kein Bügelkorb konnte fertig gebügelt werden.

- Kein Telefongespräch konnte in Ruhe geführt werden.
- Keine Wohnung konnte fertig geputzt werden.
- Keine Mittagspause ohne Unterbrechung.
- Keine Nacht ohne Unterbrechung.

Nicht die Arbeit, die ich gemacht hatte, machte mich fertig, sondern die Arbeit, die ich *nicht* gemacht hatte, die schaffte mich.

Daraus erwächst dann das Gefühl: »Was habe ich heute eigentlich geleistet?«

Es gibt Eltern, die sind dauernd als Privatchauffeure ihrer Kinder unterwegs und kommen selbst mit ihren Bedürfnissen ständig zu kurz.

Ein voller Terminkalender schon im Kindergarten. Wir »betrügen« die Kinder um ihre Kindheit und verweichlichen sie. Ob es Sport ist, Ballett, Frühförderung, Musikunterricht, Nachhilfe, Jungschar, Kindergottesdienst, Fußball ...

Ständig versuchen vor allem Mütter, Bedürfnisse abzudecken und Forderungen zu erfüllen. Zweckfreie Zeit gibt es kaum für sie.

Wege zur Veränderung

Wie finde ich einen für mich guten Weg?

Wie gehe ich mit meinen Defiziten um, mit meinen persönlichen Grenzen, mit meinem Versagen, mit meiner Schuld?

Sehen und wahrnehmen

Ich nehme mir Zeit und suche die Begegnung mit mir selbst:

- So geht es mir.
- So verhalte ich mich.
- So viel Wut kommt immer wieder hoch.

Oder Angst, oder Hilflosigkeit, Erschöpfungszustände ... Was immer auf mich zutrifft. So fühle ich mich.

Offen und ehrlich – ich brauche mich meiner Gefühle nie zu schämen.

Gefühle sind auch nicht zu bewerten. Sie sind einfach da.

»Gefühle sind wie Kinder. Man sollte sie anhören, wahrnehmen, achtsam mit ihnen umgehen, aber nicht alle ihre Wünsche erfüllen.« (Jörg Zink)

Meine Gedanken in Worte fassen

Hilfreich ist es, das vor Gott zu tun. Er, der meine Gedanken sowieso kennt, hört mich voller Liebe an und will mir helfen.

Ich kann es auch aufschreiben, mit meinem Partner oder in der Seelsorge aussprechen.

Es tut auch gut, Gott zu sagen, wenn ich von ihm enttäuscht bin oder auf ihn wütend bin, weil er z. B.

- meine Gebete nicht erhört hat,
- meine Lebensumstände nicht ändert,
- mich scheinbar im Stich lässt.

Es hilft, vor ihm zu klagen.

Bilder und Symbole können mir helfen, meine Gefühle auszudrücken.

In der Seelsorge höre ich Sätze wie:

- »Ich fühle mich wie ein Packesel, immer noch eins drauf.«
- »Ich fühle mich wie ein Schuhabstreifer.«
- »Ich fühle mich wie eine ausgepresste Zitrone.«
- »Ich fühle mich wie der Mülleimer der Familie.«

- »Ich fühle mich wie eine billige Putzfrau im Hotel Mama.«
- »Ich fühle mich wie ein verletztes Tier im Käfig eingesperrt.«

»Schüttet euer Herz vor mir aus, liebe Leute« (vgl. Psalm 62, 9), bietet Gott uns an.

Welche Wünsche, welche Sehnsüchte, was für Zorn oder Müdigkeit sind in mir?

Ich gestehe mir auch Gefühle ein, die ich eigentlich nicht wahrhaben will, weil ich mich dafür schäme. Auch Wünsche, die mir unerreichbar scheinen, spreche ich aus.

Es gibt keine Erziehung, ohne schuldig zu werden oder Fehler zu machen. Lasse ich mir helfen von Gott, von Menschen oder von beiden?

Ziele formulieren

Was will ich? Was wollen wir? Nicht: was sagen die Oma, die Schwiegermutter, die Leute ... Wir müssen die heimlichen und doch offensichtlichen Mit-Erzieher entlarven und entwaffnen.

Mögliche Ziele:

- Ich will die Erziehung eines jeden Kindes bewusst, seiner Eigenart gemäß, mit Gottes Hilfe tun. Nicht jedes Kind braucht die gleichen Erziehungsmittel. Wir können auch nicht jedes Kind immer gleich lieben. Liebe lässt sich nicht in Prozente einteilen.
- Wir setzen unsere eigenen Maßstäbe.
- Wir wollen nicht mehr alles »laufen lassen« und unseren Kindern den Raum schaffen, in dem sie sich entfalten können.
- Wir wollen Grenzen setzen, um unsere Kinder vor Gefahren zu schützen und sie für das Leben belastbarer zu machen.
- Wir wollen Gott und sein Wort als Basis für unser Leben und unser Erziehungskonzept nehmen. Wir wollen beten, einen Le-

bensstil der Vergebung leben, die Kinder segnen, Hoffnung für sie behalten, um Liebe und Weisheit bitten und in schwierigen Phasen Hilfe in der Seelsorge oder Beratung in Anspruch nehmen.

Aber auch:
- Ich möchte die Möglichkeit suchen, die mir Entlastung bringt.
- Ich will mich bei zu vielen Anforderungen wehren.
- Ich will meine »Tretminen« aufspüren und im Vorfeld entschärfen.
- Ich will achtsam mit mir umgehen, denn nur wenn ich sorgsam mit mir umgehe, kann ich das auch mit meinen Kindern tun.

Jeder sollte sein Ziel finden und formulieren, dann mit dem Partner reden und einen gemeinsamen Weg gehen.

Mögliche Schritte

- Ich möchte meine Zeit strukturieren, Freiräume einplanen, auch wenn sie nur kurz sind. Wochenplan, Tagesplan und Arbeitsprioritäten aufzuschreiben sind hilfreich. Disziplin ist eine Haltung.
- Ich plane feste Gesprächseinheiten mit meinem Ehepartner ein (z. B. ein Abend pro Woche).
- Ehe kommt vor Kindern, deshalb suche ich ausdauernd nach kreativen Ideen, um Freundschaft und Romantik in der Ehe zu pflegen. Ich weiß, dass dies eine wunderbare Kraftquelle für den Alltag ist.
- Ich setze in der Erziehung altersgemäße und kindgerechte Ziele und setze sie auch durch (z. B. Mittagspause, Tischmanieren, Familiendienste, Zimmer aufräumen, Umgang mit Medien, Ins-Bett-geh-Ritus u. Ä.).
- Ich »drohe« nur noch Konsequenzen oder Strafen an, wenn ich

auch die Kraft habe, sie durchzusetzen (ein »Ja« soll ein Ja sein und ein »Nein« ein Nein).
Gelingt es mir nicht, dann rede ich mit den Kindern – auch über meine Grenzen und Schuld.

- Ich entschuldige mich bei meinen Kindern, wenn ich ungerecht war oder überzogen habe. Liebe und Vergebung gehören zusammen. Unsere Kinder lernen dann auch von uns, sich zu entschuldigen.
- Ich suche das Gespräch und ordne nicht nur an, wenn ich etwas in der Familie ändern will (altersgemäß). Gut ist es, einen »Familienrat« zu haben.
- Ich suche gleich gesinnte Christen, die auch mit Jesus auf dem Weg sind und lerne, mich zu öffnen und füreinander zu beten.
- Ich sehe, dass ich auch persönliche Zeit für mich brauche oder will und suche dafür Freiräume (z.B. für Sport, Musik oder sonst ein Hobby).
- Ich spreche immer wieder Sätze der Hoffnung, der Liebe und der Dankbarkeit in meine Lebenssituation hinein. Verheißungen sind wunderbare Worte, d.h. gute Samenworte, die aufgehen.
- *»Was der Mensch sät, das wird er ernten.«* Dies ist ein Schöpfungsgesetz Gottes. Aufgehende Saat von negativen Worten reiße ich im Namen Jesu aus meinem »Lebensgarten« heraus.
- Ich sehe meine Kinder als Leihgabe Gottes, sie sind nicht mein Besitz. Ich habe sie für eine begrenzte Zeit, deshalb sind sie auch nicht mein alleiniger Lebensinhalt. Ich erziehe sie von mir weg. Dieses Wissen hilft mir, mit meinen Kindern entspannter auf dem Weg zu sein.

Ich persönlich bin froh, dass ich weiß: Jesus vergibt mir auch Fehler in der Erziehung, die meine Kinder geschädigt haben und die ich nicht wieder gutmachen kann. »Er wird ausgleichen all euren Mangel.«

In schwierigen Situationen habe ich Hilfe im Gespräch mit Menschen, im Gebet und im Wort Gottes erfahren. Schuld, Lasten und Versagen konnte ich abgeben und neu wieder Freude, Kraft, Liebe, Kreativität, Hilfe, Geduld und was immer ich auch brauchte, von ihm erbitten und bekommen.

Ein Trost für mich ist ein Wort von Corrie ten Boom: *»Unsere Probleme sind das Material für Gottes Wunder.«*

Viele Mütter fühlen sich überfordert und geraten deswegen in Stress, Aggression und Wut.

Es gibt keine Erziehung ohne Fehler. Perfekte Mütter sind unnahbar.

Klare Ziele finden für sich und die Familie helfen eine innere Struktur in unsere Gefühle und unser Verhalten zu bringen.

Unsere Probleme sind das Material für Gottes Wunder.

Hilde Bausch

Jahrgang 1942, drei Kinder, leitet zusammen mit ihrem Mann Günther Bausch seit neun Jahren den Bereich Ehe- und Familienarbeit des Wörnersberger Ankers (Christliches Lebenszentrum für junge Menschen e.V.) und ist auch in der Gesamtleitung des Zentrums tätig.

Das tyrannische Kind

Eine schwerwiegende Frage besteht für viele Eltern von Kleinkindern darin, wie viel Freiheit den Kindern gegeben, wie viel Gehorsam ihnen abverlangt werden muss, damit das Kind nicht etwa zu einem kleinen Familientyrannen entartet. In den vergangenen Jahrzehnten ist die Parole weltweit verbreitet worden, den Kindern durch ihre Erzieher keine Einschränkungen aufzuerlegen, sie ungehemmt wachsen zu lassen, sie nicht zu »frustrieren«; denn Frustration, so wurde in Deutschland den US-Pädagogen nachgeplappert, erzeuge Aggression.

Nur allzu gern ließen sich Frauen, gerade Mütter, so etwas erzählen. Schließlich wollten sie leidenschaftlich den Frieden, die Harmonie, vor allem in den eigenen vier Wänden, und erstreben das künftige Glück ihrer Kinder. Aber dann gab es oft Enttäuschungen. Viele Mütter machten die Erfahrung: Die Kinder begannen zu provozieren, zu reizen, sie versuchten, mit allen Mitteln Mutters Friedenskunststück zu zerstören, sie »bettelten um Watschen«, wie in Österreich gesagt wird.

Aber auch das Gegenteil ließ sich erfahren: Eltern, die täglich ihre Kinder mit Peitsche und Stock prügeln, um Gehorsam zu erzwingen, sind nicht erfolgreicher. Der Preis muss häufig im Erwachsenenalter oder auch schon früher gezahlt werden: als Neigung zu Jähzorn, als heimlicher Sadismus oder als Tyrannei gegen andere Mitmenschen. Ja, Prügelerziehung hindert Kinder und Jugendliche nicht nur nicht, kriminell zu werden, sie fördert eine solche Fehlentwicklung eher.

Aus diesen negativen Erfahrungen lässt sich der Schluss ziehen: Es gibt eine Vermehrung der Aggressionen sowohl als Reaktion auf die Aggressionen als auch auf ein weichliches Laufenlassen der Erzieher. Das moderne Experiment mit der Erziehung ohne alle Grenzen hat uns bewiesen: Es ist unzulässig zu meinen, die Aggression sei allein eine von den Erziehern gemachte Reaktion auf Frustration. Sie ist vielmehr in den Kindern bereits vorhanden, in einem mehr, im anderen weniger, aber sie ist unüberhörbar da und wartet geradezu auf eine Konfrontation mit dem Erzieher. Das Nein-Sagen, der Trotz, die Aggression des Kleinkindes dienen der Ich-Abgrenzung, der Selbsterhaltung, dem Selbstständigwerden und damit der Ablösung von der Mutter. Dazu braucht ein Kind aber Erzieher, die bereit sind, auch einmal den Widerpart zu übernehmen, und das heißt: Grenzen und Verbote zu setzen.

Aus drei Gründen ist ein solches Vorgehen im Kleinkindalter dem Kind gemäß und seiner seelisch gesunden Entwicklung förderlich:

- Das unerfahrene Kind, das den Gefahren der Umwelt noch nicht gewachsen ist, erfährt durch ein Unterscheiden zwischen Erlaubtem und Verbotenem eine Möglichkeit der Orientierung, einer Zuordnung, die ihm Geborgenheit und Schutz gibt, die es in einen Zustand von Sicherheit versetzt, den es braucht, um frei zu sein zu neuen geistig-seelischen Wachstumsschritten. Ein Kleinkind ist kein vollwüchsiger Demokrat. Wenn wir es dazu erziehen wollen, statt es durch Verfrühung zu schädigen, so muss es zunächst an uns und durch uns feste Ordnungsregeln kennen lernen. Dabei sollte das Verbotene auf das notwendigste, sparsamste Maß begrenzt bleiben, aber seine Einhaltung konsequent gefordert werden.

- Das Setzen von Grenzen und Verboten hat bei gesunden Kindern Gebotsübertretungen zur Folge. Das hat einen entwicklungsfördernden Sinn; denn es treibt in die Not der Ablösung von der Behütung durch die Eltern und bereitet auf diese Weise das Selbstständigwerden vor. Eltern dürfen daher Auseinandersetzungen, ja ein gelegentliches Strafen nicht scheuen. Ein gesundes Maß besteht darin, mit den Kindern keine Machtkämpfe bis zur totalen Unterwerfung durchzuführen, sondern durch ein kurzfristiges Abweisen oder Abtrennen dem Kind deutlich zu machen, dass sein Tun als strafwürdig empfunden wurde. Kleine Kinder brauchen aber nicht nur Eltern, die den Streit nicht scheuen, sie brauchen auch Erwachsene, die in der Lage sind, als Erste die Friedenspfeife anzubieten.

- Eine vollständig passive Haltung, ein Alles-laufen-Lassen, wird von den Kindern als Gleichgültigkeit missverstanden und mit einer Steigerung der Aggressivität beantwortet – das Kind wird zum Tyrannen seiner Eltern.

Eltern, die mit ihren Kindern die Ablösung von ihnen im Blickpunkt haben, haben also nicht nur das Recht, sondern als verantwortungsbewusste Erzieher die Pflicht, auch Grenzwächter und Widerpart ihrer Kinder zu sein. Aber wir sollten uns als Erzieher hüten, den Trotz zu brechen. Brechen wir den Trotz, so brechen wir häufig viel mehr: nämlich die Fähigkeit zu wollen.

Es ist also wichtig, dass einem Kind im Alltag feste Grenzen gesetzt werden, z. B. eine feste Ordnung der Mahlzeiten und der Schlafenszeiten. Aber wir sollten innerhalb dieser Ordnung die Zügel nicht zu kurz lassen, damit die Willensimpulse sich entfalten können. Dieser Weg lässt sich durchaus gehen, ohne dass die Kinder über Tische und Bänke springen und ihre Umwelt tyrannisieren. Wir brauchen eigentlich lediglich zu respektieren, dass Kinder nicht der schrankenlose Besitz von Erwachsenen sind, über den wir Vollmacht haben, sondern dass sie Leihgaben sind, Geschenke auf Zeit, damit wir ihnen zu ihrer eigenen Entfaltung verhelfen als gute und verantwortungsbewusste Gärtner.

Gewalt erzeugt Gegengewalt. Kinder, die nur mit Prügeln, Drohungen und Anschreien erzogen werden, neigen selbst wieder zu Gewaltausbrüchen und aggressivem Verhalten.

Wenn Kinder überhaupt keine Grenzen und Einschränkungen erfahren, wenn sie ohne Gebote und Verbote aufwachsen, entwickeln sie sich zu kleinen Tyrannen.

Kinder brauchen ein gesundes Maß an Grenzen. Eltern sollten darauf achten, dass ein Nein ein Nein bleibt und ein Ja ein Ja ist. Grenzen sollten über gewisse Zeiträume eine Konstanz aufweisen und nicht jeden Tag neu definiert werden müssen. Nur so kann das Kind Sicherheit und Geborgenheit innerhalb dieser Grenzen erfahren und erleben.

Mit zunehmendem Alter der Kinder müssen Grenzen neu altersentsprechend abgesteckt werden. An manchen Stellen sind sie zu lockern, an anderen sollten neue Grenzsetzungen erfolgen.

Christa Meves

Jahrgang 1925, Studium der Philosophie an den Universitäten Breslau und Kiel, Staatsexamen in Hamburg, dort zusätzliches Studium der Psychologie. Fachausbildung im Psychotherapeutischen Institut in Hannover und Göttingen, Freipraktizierende Kinder- und Jugendpsychotherapeutin in Uelzen, Arztfrau, Mutter zweier Töchter, sechs Enkel. Seit 1978 Mitherausgeberin der Wochenzeitung Rheinischer Merkur.

Schule – Prägung, Leistung, Erfolg und Versagen

Viele Mütter erleben oder erleiden die Schuljahre ihrer Kinder als ganz besonders intensiven Lebensabschnitt. Darin gibt es unterschiedliche Schwerpunkte.

Mein Kind kommt in die Schule

Das ist für Eltern und Kind ein gleichermaßen wichtiger Abschnitt, den beide Seiten sehr bewusst, manchmal sogar traumatisch erleben. Der Eintritt in den Kindergarten ist manchmal nicht so einschneidend wie der Schulbeginn. Ich gliedere den Satz »Mein Kind kommt in die Schule« einmal auf:

»Mein ...«

Viele Mütter spüren die Angst: »Jetzt muss ich mein Kind loslassen, es anderen überlassen, und die verstehen und lieben mein Kind bestimmt nicht so wie ich.«

Eine Beobachtung aus der Grundschule: Die Mutter kommt noch einmal ins Klassenzimmer, nachdem sie zuerst die Jacke für das Kind aufgehängt hat. Das Kind hat sich bereits den anderen Kindern zugesellt. Die Mutter bleibt noch mit sehnsuchtsvollem Blick an der Tür stehen in der Hoffnung, dass sich das Kind ihr noch einmal zuwendet. Tut das Kind das nicht, sagt sie deutlich: »Ich gehe jetzt! Hast du gehört? Ich gehe jetzt!« Welches normale Kind reagiert da nicht mit Verlustangst und jammert. In Wirklichkeit sind es aber die Ängste der Mütter vor dem Liebesentzug ihres Kindes. Erst wenn der Weggang der Mutter mit Tränen gewürdigt wurde, sind diese Mütter zufrieden. Machen Sie es Ihrem Kind leicht und bringen Sie es nur zum Schultor. Geben Sie es innerlich und äußerlich ab.

... Kind ...

Viele Eltern denken: »Mein Kind ist ja noch so klein! Bestimmt wird es durch die Schule überfordert. Und dann die vielen wilden Kindern so etwas ist mein Kind nicht gewöhnt.« Vielfach begegnen wir heute der »overprotection«, der Überbehütung. Wir möchten das Kind vor allem bewahren und jede negative Erfahrung von ihm fern halten. Die Anforderungen, die die Lehrer stellen, werden gleich als zu hoch empfunden, und dem Kind wird gesagt: »Das kannst du doch nicht.« Kinder haben eine natürliche Lernlust und Leistungsbereitschaft, wenn sie schulreif sind. Sie wollen etwas lernen und arbeiten. Dies sollten die Eltern in vernünftigem Maße fördern und stärken und sie immer mehr zu Selbstständigkeit erziehen.

Das andere Extrem gibt es auch: Mütter sind froh, dass ihr Kind endlich in die Schule kommt und sie die Belastung durch das Kind wenigstens für einige Zeit los sind. Oft sind es allein erziehende Mütter, die häufig überfordert sind. Diese Kinder müssen schon sehr früh sehr selbstständig werden und sind im Grunde noch nicht so weit. Ihnen wird oft mehr zugemutet, als sie verkraften können, z. B. zwei Stunden nach Schulschluss immer noch auf den Vater zu warten.

... kommt in die Schule ...

Manchmal übertragen Eltern ihre eigenen negativen Schulerfahrungen auf die neue Schule der Kinder. Bis heute wird Schule als Drohmittel benutzt: »Warte, bis du in die Schule kommst, dann ...!« So bekommt das Kind die Einstellung: Schule ist eine Strafe, wenn ich nur lieb wäre, bräuchte ich gar nicht in die Schule. Wichtig ist es, mit den Kindern unvoreingenommen die Schule kennen zu lernen. Sorgen Sie dafür, dass Ihr Kind eine positive Einstellung zur Schule und zum Lernen gewinnt. Lassen Sie es los, vertrauen Sie, dass andere es auch gut mit Ihrem Kind meinen.

Mein Kind im Vergleich zu anderen

Mit dem Eintritt in die Schule beginnt auch der Prozess des Vergleichens, der Leistungsbewertung, der Konkurrenz und des Messens auf den verschiedensten Ebenen.

In den meisten Bundesländern werden in den ersten beiden Schuljahren keine Noten gegeben, sondern nur Aussagen über den individuellen Leistungsstand gemacht. Die Grundschule versteht sich nicht als Leistungsschule, sondern als Ort der Ermutigung zum Lernen. Deshalb stehen Ausbildung und Förderung der natürlichen Lernmotivation im Vordergrund, sodass Spielen, Gestalten, Bewegen dort viel Raum einnehmen. Zunächst werden Arbeitstechniken wie Lesen und Schreiben,

Zeichnen und Werken sowie Rechnen im begrenzten Zahlenraum vermittelt. Daneben geht es in den ersten beiden Schuljahren auch stark um soziales Lernen in einer Gruppe.

Wenn im 3. Schuljahr die ersten Noten unter den Arbeiten und in den Zeugnissen stehen, wird das von den Kindern meistens noch nicht so gewichtet wie von den Eltern. Als ich einem Schüler sein Heft mit der Note mangelhaft gab, meinte er: »Wenigstens freue ich mich über das Pluszeichen am Schluss.« – Es war das schlecht geschriebene t von mangelhaft.

Probleme gibt es in folgenden Bereichen:

Entthronung der Prinzen und Prinzessinnen

Viele Kinder sind heute Wunsch- und Einzelkinder, und so werden sie wie kleine Prinzen behandelt. Die natürliche Egozentrik des Kindes, d.h., dass es sich selbst immer im Mittelpunkt sieht, wird durch das Verhalten der Eltern verstärkt: Zu Hause dreht sich alles um das Kind. Die Erwachsenen ordnen sich seinen Plänen und Wünschen unter. In der Schulklasse sind sie nun eine oder einer unter vielen; das ist schon schwer für manche zu verkraften. Sie müssen das Warten lernen, sie müssen auch mal zurückstehen, sich einfügen und lernen, nicht immer an erster Stelle zu stehen. Elternaussagen wie: »Du bist ja jetzt schon ein kleiner Professor!«, oder »Du bist die Klügste, die Schönste, der Klassenstern«, fördern ein unrealistisches Bild bei Eltern und Kindern. Oft überschätzen Eltern die Lernfortschritte ihrer Kinder und suchen nur solche Vergleiche mit anderen Kindern in Bereichen, in denen ihre Sprösslinge besser abschneiden. Bemühen Sie sich um eine realistische Einschätzung Ihres Kindes.

Überehrgeizige Mütter und Väter

Die Eltern setzen oft die Maßstäbe zu hoch und treiben die Kinder grundlos zu immer größeren und besseren Leistungen an. Die individuelle Leistung des Kindes loben sie kaum, sondern stellen immer andere als noch besser hin. Sie benutzen alle möglichen Lernhilfen wie Übungshefte und -kästen, Lerncomputer, Nachhilfe usw., um ihr Kind »bestmöglichst« zu fördern. Spiel, Spaß und Bewegung sind aber für Kinder in diesem Alter mindestens ebenso wichtig. Bei normal begabten Kindern reicht die Förderung durch die Schule völlig aus. Überförderung ist Überfütterung, und das führt unweigerlich zu Störungen, und das nicht zuletzt in der Beziehung zwischen Eltern und Kind.

Vergleich mit den Geschwistern

Vergleichen ist immer für beide Teile problematisch. Die natürliche Geschwisterrivalität wird verstärkt, und bei dem schwächeren Teil können äußerst starke Antigefühle wachsen. Der Vergleich entmutigt und treibt weiter ins Versagen. Das gelobte Vorbild entwickelt oft unangenehmen Stolz und Überheblichkeit, die die Beziehung zum Bruder/zur Schwester vergiften und oft auch in der Klasse eher negativ sind. Kinder, die viel mit anderen verglichen werden, können kaum Kritik vertragen und sind nicht bereit, aus Fehlern zu lernen.

Jedes Kind hat ein Recht, auch in seinen Lernleistungen ein Original zu sein. Bauen Sie bewusst das Vergleichen ab. Die Bibel sieht, dass daraus Neid, Missgunst und viele Streitereien erwachsen (1. Mose 37, 3-4). Fördern Sie die Leistungsbereitschaft durch Lob, Ausdruck von Vertrauen, aber nicht durch Trimmen, höchstens durch Fördern. Sprechen Sie auch über ihre eigenen Leistungsschwächen.

Mein Kind ist ein Versager – Erwartungshaltung der Eltern

Wenn die ersten schlechten Noten kommen, ist das für manche Eltern eine Katastrophe. Manche Kinder hören schon bei einer Vier: »Aus dir wird nie was! Du landest bei der Müllabfuhr. Du taugst nur zur Klofrau!«, und dergleichen mehr. Die Eltern wollen damit anspornen, aber für das Kind sind es Voraussagen, die sein Wertgefühl und sein Leistungszutrauen auf Dauer untergraben. Es empfindet seine schlechten Leistungen als Enttäuschung für die Eltern. Schlimm ist nicht so sehr das Schulversagen an sich, sondern dass es als Kind versagt hat. Es denkt: »Ich bin nicht das Kind, das sich meine Eltern gewünscht haben.« Oft haben Eltern sehr hoch gespannte Erwartungen nach dem Motto: »Mein Kind soll es besser haben, was in Wirklichkeit heißt: Mein Kind soll es besser machen.« Das ist ein Anspruch, der Kinder immer überfordert.

Manche Kinder werden zum Versager gemacht

Du kannst das doch nicht, lass mich das machen. Viele trauen ihrem Kind nichts, sich selbst aber alles zu. Das ist ein typisches Kennzeichen für Perfektionismus. Ich höre in der Schule öfter: »Das muss aber richtig sein. Das hat meine Mama geschrieben.« Wir haben oft nicht die Geduld, mit dem Kind zu üben. Oft wollen wir ihm auch alle Schwierigkeiten aus dem Weg räumen, aber wir erziehen es dadurch zur Unselbstständigkeit und zu mangelndem Selbstzutrauen. Das Kind lernt: »Ich mache sowieso nichts richtig.« Mit der Folge, dass das Kind irgendwann gar nichts mehr macht. Es verlässt sich zunehmend darauf, dass die Mutter die Arbeit erledigt, gerät aber so zu den anderen Schülern immer mehr in Rückstand. Die Eigenleistungen des Kindes sollten so weit wie möglich gefördert werden, sodass z. B. die Hausaufgaben ab dem 4. Schuljahr ohne Hilfe der Mutter erledigt werden.

Echtes Versagen

Es gibt ein subjektives Versagensgefühl, da wird eine Drei schon als Weltuntergang empfunden. Und es gibt eine objektive Seite für Versagen: Das Kind genügt in einem oder mehreren Bereichen den Leistungsanforderungen seiner Klasse nicht, und es besteht die Gefahr des Sitzenbleibens.

Jedes Kind hat Stärken und Schwächen. Wir sollten die Stärken betonen und loben, damit kann es Schwächen kompensieren. Hebe ich nur auf die Schwächen ab, dann besteht die Gefahr, dass sich das Kind in keinem Bereich mehr etwas zutraut und dann auch in anderen Bereichen versagt. Nichts ist erfolgreicher als der Erfolg. Darum ist es für leistungsschwache Kinder hilfreich, ihnen in anderen Bereichen Erfolgserlebnisse zu verschaffen: z.B. im Sport, in einem Hobby, praktischer Arbeit. Solche Erfolge sollten dann auch deutlich anerkannt werden.

Sehr wichtig ist, dass wir mit dem Kind über den Aussagewert der Noten sprechen. Eine Fünf in Mathe ist kein Werturteil über einen Menschen. Ein Ausrutscher kann manchmal ganz heilsam sein. Es ist wichtig, dem Kind gerade dann Liebe und Wertschätzung zu zeigen, wenn es mit einer schlechten Note nach Hause kommt. Gerade dann sollten wir umso mehr betonen, was das Kind als Ganzes für uns bedeutet. Und wir sollten immer wieder mit ihm darüber sprechen, dass im Leben ganz andere Werte gefragt und wichtig sind, wie z. B. Verträglichkeit, Herzlichkeit und Einfühlungsvermögen. Leistung ist immer relativ: wenn einer sich angestrengt hat und trotzdem eine Fünf hat, verdient er dennoch ein Lob, der Faulpelz aber einen klaren Tadel. Wir sollten die Unterschiede deutlich machen: Die Vier des Christian, die er nur durch viel Üben geschafft hat, ist genauso viel wert wie die Zwei des Simon, die dieser mühelos erreicht.

Wenn ein Kind ständig in mehreren Bereichen schlechte Leistungen bringt, müssen wir im Gespräch mit den Lehrern Lösungen suchen. Manchmal bringt ein Wechsel in die Parallelklasse etwas, manchmal ein Rückgang in die untere Klasse oder ein Wechsel in eine andere Schulform. Kein Kind sollte sich jahrelang durchs Gymnasium quälen müssen.

Für Christen ist es wichtig, den schwachen Kindern besonders die Liebe Gottes zu zeigen und sie verbal und nonverbal zu vermitteln. Gott wollte Originale, und er hat sich oft gerade Schwache, Versager und Kranke für den Bau seines Reiches ausgesucht. Bei Gott hat der Schwache eine Chance. Louis Pasteur sagt: »Wenn ich ein Kind ansehe, dann habe ich Achtung vor dem, was es ist, und Achtung vor dem, was es werden kann.« Unser Vertrauen zu dem Kind und das Bewusstsein unserer Wertschätzung ist das wichtigste Fundament, das wir unseren

Kindern für ihre späteren Lern- und Lebenserfahrungen mitgeben können.

Welche Schule für mein Kind?

Im 4. Schuljahr, in einigen Bundesländern z.T. erst nach dem 6. Schuljahr, steht die Entscheidung für eine weiterführende Schule an. Die Schule bietet Gespräche zwischen Eltern und Lehrern an, dabei sollten sie sich weitgehendst einigen. Die LehrerInnen haben die schulische Entwicklung über mehrere Jahre verfolgt und kennen auch die Anforderungen der neuen Schule.

Die Wahl der Schule sollte für das Kind eine positive Herausforderung zum Weiterlernen sein, keine Überforderung. Lassen Sie sich nicht davon beeinflussen, was andere Leute über die Schulform denken, suchen Sie die Schule, die für Ihr Kind passt. Gerade die Durchlässigkeit unseres Schulsystems macht es möglich, nach dem 6. Schuljahr noch einmal neu zu überlegen und evt. die Schule zu wechseln. Die Einrichtung von Aufbaugymnasien ermöglichen auch nach der Realschule ein Weiterlernen für das Abitur.

Prägung durch die Schule

Ein wichtiges Kriterium für die Schulwahl ist auch die Art der Prägung, die die Schule vermittelt.

Schule steht heute immer mehr unter dem Anspruch der Wissenschaftlichkeit, und das Gymnasium ist durch das Kurssystem schon mehr zur Vorbereitung für die Uni geworden. Kinder und

Jugendliche sind immer ausgeprägtere Kopfmenschen geworden. Aber das Leben wird nicht nur mit dem Kopf bewältigt, deshalb sind diese jungen Menschen oft umso anfälliger für Sekten, Drogen und Ideologien. Die Sehnsucht nach Zugehörigkeit, Beziehung und Anerkennung treibt sie diesen Gruppen in die Arme. Elternhäuser, in denen Geldverdienen Priorität hat und in denen dadurch auch wenig Zeit für die Kinder ist, lässt sie nach anderen Beziehungen suchen. Die Kontakte zu negativen Gruppen werden oft in der Schule geknüpft. Deshalb ist es wichtig, die Freunde seiner Kinder zu kennen, ein offenes Haus zu haben, wo Jugendliche sich aufhalten können und ihnen immer wieder Gesprächsbereitschaft zu signalisieren, aber sich nicht aufzudrängen.

In der Schule werden auch ganz andere Einstellungen und Meinungen geprägt, die manchmal im Gegensatz zu denen des Elternhauses stehen. Gerade glaubende Eltern haben Probleme damit, wenn im Biologieunterricht oder auch im Religionsunterricht die Evolution als einzige Schöpfungstheorie dargestellt wird. Auch in der Frage der Abtreibung werden dort manchmal ganz andere Meinungen vertreten. Manchmal wird auch stark gegen Kirche und Glaube polemisiert und diese lächerlich gemacht. Wir sollten mit den Kindern darüber im Gespräch sein. Aber nicht fordern, sich mit einem solchen Lehrer anzulegen und dann evt. in der Klasse der Lächerlichkeit preisgegeben zu werden. Wir können ihnen Mut machen, zu ihrem Glauben und ihrer Überzeugung zu stehen, wenn sie ihn persönlich teilen, aber wir sollten sie nicht in die Rolle eines Anwalts Gottes drängen. Dem sind sie oft nicht gewachsen. Da hilft es mehr, wenn Eltern das Gespräch mit dem Lehrer suchen oder mit anderen Eltern zusammen an den Elternabenden dazu Stellung nehmen.

Wenn Kinder zu Hause erleben, wie der Glaube der Eltern das Leben bestimmt, wenn sie transparent machen, woher sie ihre Maßstäbe für ihre Entscheidungen beziehen und sie dann noch sehen, dass die Eltern gerne mit Gott leben, ist das ein starkes

Gegengewicht gegen den Einfluss der Schule. Beispiele gelebten Glaubens in der Familie prägen mit Langzeitwirkung.

Gewalt an Schulen

Streit und Machtkämpfe hat es immer an den Schulen gegeben. Für die Jungen ab acht Jahren ist es klar, dass sie ihre Kräfte messen wollen, und dies geht bis weit in die Pubertät hinein so. Hier sollten wir Wege suchen, wie sie das ohne extreme Härte ausleben können. Aber das Problem heute ist viel gravierender. Da wird in einer Härte aufeinander eingeprügelt, bis das Blut fließt. Früher hörten Kinder auf, wenn Blut floss, heute schlagen sie noch weiter zu. Das Waffenarsenal, das bei Schülern in den Großstädten zu finden ist, ist schon beachtlich: Messer, Schlagringe, Knüppel und Gaspistolen. Gewalt hat es immer gegeben, aber heute ist sie:

- selbstverständlicher geworden.
  Kinder sehen täglich, dass Gewalt das normale und anscheinend einzige Konfliktlösungsmittel ist. Wie viele Brutalvernichtungen sehen die Kinder jede Woche im Fernsehen.
- gesellschaftsfähiger geworden. Immer weniger werden die staatlichen Organe zu Hilfe geholt, es wird sich selbst geholfen und sich bewaffnet. Das geschieht an den Schulen so, dass die Lehrer umgangen und die Dinge selbst mit Gewalt geregelt werden.
- Wir haben wenig Platz zum Ausleben von Aggressionen: enge Wohnungen, verbautes Wohnfeld, Betonwüsten; Naturerlebnisse und Abenteuer sind nur noch schwer möglich.
- Familienkonflikte werden immer häufiger, auf die Kinder in ihrer Hilflosigkeit aggressiv reagieren. Scheidung, überforderte Mütter durch Beruf und Familie, abwesende Väter, Arbeitslosigkeit, Alkoholprobleme, soziale Armut.

- kulturelle Konflikte in den Großstädten, nationale Jugendbanden verstärken die Gewaltbereitschaft.
- Frustration durch Schulversagen macht aggressiv. Gerade die Leistungsschwachen wollen durch Aggressivität ihre Frustration abbauen. Oft sind es Überreaktionen auf Ohnmachtsgefühle.

Die Schule ist Abbild unserer Gesellschaft und die Schäden in der Gesellschaft werden immer zuerst an den schwächsten Gliedern offenbar. Lösungsansätze wären: eingeschränkter, bewusster Fernsehkonsum, friedliche Konfliktlösungen, Hilfe durch Erwachsene, echte Erlebnisse für Kinder schaffen, Möglichkeiten, sich im Sport, im Spiel, durch Bewegung oder gemeinsame Arbeit abzureagieren.

Kontakte zwischen Schule und Elternhaus

Schule ist so gut wie die Lehrpersonen in ihr. Gerade in der Grundschule ist die persönliche Beziehung zum Lehrer bzw. zur Lehrerin für das Kind ganz bedeutsam. Schule wird über den Filter dieser Person erlebt. Im Gedächtnis behalten wir den Gesamteindruck dieser Person, nicht so sehr die einzelnen Unterrichtsinhalte. Wir erkennen aber immer mehr, dass auch in den oberen Klassen die Auflösung des Klassenverbandes und der Verlust der persönlichen Beziehung zu einem Klassenlehrer eher negative Auswirkungen auf die Schüler hat.

Manchmal sind auch die Lehrer durch die vielen negativen Erfahrungen auf ihre Bemühungen frustriert, und sie haben dicht gemacht, um im täglichen Schülerkleinkrieg zu überleben. Immer mehr sehen wir heute, dass die Formen der Begegnung zwischen Lehrern und Schülern, wie sie sich bei Projektwochen, Klassenfahrten, AGs oder zweckfreien Nachmittagsveranstaltungen ergeben, ganz wichtig für das Klima und Miteinander in der Klasse sind. Da sollten wir Lehrer unterstützen: als Eltern z. B. mal die Klasse einladen oder Mithilfe anbieten, bei AGs helfen usw.

Wenn in der Schule Probleme auftauchen bezüglich der Leistung oder des Verhaltens, sollten wir lieber erst mal mit dem Lehrer sprechen, ehe wir vor den Kindern über ihn schimpfen. Es gibt aber auch Fälle, wo einer/eine mit dem Lehrer gar nicht klar kommt, da kann ein Wechsel in die Parallelklasse eine neue Chance für das Kind und oft auch für den Lehrer sein.

Das Übliche ist der Kontakt zum Lehrer durch Elternabende und Sprechtage. Zum Glück lassen sich auch da inzwischen mehr Väter sehen. An unserer Schule ist es üblich, dass die Lehrerinnen im 1. und im 3. Schuljahr Hausbesuche machen. Es ist für beide Seiten gut, sich gegenseitig kennen zu lernen.

Es gibt Mitwirkungsmöglichkeiten für Eltern: z. B. in der Klassenpflegschaft oder Schulpflegschaft und Konferenzen. Eltern können mitbestimmen bei der Neueinführung von Schulbüchern, bei Unterrichtsinhalten im Sexualkundeunterricht. Ich finde es sehr wichtig, dass wir diese Möglichkeiten zur positiven gestaltenden Mitarbeit nutzen und nicht nur meckern, wenn etwas schief geht.

Wenn uns unsere Kinder wirklich wichtig sind, werden wir uns auch Zeit nehmen, sie in diesem entscheidenden Teil ihres Lebens zu begleiten und zu unterstützen.

Jutta Georg

Jahrgang 1950, Lehrerin für Sekundarstufe 1. 1977-1993 Leiterin der Jungschararbeit im Bund Freier evangelischer Gemeinden in Witten. Seit 1993 unterrichtet sie an einer christlichen Grundschule in Lüdenscheid; dort leitet sie Gesprächsgruppen für Scheidungskinder. 1998 Initiatorin von CHRIS-Deutschland e.V., ein christliches Sorgentelefon für Kinder und Jugendliche.

Sorgen Sie dafür, dass Ihr Kind eine positive Einstellung zur Schule und zum Lernen bekommt. Lassen Sie Ihr Kind innerlich und äußerlich los.

Vertrauen Sie, dass auch andere es gut mit ihrem Kind meinen. Denken Sie daran, dass LehrerInnen immer mit einer ganzen Klasse und nicht nur mit einem Kind klarkommen müssen.

Räumen Sie Ihrem Kind nicht jede Schwierigkeit aus dem Weg. Machen Sie ihm Mut, selbst Lösungen zu finden und dann stolz auf seine Leistungen zu sein.

Loben Sie Ihr Kind für das, was es Ihnen bedeutet, nicht so sehr für das, was es kann. Bei Leistungsschwächen suchen Sie eine Ausgleichsmöglichkeit für das Kind.

Achten Sie auf die Unterrichtsinhalte, die Prägung durch die Schule und das soziale Umfeld Ihres Kindes. Seien Sie darüber mit ihm im Gespräch.

Engagieren Sie sich in der Schule, so weit Sie können.

Vorbereitung auf die Pubertät

Sicher kennen Sie den Satz: »Kleine Kinder, kleine Sorgen; große Kinder, große Sorgen.« Vielleicht erinnern Sie sich noch gut an die Zeit, in der Sie selbst als Teenie viele Auseinandersetzungen mit Ihren Eltern erlebt haben und denken: »Hoffentlich passiert mir das nicht.« Die Erinnerung an die eigenen stürmischen Jahre kann auch Angst vor der Pubertätszeit der eigenen Kinder machen. Vielleicht sind Sie auch schon mitten drin in dem Prozess, in dem Ihre Kinder flügge werden.

Persönlich habe ich so manche Diskussionen in der Pubertät mit meinen Eltern geführt. Die Abnabelung war auf beiden Seiten von vielen Tränen begleitet, und doch war es für mich die aufregendste Zeit in meinem Leben. Es ist spannend, den Weg zu sich selbst zu suchen. Wer bin ich, was kann ich, was wird aus mir mal werden? Wozu bin ich auf der Welt? Kann ich den Glauben meiner Eltern, ihre Wertvorstellungen, ihre Art, Familie zu leben, übernehmen? Was sind meine Ideale? Erwachsen werden geht mit vielen neuen Erfahrungen einher. Darum müssen wir lernen, unsere Kinder loszulassen, und ihnen helfen, ein ehrlicheres Bild von sich zu bekommen.

Ja sagen zum Erwachsenwerden der Kinder

Als Eltern heißt unsere erste Aufgabe: Ja sagen zu den Veränderungen. Abschied nehmen von der niedlichen Jenny, dem kleinen Kevin. Nur wenn wir Ja sagen zum Erwachsenwerden unserer Kinder, schaffen wir eine gute Grundlage, dass sie auch selbst dazu Ja sagen können.

Auch in den Kindern kämpfen zwei Wünsche. Sie schätzen es einerseits, verwöhnt zu werden, nicht alle Verantwortung tragen zu müssen und unangenehme Dinge auf die Eltern abschieben zu können. Aber andererseits wird der Wunsch in ihnen immer stärker, endlich tun zu können, was sie wollen, keinem Rechenschaft ablegen zu müssen und in das Berufsleben hineinzuwachsen.

Unseren zwölfjährigen Sohn fragte ich einmal: »Freust du dich darauf, erwachsen zu sein?« Es kam ein verkniffenes Lächeln über seine Lippen: »Ja weißt du, es hat Vor- und Nachteile.« – Er hat dies gut erkannt. Aber wir haben weder als Eltern noch als Betroffene eine Wahl. Die Zeit läuft, und sie bringt unsere Kinder zwangsläufig dem 18. Geburtstag näher. Mir persönlich ist es wichtig, dass sie am Tag der Volljährigkeit nicht nur körperlich erwachsen sind, sondern auch innerlich aufs Erwachsensein vorbereitet sind.

Vorbereitung auf die Pubertät

Die Erfahrung lehrt uns, dass Kinder mit gesundem Selbstwertgefühl, also Kinder, die gelernt haben, in angemessener Weise auf Enttäuschungen zu reagieren, weniger Schwierigkeiten in der Pubertät machen als Kinder, die nicht wissen, welche Gaben, Fähigkeiten und Schwächen sie haben und deren Aggressionen ungebremst aus ihnen herausschießen.

Ein Kind muss lernen, wer es ist und was es kann

Helfen Sie Ihrem Kind zu entdecken, welche Stärken und welche Schwächen es hat. Seien Sie ehrlich mit Ihrem Kind. Unsere Tochter zeigte mir mal eine Windmühle mit dem Kommentar: »Na, wie gefällt dir die?« Ich schaute kurz vom Bügeln auf und meinte: »Sehr schön.« Daraufhin erntete ich ein Gewitter: »Wie kannst du sagen, dass die Windmühle gut gezeichnet ist. Die Flügel sind an der falschen Stelle und die Größe stimmt nicht. Aber du sagst ja immer nur, dass alles gut ist, was ich mache.« Ich war tief erschüttert und musste ihr Recht geben. Sie konnte mir nicht vertrauen. Ich war eine schlechte Hilfe für sie.

Was kann mit unseren Kindern im Kindergarten und in der Schule passieren? Sie werden gnadenlos mit ihren Schwächen konfrontiert. Sie erleben ein Missverhältnis zwischen der guten Beurteilung durch die Eltern und den Zeugnisnoten.

Wie ehrlich sind Sie mit ihren Kindern? Kinder haben ein feines Gespür für Erwachsene, die sie ernst nehmen. Seien Sie ehrlich mit Ihrem Kind im Blick auf seine Schwächen, nehmen Sie seine Nöte ernst, und loben Sie die kleinen Anfänge der Veränderungen.

Kinder müssen lernen, mit Enttäuschungen und Wut umzugehen

Wie reagiert Ihre Sarah, wenn sie beim Kartenspiel verliert? Was macht Tobias, wenn er wieder kein Tor beim Straßenhockey erzielt hat? Und welche Worte benutzt David, wenn er das Klavierstück zum 10. Mal übt und es immer noch nicht kann? Meistens reagieren Kinder darauf mit Wut. Doch Wut hat Grenzen und Regeln. Kinder dürfen weder Gegenstände beschädigen noch Menschen durch Worte und Taten verletzen. Gott sagt, dass wir einen Wächter vor unseren Mund stellen sollen. Das ist besonders wichtig, wenn wir wütend sind.

Wut ist eine wichtige Energie und keine Sünde.
In unserer Familie gibt es Wutausbrüche bei Misserfolgen, bei Fehlentscheidungen, beim Streit und beim Aussprechen von Verboten. Dürfen wir wütend sein? Wir haben mit unseren Kindern besprochen, dass Wut an sich nicht falsch ist. Auch Gott war zornig über sein ungehorsames Volk, und Jesus war wütend über die Geldwechsler im Tempel.

Wut ist eine wichtige Energiequelle und wenn sie dazu genutzt wird, Dinge, die ungerecht, unrichtig, unerledigt sind, zu verändern, ist die Kraft sinnvoll genutzt. Lehren Sie Ihre Kinder, Ärger in Worte zu fassen und mit dem Verursacher der Wut zu sprechen. Wenn ein Kind gelernt hat, Kritik in einer guten Art an die richtige Adresse zu bringen, hat es einen Schatz für sein Leben gelernt.

Wut muss kanalisiert werden.
Wie reagieren Sie, wenn Ihr Kind einen Wutausbruch am Klavier bekommt? Manche Eltern machen die Tür zu und sagen sich: »Lass den mal toben.« Hilfreicher wäre es aber, meinem Kind klarzumachen, dass in seiner momentanen Verfassung eine Pause das Sinnvollste wäre. »Spiele eine halbe Stunde Fußball, lies ein paar Kapitel oder komm zu mir in die Küche«, sind meine Ratschläge je nach Art des Kindes. Der zweite Versuch nach einer halben Stunde fällt meistens gut aus.

Kinder müssen auch lernen, mit Verletzungen umzugehen. Sich Hineinfühlen in den, der mich verletzt hat, und dann auch vergeben lernen, ist dafür ein hilfreicher Weg. Helfen Sie Ihrem Kind – auch durch Ihr Vorleben –, dass es erfährt: Vergebung Gottes schenkt uns die Kraft, Wut in Verständnis, in Beziehungsfähigkeit und Liebe zu verwandeln.

Gemeinsam reden

Einige Kinder reden ohne Aufforderung über ihre Erlebnisse. Sie kommen aus der Schule, und schon platzt alles aus ihnen heraus. Doch auch schweigsame Kinder können wir aus der Reserve locken, wenn die Atmosphäre stimmt. Gehen Sie mal allein mit Ihrem Kind in die Stadt, in die Eisdiele, ins Kino oder in die Pizzeria, und Sie werden sich wundern, worüber sie alles reden. Besonders Teenies brauchen die Diskussionen mit uns Eltern, um das Erfahrene in ihr Leben einordnen und die Welt der Erwachsenen verstehen zu können.

Zeigen Sie Ihren Kindern, dass sie alles fragen können und dass es keine dummen Fragen gibt? Helfen Sie Ihrem Kind, dass es den Mut bekommt, seine Wut, seine Enttäuschung, seine Trauer, seine Freude zu äußern.

Eine Mutter erzählte mir betroffen: »Meine Tochter kam einmal ganz traurig nach Hause und sagte: ›Ich fühle mich wie ein Mülleimer. Am liebsten würde ich nicht mehr leben.‹« Wie wäre Ihre gefühlsmäßige Reaktion? Diese Mutter antwortete: »So etwas darfst du nicht noch einmal sagen. Das kann ich nicht ertragen.« Auch wenn die Reaktion verständlich ist, wird diese Reaktion alle Brücken zu dem Kind und seinen Problemen abbrechen. – Versuchen Sie darum, nicht als Erstes Ihre eigene Enttäuschung und Hilflosigkeit zu zeigen, sondern versetzen Sie sich erst mal in die Lage Ihres Kindes. Ich kann mich noch gut an die eigenen Weltuntergangsstimmungen während der Pubertät erinnern.

Nehmen Sie sich Zeit, mit dem Kind nach den Ursachen seiner Gefühle zu forschen, und helfen Sie ihm, Lösungen zu finden. Mir hilft der Satz : »Die Jungen müssen nicht die Alten verstehen, sondern die Alten die Jungen, denn sie waren schon mal jung.«

Nehmen Sie den Liebeskummer Ihres Sohnes / Ihrer Tochter ernst. Suchen Sie das Gespräch und geben Sie Ihrem Kind nie das Gefühl: »Ich werde nie eine Partnerin /einen Partner bekommen.« Als ich in einer solchen Situation war (ein junger Mann hatte nach zweijähriger Freundschaft mit mir Schluss gemacht), fischte folgende Frage meiner Mutter mich aus dem Tränenmeer: »Warum weinst du jetzt?« Mir wurden drei Punkte klar. Mich verletzte erstens die Art, wie er mit mir Schluss gemacht hatte, zweitens, dass ihn mir eine Klassenkameradin »ausgespannt« hatte und drittens, dass ich jetzt keinen mehr zum Ausgehen hatte. Wenn ich ehrlich war, ging es mir nicht so sehr um den Menschen selbst. Ich spürte, dass ich ihn ja eigentlich nie heiraten wollte. Nachdem ich schluchzend die Frage beantwortet hatte, fühlte ich mich wohler und konnte besser damit umgehen. Ich rief ihn an, wir trafen uns und beendeten die Freundschaft in einer guten Art.

Teenies brauchen viel Liebe

Es gibt viele verschiedene Möglichkeiten, einem Kind zu zeigen, dass wir es gern haben.

Interesse
Gehen Sie mit zu einem Fußballspiel Ihres Kindes. Interessieren Sie sich für die Eishockeyspieler, deren Poster an der Wand Ihrer Tochter hängen. Besuchen Sie die Schulveranstaltungen, in denen Ihr Kind eine Theaterrolle spielt.

Kinder sind traurig, wenn ihre Eltern sie nicht begleiten, sie nicht von Schulausflügen abholen, nicht auf Elternabende gehen. Geben Sie Ihrem Kind Sicherheit, indem Sie sich für seine Anliegen interessieren. Ihr Kind braucht immer wieder die Gewissheit, dass es Ihnen wichtig ist.

Eine liebevolle Umarmung ...
Sagen und zeigen Sie es Ihren Kindern, wie sehr Sie sie lieben. Auch Teenies schätzen eine liebevolle Umarmung, ein Streicheln im Vorbeigehen, manchmal wollen sie sogar noch einige Minuten auf dem Schoß sitzen. Achten Sie dabei aber darauf, dass es vielen Teenies peinlich ist, vor Klassenkameraden oder Freunden von den Eltern allzu herzlich begrüßt zu werden.

Ermutigung

Ermutigung heißt wegsehen vom Resultat, hinsehen zur Motivation und diese bestärken, auch wenn sie zum Misserfolg führte.

Wie reagieren Sie, wenn Ihnen Ihr Teenie mittags eine Tasse Kaffee auf die Terrasse bringt, dabei stolpert und Kaffee und Tasse auf Ihrem Rock landen? Können Sie sagen: »Danke, dass du mir eine Tasse Kaffee gebracht hast«? Oder wählen Sie den Weg der Entmutigung: »Du hast wohl in allem zwei linke Hände. Noch nicht mal eine Tasse Kaffee kannst du mir bringen.« Wir entscheiden mit, ob unsere Tochter oder unser Sohn beschließt, vielleicht nie wieder einen freiwilligen Liebesdienst zu tun.

Verlässliche Regeln und konstante Werte

Ich kann nicht verstehen, warum meine Eltern unserem ständigen Nörgeln in der Pubertät nachgaben und das Gebet vor dem Essen aufgaben – so das Zitat eines jungen Mannes.

»Meine Eltern ließen mir alle Freiheiten. Ich konnte ausgehen, mit wem ich wollte, und nach Hause kommen, wann ich wollte. Alle haben mich beneidet, aber in mir war irgendwo die Sehnsucht nach Eltern, denen ich mehr bedeutete. Ich fühlte mich nicht geliebt«, resümiert eine Zwanzigjährige.

Immer wieder erinnere ich mich an die Sätze meiner Mutter:

»Meinst du, mir macht es Spaß, dich zu erziehen? Es wäre viel einfacher, dich tun und machen zu lassen, was du willst, aber dafür liebe ich dich einfach zu sehr. Erziehen ist harte Arbeit. Das wirst du später verstehen.« Ja, ich habe es verstanden und kann nur sagen: »Danke, Mutter und Vater, dass ihr für mich wie ein Prellbock wart.« Im Rückblick bin ich über die Verbote dankbar, an denen ich mich vorher gestoßen habe.

Kinder testen ihre Grenzen und fühlen sich in Grenzen geborgen. Sie schätzen Eltern mit festen Werten und Vorstellungen. In der Auseinandersetzung mit den Eltern können sie lernen, einen festen Standpunkt zu haben, ihn zu verteidigen, ihn zu revidieren – auch damit umzugehen, wenn die Antwort »nein« heißt und ich gehorchen muss.

Melanie fragte ihren Vater: »Am Wochenende ist eine Fete bei Müllers. Thorsten will mich mit dem Motorrad abholen. Darf ich hingehen?« Auf Nachfragen erfuhr Melanies Vater, dass Müllers verreist sind und dass Thorsten erst seit kurzem den Führerschein hat. Er erbat sich Bedenkzeit, und nach Rücksprache mit seiner Frau verbot er seiner Tochter hinzugehen. Kurz darauf rief Thorsten an. Melanie sagte ab, ging zu ihrem Vater und gestand: »Danke, dass du Nein gesagt hast. Ich wollte auch nicht hin, aber wie hätte ich vor meinen Freunden dagestanden?« Das Verbot war eine Hilfe.

Haben Sie den Mut, Verbote auszusprechen, Ihre Kinder vor Filmen zu warnen und vor Beziehungen. Wir machen uns mit schuldig, wenn wir unseren Kindern alles erlauben und denken: »Sie müssen eben ihre Erfahrungen selbst machen.«

An meinem 15. Geburtstag gab mir mein Vater folgende Botschaft: »Ein Mann kann auf dich warten, wenn er dich wirklich liebt. Ich weiß, von was ich rede, denn ich war auch mal jung.« Wie dankbar war ich in den kommenden, stürmischen Jahren für diesen Satz.

Wer klärt die Kinder heute auf? Früher warfen die Kinder den Eltern vor, diese Aufgabe nicht erfüllt zu haben. Hat sich wirklich so viel geändert?

Ich halte Vorträge zum Thema: »Warum bis zur Ehe warten?«, und stelle fest, dass viele Eltern die Aufklärungspflicht der Schule und dem Fernsehen überlassen. Auch heute noch haben Eltern Mühe, mit ihren Kindern über Geschlechtsverkehr zu reden. Viele verhalten sich nach der »Vogel-Strauß-Politik«: »Es wird schon nichts passieren.« Aber auch heute noch werden Kinder mit 14 schwanger, und dann?

Nehmen Sie sich die Zeit, mit Ihren Kindern über Gefahren eines zu frühen Geschlechtsverkehrs zu sprechen. Wichtig dabei ist, dass Sie selbst eine klare Meinung haben, die möglichst mit dem Ehepartner übereinstimmen sollte. Beim Frauenarzt hörte ich neulich den Satz: »Wo kein Mann, da keine Entzündung.« Kinder sollten um die Gefahr der Geschlechtskrankheiten wissen. Heute beobachten Ärzte und Lehrer, dass Sexualität bei Jugendlichen wie ein Hobby angesehen wird. Verliebtsein oder Liebe ist keine Voraussetzung, um miteinander ins Bett zu gehen. Das Erleben der reinen Lust ist das Ziel – mit wechselnden Partnern. Wie sollen diese Teenies später treu in der Ehe sein, wenn sie in jungen Jahren nur nach dem Lustprinzip leben konnten? Wo sind Eltern, die den Teenies helfen zu verstehen, dass sie viele Geschichten in ihrem Leben selbst schreiben? Kinder brauchen auch Erziehung zum Verzicht!

Bei aller Aufklärung ist es wichtig, den Teenies eine Tür zum Elternhaus stets offen zu lassen. »Wenn du je schwanger wirst, komm zu uns. Wir helfen dir. Lass das Kind nicht abtreiben.« Abtreibung kann furchtbare Folgen haben. Der scheinbar leichte, unauffällige Weg kann ein Weg in die Unfruchtbarkeit und auch in die Depression werden. Reichen Sie Ihrem Kind immer wieder die Hand.

Eltern von pubertierenden Kindern müssen sich immer wieder bewusst damit auseinander setzen, was in der Pubertät passiert, und dürfen auch von Eltern lernen, die den Prozess schon durchlebt haben. Das kann helfen, ein bewusstes Ja zu diesen Jahren zu finden.

Die beste Grundlage für die stürmischen Jahre ist ein gesundes Selbstwertgefühl. Eltern leisten dabei einen entscheidenden Beitrag.

Kinder und Teenies müssen lernen, mit Enttäuschungen und Wut angemessen umzugehen. Es kann eine Hilfe sein, Wut als Energiequelle zu verstehen, die positive Veränderungen schaffen kann. Dabei ist es wichtig, Wut zu kanalisieren und weder Gegenstände zu zerstören noch Menschen zu verletzen.

Während der Pubertät ist das Vertrauensverhältnis zwischen Eltern und Kindern besonders gefährdet. Bauen Sie darum weiter daran. Nehmen Sie sich viel Zeit zum gemeinsamen Gespräch.

Zeigen Sie Ihrem Teenie, dass Sie ihn lieb haben. Er braucht Ihr Interesse, Ihre liebevolle Umarmung, Ihre Ermutigung.

Halten Sie an verlässlichen Regeln und konstanten Werten fest. Eltern haben für die Kinder in den Verunsicherungen der Pubertät eine Prellbockfunktion, die viel Kraft kostet, die sich aber am Ende auszahlt.

Ute Horn

Jahrgang 1954, Hautärztin, hat fünf leibliche und zwei Pflegekinder. Sie ist zurzeit Hausfrau und zu Ehe- und Familienthemen seit mehreren Jahren als Referentin tätig; Veröffentlichung zahlreicher Artikel in verschiedenen Zeitschriften.

Kinder und Fernsehen

Blättern wir Pressemeldungen zum Thema »Fernsehen und Kinder« durch oder hören wir auf Psychologen und Pädagogen, so stoßen wir auf viele Bedenken und Warnungen. Ein Politiker klagt: »Was häufig über Stunden auf Kinder einprasselt, ist aus meiner Sicht ein Alptraum.«

Nicht nur TV-Verantwortliche sollten ihr »Kinderprogramm« neu überdenken, auch Eltern dürfen ihre Kinder nicht einfach unkontrolliert und endlos fernsehen lassen, mahnen Medienpädagogen. Doch was hilft es, bei Kindern, die täglich durchschnittlich zwei Stunden fernsehen, mehr Strenge zu fordern, wenn Erwachsene zwischen 30 und 40 Jahren mehr als drei Stunden täglich vor der Glotze hocken und die über Fünfzigjährigen mit mehr als vier Stunden täglich an der Spitze liegen?

Wer die Fernsehgewohnheiten seiner Kinder lenken möchte, sollte zunächst einmal seine eigenen beobachten und sie, wenn nötig, ändern. Kinder, deren Eltern sparsam fernsehen und die erfahren, dass zum Beispiel Besuche bei anderen, gemeinsame Unternehmungen, Sport, Spiel, Gespräche, Herumalbern genauso viel Spaß machen wie das Herumsitzen vor dem Fernseher, entwickeln sich in der Regel nicht zu notorischen Röhrenguckern.

Fernsehregeln

Von Medienpädagogen habe ich einige Vorschläge zum Umgang mit dem Fernseher in der Familie gesammelt und möchte sie kurz vorstellen. Mein Vorschlag: Lesen Sie diese Tipps in der nächsten Familienrunde vor, und diskutieren Sie mit Ihren Kindern, was Sie davon umsetzen wollen oder können:

Kinder unter sechs Jahren sollten nur gelegentlich und unter Aufsicht Sendungen sehen, die ihrem Alter und ihrer Reife entsprechen.

Keine Nachrichtensendungen für Vorschulkinder! Die Bilder von real existierender Gewalt und Tod können zum Trauma werden, da sie bei Kindern starke Ängste hervorrufen, dass ihnen so etwas auch passieren könnte.

Kinder ab zehn können hin und wieder mit ihren Eltern Nachrichten sehen, sofern die Eltern sie erklären.

Kinder unter fünfzehn Jahren sollten noch keinen unbegrenzten Zugang zum Fernsehen haben, etwa durch einen eigenen Apparat in ihrem Zimmer.

Fernsehen sollte niemals als Belohnung, Fernsehverbot niemals als Strafe eingesetzt werden. Das Fernsehen wird dadurch in den Augen der Kinder nur aufgewertet.

Der Fernseher sollte nie als Babysitter eingesetzt werden.

Unerwartet schlechte Sendungen sollten wir sofort abschalten.

Nach einer gemeinsam vereinbarten Sendung wird der Fernseher sofort abgeschaltet.

Wir schalten nicht von einem Programm zum anderen um. Wenn uns die Sendung langweilt, schalten wir ab.

Wir sprechen möglichst hinterher über das, was wir gesehen haben.

Ein bewährter Tipp:
Am Anfang der Woche gehen die Eltern mit ihren Kindern die (aussagekräftige) Programmzeitschrift durch und wählen gemeinsam etwa drei bis fünf sehenswerte Sendungen aus. Inzwischen haben einige Fernsehzeitungen schon einen extra Kinderteil mit Bewertung, und sie geben die FSK-Angaben an, allerdings kann das nur eine grobe Richtlinie sein.

Der beste Ratschlag:
Unternehmen Sie möglichst oft gemeinsam etwas, unterstützen Sie Ihr Kind dabei, selbst Abenteuer zu erleben und seine Freizeit aktiv zu gestalten, und füllen Sie das Familienleben so aus, dass für das Sitzen vor der Mattscheibe weder viel Interesse noch Zeit übrig bleibt.

Und was macht eine große Familie?

Viele dieser Anregungen lassen sich in einer kleinen Familie zwar recht gut umsetzen – aber je mehr Kinder da sind und je größer der Altersabstand ist, desto schwerer lassen sie sich befolgen. Wie halten wir ein Vierjähriges von der Flimmerkiste fern, wenn die zehnjährigen Geschwister etwas ihrem Alter Entsprechendes sehen wollen? Wie sollen wir in einer Familie mit fünf Kindern jedes drei Sendungen pro Woche ankreuzen und womöglich allein anschauen lassen? Wahrscheinlich werden ja nicht alle die gleichen Filme wählen.

Da wir diese Schwierigkeiten von vornherein ahnten und die Konflikte in anderen Familien beobachteten, verlebten wir die ersten Familienjahre fernsehfrei und beschafften uns später, als die Kinder heranwuchsen, einen ausrangierten Fernseher und ein Videogerät, um ein eigenes Heimkino aufzubauen. Auf diese Weise können wir Filme sorgfältig auswählen (eventuell vorher probesehen), und wenn es etwas Gutes im Fernsehen gibt, nimmt es ein Freund von uns auf, so dass wir diese Sendungen einen Tag später sehen können.

Natürlich ist die Gebühreneinzugszentrale ständig hinter uns her. Deshalb ist es ganz wichtig, dass Eltern, die so ein Heimkino ohne Antennenanschluss betreiben wollen, unbedingt das Empfangsteil des Fernseh- und des Videogerätes von einem Fachmann ausbauen lassen.

So ein Heimkino halte ich für eine ideale Lösung: Die Kinder wachsen nicht ganz fernsehabstinent auf und können bei Altersgenossen mitreden, aber wir wählen gemeinsam aus, wann welche Filme angeschaut werden. Diese Selbstbeschränkung bewahrt Eltern wie Kinder davor, Sklaven der Fernsehprogrammzeiten zu werden, und verhilft ihnen zu viel mehr Zeit für andere (Familien)aktivitäten.

Fernseh-Bons

In einigen Familien hat sich das System mit den so genannten ›Fernseh-Bons‹ erfolgreich bewährt. Als Norm hat sich ein sechsstündiger Fernsehkonsum für Kinder in der Woche herausgebildet. Die Tochter bzw. der Sohn erhalten zum Beginn der Programmwoche, am Samstag, zwölf Gutscheine für je 30 Minuten Fernsehen. Diese Gutscheine sind ›Geldes wert‹. Sie können eingelöst werden, zum Beispiel 2 DM für jeden Gutschein, der nicht fürs Fernsehen aufgebraucht wurde.

In der Praxis sieht das so aus, dass das Kind für jede halbe Stunde, die es vor dem Fernseher sitzt, einen Gutschein zurückliefert oder in ein Kästchen (neben den Fernseher) steckt. Sind die Gutscheine aufgebraucht, bleibt die Mattscheibe dunkel. Schränkt das Kind freiwillig den Konsum ein, erhält es am Ende der Programmwoche für jeden nicht aufgebrauchten Gutschein den vereinbarten Geldbetrag.

Die Erfahrung lehrt: die Sache macht den Kindern Spaß. Sie studieren das Programm sorgfältig. Ihre Gutscheine sind ihnen zu wertvoll, als dass sie sie wahllos vergeuden. Gutscheinfrei sind Sendungen, die gemeinsam mit den Eltern gesehen oder von ihnen ausdrücklich empfohlen werden.

Sie werden staunen, wie sich der Fernsehkonsum durch Fernseh-Bons reduziert. Hat der kleine Zuschauer erst einmal die Sache voll erfasst, dann überlegt er sich gründlich, was er sehen will und was nicht. Mehr noch, das Kritikempfinden wird geschult, etwa mit der enttäuschenden Feststellung: »Das war das Geld nun wirklich nicht wert!« Hat das Kind erst einmal entdeckt, wie gut sich das Taschengeld mit eingesparten Bons aufstocken lässt, wird es manche Sendung freiwillig unter den Tisch fallen lassen.

Literaturempfehlung:

»Nicht nur laufen lassen! Kind und Fernsehen«, kostenlos zu beziehen bei der Bundeszentrale für gesundheitliche Aufklärung, 51101 Köln

»Gewalt im Fernsehen«, kostenlos zu beziehen beim Bundesministerium für Frauen u. Jugend, 53107 Bonn

»FLIMMO, fernsehen mit Kinderaugen«, Programmberatung für Eltern e.V., Bayerische Landeszentrale für neue Medien, Fritz-Erler-Str. 30, 81737 München

Claudia Mühlan

ist passionierte Mutter, Autorin und Referentin. Gemeinsam mit ihrem Mann, dem Pädagogen Eberhard Mühlan, gehört sie zu den Mitgründern von »Neues Leben für Familien«. Familienerfahrung hat sie als Ehefrau und Mutter von 13 Kindern (sieben leibliche, sechs angenommene) reichlich selbst gesammelt. Mit ihrem Mann hat sie diverse Erziehungsbücher verfasst.

Wer den Pfennig nicht ehrt ...

Wie gut haben Sie Ihre Familienfinanzen im Griff? Kommen Sie gerade so über die Runden oder bleibt jedes Mal am Monatsende ein Loch in der Kasse? Je größer die Familie, umso genauer müssen wir rechnen. Es kann uns schon die Luft abschnüren, wenn wir Monat für Monat am Kontostand beobachten müssen, wie die Ausgaben die Einnahmen übersteigen. Schon 1,5 Millionen Haushalte stecken bei uns in ernsthaften finanziellen Schwierigkeiten. Lebensunterhalt, Miete und Raten sind plötzlich nicht mehr zu bezahlen.

Durch Geldautomaten, Schecks, Kreditkarten, Einzugsermächtigungen, großzügig angebotene Dispositionskredite oder Ratenzahlungen wird schnell die Übersicht verloren – und es wird mehr ausgegeben, als man sollte.

Viele Erwachsene, die Probleme im Umgang mit Geld haben, werden eingestehen, dass sie in ihrer Kindheit nicht genügend eingewiesen und unterrichtet worden sind. Wie belastend wirkt es sich auf das Zusammenleben in einer Ehe aus, wenn ein Partner nicht mit Geld umgehen kann. Dem einen rinnt das Geld zu schnell durch die Finger, der andere kämpft mit seinem Geiz, und ein Dritter kauft stets die falschen Dinge ...

Möchten Sie Ihr Kind vor einem ständigen Kampf mit dem Geld oder einer »Schuldenfalle« bewahren, wenn es erwachsen und eigenständig ist, brauchen Sie jetzt ein Konzept, mit dem Sie es schulen, verantwortungsbewusst mit Geld und Besitz umzugehen.

Besonders wichtig ist dabei auch unser Vorbild. Denken Sie einmal darüber nach, welches Vorbild Sie im Reden über und im Umgang mit dem Geld für Ihre Kinder abgeben.

Hören Kinder ständig: »Das können wir uns nicht leisten.« – »Wir müssen sparen.« – »Was sind wir arm dran.« – »Wir haben nicht genug Geld.«, dann wird dies ihr Weltbild beeinflussen. Zwei spätere Reaktionen sind typisch: Entweder werden sie solche Knauserer und Lamentierer wie ihre Eltern, oder sie schlagen ins Gegenteil und werden Raffer und Schaffer, um dem Geruch der Ärmlichkeit zu entgehen.

Angenehm auf Kinder wird es wirken, wenn sie Eltern haben, die mit ihrem Leben zufrieden sind und die auf Gott vertrauen. Eltern, die zeigen, dass nicht das Streben nach Geld, sondern das Streben nach Gottes Willen und nach guten Beziehungen die wahren Werte des Lebens verkörpern. Wenn es finanziell eng wird, dann setzen sie sich mit ihren Kindern zusammen: sie beraten, wie sie den Engpass gemeinsam meistern können und beten miteinander. Solches Elternverhalten wird die Kinder für das ganze Leben beeindrucken.

Wenn Sie Ihrem Kind eine möglichst gesunde und biblisch-orientierte Einstellung zum Geld mitgeben möchten, dann sollten Sie ihm genügend Möglichkeiten einräumen,

- eigene Erfahrungen mit Geld zu sammeln,
- von Ihnen zu hören, was die Bibel zu diesem Thema zu sagen hat,
- und an Ihnen zu beobachten, wie das verwirklicht wird.

Taschengeld - ja oder nein?

Ob Taschengeld überhaupt gezahlt werden sollte oder in welcher Höhe, ist vielen Eltern überhaupt nicht klar. Rund ein Drittel aller Kinder erhalten laut Aussage des Deutschen Sparkassenverlages kein regelmäßiges Taschengeld. Das sind nicht wenige. Sie werden wahrscheinlich je nach ihren Bedürfnissen hin und wieder von den Eltern etwas zugesteckt bekommen oder bei den Großeltern tüchtig schnorren.

Steht einem Kind jedoch niemals Geld zur eigenen Verwaltung zur Verfügung, weil ihm alles gekauft wird, was es braucht, wird es diesem Kind schwer fallen, dessen Wert richtig einzuschätzen. Es könnte dazu neigen, es so auszugeben, wie es ihm gerade in die Hände kommt. Ein Kind muss Erfahrungen im Umgang mit Geld sammeln können. Das geht nur mit einer regelmäßig ausgezahlten Summe. Sonst lernt es das Planen und Einteilen nicht.

Ab welchem Alter ist Taschengeld sinnvoll?

Ein ernsthafter Umgang mit Geld wird erst sinnvoll, wenn das Kind eine Vorstellung von Zahlen hat. Für ein Drei- oder Vierjähriges ist Geld wie Spielzeug. Eine Vorstellung von Zahlen erwirbt es in der Regel erst mit dem Schuleintritt.

Vor dem fünften Lebensjahr hat es darum wohl kaum Sinn, regelmäßig Taschengeld auszuzahlen. In unserer Familie hat es sich eingebürgert, bei der Einschulung damit zu beginnen.

Wie hoch sollte Taschengeld sein?

Wenn ich dieses Thema bei unseren Seminaren anschneide, geht es manchmal hoch her. Besonders wird über die Eltern gewettert, die ihren Kindern unverantwortlich viel Geld zustecken.

Aber wie sieht die richtige Höhe aus?

Da müssen sicherlich mehrere Gesichtspunkte berücksichtigt werden. Ein Standardtaschengeld, das für jedes Kind gleich hoch ist, gibt es nicht – es gibt ja auch kein gleich hohes Einkommen für jedermann.

Hier sind die wichtigsten Gesichtspunkte zur Festlegung der Taschengeldhöhe:

- das Alter des Kindes,
- die Kinderzahl in einer Familie,
- das Einkommen der Familie,
- eine ländliche oder großstädtische Wohnlage,
- die verschiedenen Ausgabenposten des Kindes.

Bei der Festlegung der eigenen Höhe des Taschengeldes können Sie sich zunächst einmal an Empfehlungen orientieren. Hier ist das Ergebnis des Instituts für Jugendforschung GmbH (IJF München) für 1997.

Eltern wurden befragt, was sie tatsächlich an Taschengeld an ihre Kinder weitergeben: Die 6- bis 8-Jährigen bekommen demnach wöchentlich 3,75 DM. Das sind monatlich 15,- DM. Die 9- bis 11-Jährigen stecken monatlich 20,- DM ein und die 12- bis 14-Jährigen monatlich 35,- DM.

Von deutschen Jugendämtern werden folgende Richtsätze empfohlen:

6- und 7-Jährige: wöchentlich 3 - 4 DM (monatlich 12-16 DM)
8- und 9-Jährige: wöchentlich 4 - 5 DM (monatlich 16-20 DM)

10- und 11-Jährige: monatlich 20 - 25 DM
12- und 13-Jährige: monatlich 25 - 35 DM
14- und 15-Jährige: monatlich 35 - 45 DM
16- und 17-Jährige: monatlich 50 - 70 DM

Diese Angaben können nur eine grobe Richtlinie sein, denn sie sagen nichts darüber aus, was Kinder von ihrem Geld alles zu bestreiten haben. Ist das Geld tatsächlich nur für Süßigkeiten und Ähnliches vorgesehen, oder müssen die Kinder davon auch noch andere Dinge bezahlen, wie z. B. Schulmaterial, Geburtstagsgeschenke für Freunde u. a.? Sie sollten sich auch umhorchen, was andere Eltern so zahlen. Das Taschengeld Ihres Kindes sollte nach Möglichkeit nicht zu stark von dem Betrag abweichen, den die Alterskameraden durchschnittlich erhalten. Stets einschneidend weniger Geld zu haben als Freunde und Mitschüler kann wehtun und im ungünstigsten Fall zu Minderwertigkeitsgefühlen oder gar Unehrlichkeit führen. Sie müssen also unter Berücksichtigung der bis jetzt genannten Punkte eigene Kriterien für Ihre Familie erarbeiten.

Noch ein paar kleine Tipps zum Wirtschaften lernen:

- Wenn sich in Ihrer Familie ein Kind befindet, das seine Sachen schnell verschludert, dann geben Sie ihm am Zahltag das Geld nicht einfach in die Hand. Besser ist es, dem Kind das Taschengeld nur in die aufgehaltene Geldbörse oder Kasse zu geben. Da ist es wenigstens für die erste Zeit gut aufgehoben und rutscht nicht irgendwo durch zerlöcherte Hosentaschen.
- Für einen Taschengeldanfänger ist ein Einmarkstück zunächst einmal ein blinkendes Stück Geld. Zehn Zehnpfennigstücke liegen wesentlich gewichtiger in der Hand und können besser eingeteilt werden.
- Fällt es einem Kind schwer, sein Geld einzuteilen, können Sie mit ihm vereinbaren, nur einen Teil des Taschengeldes bar

auszuzahlen und den anderen Teil auf ein Kinder-Sparbuch zu überweisen, zu dem es jederzeit Zugang hat. Der Gang zur Bank kann helfen, besser über Spontanausgaben nachzudenken.

Wie stark dürfen Eltern dazwischenreden?

Eltern bleibt manchmal wirklich die Luft weg, wenn ihr hart erarbeitetes Geld von ihren Kindern verschleudert wird. Am Vormittag wird das Taschengeld ausgezahlt, und schwupps, bereits am Nachmittag ist Ebbe in der Kinderkasse. Dafür reibt sich der Händler am Kiosk die Hände.

Was tun, wenn ein Kind regelrecht von Kaufwut gepackt wird? Schweigen und das Geld sinnlos verprassen lassen ist keine Lösung. Das Kind muss zwar eigene Erfahrungen sammeln können, aber dies hat auch seine Grenzen. Manche finden von selbst »zur Vernunft«, aber nicht alle. Wie so oft müssen Sie den »goldenen Mittelweg« finden: das Kind beraten und anleiten, ohne es zu gängeln. Hier ein paar Ratschläge, die sich bei uns als hilfreich erwiesen haben:

- Die Führung eines Ausgabenbuches wird dem Kind helfen, den Überblick zu behalten. Es muss aber freiwillig geschehen, sonst wird zu schnell gemogelt.
- Bewahren Sie größte Zurückhaltung bei Vorschüssen. Nichts zeigt einem Kind die Notwendigkeit, sein Geld einteilen zu müssen, so deutlich, wie das schmerzhafte Erlebnis keines mehr zu haben, wenn es dringend gebraucht wird.
- Sparen Sie auch nicht mit Vorschlägen, wofür Ihr Kind sein Geld ausgeben und worauf es sparen könnte. Manche sind einfach einfallslos; ihnen fällt wirklich nichts anderes ein, als

das Geld in Süßigkeiten umzusetzen. Andere haben es gar nicht nötig, sich etwas zusammenzusparen. Zu leichtfertig werden ihnen alle Wünsche von ihren Eltern und Verwandten erfüllt.

Vom »Taschengeld« zum »Wirtschaftsgeld«

Die Strategie mit unseren Kindern sieht folgendermaßen aus: mit zunehmendem Alter mehr Freiheit und Verantwortung im Umgang mit Geld!

Offen gesagt, ich mag den Ausdruck »Taschengeld« überhaupt nicht. Dieses Wort deutet genau das an, was wir nicht wollen: Geld in die Tasche und gleich wieder raus. Der Begriff »Wirtschaftsgeld« drückt es treffender aus, denn Kinder sollen lernen, mit Geld zu wirtschaften. Nur klingt das bei einem Sechsjährigen etwas gestelzt, während es auf einen Teenager durchaus zutrifft. Wir bemühen uns, das Kind vom bloßen »Taschengeld« zum »Wirtschaftsgeld« zu führen.

Wie oft liegen einem die Kinder in den Ohren: »Mama, ich brauche Busfahrkarten.« »Papa, kann ich Geld für die Eissporthalle haben ...?« Was liegt sonst noch alles an: Geld für Schulmaterial, fürs Kino, für den Zoo, zum Fahrrad flicken und für die Zwergkaninchen ...

Hüten Sie sich vor zu vielen, unkontrollierten Extrazahlungen. Sie können bei heranwachsenden Kinder den ganzen, wohl überlegten Lernprozess der Wirtschaftserziehung zunichte machen.

Es mag sein, dass folgende Gedanken Ihnen ganz neue Einsichten für Ihre Taschengeldstrategie eröffnen: Sehen Sie zu, dass Sie so wenig Extrazahlungen wie möglich für die vielen Dinge des Kinderalltags machen! Kalkulieren Sie diese Kosten von vornherein ein, erhöhen Sie das »Wirtschaftsgeld« entsprechend, und lassen Sie das Kind selbst planen, verwalten und ausgeben. Auf diese Weise kommen Sie von der gedankenlosen »Taschengeldzahlung« mit den vielen Extraausgaben weg und führen Ihr Kind tatsächlich dahin, mit dem Geld zu »wirtschaften«, was bleibende und wertvolle Auswirkungen haben wird.

Wenn Sie das jetzt kurz durchkalkulieren, erschrecken Sie vielleicht über die enorme Erhöhung, die Sie vornehmen müssten. Aber trösten Sie sich: normalerweise würden Sie ja ohnehin so viel zahlen. Es ist lediglich eine Kostenverlagerung. Ihr monatlicher Familienhaushalt wird dadurch nicht stärker belastet. Das, was Sie nach vielem Betteln eventuell sowieso ausgeben würden, übertragen Sie gleich in die Verantwortung des Kindes.

Eine konkrete Planung

Wie »wirtschaften« praktisch aussehen kann, möchte ich am Beispiel eines neun oder zehn Jahre alten Kindes erläutern. Etwa in der vierten oder fünften Schulklasse können Sie damit beginnen, es sein laufendes Schulmaterial selbst bezahlen und verwalten zu lassen. Wir geben den Kindern zum Schuljahresbeginn die gesamte Startausrüstung an Heften, Umschlägen, Blöcken und Schreibmaterial. Die Verantwortung für die laufende Nachversorgung tragen sie dann selbst.

Warum greifen Eltern wie selbstverständlich in die Tasche, wenn es um Geburtstagsgeschenke für Freunde und Klassenkameraden geht? Schließlich ist doch das Kind eingeladen und nicht die Eltern. Mein Vorschlag und unsere eigene Regelung: 5 DM für ein Geschenk trägt das Kind anteilig selbst, den eventuellen Rest geben wir dazu.

Wenn Sie also ein »Wirtschaftsgeld« für Ihr Kind planen, sollten Sie vier Posten berücksichtigen: Schulmaterial, Geschenke, »Extras« und das normal übliche Taschengeld.

Überschlagen Sie die durchschnittlichen monatlichen Ausgaben für Schulmaterial, überlegen Sie, wie oft Ihr Kind zum Geburtstag eingeladen wird, berechnen Sie, was Sie monatlich für die vielen »Extras« rausrücken, und addieren Sie noch das allgemein übliche Taschengeld zum Verschlecken.

Wenn Sie bereits das übliche Taschengeld zahlen und auf ein angemessenes Wirtschaftsgeld umsteigen wollen, können Sie Ihr Kind auch für ein bis drei Monate Buch führen lassen über alle Ihre Extrazahlungen für Schule, Geschenke usw. So können Sie zuverlässig auf einen realistischen Betrag für das Wirtschaftsgeld kommen.

Bei einem zehnjährigen Kind können wir bei dieser Berechnung schnell auf stolze 40 DM pro Monat kommen. Dieses selbstständig zu verwalten ist für manches eine Überforderung. Deshalb kann die monatliche Summe in Wochenportionen aufgeteilt werden und eine »eiserne Ration« beiseite gelegt oder ein Kindersparbuch eröffnet werden. Wir erwarten, dass stets 10 DM Reserve für unvorhergesehene Ausgaben angespart bleiben müssen. Wird sie angebrochen, muss sie mit der nächsten Auszahlung wieder aufgefüllt werden.

	Name des Kindes	Name des Kindes
Schulmaterial		
Geschenke		
»Extras«		
Taschengeld		

Der Teenager und sein Geld

Für den Teenager gelten dieselben vier Punkte, nur wird sich der Geldbetrag im Vergleich zu einem Grundschüler drastisch erhöhen.

Je nachdem, in welche Schule er geht, muss das Geld für Schulmaterial erhöht werden. Ein Gymnasiast hat mehr Ausgaben als ein Hauptschüler. Die Kosten für Geschenke werden ebenso ansteigen wie die vielen Extras, die ein Teenager beansprucht.

Bei einem Fünfzehnjährigen sieht das bei uns etwa so aus:

- Schulmaterial DM 10,- (Gymnasium)
- Geschenke DM 10,-
- »Extras« DM 10,-
- Taschengeld DM 40,-

Das macht zusammen rund 70 DM. In anderen Familien mag der Betrag höher oder niedriger sein. Wie schon gesagt, wird die Taschengeldhöhe auch vom Familieneinkommen bestimmt. Die paar Mark im frühen Grundschulalter fallen nicht so ins Gewicht, aber wenn die Kinder dann zu Teenagern heranwachsen, müssen manche Eltern mehr rechnen und können nicht so großzügig sein. Das müssen die »Großen« einsehen. Vielleicht findet sich eine Möglichkeit, sich etwas Geld dazuzuverdienen.

Geldverdienen

Grundsätzlich kann ich es nur begrüßen, wenn sich ein Kind zusätzlich zum Taschengeld noch etwas Geld verdienen kann: Besorgungen machen, Gartenarbeit, Babysitting, Prospekte oder Zeitungen austragen usw. So kann ein Teenager schnell begreifen, wie viel Schweiß erst einmal für einen Zehnmarkschein vergossen werden muss, und wird mit dem Selbstverdienten entsprechend sorgfältig umgehen.

Es darf natürlich nicht übertrieben werden. Manche eifrigen Kinder müssen wir bremsen. Weder die Gesundheit noch die Lernfähigkeit noch die Laune dürfen unter einer Nebenbeschäftigung leiden.

Bekleidungs-Etat

Im Teenager-Alter können Sie zusätzlich einen Bekleidungs-Etat einrichten, das heißt, dem Jugendlichen steht z. B. vierteljährlich ein bestimmter Betrag zur Verfügung, den er für neue Kleidung abrufen kann. Mädchen mit einem höheren Modebewusstsein legen in der Regel mehr Wert darauf als Jungen. Sie können den Versuch durchaus mit einem vierzehnjährigen Mädchen wagen. Bei einem Jungen warten Sie lieber noch ein bis zwei Jahre.

Am Anfang sollten Sie auf jeden Fall zusammen besprechen, was benötigt wird, und gemeinsam einkaufen. Dabei kann wirklich einiges gelernt werden, was Preisvergleiche, die richtige Auswahl und Qualität betrifft. Und noch eins werden Sie bei der Bereitstellung eines Bekleidungs-Etats wahrscheinlich erreichen: Das ewige Jammern nach diesem oder jenem hört auf, vielleicht werden die Jugendlichen mit ihren Sachen ein wenig vorsichtiger umgehen, und vor allem werden sie einen Blick für Preise bekommen. Und all das braucht ein Mensch, wenn er später einmal eigenständig leben soll.

Und die ganz Großen?

Wie verhalten sich Eltern bei einem neunzehn- oder zwanzigjährigen Jugendlichen, der noch in der Schul- oder Berufsausbildung steckt und zu Hause lebt? Sie können bei dieser bisher aufgeführten Gliederung bleiben oder einen dicken Schlussstrich ziehen und einen Betrag als Wirtschaftsgeld geben, der alles umfasst, sodass keine Fragen nach Büchern oder Haarsprays, Kinogeld oder Katzenfutter, Busfahrkarten oder Fahrradschläuchen gestellt werden brauchen. Das fördert die Selbstständigkeit und kann den Hausfrieden erleichtern, denn Finanzgespräche mit erwachsenen Kindern können zäh und anstrengend werden.

Unsere Großen (ab achtzehn Jahren), die noch in der Schulausbildung stehen und zu Hause leben, haben alle ihr eigenes Wirtschaftsgeld von 200 bis 300 DM – das ist die Summe, die in etwa einem Lehrling verbleibt – und bestreiten damit alles, was sie nicht im Haus vorfinden. Sind sie genügsam, dann können sie sogar einen Teil davon sparen. Wenn nicht, müssen sie auch klarkommen. Und der Friede im Haus bleibt erhalten, selbst bei vielen unterschiedlichen Wünschen und Ansprüchen.

Eltern sollten einem Jugendlichen spätestens ein Jahr, bevor er das Haus verlässt, etwa für die Bundeswehr, für den Zivildienst oder für ein Praktikum, ein Wirtschaftsgeld zugestehen, damit er sich schon einmal für die spätere Freiheit einüben kann.

Buchempfehlung:
Mühlan-Tip 2, »Papa, rück' die Scheine raus! Kinder lernen mit Geld umzugehen«, Schulte & Gerth Verlag

Möchten Sie Ihr Kind vor einem ständigen Kampf mit dem Geld oder einer »Schuldenfalle« bewahren, wenn es erwachsen und eigenständig ist, brauchen Sie jetzt ein Konzept, mit dem Sie es schulen, verantwortungsbewusst mit Geld und Besitz umzugehen.

Für eine gesunde und biblisch-orientierte Einstellung zum Geld muss Ihr Kind eigene Erfahrungen mit Geld sammeln, von Ihnen hören, was die Bibel zu diesem Thema zu sagen hat, und an Ihnen beobachten, wie das verwirklicht wird.

Die wichtigsten Gesichtspunkte zur Festlegung der Taschengeldhöhe:
- das Alter des Kindes,
- die Kinderzahl in einer Familie,
- das Einkommen der Familie,
- eine ländliche oder großstädtische Wohnlage und
- die verschiedenen Ausgabenposten des Kindes.

Vom Taschengeld zum Wirtschaftsgeld: Sehen Sie zu, dass Sie so wenig Extrazahlungen wie möglich für die vielen Dinge des Kinderalltags machen! Kalkulieren Sie diese Kosten von vornherein ein, erhöhen Sie das »Wirtschaftsgeld« entsprechend, und lassen Sie das Kind selbst planen, verwalten und ausgeben.

Wenn Sie ein »Wirtschaftsgeld« für Ihr Kind planen, sollten Sie vier Posten berücksichtigen: Schulmaterial, Geschenke, »Extras« und das normal übliche Taschengeld.

Claudia Mühlan

ist passionierte Mutter, Autorin und Referentin. Gemeinsam mit ihrem Mann, dem Pädagogen Eberhard Mühlan, gehört sie zu den Mitgründern von »Neues Leben für Familien«. Familienerfahrung hat sie als Ehefrau und Mutter von 13 Kindern (sieben leibliche, sechs angenommene) reichlich selbst gesammelt. Mit ihrem Mann hat sie diverse Erziehungsbücher verfasst.

Abenteuer Pubertät – Schritte zur Selbstständigkeit

Kürzlich habe ich von Matthias Horx das »Trendbuch Nr. 2« gelesen. Der Soziologe und Journalist gründete 1993 das »Trendbüro« in Hamburg. Es hat sich zur Aufgabe gemacht, die sich verändernden Einstellungen und Verhalten in unserer Gesellschaft aufzuspüren. Sein Buch ist spannend wie ein Krimi, und es hat mir geholfen, unseren 17-jährigen Sohn in seinem Verhalten neu zu verstehen. Matthias Horx[1] beschreibt unsere Zeit so:

»Wir leben heute in einer individualistischen Gesellschaft. Diese Individualisierung lässt sich auf eine einfache Formel bringen: Aus ›Wir‹ wurde ›Ich‹. Wo Institutionen (Familie, Staat, Moralsystem, Religion) waren, übernimmt das Ich die Kontrolle. Diese Individualisierung kam nicht aus dem Nichts. Der allgemeine Wohlstand und das Entstehen breiter Mittelschichten über mehrere Generationen hin hat eine Kultur der Wahl entstehen lassen. Die Individuen prüfen ständig ihren Zufriedenheitsgrad. Es geht darum, Unlust zu vermeiden und Lust zu steigern. Die Jugendlichen suchen Lebensgenuss, Grenzüberschreitung und Erfahrungsintensität. Es muss immer was los sein. Das, was uns als Kinder und Teenager noch begeistert hat, zieht heute nicht mehr. Ausnahmesituationen sollen das Normale werden: z. B. immer Leidenschaft, immer glücklich. Die Formel, die auch die Mitte der neunziger Jahre in unserer Kultur prägt, lautet: »Was bringt es mir?«

Es mehren sich jedoch die Anzeichen, dass die Kultur ›Was-nützt-mir-das‹ (man nennt sie auch ›Fit-for-Fun‹-Kultur) ihren Höhepunkt überschritten hat. Man könnte auch sagen, die Überflussgesellschaft kippt in die Überdrussgesellschaft um. Genuss, Konsum und Lust machen keinen richtigen Spaß mehr. Eine neue Phase beginnt mit dem Ende der 80er-Jahre. Werte wie Freundschaft, Vertrauen, Treue, Verantwortung, Bindung und Ehrlichkeit werden wieder wichtig. In Deutschland spielte die Maueröffnung eine wesentliche Rolle, die Werte der 80er-Jahre in Frage zu stellen. Die Welt wächst zusammen, internationale Probleme melden sich lauter, die Armut, ein längst vergessen geglaubtes Phänomen, beginnt jetzt wieder bei den Nachbarn. Die Individualität, diese süße Frucht der wohlständigen Jahre, bekommt plötzlich nicht nur einen faden, sondern auch einen bitteren Geschmack. Es geht um jenes dumpfe Unbehagen, mit dem wir alle auf die Individualisierung blicken. Wenn wir so weitermachen, so spüren wir miteinander, werden wir die grundlegenden Strukturen unserer Gesellschaft ruinieren. Denn immer mehr Individualität bedeutet mehr Mobilität, z. B. jeder muss sein Auto haben – das heißt, mehr Straßen, mehr Umweltverschmutzung, mehr Raumverfügung, mehr Ressourcenverbrauch.«

Da stellt sich mir die Frage: Welche Fähigkeiten werden unsere Kinder brauchen, um mit den Belastungen und Gegebenheiten dieser Zukunft zurechtzukommen? Ich möchte fünf nennen, die mir wichtig erscheinen:

1. Beziehungsfähigkeit

Immer mehr Kinder und Jugendliche erleben keine intakten Beziehungen mehr. Das gilt nicht nur für die Kinder, deren Eltern sich scheiden lassen, sondern oft auch für Kinder, die äußerlich gesehen in intakten Familien aufwachsen. Oft sind die Eltern selbst unreif geblieben, sodass sie ihren Kindern nicht vorleben können, was zur Beziehungsfähigkeit dazugehört und unfähig sind, das mit ihnen einzuüben. Die Folge davon sind Jugendliche, die ausgehungert sind nach Annahme, Zuwendung und einem Menschen, der sie aushält, so wie sie sind. Beziehungen haben einen hohen Stellenwert für die Teenies, werden aber überfrachtet mit viel zu hohen Ansprüchen und Erwartungen. Und sie selbst können fast niemanden aushalten, wie er ist. Das lässt Freundschaften und Partnerschaften auf die Dauer scheitern.

2. Flexibilität

Wir leben in einer schnelllebigen Gesellschaft mit einer hohen Mobilität. Lebenslanges Lernen wird im Beruf erwartet. Die Suche nach einem Arbeitsplatz erfordert es oft, nicht nur einen, sondern zwei, drei Berufe zu erlernen. Viele müssen in einem fremden Beruf zurechtkommen. Um unsere Kinder auf diese Herausforderungen vorzubereiten, ist es wichtig, sie in der Familie erleben zu lassen, dass Niederlagen und unerfüllte Wünsche zum Leben dazugehören und verarbeitet werden können. Es geht darum, ihnen zu vermitteln, den Mut in schwierigen Situationen nicht zu verlieren und auf Neues mit Neugier statt mit Angst zu reagieren.

3. Mit Verzicht leben können

Unser hoher Lebensstandard in Deutschland wird nicht so bleiben. Unsere Teenies werden lernen müssen, ihre

Wunschvorstellungen in Einklang mit der Wirklichkeit zu bringen. Wie bereiten wir sie auf einen einfacheren Lebensstil vor? Erleben sie an uns, dass wir bei Verzichterfahrungen nicht bitter werden oder dass freiwilliger Verzicht sogar Freude freisetzt? Muten wir den Kindern Verzicht zu, damit sie selbst im Schutzraum der Familie damit positive Erfahrungen sammeln können?

4. An Widerständen wachsen

Im Gespräch mit vielen Müttern erlebe ich, wie schwer es ihnen fällt, ihren Kindern Widerstände zuzumuten. Oft haben sie eigene Grenzerfahrungen und Verletzungen aus ihrer Kindheit nicht verarbeitet und möchten sie nun ihren Kindern ersparen. Das bewirkt, dass viele junge Menschen die Erfahrung ablehnen, dass das Leben auch Kampf ist. Sie meinen, ein Recht darauf zu haben, dass das Leben sie genauso verwöhnt und bedient wie ihre Mutter. Geschieht das nicht, werden sie bitter oder depressiv, und einige werfen dann Gott vor, dass er ihre Gebete, z. B. für ein gut bestandenes Examen oder einen liebevollen Ehepartner, nicht erhört hat. Teenies, die lernen, Widerstände zu überwinden, gewinnen aber Selbstachtung und Selbstvertrauen. Mütter, die ihnen keine Widerstandserfahrungen zumuten, verhindern diesen kostbaren und notwendigen Reifungsschritt.

5. Entscheidungsfähigkeit

Unsere Kinder wachsen bisher in einer Überflussgesellschaft auf, wo es von allem zu viel gibt, z. B. zehn verschiedene

Sorten Waschpulver, 20 Sorten Schokolade, 30 Möglichkeiten der Freizeitbeschäftigung usw. Da es bei allen darum geht, Unlust zu vermeiden und Lust zu steigern, bedeutet die Festlegung auf eine Möglichkeit den Verlust von vielen vermeintlichen anderen Möglichkeiten. Die Jugendlichen werden von der Angst getrieben, Möglichkeiten zu verpassen, wenn sie sich festlegen. Aus Angst, sich verkehrt zu entscheiden, dadurch Unangenehmes zu erleben, werden Entscheidungen hinausgezögert. Daraus kann bei den jungen Erwachsenen eine Unfähigkeit, sich zu entscheiden, entstehen. Der Entscheidungsprozess nimmt dann unangemessen viel Zeit und Kraft in Anspruch, obwohl Zeit und Kraft längst für andere Dinge gebraucht würden.

Bevor ich darüber spreche, wie solche Ziele praktisch umgesetzt werden können, möchte ich zwei Voraussetzungen für das Begleiten unserer Kinder in die Selbstständigkeit aufzeigen.

Es kann sein, dass wir klare Vorstellungen haben, in was für Fähigkeiten unser Kind hineinwachsen soll, aber im praktischen Erziehungsalltag handeln wir, ohne es zu merken, gegen diese Zielvorstellungen, weil unser inneres Bild von unserem Kind unser Handeln bestimmt.

Ich möchte Ihnen das an einem Beispiel deutlich machen: Eine Mutter kam zu mir, weil sie sich Sorgen um ihre 13-jährige Tochter machte. Sie hatte nicht nur die normalen Stimmungsschwankungen der Pubertät, sondern neigte zu depressiven Verstimmungen. Zusätzlich litt sie an einer Neurodermitis. Der Arzt hatte der Mutter bei dem letzten Besuch zu verstehen gegeben, dass Neurodermitis seelische Ursachen haben könne und dass er annehme, dass ein Teil der Krankheit am Verhalten der Mutter liege. Sie können sich vielleicht vorstellen, dass diese Aussage die Mutter stark verunsichert hat. Zusätzlich hatte sie in einem Buch gelesen, dass unsere Teenies oft so werden, wie es unserem inneren Bild von ihnen entspricht. Sie erzählte mir ganz erschrocken: »Als ich diesen Satz las, wurde mir zum ersten Mal bewusst, dass ich das Bild in mir trage, dass meine Tochter das Leben nicht schaffen wird. Genau so verhalte ich mich auch.

Meine Tochter ist ängstlich, oft krank, weicht Konflikten und Spannungen aus, ist wenig belastbar. Obwohl es mein Ziel ist, sie zu einem belastungsfähigen und fröhlichen Menschen zu erziehen, schone ich sie dauernd.« Im Laufe des Gespräches fielen der Mutter einige Erlebnisse mit ihrer Tochter ein, die diese Vorstellung, »dieses Kind schafft das Leben nicht«, genährt hatten. Ganz bestürzt wurde ihr bewusst, dass sie von ihrer älteren Tochter immer erwartet hatte, dass sie das Leben meistern würde. Diese Tochter war ein Wunschkind gewesen, während ihre zweite Tochter in eine schwierige Lebenssituation hineingeboren worden war. Die erste Tochter war tatsächlich erfolgreich, selbstbewusst und beliebt. Die Mutter fühlte sich schuldig. Was tun?

Als Erstes versuchten wir, Schuldgefühle von wirklicher Schuld ihrer Tochter gegenüber zu unterscheiden. Sie bat Gott um Vergebung für ihre Überbehütung und dafür, dass sie ihre eigenen unbewältigten Ängste auf dieses Kind übertragen hatte. Ich gab ihr als Aufgabe mit, ein neues Bild in ihrem Herzen für ihre Tochter entstehen zu lassen und Gott dafür um Hilfe zu bitten. Sie rief nach ein paar Tagen an und erzählte mir, dass sie jetzt jeden Tag mit dem Gebet beginne. »Gott schenke du mir, dass in mir ein Bild meiner Tochter wächst, die sich fröhlich und selbstbewusst den Herausforderungen des Lebens stellt. Verändere du mich, so dass ich lerne, ihr das Leben zuzumuten und sie loszulassen.«

Was für ein inneres Bild haben Sie von Ihrem Kind?

Jedes Kind hat seine eigene Persönlichkeit und braucht andere Herausforderungen. Ich habe einen Text entdeckt, der mir persönlich mit seiner ungewöhnlichen Sprache geholfen hat, das zu verstehen.

Der Familientherapeut John Trent[2] hat die Charaktere von Kindern in vier Tiertypen eingeteilt. Da sind beispielsweise die ›*Löwenkinder*‹: »Von frühester Kindheit an neigen Löwenkinder zu entschiedener starker Leiterschaft. Sie haben starke Überzeugungen und scheuen nicht, sie auch zu äußern. Manchmal sind sie so stark, dass sie weniger selbstbewusste Kinder überrollen. ›Löwen‹ müssen lernen, geduldig und feinfühlig zu werden, sonst gehen sie durchs Leben wie ein Elefant durch den Porzellanladen und reden frei von der Leber weg, ohne sich der verheerenden Wirkung ihrer Worte bewusst zu sein. Es ist wichtig, auch die Stärken der Löwenkinder zu erkennen. Sie sind willensstark, nicht leicht zu manipulieren, scheuen vor keinem Hindernis zurück und schätzen rasches gezieltes Handeln. Diese Löwenkinder brauchen als Förderung zum Wachstum in der Teenagerzeit klare Regeln und Widerstand, aber mit ihnen abgesprochen, damit sie innerlich einwilligen. Sie müssen die Konsequenzen und Strafen, wenn sie diese Regeln nicht einhalten, selbst festlegen dürfen.« Dieser Ratschlag hat uns geholfen, eine neue Art des Umgangs mit unserem Löwenkind zu praktizieren.

Aber vielleicht haben Sie ein ›*Otterkind*‹?

»Gehört Ihr Kind zu dieser Kategorie, schätzen Sie sich glücklich. Es sind wundervolle Kinder. Aber seien Sie bereit, zuzuhören und abermals zuzuhören, denn sie quasseln und plappern unermüdlich. ›Otter‹ sind begeisterungsfähig, voller Energie und sehr impulsiv. Wenn Sie Gäste haben, rechnen Sie damit, dass Ihr ›Otter‹ sie unterhalten will. Durch Witz und gute Laune bringen sie oft Leben in die Party oder ins Haus. Aber leider fangen sie mit Vorliebe immer etwas Neues an. Sie sind rasch gelangweilt und brechen mitten drin ab. Ihr Zimmer ist übersät mit halb fertigen Puzzeln, kaum benutzten Musikinstrumenten und unvollendeten Legoprojekten. Rechnen Sie damit, dass ein ›Otter‹ jede Minute mit Aktivitäten voll stopft. Sie müssen einen Freund einladen, telefonieren oder irgendetwas unternehmen, sonst hören Sie sofort: ›Ich langweile mich!‹ Die Stärken unserer Otterkinder werden unter Umständen zu ihren größten Schwächen. Ihr Wunsch, sich zu vergnügen, gemocht zu werden und spontan zu handeln, im Mittelpunkt zu stehen, macht sie sehr anfällig für den Einfluss durch Gleichaltrige.«

Viele Eltern, (besonders wenn sie gerne Sachen zu Ende bringen und sich im Haus nach Ruhe sehnen) sind über die sprudelnde, gesprächige, flexible Art ihres Otterkindes frustriert. Diese Eigenschaften sind jedoch unschätzbar, wenn ›Otter‹ später einmal Lehrer, Redner oder Kaufleute werden. Weil sie meinen, dass Regeln immer nur für andere gelten und sich gut herausreden können, wenn es gilt, Konsequenzen zu umgehen, hilft es, Regeln schriftlich festzulegen.

Dann gibt es noch die *›Golden Retriever‹-Kinder.*

»Das ist eine Hunderasse mit Hängeohren und treu blickenden Augen. Freuen Sie sich, wenn Ihr Kind dazugehört. Sie haben in ihnen einen treuen, feinfühligen und fürsorgenden Hausgenossen. ›Golden-Retriever-Kinder‹ versuchen oft, Konflikte zwischen anderen zu lösen oder Streit zwischen ihren Geschwistern oder Eltern zu schlichten. Solche Kinder sind ausgesprochen tolerant, wenn nicht sogar allzu gutmütig. Stundenlang fügen sie sich in das Lieblingsspiel der Gefährten und wagen kaum einmal, etwas anderes vorzuschlagen. ›Golden Retriever‹ lassen sich zwar selten auf eine Konfrontation ein, aber das bedeutet keineswegs, dass sie schwach wären. Es sind gute Zuhörer, die eine tiefe Zuneigung zu den Menschen und Haustieren entwickeln. Miteinander kombiniert machen diese Stärken sie zu wunderbaren Mitarbeitern, Freunden, Ratgebern oder Ehepartnern. Doch dieselben Stärken, fürsorglich, friedensstiftend, geduldig, zuhörend, unterstützend, bergen im Extrem große Gefahren in sich. Diese Kinder nehmen oft ihre eigenen Bedürfnisse nicht wahr und fangen an, in anderen Menschen zu leben.«

Deshalb müssen die Eltern ihnen unbedingt helfen, Nein sagen zu lernen, sich von anderen Menschen abgrenzen zu lernen. Diese jungen Menschen brauchen Ermutigung, ihre Gefühle und Impulse wahrzunehmen, und den Freiraum, sie umzusetzen.

Dann gibt es da noch den *›Bibertyp‹*: »Biberkinder lesen die Betriebsanleitung wirklich. Wenn Sie ein Biberkind haben, ist es wahrscheinlich der Tüftler, der die Uhr am Videogerät einstellen kann. Biber sind ausdauernd und bringen eine Sache gerne zu Ende. Da brauchen sie nicht gefördert zu werden. Ein Biber geht vielleicht nur an zwei Aufgaben ran, aber die führt er auch aus. Biber können sehr gut organisieren und gehen ins Detail. Wenn Sie wissen wollen, ob Ihr Kind ein ›Biber‹ ist, brauchen Sie nur einen Blick in seinen Schrank zu werfen. Die Hemden oder Blusen sind nach Farben sortiert und so aufgehängt, dass alle Kleiderbügel in die gleiche Richtung zeigen. Sämtliche Socken in seiner Schublade sind paarweise gefaltet. Ob jung oder alt, ›Biber‹ erstellen liebend gern Listen, und noch mehr schätzen sie es, etwas auf dieser Liste abzuhaken. Diese Kinder brauchen eine ganz andere Herausforderung. Weil sie so hohe Anforderungen an sich stellen und so ordentlich sind, muss man ihnen helfen, realistische Ziele für ihr Handeln zu stecken, ihr Hang zur Perfektion kann sich nämlich gegen sie wenden.« Loben Sie Ihr ›Biberkind‹ für Eigenschaften, die unabhängig von seinen Leistungen sind.

Was für eine Persönlichkeit ist Ihr Kind?

Wie können wir nun mit unseren Kindern einüben, was uns wichtig ist?

Beziehungsfähigkeit einüben

Unser Sohn ist ein Individualist. Seit seinem 8. Lebensjahr träumte Jörg davon, einen eigenen Computer zu haben. Wir wollten, dass er erst einmal beziehungsfähig wird, deswegen sagten wir ihm, dass er 14 Jahre alt sein müsse, bevor wir ihm erlauben, in anderen Familien Computer zu spielen oder sich einen eigenen anzuschaffen. Das fiel ihm schwer. Wir ermutigten ihn, sich altersgemäße Freunde zu suchen und unterstützten ihn

z. B. dabei, indem wir einen seiner Freunde in den Urlaub mitnahmen. Das hat ihre Freundschaft vertieft.

Dann wurde Jörg 14 Jahre alt. Endlich grünes Licht, um in anderen Familien Computer spielen zu dürfen. Wir stellten eine klare schriftliche Regel auf: neun Stunden Computerspiel pro Woche, nicht länger als drei Stunden hintereinander. Wenn er länger spielte, galt ein Computerverbot für die restliche Woche. Die Freunde, deren Computer in Frage kamen, wurden von dieser Regel informiert. Ich schrieb damals Folgendes in mein Tagebuch: »Jörg kam nach Hause, ich fragte ihn, wie viel Stunden er gespielt hätte. ›Hm, kann mich nicht mehr so genau erinnern. Also vielleicht fällt es mir langsam wieder ein, aber ich ließe es lieber in der Dunkelheit des Vergessens verschwinden. Ich habe nämlich drei Stunden und zwanzig Minuten hintereinander gespielt.‹« Ich freute mich sehr, dass er ehrlich war. Trotzdem durfte er – wie abgemacht – bis zur neuen Woche nicht mehr Computer spielen.

Am Wochenende versuchte er immer wieder zu verhandeln, ob wir nicht nachgeben könnten. Er räumte sein Zimmer tadellos auf, setzte den Komposthaufen um und bemerkte: »Mutti, ist dir schon aufgefallen, wie gut ich mich heute benommen habe? Nun könntest du mir doch erlauben, Computer zu spielen!« Ich erlaubte es ihm nicht. In der kommenden Woche spielte er wieder zu lange an einem Tag. Er begann wieder zu handeln. Daraufhin erwiderte ich: »Jörg, bitte drängele nicht wieder so wie in der vergangenen Woche!« Verschmitzt lächelnd entgegnete er: »Ich habe dich doch nur getestet.«

Leider rief ich die Freunde, bei denen er spielte, an und teilte ihnen mit, dass Jörg diese Woche nicht mehr Computer spielen durfte und sagte das auch meinem Sohn. Er war ganz aufgebracht: »Warum hast du das getan? Warum vertraust du mir nicht, dass ich mich ohne Kontrolle an die Absprache halte?« Da war ich zu weit gegangen. Da hatte ich nicht um die Regel gekämpft, sondern seine Würde verletzt.

Reifen am Verzicht

Unsere 15-jährige Tochter hat seit vielen Jahren Klavierunterricht. Aufgrund einer finanziellen Veränderung bei uns mussten wir Monika vor ein paar Monaten sagen, dass wir ihren Klavierunterricht nicht mehr bezahlen können. Sie war sehr enttäuscht. Trotzdem blieb es dabei. Nach ein paar Tagen kam sie auf mich zu und sagte: »Du brauchst mich nicht abzumelden. Ich habe mir eine eigene Lösung überlegt: Ich werde die Klavierlehrerin fragen, ob sie bereit ist, mir nur zweimal im Monat Unterricht zu geben. Diesen Unterricht werde ich von meinem Kleidergeld bezahlen.« (Unsere Tochter bekommt seit einem Jahr zu ihren 20,– DM Taschengeld noch 80,– DM Kleidergeld, um damit eigenverantwortlich ihre Garderobe anschaffen zu lernen.) Das bedeutete, dass sie sich nun einige Kleidungsstücke selbst nähen musste. So hat sie sich aus einem alten gefärbten Bettlaken eine moderne Sommerhose genäht. Nach vier Tagen Arbeit war sie ganz beschwingt, das geschafft zu haben. Ihr Selbstvertrauen war offensichtlich gestärkt. Da sie den Verzicht positiv aufgenommen hatte, war kreative Energie bei ihr frei geworden.

An Widerständen wachsen

Jugendliche haben ein Recht darauf, dass ihnen auch in diesem Alter Grenzen gesetzt und dass Regeln für das Familienleben aufgestellt werden. Diese Regeln geben leider auch viel Anlass zu Ärger und Reibereien, und das ist kräftezehrend.

Für unsere Kinder galt auch als sie Teenies wurden, dass sie bestimmte Dienste im Haushalt zu übernehmen hatten: abwaschen, ihr Zimmer putzen usw. Von einer Freundin habe ich gelernt, dass man von einem Teenager nicht verlangen kann, dass er den Mittagsabwasch direkt nach dem Mittagessen macht. Ein Heranwachsender ist dann einfach müde. So haben wir die Regel aufgestellt, dass der Mittagsabwasch bis um halb sechs Uhr abends erledigt sein muss, bevor ich dann eine neue Mahlzeit herrichte. Jede Regelung hat zwei Seiten, eine, die die Kinder, und eine, die die Eltern einhalten müssen. Ich musste jetzt diese unordentliche Küche bis zum Abend aushalten. Leider hält sich Jörg nicht immer an seinen Teil der Absprache. Ich bin aber nicht bereit, mich darüber zu ärgern. Also habe ich beschlossen, für mich eine Lösung zu finden. Alles, was bis um halb sechs Uhr nicht abgewaschen ist, wird in ein oder zwei Plastikschüsseln in sein Bett gestellt. Diese lautlose Sprache der unerledigten Arbeit ist so deutlich, dass ich mir den Mund nicht »fusslig zu reden« brauche. Lange hält er es mit diesen Plastikschüsseln in seinem Zimmer nicht aus.

Die Grundlagen für Wachstumsschritte

Die oben beschriebenen Wachstumsschritte brauchen als Grundlage ein bestimmtes Familienklima.

Von Irmela Hofmann habe ich den Satz gehört, der mich immer noch begleitet: »Nur im Raum von Liebe und Vertrauen ist Wachstum möglich.« Was bedeutet das für einen Teenager? Wie schaffen wir für ihn diesen Raum?

Drei Punkte möchte ich dazu nennen:

1. Wertschätzung und Zuwendung

Als unser Sohn 15 Jahre alt war, hatte ich es mit ihm besonders schwer. Wenn er von der Schule nach Hause kam, ging er manchmal ohne ein Wort der Begrüßung in sein Zimmer. Wenn ich im Lauf des Nachmittags etwas von ihm wollte, ließ er mich einfach ablaufen. Er verweigerte seine Mithilfe, verschwand in sein Zimmer und schloss ab. Es spitzte sich zu, als er an einem Nachmittag, als er allein im Haus war, ein Seil an einem Balken vor seinem Fenster befestigte (wir wohnen im ersten Stock). Zuerst bemerkte ich das gar nicht, bis ich vor seiner verschlossenen Zimmertür stand, mit ihm reden wollte und auch nach fünf Minuten keine Antwort bekam. Er hatte sich an dem Seil aus dem Fenster geschwungen und war in den Ort gelaufen. Nachdem ich zweimal von ihm gehört hatte: »Wenn ich dich nur sehe, bekomme ich schon schlechte Laune«, merkte ich trotz all meines Wissens über pubertäres Verhalten, dass mich das persönlich traf und ich irgendwo auch in dieser Zeit von ihm gemocht werden wollte. In dieser angespannten Situation hörte ich folgenden Satz: »Es braucht eine Erfahrung der Zuwendung täglich, um sich angenommen zu fühlen und drei Erfahrungen der Zuwendung, um wachsen zu können.« Ich wünschte mir ja nicht nur, von ihm gemocht zu sein, sondern auch, dass er reifte und sich nicht einfach seinen Pflichten entzog. Also versuchte ich diesen Satz in die Tat umzusetzen. Als er das nächste Mal zu spät nach Hause kam, begrüßte ich ihn nicht wie gewohnt ärgerlich und vorwurfsvoll, sondern sagte: »Du hast dir echt Mühe gegeben, schnell hier zu sein. Ich habe gehört, wie schnell du mit dem Fahrrad in den Hof gebraust bist. Leider war es trotzdem 30 Minuten zu spät.« Daraufhin entgegnete er: »Mutti, das Spiel, das wir gerade spielten, war so spannend, ich habe einfach vergessen, auf die Uhr zu schauen.« Er war also nicht zu spät gekommen, um mich zu provozieren, sondern die Zeit war ihm weggerutscht. Ich bat Gott um Fantasie und Möglichkeiten, mich ihm immer wieder zuzuwenden, was mir in meiner eigenen Verletztheit gar nicht so leicht fiel. Erst jetzt fiel mir auf, wie wenig Zeit ich für ihn hatte. Ich plante meine Tage inzwischen so, als ob ich gar keine Kinder mehr hätte.

Als Jörg sich in den Sommerferien gerne Geld verdienen

wollte, hörte ich im Gespräch mit ihm heraus, dass er unsicher war und bei der Suche Hilfe brauchte. Das war eine Chance für mich, für ihn da zu sein. Also begleitete ich ihn auf seinen Wunsch hin von Firma zu Firma. Tatsächlich fand er einen Job bei einem Landschaftsgärtner. Er rechnete es mir hoch an, dass ich mir diese Zeit für ihn genommen hatte. Unsere Beziehung verbesserte sich wieder, und Jörg hörte auf, sich zu verweigern.

2. Die Würde des Kindes achten

Können Sie sich an Sätze erinnern, die Sie aus Ihrer Teenagerzeit mit in Ihr Leben hineingenommen haben? Ich möchte Sie ermutigen, wachsam zu werden für das, was Sie Ihren Teenies sagen. Wir wissen aus dem Jakobusbrief in der Bibel, dass die Zunge nur ein kleines Glied ist, aber ganze Waldbrände anrichten kann. Es gibt so viele schlimme Sätze, die wir einfach sagen, weil wir nicht mehr können oder weil wir finden, dass wir uns jetzt auch mal abreagieren dürfen. Aber diese Sätze können sehr wehtun und bis in das Erwachsenenalter unserer Kinder hineinwirken. Später hören Seelsorger dann von den Ratsuchenden Sätze, die wie Festschreibungen sind: »Du bist faul! Du hast zwei linke Hände! Du wirst in der Gosse landen!« Warum sagen wir unseren Kindern so wenig ermutigende Sätze, die sie als Leitlinien in ihr Leben mit hineinnehmen können? Viele Erwachsene kennen ihren Konfirmationsspruch als positiv prägenden Satz, aber nur wenige können sich an andere positiv prägende Sätze erinnern. Meine Mutter hat mir, als ich von zu Hause fortging, den Satz mitgegeben: »Was das Leben dir auch bringen mag, vergiss nie, es kommt alles aus Gottes Hand, und es muss für dich gut sein.« In Krisenzeiten hat mir dieser Satz viel bedeutet.

3. Vertrauen schenken

Claudia und Dave Arp schreiben in ihrem empfehlenswerten Buch »Und plötzlich sind sie 13«:

»Sie können nichts dabei verlieren, wenn Sie Ihren Teenies vertrauen. Es gibt keine bessere Alternative. Misstrauen erzeugt wiederum Misstrauen. Wer Teenies Vertrauen entgegenbringt, riskiert aber auch, dass dieses Vertrauen missbraucht wird. Wie in jeder Liebesbeziehung müssen Sie das Risiko eingehen, dass Sie verletzt werden.«

Ich erlebe immer wieder, dass gerade die schmerzvollen Erlebnisse, wenn die Kinder unser Vertrauen missbrauchen, die Möglichkeiten für uns Eltern sind, ihnen unsere Liebe erfahrbar zu machen, indem wir ihnen gerade jetzt zeigen: Wir stehen zu dir! Wir verzeihen dir. Wir wagen einen Neuanfang im Vertrauen.

Es geht aber nicht nur darum, unseren heranwachsenden Kindern zu vertrauen, sondern auch Gott. Je mehr ich im Vertrauen zu Gott wachse, dass er unsere Kinder auf dem Weg in die Selbstständigkeit beschützt, desto besser gelingt es mir, sie loszulassen und sie eigene Erfahrungen und Fehler machen zu lassen. Nicht nur sie müssen selbstständig werden, sondern auch ich bin herausgefordert, mein Leben neu selbstständig und eigenständig zu gestalten – wieder ohne sie – in der Beziehung zu meinem Mann, zu anderen Menschen und zu Gott.

Besinnungs-los

Dierk Hein

Was ist nur mit den Teenies los?
Der Kaktus legt die Stacheln bloß.
Sie waren doch so lieb und teuer
und plötzlich sind sie Ungeheuer.
Sie spucken Glut wie ein Vulkan,
benehmen sich wie Dschingis Khan,
im nächsten Augenblick wie Lämmer.
Manch' ihrer Sprüche sind wie Hämmer.
Und mein Gefühl schlägt Purzelbaum,
für kühles Denken bleibt kaum Raum.
Was mir der Knilch so plötzlich spiegelt,
das war bei mir zu lang versiegelt.
Nun muss ich mir Charakterfetzen
wie Puzzleteil' zusammensetzen,
um zu begreifen, wer ich bin,
sonst reagier' ich ohne Sinn,
zur falschen Zeit, am falschen Platz,
mit falschem Ton und falschem Satz,
mit Worten, die die Liebe töten,
und die Beziehung, die geht flöten.
Oh Gott, schenk, eh' die Chance vergeht,
mir Kraft und Mut im Stoßgebet,
dem ausgekotzten Fehlverhalten
der Teenies einfach standzuhalten,
bis ich genügend Zeit gewinne
und ich mich auf mich selbst besinne,
bedenke selbst das Teeniejahr,
in dem ich so unmöglich war.

Wir leben in einer individualistischen Gesellschaft.
Die Grundfrage, die unsere Teenager prägt, lautet:
Was bringt es *mir*?

Folgende Fähigkeiten benötigen unsere Kinder, um mit den Belastungen und Gegebenheiten der Zukunft zurechtzukommen:
Beziehungsfähigkeit, Flexibilität, mit Verzicht leben lernen, Wachsen an Widerständen, Entscheidungsfähigkeit.

Was für ein Bild haben Sie von Ihrem Kind/Teenager?
Unsere Kinder entwickeln sich oft so, wie es unserem inneren Bild von ihnen entspricht.

Was für ein Persönlichkeitstyp ist Ihr Kind/Teenager?
Je nach Persönlichkeit braucht Ihr Kind eine andere Form von Ermutigung und Herausforderung.

Die Grundlagen für Wachstumsschritte sind Wertschätzung und Zuwendung, die Achtung der Würde des Kindes sowie Vertrauen dem Kind gegenüber.

Ursula Hein (OJC, Ökumenische Kommunität in Reichelsheim)

vier Kinder, lebt mit ihrem Mann Dierk Hein seit 21 Jahren in der Offensive junger Christen (OJC). Seit sechs Jahren leiten sie die Familienarbeit im Forellengrund, wo sie verheiratete und allein erziehende Frauen in Erziehungs- und Beziehungsfragen begleiten.

Literaturangaben:

1) Matthias Horx: Trendbuch 2, 1995 Econ-Verlag, Düsseldorf

2) John Trent, aus: Lydia – die christliche Zeitschrift für die Frau, 4/93

6. Frau und Beruf

Als Frau in einer veränderten Welt

Phänomen Unzufriedenheit

Vor kurzem saßen wir mit einigen Frauen gemütlich beim Frühstück. Wir kamen auf die Unzufriedenheit zu sprechen. Eine Gesprächsteilnehmerin – selbst in einer notvollen Lage, weil sie als junge Frau schon ihren Mann verloren hatte – meinte nachdenklich: »Ich glaube, dass 95 Prozent aller Frauen unzufrieden sind.« Mir schien der Prozentsatz sehr hoch. Aber als ich in Gedanken meine Bekannten durchging, fiel mir manche Frau ein, die mit ihrem Geschick haderte. Da war die junge Ärztin, die – wie sie sagte – einen netten Mann und zwei süße Kinder hatte, um derentwillen sie den Beruf aufgegeben hatte. Eines Tages gestand sie mir: »Ich bin so unzufrieden mit dem Leben. Dabei habe ich doch, was ich mir wünschte!« Eine Geschäftsfrau ertappte sich bei dem Gedanken: »Hätte ich damals meinen ersten Freund nicht laufen lassen, brauchte ich mich heute nicht so zu plagen.« Auf einer Hochzeit begegnete mir eine Mutter von vier Kindern. Ich hatte sie als quicklebendige, agile, begabte Frau in Erinnerung. Vor mir saß ein Bündel von Minderwertigkeitskomplexen. Es hat mich tief erschreckt. Ich könnte die Reihe fortsetzen: Die Mutter, die schluchzend vor mir saß: »Alles habe ich in meine Kinder investiert. Jetzt bin ich es nicht mehr wert, dass sie fünf Minuten Zeit für mich haben.« Oder die Frau, die zu ihrem

Mann, der dachte, sie seien glücklich verheiratet, sagte: »Ich habe schon manches Mal an Scheidung gedacht.« Dann die unverheiratete Karrierefrau, die heimlich ihre verheiratete Freundin beneidet.

95 Prozent unzufrieden? Was ist mit uns Frauen los? Alle Türen der Berufsausbildung stehen uns offen. Die Männer lernen es mehr und mehr, zu Hause nicht mehr den Herrn zu spielen, sondern auf unsere Bedürfnisse einzugehen. Trotzdem unzufrieden! Unfrieden bedeutet ja: Etwas ist aus dem Gleichgewicht geraten. Was ist aus dem Gleichgewicht geraten?

Erste Emanzipationswelle

Wir modernen Frauen genießen – ob wir es zugeben oder nicht – die Früchte der Emanzipation. Emanzipation wird im Duden übersetzt mit Freilassung, Verselbstständigung, Gleichstellung. Keine von uns möchte mit dem Leben ihrer Urgroßmutter tauschen. Wehe, wenn eine Frau damals keinen Mann »abbekam«. Bis zum Lebensende durfte die Unverheiratete ihrer verheirateten – darum wertvolleren – Schwester im Haushalt helfen. Darum ging es in die Ehe um jeden Preis, sei es mit einem Pascha, einem ungeliebten älteren Griesgram oder sogar einem heimlichen Trinker, der einen täglich drangsalierte und erniedrigte. Wir Älteren haben noch den Satz im Ohr: »Wozu braucht eine Frau eine Berufsausbildung?«

Das haben die mutigen Frauen der Frauenbewegung um die Jahrhundertwende zu unserem großen Glück verändert. Sie erkämpften – häufig unter dem Spott der Professoren und Studenten, auch unter viel Verleumdung durch ihr eigenes Geschlecht – für uns Frauen von heute die Chance, jeden Beruf ergreifen zu können. Dadurch wurde es möglich, dass unverheiratete Frauen Berufe erlernen konnten, die ihren Gaben entsprachen und ihnen die gebührende Achtung in der Gesellschaft verschafften. Außerdem wurden sie in den Stand versetzt

– auch ohne Ehe –, ein befriedigendes und erfülltes Leben zu führen.

Hier liegt aber auch ein Grund für die Unzufriedenheit vieler Frauen. Wir wissen, dass es manchen partnerschaftlich geführten Ehen gelingt, dass mit Verständnis und Einsatz des Mannes der Frau ein Leben ermöglicht wird, in dem sie beiden Bereichen gerecht werden kann. Andrerseits erleben wir die vielen verhaltensgestörten Kinder, die das Ergebnis eines Familienlebens sind, in dem dies nicht gelang. Die Vielfalt der Möglichkeiten, das ist unsere Zerreißprobe.

Zweite Emanzipationswelle

Ich sagte: In der ersten Emanzipationswelle wurde uns Frauen die Chance zu einem Leben gegeben, in dem wir alle Gaben zur Entfaltung bringen können. Verhängnisvoll wurde die zweite Emanzipationswelle mit der Forderung: »Sei wie der Mann.« Wir kennen die Ideologie, die uns einreden will, es gäbe keine Verschiedenheit der Geschlechter. Die Rede vom »Spezifisch Weiblichen« sei Unsinn. Die Frau sei nur durch jahrhundertelange Prägung zu dem geworden, was »man« von ihr erwarte. Ich sehe heute noch den armen Nachbarsjungen vor mir, dem ich das Stricken beibringen musste, denn auch die Jungen wurden ideologisch umgepolt. Dies Stricken war nicht das Schlimmste. Aber was beinhaltet die Forderung »wie der Mann« für die Frau? Sie kam in neue Zwänge hinein. Einmal rein äußerlich. Sie musste möglichst die Figur eines Mannes haben. Ja keine Rundungen. Kleidung, Haarschnitt, Haltung und Sprache: Alles wurde dem Mann abgeschaut. Ärzte können ein Lied davon singen, wie die Magersucht seit der zweiten Emanzipationswelle sprunghaft angestiegen ist.

Die Forderung nach Gleichstellung mit dem Mann führte nun zum Diktat der Berufstätigkeit. War bisher für Frauen, die Freude und Begabung für einen Beruf außer Hause hatten, die Möglichkeit zur Berufsausübung eröffnet worden, *musste* jetzt jede Frau, die anerkannt sein wollte, ihre eigenes Geld verdienen, sichtbare Leistung vorweisen. Was gelten schon Geduld, Zuwendung, Güte, Verständnis, Verzicht ... ? Alles Werte, die nicht messbar sind, die nicht mit Geld zu bezahlen sind. Also wurden Frauen, die mit ganzem Herzen Mutter und Ehefrauen sind – und von denen nach wie vor unsere Gesellschaft lebt –, zu »Nur-Hausfrauen« degradiert. Hinzu kommt, dass eine Frau, die auf zusätzliches Geld, weite Urlaubsreisen und teure Kleidung verzichtet, um ihren Kindern eine glückliche Kindheit zu vermitteln, sich noch vor der Gesellschaft rechtfertigen muss. Denn zu der Ideologie gehört ja die Ansicht, dass Kinder bei der Entfaltung der Frau zur Persönlichkeit ein Hindernis sind.

Wie weit uns – unbewusst – die Meinung der Gesellschaft beeinflusst, berichtete mir eine Bekannte. Auch sie entdeckte bei sich immer wieder diese nörgelnde Unzufriedenheit, bis ihr eines Tages deutlich wurde: Dich macht die Beeinflussung durch die Medien unglücklich. Dort wird dir suggeriert, dass eine Frau, die nur zu Hause ist, gar nicht erfüllt sein kann. Solch eine Frau ist in ihren Gaben unterfordert, ist frustriert vom ständigen Einerlei ihrer Hausarbeit und leidet darunter, dass ihre Arbeit nicht genügend gewertet wird. Sie sagte: »Als mir klar wurde, dass dies alles nicht auf mich zutrifft, sondern mich mein Frau- und Muttersein völlig befriedigt, ja dieses Leben sogar meinem Wunschtraum entspricht, da konnte ich wieder mit Freude weiterleben.«

Moderne Gesellschaftssituation

Einen dritten Grund, der unser Leben als Frau heute bereichert und erschwert, sehe ich in der Struktur der Industriegesellschaft. Vor kurzem sah ich ein reizendes Foto: Eine junge Mutter saß mit ihren zwei niedlichen Kindern am Mittagstisch. Schlagartig ging mir auf: Das ist ja gerade die Notsituation! Sie hat sich die beiden Kinder gewünscht. Sie ist dankbar und doch unglücklich. Warum? Sie ist allein!

Früher saßen am Mittagstisch neben dem Ehemann Knechte und Mägde, vielleicht auch noch die Eltern. Nun möchte ich keineswegs die Großfamilie verherrlichen. Viele Frauen führten dort ein ganz hartes Leben unter der Fuchtel der älteren Generation. Aber die Großfamilie hatte den Vorteil: Die Frau nahm am gesamten Leben teil! Sie war Mutter und zugleich berufstätig – ob als Bäckersfrau oder Bäuerin. Und damit war sie die informierte Gesprächspartnerin ihres Mannes. Durch die Industrialisierung wurden Arbeitsplatz und Familie auseinander gerissen. Für die unverheiratete Frau eine große Bereicherung der Lebensgestaltung. Aber für die verheiratete Frau? Das Mitberufstätigsein fiel weg, und damit lagen manche Gaben brach. Außerdem ist über die Arbeit des Mannes seine Mitarbeiterin viel besser informiert als seine Ehefrau und damit ist sie eine bessere Gesprächspartnerin in vielen Bereichen. Was das für eine Bedrohung für die Ehe ist, sehen wir täglich. Aber noch etwas brachte die Industrialisierung mit sich: Da der Mann den größten Teil des Tages außer Haus ist, liegt die Hauptlast der Erziehung auf den Schultern der Frau. Welch unnatürliche Situation, wenn die Frau ihrem Mann lange erklären muss, was für eine ungute Freundin der Sohn hat, und sie ihn bittet: »Sprich doch mal mit ihm!« Die weitgehende Abwesenheit des Mannes führt ja manchmal dazu, dass der Mann die Verantwortung für die Erziehung völlig ablehnt, ja im Extremfall sogar die Entscheidung, ob die Frau das von ihm empfangene Kind austragen soll, ihr mit den Worten zuschiebt: »Wenn du das Kind behalten willst, dann ist es dein Problem!«

Auf der anderen Seite müssen wir sehen, wie viele Väter unter der Not leiden, dass sie kaum Kontakt zu ihren Kindern haben, die sie sich so gewünscht hatten.

Wie kann eine Frau in all diesen An- und Überforderungen ihren Weg finden? In Bezug auf die Erziehung ist es deutlich geworden, wie wichtig das Gespräch ist. Es geht immer wieder neu darum – ob bei dem Mann oder bei den Kindern –, um Verständnis füreinander zu werben.

Prioritäten setzen

Eine grundsätzliche Hilfe ist sicher, für sich Prioritäten zu setzen. Wenn eine Ärztin z. B. enttäuscht feststellt: »Schade, die Kinder gehen aus dem Haus, und ich habe gar nichts von ihnen gehabt«, kommt diese Erkenntnis zu spät. Vorweg hätte sich diese Mutter überlegen müssen: »Will ich vorrangig eine Familie haben oder eine immer größere Praxis?« Wenn das mühsam gebaute Haus steht und die Ehe darüber zerbricht, weil jahrelang keine Zeit dazu da war, das gemeinsame Leben zu pflegen, ist die Weiche nicht früh genug richtig gestellt worden für das Leben, das ich eigentlich leben will. Ist ein teurer Urlaub oder ein teures Auto es wert, dass wir in unserer Familie ein halbes Jahr Krach wegen des Geldes haben? Prioritäten setzen!

Eine andere Hilfe ist es, die Ursachen für meine Unzufriedenheit herauszufinden. Hat z. B. eine Frau studiert, wurde ihr Geist ca. 16 Jahre lang überfüttert. Ein Kind, das als Baby überfüttert wurde, hat Zeit seines Lebens weit über das Nötige hinaus Hungergefühle. So geht es dieser jungen Frau. 16 Jahre lang wurde ihr Geist überbeansprucht. Nun bleibt sie in den ersten Ehejahren zu Hause, um sich den Kindern zu widmen. Wer Kinder aufgezogen hat, weiß, dass in den ersten Jahren vorwiegend der Körper der Frau gefragt ist: treppauf, treppab, Kinder anziehen, Kinder ausziehen usw. Die Unzufriedenheit dieser Frau ist logisch. Ihr Geist leidet Hunger! Hier muss geholfen werden.

Neue Strukturen finden

Eines Tages kam ich mit einer liebenswerten Frau ins Gespräch. Ziemlich unvermittelt sagte sie: »Mir geht es wieder gut.« Ich: »Wieder?« Sie: »Ja, ich war eine Zeit lang in einer psychiatrischen Klinik. Ich bin zu Hause durchgedreht. Der Psychotherapeut hat mir beigebracht, dass ich für mein Leben in der Familie neue Strukturen schaffen muss. Strukturen, die der Familie und auch mir gerecht werden. Schauen Sie, ich lese und schreibe gern. Das konnte ich jahrelang nicht ausüben, weil ich dachte, eine gute Mutter muss ihren Kindern ständig zur Verfügung stehen. Das hielt meine Seele nicht aus. Nun nehme ich mir mittags eine Stunde Zeit für meine Interessen. Wenn die Kinder mich dann rufen, weil sie mit ihren Hausaufgaben nicht zurechtkommen, sage ich ihnen mit gutem Gewissen: Nein jetzt ist Mamis Stunde, ich helfe dir nachher.« Wir Frauen von heute können nicht mehr nach dem Muster unserer Mütter das Leben gestalten. Es geht darum, dass wir mit unserem Mann und möglichst auch mit unseren Kindern eine Familienordnung finden, in der alle einigermaßen leben können. Ich sage einigermaßen. Es ist eine Binsenweisheit: Der Mensch kann nicht alles haben, auch wir Frauen nicht. Die große Vielzahl der Lebensgestaltungsmöglichkeiten erfordert von uns Entscheidungen. Entscheidungen für etwas beinhalten immer Entscheidungen gegen etwas. Doch – wo finde ich dafür Orientierungshilfen?

Vor Jahren las ich einen Artikel über die Frage: Was führt unsere Kinder zum Rauschgift? Neben dem labilen Elternhaus wurde als wichtiger Grund die Orientierungslosigkeit angegeben. Wer kennt nicht das Gefühl der Panik, wenn er in einer fremden Großstadt die Orientierung verloren hat. Wie müssen Schiffer früher von Panik ergriffen worden sein, die durch ein Unglück ihre Orientierung verloren hatten und dem Spiel von Wind und Wellen preisgegeben waren!

Orientierungslosigkeit ist aber nicht nur das Problem junger Leute! Eine Mutter sagte mir: »Das erste Kind haben wir so erzogen, wie wir erzogen worden waren. Das zweite haben wir antiautoritär erzogen. Das dritte Kind? Mal sehen.«

Unsere Gesellschaft hat die Orientierung verloren, weil sie den Kompass über Bord geworfen hat, der dem Leben Orientierung und Sicherheit vermittelte.

Gott ist höchstens noch ein Diskussionsgegenstand, und seine Ordnungen? Mein Mann – Pastor – bekam einen Anruf. »Können Sie mir helfen? Ich habe Probleme. Aber kommen Sie mir nicht mit Gott!« Am Ende der Gesprächsreihe – es drehte sich um eine voreheliche Beziehung, die nun störend in die Ehe hineinfunkte – fragte mein Mann: »Darf ich doch mal aus meiner Sicht eine Frage stellen?« »Gerne.« Mein Mann: »Was meinen Sie, wenn Sie sich nach Gottes Ordnungen gerichtet hätten, wäre Ihnen dann nicht viel Not erspart geblieben?« Nachdenklich antwortete der Mann: »Da könnten Sie Recht haben!« Gott gab die Gebote doch als Lebenshilfe und nicht aus Schikane.

Eine persönliche Beziehung zu Gott finden

An dieser Stelle möchte ich den Gedanken einmal durchspielen, wie das Leben aussehen könnte, wenn wir wieder eine persönliche Beziehung zu Gott fänden.

Im Glaubensbekenntnis heißt es: Ich glaube an Gott, den Vater. Das heißt doch: Ich glaube, dass Gott wie ein guter Vater – an einer anderen Stelle in der Bibel steht – wie eine Mutter – für mich sorgt, dass er an mir und meinem Ergehen interessiert ist. Was würde solch eine Überzeugung in der Praxis für eine Mutter bedeuten, die sich in der Erziehung so allein gelassen fühlt? Sie brauchte die Last der Verantwortung nicht allein zu tragen. Sie wüsste: Gott kümmert sich um mein Kind, auch Gott will wie ich, dass das Leben meines Kindes gelingt.

Im Gespräch mit Gott könnte sie all die Erziehungsprobleme erörtern. Ich erinnere mich noch genau an meinen ersten Versuch, den ich in dieser Richtung machte. Ein Freund hatte mir gesagt: »Weißt du, dein Reden mit Gott bringt nichts, weil du Gott im Himmel sein lässt oder in der Kirche. Du musst ihn dir als lebendiges Gegenüber in deinem Zimmer vorstellen, so wie die Menschen damals Jesus, den Sohn Gottes, auch konkret vor sich sahen.« Ich hatte damals eine sehr schwierige Klasse. Einige Kinder brachten mich zur Verzweiflung, und ich hatte keine Idee, wie ich mit ihnen umgehen könnte. Also war mein letzter Versuch, dem Rat meines Freundes zu folgen. Ich setzte mich hin und sprach vor Gott all meine Probleme an. Anschließend wartete ich wie bei einem normalen Gespräch auf eine Antwort. Ich erinnere mich heute noch an den tiefen Schrecken, der mich durchfuhr, als ich in meinen Gedanken mit einem Mal Lösungen vor mir sah. Sollte Gott sich so für meine Belange interessieren? Wer sich so auf ein Gespräch mit Gott einlässt, wird merken: Gott antwortet! Manchmal spielt er dem Ratsuchenden ein Buch oder einen hilfreichen Zeitschriftenartikel in die Hände. Ein anderes Mal gibt er einen Gedankenanstoß oder ein gutes Gespräch mit Freunden. Häufig sorgt er für den richtigen Bettnachbarn im Krankenhaus – oder etwas ganz anderes. Wo gehen wir mit unserer großen Not hin, wenn der Mann uns verlässt und seine Sekretärin heiratet? Eine Nachbarin lernte in dieser Zeit – in der sie von Zorn und Bitterkeit fast zerrissen wurde –, eine Beziehung zu Gott anzuknüpfen. Sie entdeckte, wieviel aufbauende Worte in der Bibel stehen. Nachdem die Scheidung durch und sie einigermaßen zur Ruhe gekommen war, sagte sie mir: »Ich möchte gar nicht so viel. Ich habe ein reicheres Leben gefunden.«

Oder was machen wir, wenn unser Kind auf die schiefe Bahn gerät? Vor einiger Zeit traf ich eine Bekannte, deren einziger Sohn, für den sie alles getan hatte, im Gefängnis gelandet war. Da sie geschieden war, hatte sie keinen, der das Leid mit ihr teilte. Und dann die vielen Vorwürfe, die sich gerade Alleinerziehende machen. Einige Zeit später saß sie neben mir im Auto. Sie sagte: »Ich kann wieder schlafen. Ich kann es glauben: Gott lässt meinen Sohn nicht aus den Augen. Er wird sich um ihn kümmern.« Sie hatte das Bibelwort aus dem alten Propheten Jesaja (66, 13) an sich selbst erlebt: »Ich will euch trösten, wie einen seine Mutter tröstet«, spricht Gott.

Aber wie ist das mit dem Selbstwertgefühl, das eine Frau braucht, um ihren Weg zu gehen! Der Psychotherapeut Paul Tournier schreibt in seinem Buch über echte und falsche Schuldgefühle: Jeder Mensch muss, um seine von Gott gewollte Bestimmung erfüllen zu können, sich früher oder später dem Urteil der anderen entgegenstellen – selbst dem der Eltern, Lehrer oder vielleicht sogar religiöser Autoritäten. Wie kann ich das ohne ein gefestigtes Selbstwertgefühl? Wieder komme ich auf meine Frage: Was bringt es, wenn ich Gott glauben kann?

Eine allein erziehende junge Frau hatte eine ganz unerquickliche Arbeitsstelle. Jeder Gang zur Arbeit war eine Qual. Aber sie durfte die Arbeitsstelle nicht verlieren. Eines Tages telefonierten wir miteinander. Ganz erfreut erzählte sie: »Mir ist es wie Schuppen von den Augen gefallen. Jesus, der Sohn Gottes, liebt mich, schätzt mich. Ich bin für ihn wichtig. Was macht es dann aus, wenn die Frau des Chefs mich ablehnt.« Sie konnte am nächsten Morgen ohne Druck auf der Seele zur Arbeit fahren.

Gottes Anerkennung

Gottes Anerkennung heilt unser Selbstwertgefühl. Von dem Sohn Gottes wird folgende Begebenheit berichtet: Er trifft eine Frau, die sechs gescheiterte Beziehungen hinter sich hatte. Das hält Jesus nicht davon ab, sich mit dieser Frau, mit der keiner etwas zu tun haben wollte, über Fragen zu unterhalten, die ihm selbst ganz wichtig waren. Das heißt also, er behandelt diese Frau, die sich aus lauter Minderwertigkeitskomplexen vor den Menschen verkroch, wie eine ebenbürtige Gesprächspartnerin. Er erhebt sie wieder zu einem wertvollen Du. Das Angenommensein von Jesus beflügelt diese Frau so, dass sie alle Menschenfurcht verliert, zu den Nachbarn läuft und ihnen zuruft: »Ich habe den Sohn Gottes getroffen!« Und erstaunlich! Keiner sagt: »Ausgerechnet dir soll er begegnet sein!« Nein, in der Begegnung mit Jesus ist das Selbstwertgefühl dieser Frau so aufgebaut worden, dass sie eine Ausstrahlungskraft hat, die die anderen überzeugt.

Darum geht es: Wir Frauen müssen in der veränderten Situation heute einen Pol finden, nach dem wir uns richten können, und eine Quelle anzapfen, die uns Kraft vermittelt, den richtigen Weg zu gehen.

Die Unzufriedenheit vieler Frauen ist die Folge davon, dass Wesentliches aus dem Gleichgewicht geraten ist.

Die erste Emanzipationswelle half der Frau, ihre vielfältigen Gaben zum Einsatz bringen zu können.

Die zweite Emanzipationswelle brachte die Frau in neue Zwänge. Aus der Chance der Berufstätigkeit wurde das Diktat der Berufstätigkeit. Das führte zur Degradierung der Ehefrau und Mutter zur »Nur-Hausfrau«.

Die Industrialisierung isolierte die Frau, die bisher selbstverständlich am Beruf des Mannes teilnahm.

Der Verlust der Orientierung in unserer Gesellschaft, der der Loslösung von Gott und seinen Werten folgte, entzog der Frau die Basis für Erziehung. Außerdem wurde dadurch der Frau und Mutter die Würde genommen, da nur noch messbare und sichtbare Leistung gefragt war und nicht mehr Liebe, Güte, Geduld, Verzicht und Treue – Werte, von denen eine Gesellschaft lebt.

Es geht für die Frau darum, ein Selbstwertgefühl aufzubauen, das es ihr ermöglicht, in der Manipulation durch die Gesellschaft Prioritäten zu setzen. Dazu braucht sie eine Kraftquelle und einen Orientierungspol. Beides kann in einer lebendigen Beziehung zu dem Gott der Bibel gefunden werden.

Literatur:
Malcolm, Christinnen jenseits von Feminismus und Traditionalismus, ABC Aussaat Verlag, Vluyn
Sue Burnham, Was uns Frauen stark macht, Hänssler Verlag
P. Tournier, Echte und falsche Schuldgefühle, Humata Verlag, Bern
Annegret Harms, Von der Kunst, nein sagen zu können, Johannis Verlag Lahr

Annegrete Harms

Jahrgang 1930, ist verheiratet und war Lehrerin. Jetzt befindet sie sich im gestalteten und genossenen Ruhestand; von ihr sind einige Artikel in diversen Zeitschriften sowie das oben genannte Buch erschienen.

Beruf und Berufung

Gott beruft

Viele Menschen stellen sich das Paradies als eine Art Schlaraffenland vor, in dem Adam und Eva lustwandelten, sich die verschiedenen Früchte schmecken ließen und ansonsten auf der faulen Haut lagen. Die biblischen Schöpfungsberichte beschreiben jedoch, dass die Arbeit von Anfang an zum Menschsein dazugehörte:

»Gott schuf den Menschen zu seinem Bilde, zum Bilde Gottes schuf er ihn; und schuf ihn als Mann und Frau. Und Gott segnete sie und sprach zu ihnen: Seid fruchtbar und mehrte euch und füllțet die Erde und machet sie euch untertan und herrschet über die Fische im Meer und die Vögel unter dem Himmel und über das Vieh und über alles Getier, das auf Erden kriecht« (1. Mose 1, 27–28).

»Und Gott der Herr nahm den Menschen und setzte ihn in den Garten Eden, dass er ihn bebaute und bewahrte« (1. Mose 2, 15).

Es ist also Gottes Absicht, dass die Menschen aktiv die Verwalterrolle in Gottes Schöpfung übernehmen und diese gestalten und bewahren. Mann und Frau haben von Gott die Beauftragung und stehen vor ihm in letzter Verantwortung. Wie hoch Gott dabei die menschliche Mündigkeit und Freiheit einschätzt, wird durch die offene Formulierung deutlich. Gott gibt die Richtung und das Ziel an, für die nötigen kleinen Schritte hat der Mensch den Verstand bekommen.

Vor diesem Hintergrund bekommt Arbeit ihre Würde, denn es gilt, Gottes Gaben zu verwalten. Dazu gibt Gott seinen Segen. Die Bürde der Arbeit kommt erst nach dem Sündenfall:

»Verflucht sei der Acker um deinetwillen! Mit Mühsal sollst du dich von ihm nähren dein Leben lang. Dornen und Disteln soll er dir tragen, und du sollst das Kraut auf dem Felde essen. Im Schweiße deines Angesichts sollst du dein Brot essen, bis du wieder zu Erde werdest, davon du genommen bist« (1. Mose 3, 17b –19).

Schon früh kristallisieren sich Schwerpunkte und Begabungen heraus: *»Abel wurde ein Schäfer, Kain aber wurde ein Ackermann« (1. Mose 4, 2).* Die Berufe werden immer vielseitiger und vielschichtiger. Im Volk Israel wird dann auch eine Unterscheidung gemacht zwischen geistlichen und weltlichen Berufen, die wir bis heute noch so kennen.

Frauen und Männer sind berufen

Im Alten Testament begegnen wir neben vielen Männern auch vielen Frauen, die für eine Aufgabe oder das ganze Leben von Gott berufen werden, z. B.:

Mirjam, die Schwester Moses und Aarons, ist Prophetin und dichtet nach der Rettung am Roten Meer ein Loblied auf Gottes herrliche Befreiungstat. Es wird als ältestes Loblied der Bibel von Generation zu Generation weitergegeben.

Debora wird in einer führerlosen Zeit eine Mutter für Israel, deren Rat geschätzt ist. Die Richterin und Prophetin macht dem Volk Mut zum Kampf und stimmt nach dem Sieg auch ein Lied zu Gottes Ehre an.

Hulda wird als Prophetin durch Priester im Auftrag von König Josia befragt. Sie verkündigt im Namen Gottes das Gericht über das Volk, aber auch einen gnädigen Tod für den demütigen König.

Esther liebt ihr Volk leidenschaftlich und wird Königin am persischen Hof, um die Juden vor der Vernichtung der Feinde zu retten.

Durch Jesus hat der Neue Bund und das anbrechende Gottesreich auch Auswirkungen auf die Frauen und ihre Tätigkeiten: Jesus tritt in Wort und Tat für die in der Schöpfung begründete Gleichwertigkeit von Frauen und Männern ein. Er wertet die Frau gegenüber dem zeitgenössischen Judentum und teilweise auch gegenüber anderen Religionen und Kulturen auf. Die Botschaft von Jesus gilt Frauen und Männern, und er stellt beide in seinen Dienst.

Im Neuen Testament werden berufstätige Frauen genannt wie Tabita, die Schneiderin (Apg 9, 39), oder Lydia, die Purpurhändlerin (Apg 16, 14 ff.). Frauen wie Maria von Magdala gehören zu den ersten Osterbotinnen (Joh 20, 11 ff.). Und im Dienst der jungen Gemeinden sind Frauen aktiv und verantwortlich beteiligt. Phöbe wird in Römer 16, 1-2 als verantwortliche Gemeindemitarbeiterin beschrieben, und Priska setzt zusammen mit ihrem Mann Aquila das Leben für die Mission aufs Spiel (Röm 16, 3).

Arbeit im Familienverband

Arbeit waren jahrhundertelang die oft mühevollen, aber auch schöpferisch-produktiven Tätigkeiten, die zum Lebenserhalt notwendig waren. Dabei umfasste die Frauenarbeit die Grundtypen der Arbeit und war in die Gesellschaft eingebunden: Gebären und Aufziehen des Nachwuchses, Erziehung und Pflege des Heims, Sorge um Nahrung und Kleidung, Betreuung der Kranken und Schwachen.

Agrar- und Handwerksbetriebe waren für die Herstellung von Gütern, den Handel und die notwendigen Dienste zuständig. Arbeitsplatz und Wohnung lagen meist beieinander, und die Großfamilien mit Mägden und Knechten ermöglichten verschiedene Aufgabenbereiche. Katharina Luther ist ein Beispiel für die Vielfalt der Aufgaben, die Kompetenz, Selbstständigkeit und Verantwortung, die eine Frau im Mittelalter hatte. Diese Arbeits- und Aufbauleistung der Frauen fand weithin Beachtung und Respekt, in manchen Zünften waren Frauen fast gleichberechtigt.

Erst die Industrialisierung brachte die Trennung von Arbeitsplatz und Wohnung sowie die unbezahlte Hausarbeit neben der Erwerbstätigkeit. Diese Entwicklung brachte den Frauen deutliche Nachteile. Ihr Weg in Ausbildung und Beruf war steinig und langwierig, Ungerechtigkeiten reichen bis in die Gegenwart: *So weisen auch neue Berechnungen der Vereinten Nationen nach, dass weltweit 70% aller Arbeit von Frauen geleistet wird, während sie am Einkommen nur mit 10% beteiligt sind. Außerdem stellen Frauen etwa 50% der Weltbevölkerung, sie besitzen jedoch nur 1% der Produktionsmittel.*[1]

Diakonisse als Alternative zur Ehe

In Kaiserswerth wurde 1836 die erste Diakonissenanstalt gegründet, 1854 folgte Neuendettelsau. In diesen Mutterhäusern wurde ledigen evangelischen Frauen erstmals außerfamiliäre Existenz auf christlicher Basis ermöglicht. Wer sich in diese

Lebens- und Glaubensgemeinschaft berufen sah, wurde für den Dienst am Nächsten ausgebildet und vor allem zu Kranken, Armen und Kindern gesandt. Die Schwestern verzichteten auf ihren individuellen Arbeitslohn und wurden vom Mutterhaus lebenslang versorgt.

Wie viel innerer und äußerer Widerstand bei diesen Gründungen zu überwinden war, wird auch bei Wilhelmine Canz, Gründerin der Großheppacher Schwesternschaft, deutlich: Als diese von Regine Jolberg, Hausmutter der Anstalt im badischen Nonnenweier, 1850 gefragt wurde, ob sie nicht in Württemberg ein Mutterhaus für Kinderpflegerinnen gründen möchte, antwortete sie: *»Ich sagte, ich passe nicht dazu, von mir könne keine Rede sein; aber ich wollte gelegentlich nachfragen, ob sich nicht jemand hierzu fände.«* Als sie schließlich ihrer Berufung gewiss war und erste Schritte wagte, um das Glaubenswerk zu beginnen, sagte ihr der damalige Prälat Kapff, *»er glaube gerne, dass solch eine Anstalt ein Segen werden könne. Aber wenn man einen Turm baue, müsse man sich zuerst fragen, ob man es habe hinauszuführen. Und da müsse er sagen, sie hätten's nicht.«*[2]

Heute wird das Leben der Diakonissen in Ehelosigkeit, Unterordnung und unbezahlter Liebesarbeit hinterfragt und eher als Einschränkung empfunden. Ursprünglich war es jedoch eine Aufwertung der Frauen (ledige Frauen kamen wie Ehefrauen auch »unter die Haube«, also in einen geschützten und gleichzeitig offiziell anerkannten Raum) und eine Erweiterung des Lebens- und Arbeitsraumes.

Begabung

In 1. Petrus 4, 10 werden Christen aufgefordert: *»Dienet einander, ein jeder mit der Gabe, die er empfangen hat ...«* Wir alle werden von Gott mit vielen Begabungen ausgestattet. Manche sind herausragend und auffallend wie künstlerische, sportliche oder musikalische Fähigkeiten. Aber auch Zuhören können, diplomatisches Geschick und Organisationstalent sind wichtig im zwischenmenschlichen Zusammenleben. Schon die Tatsache, dass wir unsere Sinne beieinander haben, Hände, Herz und Verstand einsetzen können, ist nicht selbstverständlich und ein Grund, unserem Schöpfer immer wieder zu danken. Bei vielen Christen beginnt die Berufung ganz schlicht damit, dass sie ihre Gaben erkennen und einsetzen.

So lebte Wilhelmine Canz mit ihrem Bruder im Pfarrhaus und sah Bedarf für einen Kindergarten in der Gemeinde. Sie bat um eine Kinderschwester aus Nonnenweier, die aber mit der Aufgabe überfordert war. So übernahm Wilhelmine Canz die Leitung der lebhaften Schar, sprang praktisch kopfüber ins kalte Wasser. Und sie wuchs in die Aufgabe hinein, sozusagen »learning by doing«.

Berufung

Es ist fast ein Prinzip, dass nach der Bewährung in kleineren Aufgaben die Verantwortung für größere Bereiche auf uns zukommt. Dabei sind es oft die Menschen in unserer Umgebung, die unsere Fähigkeiten viel höher einschätzen als wir selbst. Manche entwickeln fast prophetische Fähigkeiten und sehen Arbeitsfelder, die die Betreffenden noch gar nicht wahrnehmen. Ich denke da z. B. an meine Supervisorin, die in einer Beratung meinte: »Ich kann mir dich auch einmal gut in der Frauenarbeit vorstellen.« Ich war damals mit Begeisterung in der Kinder- und Jugendarbeit tätig und lehnte dies kategorisch ab: »*Nur* Frauen? – Einen Dienstauftrag ohne Kinderarbeit übernehme ich nie!« Sieben Jahre später bewarb ich mich genau für so eine Stelle und wusste, dass es der richtige Schritt war.

Es ist für unsere Entwicklung sehr wichtig, dass wir immer wieder Menschen begegnen, die unsere Gaben erkennen, uns etwas zu- und anvertrauen. Und Gott benutzt diese Boten, um uns am Bau seines Reiches immer mehr zu beteiligen. Es sind wenige, die rufen: »Hier bin ich! Sende mich!« Die meisten sagen wie auch Wilhelmine Canz: *»... ich passe nicht dazu, von mir könne keine Rede sein; aber ich wollte gelegentlich nachfragen, ob sich nicht jemand hierzu fände.«*

Gespräch mit Gott

Viele Berufungen entwickeln sich in einem längeren Prozess, in den auch das intensive Gespräch mit Gott gehört. Da ist die Bitte um Weisung, die Frage: »Ist das mein Wille oder Gottes Wille?« Da gilt es sorgfältig das Für und Wider abzuwägen. Da kann es ein hartes Ringen sein, Gottes Willen zu bejahen und sich auf einen unbekannten Weg einzulassen. Wilhelmine Canz betete schließlich: *»Jetzt will ich gar nichts mehr tun, will auch nirgends hingehen, als wohin du mich weisest. Und dies soll mir das Zeichen sein, dass es von dir sei, wenn einmal von einer geordneten Behörde, von Pfarrer und Schultheiß aus einem Dörflein ein Ruf kommt.« – Und nun kam am Tag, nachdem Fräulein Canz von Gott das Zeichen erbeten hatte, ein Brief aus dem Dorf Großheppach bei Waiblingen, in dem der dortige Ortspfarrer Spring auch im Namen des Schultheißen ihr das Anerbieten machte, in seiner Gemeinde das geplante Mutterhaus zu gründen.*[3]

Es ist beeindruckend, was Gott aus dem Leben von Menschen

macht, die so vertrauensvoll »Dein Wille geschehe!« beten! Und die Möglichkeiten, wie Gott seinen Willen durch Menschenmund und Bibel, durch Ereignisse und Träume äußert, sind so individuell wie wir Menschen.

Single im Beruf

Es gibt für berufstätige Frauen immer noch Nachteile wie schlechtere Bezahlung bei gleicher Leistung. Manche Berufe sind für Frauen nach wie vor schwer zugänglich, auch in Führungspositionen sind Frauen unterrepräsentiert. Insgesamt hat in Deutschland für Frauen seit dem Krieg eine sehr positive Entwicklung eingesetzt, die auch im Beruf den Frauen eine nie dagewesene Fülle von Möglichkeiten bietet. Da in anderen Kapiteln dieses Buches auf die Situation berufstätiger Ehefrauen und Mütter eingegangen wird, möchte ich mich im Folgenden auf die spezifischen Aspekte der berufstätigen Singlefrau beschränken.

Freiheit

Es ist ein erhebendes Gefühl, den ersten Lohn zu erhalten. Es ist schön, etwas zu leisten und dafür sichtbare Anerkennung zu bekommen. Es befriedigt, Begabung und Ausbildung in einen Beruf einzubringen und Erfolg zu haben. Es macht unabhängig, eigenes Geld zu verdienen und über die Ausgaben entscheiden zu können. Daneben ist die Zusammenarbeit mit anderen Menschen eine Bereicherung; eine sinnvolle, erfüllende Tätigkeit stärkt das Selbstwertgefühl. Wenn Arbeit nicht nur ein Job ist, den wir halt machen müssen, sondern ein Beruf, in den wir uns berufen wissen, wird etwas aus dem paradiesischen Tun lebendig.

Daneben sind aber auch die »Dornen und Disteln« konkret: Leistungsdruck, Stress, Konkurrenz, schlechte Arbeitsbedingungen und -zeiten, Mobbing und drohende Entlassung nehmen in allen Berufen zu. Außerdem sind Alltagstrott, Routine, Erfolglosigkeit und mangelnde Anerkennung nicht nur Erfahrungen von Hausfrauen. Für berufstätige Singles gibt es dazu noch Bereiche, die besondere Beachtung verdienen:

Den Beruf aktiv gestalten

Nicht immer verfügbar sein

Singles müssen sich nicht mit dem Ehemann abstimmen und keine Rücksicht auf ihre Kinder nehmen. Sie sind dadurch mobiler beim Stellenwechsel und flexibler mit ihren Arbeitszeiten. Es besteht jedoch die Gefahr, dass dieser Umstand von Arbeitgeber und Kollegen ausgenutzt wird und die Alleinstehenden schnell für Überstunden, Wochenend- und Feiertagsdienste eingeteilt werden, in der Urlaubsplanung jedoch Schlusslicht sind. Mitunter leben auch die Singles selbst nach dem Motto: »Arbeit ist mein Leben.« Gerade, wenn der Beruf Freude macht und wir »eine gefragte Frau« sind, besteht die Gefahr, das Arbeitspensum immer mehr zu erhöhen, bis die Dauerbelastung zum physischen oder psychischen Zusammenbruch führt.

»Burn-out-Symptome« rechtzeitig erkennen

Burn-out« wurde zum Modewort und wird immer wieder mit normaler Müdigkeit oder gesunder Erschöpfung verwechselt. Darum möchte ich zuerst drei Definitionen anführen:

1. *»Schrittweises Abhandenkommen von Idealismus, Energie und Lebenssinn als Folge der Arbeitsverhältnisse bei Personen, die in untergeordneter Stellung arbeiten.«*[4]
2. *»Geringe psychische Belastbarkeit als Folge von dauerndem Arbeitsstress. Auswirkungen sind:*
   a) erschöpfte Energiereserven;
   b) geringe Widerstandskraft gegen Krankheiten;
   c) zunehmende Unzufriedenheit, Pessimismus;
   d) Leistungsabfall und häufige Abwesenheit im Beruf.«[5]
3. *»Zustand physischer, emotionaler und geistiger Erschöpfung. Dieser Zustand ist eine Folge von enttäuschten Hoffnungen und geplatzten Idealen.«*[6]

Es ist logisch: Ausbrennen kann nur, wer brennt! Gefährdet sind also Menschen, die »Feuer und Flamme« für eine Sache sind und mit großem Engagement, Fantasie, Kreativität und Hingabe einen Beruf ausüben. Dies sind vor allem Berufe im Sozialbereich (Alten- und Krankenpflege, Erziehungs- und Beratungsarbeit), Berufe mit großer Verantwortung (Ärzte, Polizisten), kreative Berufe (Künstler, Journalisten) und kirchliche Ämter (Pfarrer, Diakone, Ordensleute).

Diese Menschen bringen sich sehr stark in ihre Berufe ein, schalten nach Feierabend nicht ab, kommen immer wieder an Grenzen ihrer Möglichkeiten, erleben zu selten Erfolge und Anerkennung. Darum ist der Weg von einem enthusiastischen, idealistischen Berufsbeginn über eine Phase der Stagnation in die Frustrationsphase und schließlich in die apathische Phase oft vorgezeichnet. Es ist wichtig, die Gefahrenzonen zu kennen und dem entgegenzusteuern, bevor das Endstadium erreicht wird. Die eigene Reflexion des Berufs- und Privatlebens, der Austausch im Freundes- und Kollegenkreis und evtl. Hilfe durch Fachliteratur und Beratungsstellen sind dabei für Singles besonders wichtig, weil ihnen das Feedback vom Ehepartner und den Kindern fehlt.

Arbeit und Ruhe in gutem Wechsel gestalten

Mit seiner Schöpfung hat Gott auch dem Leben einen Rhythmus gegeben. Gott bringt den Tag in einen Rahmen, und der Höhepunkt seines Schaffens ist der Ruhetag. Heute lässt sich die Beobachtung, die ein afrikanischer Pfarrer bei seinen Aufenthalten in Württemberg machte, beliebig wiederholen: *»Die Schwaben sind noch fleißiger als der liebe Gott, denn sie schaffen an allen Tagen!«* Es gibt viele Studien, die belegen, dass zu lange Arbeitszeiten schädlich sind, dass Konzentration und Kreativität Grenzen haben, dass Nachtarbeit langfristig krank macht u. Ä. Im gleichen Maß, wie diese Erkenntnisse jedoch zunehmen, werden sie im Arbeitsleben ignoriert. Und auch der Sonntag wird in seiner Feiertagsfunktion immer mehr ausgehöhlt. Ein Gummiband braucht Entspannung, um nicht vorzeitig zu zerschleißen, wie viel mehr der Mensch!

Dank Gottes fürsorglicher Liebe gibt es einen Feierabend und den Sonntag. Wir brauchen diese Oasen im Alltag, um zu entspannen, uns zu regenerieren, in der Stille Gott zu begegnen und Gemeinschaft zu pflegen. Die Entspannung beginnt mit dem Zulassen der Müdigkeit nach der Arbeitszeit und bewussten Wohlfühlaktivitäten: Ein gemütliches Vollbad, die Lieblingsmusik, eine Lesezeit in der Kuschelecke, ein Sonnenbad auf dem Balkon oder ein Spaziergang. Jede kann ihre Formen von »Tankstellen« entdecken. Das »Wie« ist zweitrangig, entscheidend ist es, die Freizeit nicht nur zu verplempern.

Sonntägliche Aktivitäten mit anderen sind für die Singlefrau nicht so einfach zu gestalten: Die verheirateten Bekannten und Freundinnen sind selten an gemeinsamen Unternehmungen interessiert, da das Wochenende der Familie gehört. Es baut auch nicht auf, nur das 5. Rad am Wagen zu sein. Wer aber mit anderen Alleinstehenden etwas unternehmen will, muss in der Regel langfristig planen und organisieren. Das ist aufwändig und verhindert spontane Entschlüsse, sodass manche resignieren oder das Wochenende fürchten.

In unserer Gesellschaft ist die Zahl der Alleinstehenden (Ledige, Witwen, Geschiedene, Alleinerziehende) stark gewachsen und nimmt weiter zu. Leider ist diese Veränderung noch wenig im Bewusstsein der Kirchengemeinden. Im Zusammenhang mit Angeboten zur Sonntagsgestaltung wäre ein Zusammenwirken von Betroffenen und Gemeinden darum wünschenswert.

Das Miteinander von Leib und Seele beachten

Bei einer Alleinstehenden ist kein Ehemann da, der das Mittagessen pünktlich erwartet, und kein Kind, das sein Lieblingsessen wünscht. Essenszeiten und Speiseplan kann eine Alleinstehende frei gestalten. Zwar macht eine gemeinsame Mahlzeit viel mehr Spaß, aber oft werden die Zeiten durch die Arbeitszeit diktiert. So erliegen viele Berufstätige der Versuchung, schnell zwischendurch ein belegtes Brötchen zu essen oder sich mit Fastfood bzw. Fertiggerichten zu begnügen. Die Umsetzung ernährungswissenschaftlicher Erkenntnisse wirkt sich jedoch längerfristig in jedem Fall positiv aus und ist auch ökologisch sinnvoll. Darum sind kleine Tricks angebracht, mit denen die Mahlzeiten ein genussvolles Erleben werden: Ein nett gedeckter Tisch ist z. B. immer animierender als ein schnelles Essen aus dem Kochtopf. Mit einem Gefrierschrank lassen sich Effektivität, Sparsamkeit und Hochwertigkeit der Nahrungsmittel sehr gut vereinbaren. Mit Gleichgesinnten können wir gemeinsam kochen oder uns abwechselnd einladen.

Neben der Ernährung sind Körperpflege und -training entscheidend für den Erhalt der Gesundheit. Leider sind Wartung und Pflege beim Auto selbstverständlicher als bei uns selbst. Da die meisten Berufstätigen heute ihre Tätigkeiten sitzend ausüben, ist ein Ausgleich durch Sport, Wandern, Gartenarbeit o. Ä. ein Muss, wenn unser »Tempel des Heiligen Geistes« nicht vorzeitig zur Ruine verfallen soll. Schon C. H. Spurgeon zitiert den Geistlichen Robert Burton: *»Gelehrte vernachlässigen die Pflege ihres Körpers. Andere Menschen sorgen für ihr Handwerkszeug; der Maler spült den Pinsel aus; ... der Gelehrte aber vernachlässigt das Instrument, das er doch täglich und stündlich gebraucht: sein Gehirn.«* Und seelsorgerlich ergänzt Spurgeon: *»Ein Tag in der frischen Gebirgsluft, ein paar Stunden im Waldesschatten würde vielen unserer geplagten Pfarrer, die nur noch halb lebendig sind, die Spinnweben aus dem Gehirn fegen. Ein kräftiger Schluck Seeluft oder ein tüchtiger Spaziergang im Wind füllt zwar nicht die Seele mit Gnade, aber doch den Körper mit Sauerstoff, was das Nächstbeste ist.«*[7] Dieser Rat ist in unserer verkopften Gesellschaft nicht nur für Pfarrer aktueller denn je!

Die größte seelische Belastung ist für viele Alleinstehende die Einsamkeit. Viele Aktivitäten, oberflächliche Kontakte und sinnvolle Aufgaben können letztlich das fehlende Du nicht ersetzen. Diese Lücke wird nach einem schönen Gemeinschaftserlebnis wie einer Freizeit besonders schmerzlich spürbar. Häufige Umzüge, ungünstige Arbeitszeiten und wenig Freizeit machen es nicht einfach, Freundschaften aufzubauen und zu erhalten. Dazu kommt, dass in manchen Berufen das Erlebte unter die Schweigepflicht fällt. So ist es nicht verwunderlich, dass auf vielen Menschen in sozialen und kirchlichen Berufen die Einsamkeit wie Blei auf der Seele liegt und manche daran zerbrechen.

Eine Änderung ist nur durch bewusste, aktive Beziehungspflege möglich. Wenn sich in lockeren Begegnungen in Gruppen, Gemeinden, Beruf, Verein und Nachbarschaft Sympathie und gleiche Interessen zeigen, kann durch intensivere Kontakte eine Clique oder Freundschaft entstehen. Der offene, ungeschützte Gedankenaustausch mit Freundinnen, die gegenseitige Hilfe, die gemeinsam gestaltete Freizeit sind Kraftquellen, auf die gerade Singles in der Hitze der Berufsjahre nicht verzichten können. Da die Kontaktfähigkeit mit zunehmendem Alter abnimmt, ist der Aufbau eines tragfähigen Beziehungsnetzes eine

Aufgabe im Sommer des Lebens, damit Herbst und Winter noch menschliche Wärmeplätze haben. Denn wir haben zwar die großartige Möglichkeit, mit Gott jederzeit über alles reden zu können. Wir brauchen aber auch den Gedankenaustausch mit unseren Mitmenschen.

Wendezeiten

Es ist sehr selten, dass ein junger Mensch eine Berufung erlebt und diese Aufgabe ein Leben lang gleich bleibt. Bei Frauen ist es oft eine Berufung auf Zeit. Noch stärker als Männer erleben sie Berufung in verschiedene Aufgaben durch Heirat und Kinder:

Da wird ein junges Mädchen ins Ehrenamt berufen, entdeckt darin ihre Gaben und erlernt einen entsprechenden geistlichen oder weltlichen Beruf. Dann begegnet sie ihrem Mann fürs Leben und sieht ihre Berufung in Ehe und engagierter Mutterschaft. Nicht nach dem Motto: »Seit der Geburt des ersten Kindes arbeite ich nicht mehr!« Sondern: »Ich arbeite mit an einem Projekt für die Gesellschaft: Ich will meine Kinder zu lebenstüchtigen und verantwortungsbewussten Menschen erziehen.« Denn Haushalt und Erziehung sind Arbeit und kein Mutterschafts»urlaub« zum Füße hochlegen! Wenn die Kinder größer werden, kann es sein, dass diese Frau sich wieder in einem Ehrenamt engagiert und z. B. Hauskreis- oder Mutter-Kind-Arbeit macht. Viele Frauen wollen oder müssen eine Teilzeitarbeit neben der Familie behalten. Wenn die Kinder dann flügge werden, stellt sich erneut die Frage: Zurück in den erlernten Beruf, Erwerbsarbeit in einem anderen Bereich oder Engagement im Ehrenamt? – Beispiele wie dieses gibt es in vielfältigen Varianten, weil die Personen und Umstände sehr individuell sind.

Auch für Alleinstehende, die im Erwerbsleben bleiben, gliedert sich das Leben in verschiedene Phasen: Missionseinsätze oder ein Dienst in der Jugendarbeit sind sinnvollerweise nicht bis zum Renteneintritt möglich. Nach einigen Jahren stellt sich die Frage nach Gottes Willen neu. Leider werden angemessene Umstiegsmöglichkeiten in allen Berufen immer schwieriger und in manchen, z. B. dem der Erzieherin, fehlen sie ganz.

Die Lebensmitte ist für viele in Beruf und Glauben noch einmal eine einschneidende Umbruchphase. Manche wechseln den Beruf, beginnen eine neue Ausbildung. Einige möchten nicht mehr allein, sondern in einer schwesterlichen Gemeinschaft leben. Daneben lässt sich in verschiedenen Kommunitäten beobachten, wovon schon Johannes Tauler (1300 -1361) schreibt: Schwestern und Brüder verlassen zwischen 40 und 50 Jahren die Gemeinschaft, der sie ursprünglich ein Leben lang angehören wollten. So ist die Lebensmitte eine Sinnkrise, durch die Gott uns zu reiferem Menschsein und tieferem Glauben führen will. Krisenzeiten sind nie angenehm, bieten aber die Chance zu Veränderung und Neuorientierung. Denn Gott hat nicht nur die Berufung, sondern die Berufenen selbst im Blick: *»Wir sind sein Werk, geschaffen in Christus Jesus zu guten Werken, die Gott zuvor bereitet hat, dass wir darin wandeln sollen«* (Eph 2, 10).

[1] A. Lissner, R. Süsssmuth, K. Walter, Frauenlexikon, Herder 1989

[2] Helmut Bornhak, Wilhelmine Canz, Verlag Goldene Worte Stuttgart – Sillenbuch

[3] Helmut Bornhak, Wilhelmine Canz, Verlag Goldene Worte Stuttgart – Sillenbuch

[4] Edelwich, J. / Brodsky, A., Ausgebrannt: das Burn-out-Syndrom in den Sozialberufen. Salzburg 1984

[5] Veninga, R. L. / Spradley, J. P., The Job – Stress Connection. How to cope with job-burn-out. Boston 1981

[6] Pines, A. / Aronson, E. / Kafry, D., Ausgebrannt: vom Überdruss zur Selbstentfaltung.Stuttgart 1983

[7] Helmut Thielicke, Vom geistlichen Reden; Begegnung mit Spurgeon; Quell Stuttgart 1961

Bei Gott sind Frauen und Männer gleichermaßen berufen – oft in verschiedene Dienste. Wer beruft, ist immer Gott, Menschen können uns dabei aber begleiten und entscheidende Wegweisung geben.

Arbeit und Beruf unterliegen ständig einem gesellschaftlichen Wandel. Die Trennung von beruflichem und häuslichem Bereich hat es der Frau erschwert, sich in die gesellschaftlichen Arbeitsprozesse positiv einzubringen.

Für Singlefrauen gestaltet sich das Berufs- und Privatleben anders als für Verheiratete. Weil ihnen die Korrektur und Rückmeldung der Familie fehlt, müssen sie selbst besonders auf ihren Leib und ihre Seele achten. Dazu gehören Wechsel zwischen Anspannung und Entspannung, gesunde Ernährung und die Beachtung der Veränderungen in der Lebensmitte.

Roswitha Eberbach

Jahrgang 1954, ledig, ist Diakonin (Erzieherin und Jugendreferentin). Sie arbeitet als Referentin für evang. Frauenarbeit in den Kirchenbezirken Freudenstadt und Sulz. Von ihr sind bisher Beiträge in Arbeitshilfen für Kinder-, Jugend- und Frauenarbeit und die missionarische Aktion »neu anfangen« erschienen.

Umgang mit Stress

Der Ausdruck »Stress« wird heute sehr häufig und in verschiedenen Zusammenhängen benutzt. »Ich zerbreche mir den Kopf über etwas. Ich habe einen Kloß im Hals. Mir liegt etwas auf dem Herzen. Ist dir etwas über die Leber gekrochen?« Das sind Sätze, mit denen wir sehr bildhaft ausdrücken können, welche psychosomatischen Auswirkungen Stress auf unseren Körper haben kann.

In einer einfachen Definition wird Stress als eine »unspezifische Reaktion, d.h. eine Antwort des Körpers auf Anforderungen, die an ihn gestellt werden« beschrieben. Der Biochemiker H. Selye führte 1950 den Begriff »Stress« in die Biomedizin ein. Er unterschied zwischen Stress und »Stressoren«, d. h. den Stress auslösende Faktoren. Er zeigte, dass Stress in Maßen zur Leistungssteigerung und Kreativität notwendig ist, jedoch die Stresstoleranz der Einzelnen sehr individuell sein kann. Sowohl angenehme als auch unangenehme Erlebnisse können stressen. Forschungen zum Lebenswandel haben gezeigt, dass die Beziehungen zwischen Stress und Krankheit sehr verschiedenartig sein können. Einige Menschen fallen nach einem Verlust (Tod eines Angehörigen) in schwere Depressionen, andere tendieren dazu, gegenüber Krankheiten weniger immun zu sein. Andererseits aber bleiben auch viele gestresste Menschen gesund. Ein Grund dafür ist, wie die betreffende Person extreme Ereignisse kontrolliert. Was als Stress empfunden wird, ist demnach subjektiv, da jeder Mensch unterschiedlich veranlagt und belastbar ist.

Mögliche Stressfaktoren einer berufstätigen Frau

Eine berufstätige Frau ist wahrscheinlich mehr als ein Mann zwischen Beruf und Privatleben hin- und hergerissen. Sie ist ständig gefordert, von der einen zur anderen Welt umzuschalten. Einerseits muss sie den Anforderungen des Berufes gerecht werden und andererseits soll sie zu Hause auf die Bedürfnisse jedes einzelnen Familienmitgliedes eingehen. Wenn dann noch Unvorhergesehenes dazwischenkommt, wie z.B. die Krankheit eines Kindes, kann dies einen gewaltigen Druck erzeugen. Die unverheiratete Frau ist gezwungen, alle Entscheidungen allein zu fällen. Sie muss jeden Einkauf, alle Behördengänge und jeden Handgriff selbst erledigen. All dies kann zu einer Belastung führen, die dann häufig überhaupt keinen Spielraum mehr für persönliche Interessen lässt. Diese müssen einfach hintenangestellt werden.

Weitere Stressfaktoren können sein: Zwänge wie Leistungsdruck, Terminnot und Fließbandarbeit, Angst vor dem Vorgesetzten oder anderen Machtausübenden, Hetze, optische Überreizung durch Massenmedien, Bildschirmarbeit oder eine hässliche Umgebung.

Manche reagieren darauf dann aggressiv und sind unausgeglichen. Andere kommen an den Rand ihrer nervlichen Belastbarkeit, und wieder andere werden körperlich krank. Nicht umsonst sind Kopfschmerzen, Magen- oder Herzbeschwerden häufig psychosomatischer Natur. 50–70% der Patienten, die einen Arzt aufsuchen, haben Beschwerden, die durch Stress zumindest mitverursacht werden.

Sind wir den oben genannten Stressfaktoren hilflos ausgeliefert oder können wir den Negativfolgen entgegensteuern?

Gute Planung

Wenn sehr viel zu tun ist, fehlt oft die innere Ruhe, um eine Sache gelassen zu Ende zu führen. Die Gedanken drehen sich im Kreis, und wir sind oft gar nicht mehr richtig bei der Sache, die wir gerade machen. Deshalb ist es auf jeden Fall hilfreich, immer wieder Planungszeiten durchzuführen. Dies ist auf keinen Fall verlorene Zeit. Zuerst sollte einfach alles aufgeschrieben werden, was einem in den Sinn kommt – alle großen und kleinen Tätigkeiten. Danach wird eine Prioritätenliste erstellt. Das, was unbedingt erledigt werden muss, bekommt die höchste Dringlichkeitsstufe. Das, was weniger wichtig ist, bekommt die nächste Stufe. Dann wird in einer weiteren Spalte die Zeit kalkuliert, die voraussichtlich dafür benötigt wird. Zum Schluss wird alles in die richtige Reihenfolge gebracht. Auf jeden Fall muss auch noch ein genügend großer Zeitpuffer für Unvorhergesehenes (z. B. Telefonate) eingeplant werden. Durch das Aufschreiben und Strukturieren fällt es dann leichter, ähnliche Arbeiten zusammenzulegen. Ich stehe nicht mehr so sehr in der Gefahr, mich zu verzetteln. Z. B. können wir bei einer Tour durch die Stadt verschiedene Tätigkeiten koordinieren (Lebensmittel einkaufen, auf dem Rathaus vorbeigehen und den Besuch im Krankenhaus machen). Das Vorausdenken und Planen gibt mir ein gewisses Sicherheitsgefühl. Dadurch kann ich dann auch wieder ganz bei der Sache sein, die ich gerade erledige.

Bei diesen Planungen sollte ich dann auch überlegen, auf welchen Ballast ich vielleicht verzichten kann. Warum muss z. B. vor einem Familienfest noch Großputz gemacht werden? Nachher ist das Putzen vielleicht dringender nötig als vorher. Oder wie kann ich mir an anderer Stelle Erleichterung verschaffen, z. B. ein weniger aufwändiges Essen kochen?

Nein sagen lernen

Manche Menschen neigen dazu, anderen jeden Gefallen zu erfüllen. Manchmal steckt dahinter die Angst, eigenes Ansehen zu verlieren. Ein so genanntes Helfersyndrom kann dazu führen, eigene Interessen immer zurückzustellen und immer nur für andere da sein zu wollen. Die christliche Nächstenliebe fordert uns zwar dazu auf, den Nächsten zu lieben, aber andererseits hat Jesus selbst seinen Jüngern immer mal wieder Ruhe verordnet. Aus diesem Grund sollten wir uns immer wieder überlegen, wo wir mit gutem Gewissen zu einer Aufgabe oder einer Anfrage Nein sagen sollten. Manchmal ist es hilfreich, solche Entscheidungen im Gespräch mit jemand anderem zu fällen.

Prioritäten richtig setzen

Wir leben in einer Zeit der schier unbegrenzten Möglichkeiten. Problemlos ließe sich unsere Zeit x-fach mit Dingen füllen, die wir gerne tun würden oder tun sollten. Häufig setzen wir uns dann selbst unter Druck, indem wir so viel wie möglich in einen Tag hineinpacken. Hier ist es wichtig, sich immer wieder selbst zu hinterfragen: Was ist wirklich wichtig in meinem Leben? Was sind meine Ziele? Was will ich erreichen? Danach werden alle Aktivitäten mit Prioritäten versehen. Konsequenterweise bleiben dann eben einige Dinge unerledigt. Es ist ein Lernprozess, manche Dinge anstehen zu lassen und nach dem Motto zu leben: Morgen ist auch noch ein Tag.

Mit Unveränderbarem leben lernen

Sowohl im Beruf als auch in der Familie gibt es Dinge, die sich einfach nicht ändern lassen. Meistens können wir uns weder unseren Chef noch unsere Kolleginnen und Kollegen aussuchen. Probleme sind vorprogrammiert, wenn der eine zielorientiert arbeitet und der andere personenorientiert denkt. Oder wenn es große Unterschiede in der Denkweise, in der Art des Humors oder der Krisenbewältigung gibt. Innere Auflehnung und der Versuch, aus den Gegebenheiten auszubrechen, sind hier nicht die richtige Lösung. Vielmehr sollten wir uns aktiv mit der Situation auseinander setzen, uns in die Denk- und Handlungsweise des anderen hineinversetzen, seine Argumente sehen lernen. Je besser es gelingt, die Sache aus der Sichtweise des anderen zu betrachten, desto mehr schwindet die eigene Auflehnung. An dieser Stelle sollten wir auch um innere Gelassenheit ringen. Weil sich eben manche Dinge nicht ändern lassen, ist es am besten, wenn wir uns mit ihnen arrangieren. Außerdem: Das Gebet für den »Problem«-Menschen oder die »Problem«-Situation bewirkt oft wahre Wunder.

Ruhezeiten einplanen

Ganz wichtig ist es auch, immer wieder Ruhezeiten einzuplanen. Es ist hilfreich, diese wirklich langfristig zu planen und sich auch einen gewissen Rhythmus anzugewöhnen.

Unser Leben besteht aus lauter Zeiteinheiten: Sekunden, Minuten, Stunden, Tage, Wochen, Monate und Jahre. Es ist sinnvoll, die 24 Stunden eines Tages nicht einfach nur mit Aktivitäten zu verplanen, sondern jeden Tag auch für sich selbst ein wenig ganz persönliche Zeit zu reservieren. Auch eine Zeit der Begegnung und des Gesprächs mit Gott tut unserer Seele gut.

Gott schenkte uns den Sonntag, damit unsere Arbeitswoche durch einen freien Tag unterbrochen wird. Es ist gut, wenn sich dieser Tag von den anderen Tagen etwas abhebt. Folgendes könnte dabei hilfreich sein.

Sich Zeit nehmen für Gott; Gottesdienst besuchen, Bibel lesen, Beten sind das Atemholen der Seele.

Den Sonntag von Alltäglichkeiten freihalten. Alle Arbeiten, die nicht unbedingt an diesem Tag erledigt werden müssen, sollten an diesem Tag auch nicht gemacht werden. Nicht weil Gott es mir verbietet, sondern weil ich mir selbst damit etwas Gutes tue.

Sich Zeit nehmen für andere. Am Sonntag ist jeder etwas entspannter. Von daher ist es auch schön, diesen Tag bewusst mit der Familie oder mit Freunden zu erleben.

Von Zeit zu Zeit ist es aber auch nötig, eine längere Zeit auszuspannen und richtig Urlaub zu machen. Der Urlaub ist nicht dazu da, alle liegen gebliebene Arbeit aufzuarbeiten. Im Urlaub sollte die Möglichkeit bestehen, Zeit zu haben für ganz andere Dinge, die den Alltag sonst nicht prägen.

Für körperlichen Ausgleich sorgen

Sehr viele Menschen klagen über Rückenschmerzen und Verspannungen – typische Stresssymptome. Ärzte sagen, dass durch Bewegung viel Stress abgebaut wird. Solange der Schmerz groß genug ist, machen wir die verordnete Gymnastik gerne. Doch sobald dieser nachlässt, ist der gute Vorsatz wieder vergessen. Deshalb ist es hilfreich, sich einen festen Termin in der Woche für irgendeine körperliche Betätigung zu reservieren und sich am besten einer Sport- oder Gymnastikgruppe anzuschließen. Dieser Termin im Kalender sollte eine hohe Priorität haben.

Sich selbst etwas Gutes gönnen

Bei manchen geht es nach dem Motto: »Immer sparen, schaffen, rennen«, doch das andere gehört auch dazu: »Auch Nichtstun muss der Mensch noch fertig bringen.« Ganz besonders die etwas perfektionistisch veranlagten Charaktere neigen dazu, von morgens früh bis spät in die Nacht zu schaffen und zu werkeln. Sich selbst tun sie nie etwas Gutes, und nach einer gewissen Zeit kann sich eine große Unzufriedenheit einstellen. Diese kann sich darin äußern, dass wir an anderen herumnörgelt, und sie uns nichts recht machen können. Mit der Zeit können wir uns selbst nicht mehr leiden und die anderen auch nicht. Bei der Planung (siehe vorn) sollte deshalb auch eine Spalte »Persönliches« enthalten sein: ein Konzertbesuch, ein gutes Buch lesen, ein gemütlicher Einkaufsbummel usw. Nur wer sich selbst etwas Gutes tun kann, wird es auch anderen nicht neiden.

Freundschaften pflegen

Jede Frau sollte außerhalb ihrer Familie auch noch Freunde haben, mit denen sie sich austauschen kann. In dem Buch »Der kleine Prinz« von Antoine de Saint-Exupéry wird erzählt, dass der kleine Prinz auf der Suche nach Freunden war. Da antwortete ihm der Fuchs: »... da es keine Kaufläden für Freunde gibt, haben die Leute keine Freunde mehr. Wenn du einen Freund willst, so zähme mich!« Hier wird beschrieben, dass wir gute Freunde nicht einfach an jeder Ecke finden. In eine gute Freundschaft müssen wir auch Zeit investieren. Eine gute Freundschaft besteht aus Nehmen und Geben. Es muss ein Vertrauensverhältnis bestehen, damit auch einmal ungeschützt Dinge gesagt werden können. Es tut so gut, sich manches von der Seele reden zu können, und häufig zeigt sich dann allein durchs Erzählen schon eine Lösung. Augustin sagte: »Ohne einen Freund kommt nichts in der Welt uns freundlich vor.« Deshalb:

Es ist nicht umsonst, in eine Freundschaft Zeit und Kraft zu investieren.

Bewertung der Stressfaktoren

Der Glaube an Gott gibt Halt

Jesus sagte: Kommt her zu mir alle, die ihr mühselig und unter Stress seid. Wenn ich weiß, dass Gott mein Vater ist, gibt mir dies Kraft, um den Tag zu bewältigen. Dieses Grundwissen kann helfen, Hoffnung zu schöpfen und die mich bedrängenden Stressfaktoren anders zu bewerten.

Sinnfrage klären

Manchmal gibt es Tage, da läuft alles quer. Ein Missgeschick kommt zum nächsten. Dann passiert es sehr schnell, dass wir die Schuld bei uns suchen und uns in heftige Selbstvorwürfe verstricken. Häufig sind pauschale Selbstanklagen die Folge:

»Du kannst halt nichts.« »Du lernst das nie.« »Alle anderen sind viel besser.« In diesen Situationen ist es unheimlich gut zu wissen, wie Gott über mich denkt:

- Gott liebt mich bedingungslos.
- Gott versteht mich.
- Gott hat mich angenommen.
- Ich bin sein Kind.
- Gott kennt mich und ist für mich.
- Ich bin wert geachtet vor ihm als Persönlichkeit.

Er hat mich begabt, er hat mich bejaht, er hat mich bei meinem Namen gerufen und mir gesagt: Du gehörst mir (Jes 43,1).

Wenn ich mich auf diese Aussagen einlasse, d. h., darüber nachdenke und es zulasse, dass mir dies ganz persönlich gilt, wird sich meine innere Einstellung ändern, und ich komme aus obigem Denkschema heraus. Wenn ich mich selbst bejahen kann, werde ich meine Aufgaben anders anpacken. Weil sich meine Einstellung geändert hat, wird sich auch das Ergebnis ändern.

Stress gehört zum Leben. Die Umstände, die Stress auslösen, lassen sich häufig nicht ändern.

Auf Überforderung reagieren wir oft mit psychosomatischen Störungen.

Mögliche Gegensteuerungsmaßnahmen sind eine gute Planung, das Nein sagen lernen, Prioritäten richtig setzen, mit Unveränderbarem leben lernen, Ruhezeiten einplanen, für körperlichen Ausgleich sorgen, sich selbst etwas Gutes gönnen, Freundschaften pflegen.

Wer sich mit Gottes Augen sehen lernt, bekommt ein neues Bewertungsschema. In Gott habe ich Kraft, Stress positiv zu bewältigen.

Literatur:
Kurt Scherer, Mit Stress leben, Hänssler-Verlag
Michael Dieterich, Handbuch Psychologie und Seelsorge, Brockhaus

Ingerose Finkbeiner

Jahrgang 1953, ist ledig und gelernte Bankkauffrau. Im Moment ist sie Sekretärin bei der Liebenzeller Mission; sie ist mitverantwortlich für die Single-Arbeit der Liebenzeller Mission und hat die Redaktion der Single-Zeitschrift »WIR« unter sich.

Kann eine Frau alles haben? Frauen zwischen Familie und Beruf

In Gesprächen mit jungen Müttern begegnet mir immer wieder eine starke Verunsicherung: »Ist es wirklich richtig, wenn ich »nur« zu Hause bei meinen Kindern bin? Habe ich dazu eine aufwändige Berufsausbildung gemacht, um jetzt zu Hause zu versauern? Gehört nicht Karriere und Gestaltung eines Berufs auf jeden Fall zu erfülltem Frausein dazu? Ist mein Leben auch dann sinnvoll, wenn ich meinen Beruf ganz oder vorläufig an den Nagel gehängt habe?« So wird immer wieder nachgedacht und gefragt.

»Nur« Hausfrau oder Mutter sein ist angeblich längst überholt und kann eine Frau nicht wirklich ausfüllen und glücklich machen – so wird uns gesagt. Viele junge Mütter entwickeln darum schon bald ein Gefühl der Minderwertigkeit, wenn sie *nur* bei ihren Kindern zu Hause sind, während die Nachbarin sich – trotz kleiner Kinder – schon längst wieder in ihrem Beruf verwirklicht.

Doch stimmt es wirklich, dass wir erst dann ein erfülltes Leben haben, wenn wir uns in gesellschaftlichen Positionen exponiert und durch Karriere und Selbstverwirklichung Erfolg gehabt haben? Wird unser Leben dadurch mehr wert? Ist der Preis, den wir dafür zahlen, nicht zu hoch?

Immer häufiger werden Stimmen laut, die den Weg von Müttern in die berufliche Selbstverwirklichung hinterfragen. Frauen, die heute selbst Mütter sind und Karrierefrauen als Mütter hatten, bedauern die Verluste und Defizite, die sie in der eigenen Kindheit erlebt haben, und wollen es selbst bewusst anders machen.

Sybille S. (35): »Wenn Mutti in aller Frühe aus der Wohnung ging und mich mit der Oma zurückließ, lugte ich oft durch die Gardinen hinter ihr her und musste weinen.« Heute zieht sie kritisch Bilanz: »Meine Mutter war beruflich angesehen, machte gutes Geld. Aber mein Vater verdiente als Uni-Professor auch nicht schlecht. Ganz ehrlich: Auf den finanziellen Wohlstand hätte ich gerne verzichtet, wenn Mutter mehr Zeit gehabt hätte.«

Beruf und Kinder

Wenn Frauen einem Beruf nachgehen, besteht die Gefahr, dass die Familie und die Kinder hintenanstehen. Sicher ist es nicht richtig, mit schnellen Antworten oder Verurteilungen bei der Hand zu sein, wenn junge Mütter heute berufstätig sind. Dafür kann es viele Gründe geben – auch finanzielle Notwendigkeiten oder familiäre Zwänge. Allein erziehende Mütter haben oft gar keine andere Wahl. Erstaunlich ist, wie fantasievoll diese oft mit ihrer knappen Zeit und ihren eingeschränkten finanziellen Möglichkeiten umgehen und ihr Leben gestalten.

Aber trotzdem: Hinter mancher Karriere steckt ein Suchen nach Sinn und Erfüllung, ein Fragen danach, was ein Leben spannend und interessant macht. Karrierefrauen meinen oft, die Antwort darauf in der beruflichen Selbstverwirklichung zu finden. Doch stimmt das wirklich? Wird ein Leben durch Erfolg und Anerkennung wertvoller?

Ist nicht die Herausforderung, heute Familienfrau zu sein, Kinder zu begleiten, zu prägen und zu erziehen ein nicht ebenso wichtiger Auftrag? Die Kinder sind es doch, die am allermeisten unter dem Spagat leiden, den wir Frauen heute oftmals veranstalten.

Michael Gorbatschow schreibt in seinem Buch »Perestroika«:

»... in den Jahren unserer schwierigen und heroischen Geschichte haben wir es versäumt, den besonderen Rechten und Bedürfnissen der Frauen, die mit ihrer Rolle als Mutter und Hausfrau und ihrer unerlässlichen erzieherischen Funktion zusammenhängen, genügend Beachtung zu schenken. Heute engagieren sich die Frauen in der wissenschaftlichen Forschung, arbeiten auf Baustellen, in der Industrie und im Dienstleistungssektor und sind schöpferisch tätig und haben daher nicht mehr genügend Zeit, um ihren täglichen Pflichten zu Hause nachzukommen – dem Haushalt, der Erziehung der Kinder und der Schaffung einer familiären Atmosphäre. Wir haben erkannt, dass viele unserer Probleme – im Verhalten vieler Kinder und Jugendlicher, in unserer Moral, der Kultur und der Produktion – zum Teil durch die Lockerung der familiären Bindungen und die Vernachlässigung der familiären Verantwortung verursacht werden. Dies ist ein paradoxes Ergebnis unseres ernsthaften und politisch gerechtfertigten Wunsches, die Frau dem Mann in allen Bereichen gleichzustellen. Mit der Perestroika haben wir angefangen, auch diesen Fehler zu überwinden, aus diesem Grund führen wir jetzt in der Presse, in öffentlichen Organisationen, bei der Arbeit und zu Hause hitzige Debatten über die Frage, was zu tun ist, um es den Frauen zu ermöglichen, zu ihrer eigentlichen weiblichen Lebensaufgabe zurückzukehren.«

Wir befinden uns in der Gefahr, in unserer Gesellschaft dieselben Fehler zu begehen. Wir meinen, unser Leben würde sinnvoller durch einen Beruf, durch Karriere und Erfolg. Dabei wird uns aber vieles von dem, hinter dem wir Frauen herjagen, von der Werbung oder von Familienserien im Fernsehen eingeflüstert: Die »einfache« Hausfrau und Mutter steigt aus den »Niederungen« ihres Daseins empor und macht eine Bilderbuchkarriere. Das spielt sich dann natürlich so ab, dass weder die Ehe noch die Familie und schon gar nicht die Gesundheit der immer tüchtigen Frau darunter leiden – im Film. Nur in der Realität, die solche Frauen dann erleben, sieht es doch oft ganz anders aus. Neben dem Stress im Beruf überfallen sie die nicht erledigten Haushaltsaufgaben, die Kinder und der Ehemann haben Erwartungen. Von den Medien und Frauenzeitschriften wird ihr dann noch eingeflüstert, dass sie auch noch an sich und ihre Fitness denken sollte. So wird aus der Selbstverwirklichung eine einzige Stressspirale, die in Wirklichkeit keinen Spaß mehr macht.

Natürlich gibt es auch Frauen, die sich ihren Alltag so einrichten können, dass sie Kinder und Beruf miteinander vereinbaren können – und dabei an allem noch Freude haben. Sie haben einen Beruf, der ihnen Spaß macht, der ihnen einen gewissen Ausgleich verschafft und den sie vielleicht in Teilzeit neben Kindern und Haushalt wahrnehmen können – aus einem inneren Engagement um der Sache willen. Andere wiederum sind durch äußere Zwänge an einen Beruf gebunden. In manchen Bereichen hat eine Frau mit über 40 Jahren keine Chance mehr, wenn sie nicht zumindest durch Teilzeitarbeit und Fortbildungsmöglichkeiten auf dem Laufenden geblieben ist.

Aber die andere Seite müssen wir eben auch sehen. Viele Mütter, die nicht unter diesem Zwang stehen, weder von der beruflichen Perspektive noch von den finanziellen Möglichkeiten her nehmen Hektik und Stress auf sich (schnell zur Tagesmutter hetzen, dann Hektik und Ärger bei der Arbeit, dann wieder auf Zeit zurückhetzen und dann heimkommen: Haushalt, Kind, eigene Müdigkeit ... usw.), nur um nichts zu versäumen, um sich selbst zu verwirklichen. Jahre später nach ihren Erfahrungen befragt kommt dann oft auch viel Selbstkritik auf. Zu wenig haben sich die Frauen Zeit genommen, um nachzudenken und kritisch zu reflektieren, ob das Leben, das sie führen, eigentlich dem entspricht, wie sie wirklich leben wollen. Viele Erlebnisse mit ihren Kindern haben sie auf diese Weise versäumt, nur um angeblich Karriere zu machen oder um »in« zu sein. Chancen des Prägens, des Wertesetzens in den ersten Lebensjahren der Kinder gingen für immer verloren, weil der Beruf wichtiger war.

Hirnforscher in den USA kamen zu interessanten Ergebnissen: Das Gehirn eines Menschen erfährt in den ersten vier Jahren seines Lebens die größte Prägung. Diese Programmierung fällt wesentlich positiver aus, wenn ein Kind liebevolle und Anteil nehmende Eltern hat, als bei Kindern, die sich häufig selbst überlassen sind. Vergleiche zwischen Kindern in Kinderkrippen und zu Hause erzogenen Kindern ergaben, dass Kinder in Kinderkrippen deutliche Defizite in ihrer Gehirnentwicklung aufwiesen und dadurch bedingt auch in ihrem Sozialverhalten, ihren Lernvoraussetzungen und ihrer motorischer Entwicklung.

Andere Untersuchungen unterstreichen diese Ergebnisse noch: Kleinkinder, die in Kindertagesstätten oder einer anderen Art von Tagespflege betreut wurden, haben ein wesentlich höheres Aggressionspotenzial, eine niedrigere Frustrationsschwelle, eine schlechtere Bindungsfähigkeit und ein weniger positiv ausgeprägtes Sozialverhalten als Kinder, die zu Hause bei ihren Müttern betreut wurden. Ein Grund besteht nach deren Untersuchungen auch darin, dass Menschen, die Kinder während des Tages betreuen, meist darin eben nur einen Job sehen, eine Arbeit, die sie tun, um Geld zu verdienen. Die wenigsten bringen das innere Engagement auf, die Kinder zusätzlich zu dem Notwendigsten auch noch prägen und führen zu wollen. Selten kommt es vor, dass sie eine intensive echte Lebens- und Liebesbeziehung zu den ihnen anvertrauten Kindern aufbauen. Schon allein das Wissen darum, dass solche Beziehungen immer nur auf Zeit, eben nicht auf Dauer sein können, prägt den vorläufigen und damit auch oberflächlicheren Charakter einer solchen Beziehung. Aus all diesen Ergebnissen ziehen sie den Schluss, dass Babys für eine gesunde psychische Entwicklung über zwei Jahre konstant die Möglichkeit brauchen, sich fest an eine Bezugsperson zu binden. Nur so können sie entscheidende Lebensgrundlagen wie Sicherheit und Stetigkeit, Verlässlichkeit und Geborgenheit entwickeln.

Solche und ähnliche Untersuchungen führten dazu, dass in den USA jetzt in der Familienpolitik nach neuen Rahmenbedingungen gesucht wird. Die gesellschaftliche Bedeutung des Mutterseins wird wieder neu entdeckt. Für Frauen sollen bessere Bedingungen geschaffen werden, um ganz für die Kinder da sein zu können.

Gesellschaftliche Aufwertung des Mutterseins

Damit ein Umdenken in diesem Bereich stattfindet, braucht es aber auch eine gesellschaftliche Aufwertung des Mutter- und Hausfrauseins. Leider hat die *typische Hausfrau* kein gutes Image in der Öffentlichkeit. Von Bankkauffrauen, Friseusen oder Verkäuferinnen erwartet man, dass sie hübsch und adrett gekleidet, höflich, gut gelaunt, pünktlich und zuverlässig sind. Das Bild der Hausfrau dagegen ist eher das Bild einer grauen Maus, die sich minderwertig fühlt, die unorganisiert ist und vielleicht sogar schlampig aussieht und eher primitiv und oberflächlich wirkt.

Das Bild der berufstätigen Frau steht in der Meinung der Öffentlichkeit wesentlich höher als das der Frau, die sich »nur« um Kinder und Haus kümmert, obwohl der Alltag einer Hausfrau (oder besser Familienfrau) – in Anbetracht der einzelnen Funktionen und Arbeitsabläufe – mindestens so spannend und abwechslungsreich wie der einer berufstätigen Frau ist: Sie ist Innenarchitektin, Raumdekorateurin, Floristin, Hauswirtschaftsleiterin, Köchin, Taxifahrerin, tätig in Alten-und Krankenpflege, meistens hat sie das Urlaubs,- Konto- und Termin-Management unter sich, sie wird in der Tierhaltung, in der Bauleitung und im Gartenbau gebraucht, sie kennt sich in Textil- und Raumpflege und vielem anderen mehr aus. Oft ist sie zusätzlich noch Nachhilfelehrerin und psychologische Beraterin. Kinder großzuziehen, für sie Verantwortung zu übernehmen, ist eine nicht zu unterschätzende, gesellschaftlich und kulturell eminent wichtige Aufgabe. Würde die Arbeit einer Mutter und Hausfrau bezahlt werden, würden wir alle diese Dienste berechnen, die sich nicht auf einen 8-Stunden-Tag beschränken, sondern oftmals ein Engegement von bis zu 14 Stunden pro Tag bedeuten, käme ein stattliches Monatsgehalt von mindestens DM 5 000,- heraus.

Eine Mutter, die sich ganz bewusst für das Hausfrau-Sein entschieden hatte, sagte einmal: *»Ich arbeite in einer der wichtigsten Stätten des Atomzeitalters, in der Charaktere geprägt und Menschen der nächsten Generation geschult werden. Ich bin Hausfrau und Mutter von drei Kindern.«*

Darauf kommt es an: dass wir neu entdecken, wie wichtig unsere Aufgabe als Mutter ist. Natürlich erleben wir so manche Frustration, wenn wir unsere Kinder groß werden sehen, und fragen uns manches Mal: »Habe ich mir das so vorgestellt? Habe ich als Mutter versagt, wenn ich sehe, was aus ihnen geworden ist?« Und doch gilt: Kinder die tagaus, tagein zu Hause allein sind, sich allein ihr Essen machen oder kaufen müssen, nachmittags allein bei den Hausaufgaben und vor dem Fernseher sitzen und abends in Diskos oder auf der Straße nach Abwechslung suchen, leiden unter innerer Heimatlosigkeit und unter Wohlstandverwahrlosung. Äußerlich haben sie alles: Sie haben zu essen, die neueste Mode und vielleicht ein teures Hobby und jedes Jahr einen oder mehrere kostspielige Urlaubsaufenthalte. Das alles finanzieren die Eltern oft mit dem zweiten Gehalt der Mutter. Aber innerlich sind viele solche Kinder oft arm – arm an Beziehungen, arm an Gesprächen, arm an körperlicher

Nähe, Zärtlichkeit und Geborgenheit. Entscheidender als aller äußerer Wohlstand ist für Kinder das innere Zuhause. In den Schulen erleben es die Lehrer, dass zunehmend gestörte Kinder die Klassen prägen. Ein aggressives Grundpotenzial herrscht vor, Kinder werde immer weniger fähig, Verantwortung zu übernehmen; Süchte unter Kindern und Jugendlichen nehmen zu. Ein Grund liegt sicherlich darin, dass immer weniger Kinder ein Zuhause mit Nestwärme und Geborgenheit erleben. Es ist ein Trugschluss zu meinen, Kinder wären glücklich, wenn man ihnen alle materiellen Wünsche erfüllt. Was Kinder am meisten brauchen, ist Zeit, Gespräche, Menschen, die sie wichtig nehmen und auch in den Sturmzeiten des Lebens zu ihnen stehen und mit ihnen gehen. Auch pubertierende Kinder brauchen noch viel zeitliches Engagement, brauchen das Gespräch und die Auseinandersetzung.

Genau darin besteht unser gesellschaftlicher Beitrag als Mütter, unseren Kindern ein Zuhause mit Geborgenheit und Sicherheit zu geben. Wie viel Kosten könnte der Staat an späteren Therapien sparen, wenn die Lebensgrundlagen für die Kinder richtig gelegt worden wären. Auch im Blick auf diese Entwicklungen sollte das »Mutter sein« gesellschaftlich und politisch unbedingt neu bewertet werden.

Es ist unsere besondere Chance und Gabe als Frauen und Mütter, dass wir hier Charaktere prägen, Menschen zu verantwortlichen Mitgliedern unserer Gesellschaft heranziehen. Der »Erfolg« ist uns nicht garantiert, aber letztlich leben wir in unserem Leben auch nicht vom Erfolg, sondern von der Hingabe und davon, dass wir unserer Bestimmung gemäß leben. Unser Leben gewinnt an Tiefe, wenn wir unsere Verantwortung wahrgenommen, uns den Herausforderungen unseres Leben gestellt haben – auch wenn sie schwer, mühsam, unkonventionell oder gegen den Trend waren.

Die Not der allein erziehenden Mütter darf uns dabei nicht aus dem Blick geraten. Ihr Alltag ist mit vielerlei Hindernissen belastet, und die Anforderungen von Beruf und Kindern erfordern viel Management, um allem und allen einigermaßen gerecht zu werden. Wir können Modelle entwickeln, mit denen wir uns gegenseitig helfen. Warum nicht als Familienmutter eine Patenschaft für eine allein erziehende Mutter entwickeln? Warum nicht wenigstens zeitweise einer allein erziehenden Mutter die Kinder abnehmen und ihr so Lasten erleichtern, die manchmal schwer genug zu tragen sind?

Keine Frage, es gibt Frauen, die berufstätig sein müssen. Es kann Formen der Zeitgestaltung geben, die es einer Mutter ermöglichen, wirklich Beruf, Erziehung und Haushalt unter einen Hut zu bekommen. Meist sind dann Großeltern oder der Ehemann für die Kinder da und teilen sich zumindest zeitweise das Engagement in der Erziehung und im Haushalt. Wo dies gelingt, ist einer Frau nur zu gratulieren.

Sobald aber das Kind zu einer Tagesmutter gebracht werden muss, bleibt unterm Strich vom Geld nicht mehr viel übrig. Und was ist dann das Motiv? Die Jahre, in der unsere Kinder zu Hause sind und rund um die Uhr versorgt werden müssen, sind zeitlich begrenzt, darum ist es wichtig, diese auch auszukosten und auszuschöpfen. Das Erwachsenwerden der Kinder geht schneller, als wir wollen.

Kann eine Frau alles haben?

Nein – zumindest nicht alles auf einmal.

Wir können nicht allem erste Priorität einräumen, ohne dass wir innerlich daran kaputtgehen. Irgendwo muss eine Frau eine klare Entscheidung treffen, was für sie vorrangig ist: Karriere oder

Kind. Da braucht es viel Zeit und Gespräche, um das wirklich verantwortlich abzuwägen: »Was ist meine Lebensverantwortung und meine Herausforderung?«

Wenn eine Mutter voll im Beruf engagiert und gefordert ist, plagen sie heimlich doch immer wieder Gewissensbisse und Schuldgefühle. Gewissensbisse und Schuldgefühle aber sind schlechte Erziehungsberater. Im Tiefsten spürt jede Frau, die Kinder hat, dass ihre erste Lebensberufung darin besteht, für ihre Kinder da zu sein, sie zu begleiten, zu prägen, ihnen Werte mitzugeben und Ziele, für die es sich zu leben lohnt. Wenn darum eine Berufstätigkeit für eine Mutter unumgänglich ist, sollte sie nach Formen der Zeitgestaltung suchen, die es ihr dennoch ermöglichen, den Kindern so weit wie möglich erste Priorität einzuräumen. Kinder spüren genau, was an erster Stelle steht und wer oder was den Eltern wichtig ist.

Sind die Kinder einmal größer, ist der Schritt in den Beruf dann auch leichter und oft auch harmonischer. Es ist allemal gut und wichtig, sich darum auch in der Erziehungsphase Horizonte darüber hinaus zu bewahren: Gaben nicht verkümmern lassen; möglicherweise Dienste über den Familienbereich hinaus wahrnehmen oder ein Hobby pflegen; das Gespräch mit anderen Menschen in ähnlichen und in ganz gegensätzlichen Lebenssituationen suchen; sich mit den Trends unserer Zeit kritisch auseinander setzen oder auch durch stundenweise Arbeit, durch Fachzeitschriften, Weiterbildung oder Arbeit auf Honorarbasis ein Stück weit ›im Beruf bleiben‹.

Es gehört zu der besonderen Herausforderung des Mutterseins, in den entscheidenden Lebensjahren einerseits ganz für unsere Kinder da zu sein und Zeit, Kraft und Liebe für sie zu investieren, dann aber andererseits auch im rechten Moment wieder loszulassen und uns neuem und anderem zuzuwenden. Wir dürfen unsere Wertigkeit weder an beruflicher Leistung oder an finanziellem Ertrag definieren noch aus dem, was aus unseren Kindern geworden oder nicht geworden ist. Letztlich erfüllt sich unser Leben nie durch den Erfolg, sondern durch die Hingabe an die innere Berufung, dadurch dass ich entsprechend den Gaben und den Zielen leben, die Gott in mein Leben gelegt hat.

Was daraus wird, müssen wir dann Gott überlassen. Er will uns helfen, mit unseren Lebensplänen und Strategien zurechtzukommen. Er hat sich unser Leben erdacht, uns zu seinen Ebenbildern geschaffen. Er weiß am besten, wie wir die Gaben unseres Lebens entfalten und unser Frausein gestalten können.

Darum können wir uns und unsere Kinder, Zukunftsperspektiven und Gegenwart ihm anvertrauen und überlassen. Er erfüllt unser Leben mit dem, was für uns wichtig ist: mit Perspektive, mit Kraft für zermürbende Alltagssituationen, mit Mut, Neues zu wagen, mit Zeiten der Stille und der neuen Orientierung.

Junge Frauen sind heute oft in inneren Konflikten zwischen gegensätzlichen Erwartungen und Anforderungen: einerseits die Verantwortung für die Kinder und deren Erziehung und andererseits die Berufsausbildung, die sie nutzen wollen.

Die Berufstätigkeit einer Mutter von Kleinkindern geht meistens zu Lasten der Kinder. Wichtige Jahre des Prägens gehen verloren. Hirnforschungen in den USA bestätigen, was Psychologen seit Jahren sagen: Kleinkinder brauchen ihre Mütter.

Das Muttersein muss zum einen in unserem Bewusstsein, vor allem aber auch im gesellschaftlichen Denken ganz neu aufgewertet werden. Muttersein ist eine gesellschaftspolitische Aufgabe und damit zum Nutzen aller, die in ihr leben.

Für jede Frau sieht der Lebensentwurf anders aus. Das Leben wird dann reich und erfüllt, wenn wir auf unsere Berufung hören und diese entfalten und gestalten.

Cornelia Mack

7. Innere und äußere Schönheit

Schönheit kommt von innen

Sarah steht vor dem Spiegel, bürstet ihr goldenes Haar. Die blonde Mähne strahlt wie ihre Augen. Ein letzter sehnsüchtiger Blick auf die Schönheit. Dann reißt sie sich zusammen und formt die lange Pracht zu einem züchtigen Knoten. Das wird so in ihrer Gemeinde getragen.

Christine legt eine dritte Schicht Rouge auf. Ein zweites Mal kräftig Mascara auf die Wimpern – nicht einmal ihre Mutter würde sie so erkennen! Doch schließlich will sie ja nicht als graue Maus auffallen. Und jetzt ab in den Gottesdienst!

Die käufliche Schönheit

Frau – und selbst Mann – hat's nicht einfach in dieser Welt der gaukelnden Medien und des diktierten Konsums: Wie kann Christ fromm und (trotzdem?) attraktiv sein?

Schönheit scheint in unserer Konsumgesellschaft käuflich zu sein. Die Medien zeigen das aktuelle Ideal, wie Mann oder Frau auszusehen hat – dazu muss er oder sie nur das Produkt der Marke »Superschön« benutzen. Doch habe ich beispielsweise als Frau nicht die Figur, die dem gängigen Ideal entspricht, spüre ich meine Defizite. Ich passe nicht in das gesellschaftliche Bild, fühle mich minderwertig. Dabei sehne ich mich nach Anerkennung, möchte bestätigt werden. Was bleibt, ist der Gang ins nächste Geschäft, um ein Stück von dem zu kaufen, was die anderen auch haben. Ich mühe mich ab, dem Ideal zu entsprechen, um Anerkennung zu finden. Und gleichzeitig spüre ich, dass das doch keine echte Verbesserung bringt.

Ihr ganz persönlicher Stil

Anpassung hilft nicht weiter, denn: In erster Linie muss ich mich selbst annehmen – ganz ungeschminkt –, so wie ich bin. Ich muss ein Ja zu meinem Aussehen finden, zu meinen Schwächen und Macken, und zu meinem ganz persönlichen Stil. In unserer Beratungspraxis lernen wir immer wieder Leute kennen, die hübsch und attraktiv aussehen. Doch im Gespräch stellen wir häufig fest, dass sich die Person selbst gar nicht so attraktiv findet, sondern Probleme mit der Selbstannahme hat.

Wir sind überzeugt davon, dass die eigentliche Ausstrahlung eines Menschen einen tieferen Ursprung hat. Die Redensart »Schönheit kommt von innen« hat für mich eine ganz praktische Bedeutung: Wenn ein Mensch inneren Frieden bei Gott gefunden hat, ist die Ausgeglichenheit nach außen hin sichtbar. Auch wenn die Nase und das Doppelkinn nicht dem gängigen Schönheitsideal entsprechen, sind wir in Gottes Augen eine wertvolle Persönlichkeit. Seine Zusage gilt: Er nimmt uns so an, wie wir sind. Ich muss nicht schön, begabt oder klug sein, um Gott zu gefallen. Er liebt mich bedingungslos, ganz ohne Wenn und Aber.

Sagen Sie »Ja« zu Ihrem Aussehen

In Psalm 139,14 sagt David: »Ich danke dir (Gott) dafür, dass ich wunderbar gemacht bin.« Und das unabhängig von der aktuellen Mode, die Schönheit und Glück an ein bestimmtes Aussehen, einen neuen Look bindet. Deshalb: Sagen Sie Ja zu Ihrem eigenen Aussehen! Gott hat sich die Mühe gemacht, jede einzelne Person einzigartig – als Unikat – zu erschaffen. Deshalb sind auch Sie eine unverwechselbare und einmalige Persönlichkeit. Schauen Sie sich ganz bewusst im Spiegel an! Dann versuchen Sie, Gott dafür zu danken, dass er Sie »wunderbar gemacht hat«. Er akzeptiert Sie sich so, wie Sie sind. Eine Farb- und Stilberatung könnte Ihnen wohl helfen, Ihr Äußeres wirkungsvoll zu unterstreichen. Doch so wichtig das richtige Outfit auch sein mag – voll zur Geltung kommt es erst, wenn es im Einklang mit Ihrer Persönlichkeit steht.

Die innere Ausgeglichenheit eines Menschen ist entscheidend.

So machen Sie einen überzeugenden Eindruck

Wir möchten Sie deshalb ermutigen, genauso selbstkritisch, wie Sie Ihr Äußeres betrachten, auch Ihre innere Haltung zu überdenken. Nehmen Sie sich einmal Zeit und notieren Sie Ihre persönlichen Lebensziele. Ihre Wünsche und Vorstellungen: Was ist mir im Leben wichtig? Wofür setze ich mich ein? Was will ich erreichen?

Nur wenn ich mit mir selbst und meiner Umwelt in Frieden lebe, mache ich auf andere einen überzeugenden Eindruck. Vielleicht fragen Sie jetzt: »Und woher soll diese Ausgeglichenheit kommen? Der ganze Ärger im Büro, die Probleme zu Hause, das alles reibt mich auf! An Gelassenheit und Frieden ist da nicht zu denken!« Ganz persönlich geantwortet: Wir glauben, dass innerer Friede nur aus einer harmonischen Beziehung zum Schöpfer entstehen kann, aus dem Glauben an Gott.

Gott findet Sie »sehr gut«

Die einzelnen Jahreszeiten in der Natur und die individuelle Schönheit eines Menschen sind für uns ein Beweis der Existenz Gottes:

»Und Gott sah an alles, was er gemacht hatte, und siehe, es war sehr gut« (1. Mose 1, 31). Gottes Einstellung zu uns lautet: »Sehr gut!« Deshalb sind wir überzeugt, dass er Sie und uns als einmalige Persönlichkeiten geschaffen hat. Auch wenn mir mein Doppelkinn nicht gefällt oder die Nase etwas schief geraten ist.

Auf welcher Basis haben wir unsere Existenz gebaut? Bei »schönem Wetter« ist die Frage nicht so dringlich. Doch was passiert, wenn sich unsere Lebenssituation ändert und Stürme auftauchen? Da hilft die innere Gewissheit, dass der Glaube an Gott unserem Leben ein sicheres Fundament gibt. Dieses Fundament bietet auch dann noch Halt, wenn mein Äußeres Falten zeigt, die Spannkraft nachlässt, der Körper gebrechlicher wird oder sich die gesamte Lebenssituation ändert.

Wir denken da an unsere Nachbarin: Eine attraktive ältere Dame, die bei persönlichen Begegnungen immer wieder Bewunderung auslöst. Wir unterhalten uns einfach gerne und lange mit ihr. Nach dem Geheimnis ihrer positiven Ausstrahlung befragt, erzählt sie bereitwillig von ihrem Glauben an Jesus Christus und dem tiefen Frieden, den sie dadurch gefunden hat. Dass sie darüber hinaus auch typgerecht gekleidet ist, erwähnen wir gerne. Doch die eigentliche Schönheit bezieht sie von innen – und das im Alter von 81 Jahren!

Schönheit kommt von innen

Deshalb möchten wir Sie ermutigen, das Leben in Einklang mit Gott zu bringen. Wenn Sie mit sich selbst und Gott in Frieden leben, gewinnen Sie eine Ausstrahlung, die trotz Doppelkinn und Falten andere Menschen beeindruckt. Diese Art der Schönheit geht weit über modische Begriffe hinaus. Sie werden unabhängiger von der Meinung anderer und können so auch durch Ihren Charakter auf andere wirken, ganz praktisch »Schönheit von innen« kommen lassen.

Wir glauben: Die beiden wichtigsten Beziehungen sind die Einstellungen zu uns und unserem Körper und das Verhältnis zu Gott. Aus allen anderen Beziehungen können wir uns zurückziehen – und fallen damit vielleicht überhaupt nicht auf. Aber wenn jemand in seinem Inneren keinen Frieden mit sich selbst und mit Gott hat, merken andere das.

Ausgewogen leben

Deshalb ermutigen wir zu einem ausgewogenen Leben – im Einklang mit Gott und mit sich selbst. Damit sagen wir nicht, dass das Leben nur noch eitel Sonnenschein ist und keine Probleme mehr mit sich bringt. Aber wir wissen, dass wir mit unseren Schwierigkeiten nicht allein dastehen, weil wir uns an den allmächtigen Herrn wenden können. Durch das Lesen der Bibel lernen wir ihn kennen, und im Gebet können wir mit ihm reden. Er akzeptiert und liebt uns so, wie wir sind. Und wir lernen Menschen kennen, die durch den Glauben an Gott anderen beistehen und die uns weiterhelfen, uns so anzunehmen wie wir sind.

Gönnen Sie sich eine Beratung

Aus diesem Grund haben wir vor einigen Jahren das TypColor-Team gegründet. Mittlerweile arbeiten wir mit über 150 Farb- und Stilberaterinnen in Deutschland, Österreich und der Schweiz zusammen. Gemeinsam wollen wir unseren Kunden »dienen«: Wir wollen ihnen helfen, die innere Ausgeglichenheit mit der äußeren Schönheit in Einklang zu bringen. In einer persönlichen Beratung helfen wir anderen Frauen – und auch Männern, den optimalen Stil und die passenden Farben zu entdecken. Falls Sie Kontakt zu einer persönlichen Beraterin in Ihrer Nähe wünschen, erhalten Sie kostenlose Informationen bei der *TypColor Akademie*, D-35606 Solms, Telefon 06442-929 660.

Nehmen Sie sich selbst an – ganz ungeschminkt –
so wie Sie sind.

Finden Sie ein Ja zu Ihrem Aussehen –
auch zu Ihren Schwächen und Macken.

Sie müssen nicht schön, begabt oder klug sein,
um Gott zu gefallen. Er liebt Sie bedingungslos,
ganz ohne Wenn und Aber.

Wenn Sie mit sich selbst und Gott in Frieden leben,
gewinnen Sie eine Ausstrahlung, die andere
Menschen beeindruckt.

Entdecken Sie in einer persönlichen Beratung Ihre
passenden Farben und den optimalen Stil.

Bettina & Rainer Wälde

Bettina Wälde ist qualifizierte Imageberaterin. Sie berät Frauen und Männer für Farb- und Stilfragen. Seit 1994 bildet sie auch Typberaterinnen aus. Daneben gibt sie Seminare und Firmenschulungen und arbeitet als Visagistin für Foto- und Fernsehproduktionen.
Rainer Wälde leitet mit seiner Frau die TypColor-Akademie in Solms. Als Fernsehjournalist hat er mehrere Bücher veröffentlicht. Er lizenziert DISG-Trainer für Persönlichkeitsentwicklung und schult Verkäufer in Kundenservice und modernen Umgangsformen.

Vollwerternährung – was bringt's?

Essen gehört zu den Grundbedürfnissen unseres täglichen Lebens. Wir essen, wenn wir Hunger haben oder aber einfach nur deshalb, weil wir gerade auf etwas Appetit bekommen haben.

Essen ist das Befriedigen eines Bedürfnisses, das immer wieder auftritt und für die Lebenserhaltung notwendig ist.

Was wir essen, ist jedoch für unser körperliches Wohlbefinden von entscheidender Bedeutung. Unser Körper ist auf die Zufuhr verschiedenster Nährstoffe in Form von Lebensmitteln angewiesen. Enthalten wir unserem Körper wichtige Nährstoffe vor, so meldet er sich garantiert irgendwann durch das Auftreten von Mangelerscheinungen. Dies könnten beispielsweise sein: Müdigkeit, Abgeschlagenheit, Wadenkrämpfe, Zahnfleischbluten, Antriebslosigkeit, Konzentrationsschwäche usw. Diese Symptome treten aber nicht von heute auf morgen auf, weil wir vielleicht einmal an einem Tag durch das Essen zu wenig Nährstoffe erhalten haben. Denn unser Körper versucht natürlich auch, Nährstoffe zu speichern. Allerdings hat er z.B. für Vitamine nur sehr geringe Speicher zur Verfügung. Wir haben zwei Möglichkeiten: Entweder wir können so essen, dass wir uns wohl und fit fühlen, oder so, dass wir uns träge und müde fühlen.

Zur Aufrechterhaltung unserer gesamten Körperfunktionen benötigen wir Kohlenhydrate, Fett, Eiweiß, Vitamine und Mineralstoffe. Dabei spielt auch das Verhältnis dieser Nährstoffe zueinander eine wichtige Rolle.

55-60% der Energie, die wir aufnehmen, sollten Kohlenhydrate sein. Sie sind unsere wichtigsten Energielieferanten. Jede einzelne Körperzelle braucht Kohlenhydrate. Es gibt davon allerdings sehr verschiedene Arten. So gehören zu der Gruppe der Kohlenhydrate beispielsweise Traubenzucker, Haushaltszucker, Fruchtzucker, Milchzucker und Stärke. Alle diese Stoffe liefern uns Energie. Sie unterscheiden sich jedoch sehr stark darin, welche Nährstoffe sonst noch damit verbunden sind. So sind Traubenzucker und Haushaltszucker reine Energielieferanten. Fruchtzucker finden wir im Obst und Gemüse, Milchzucker in Milchprodukten, Stärke in Kartoffeln und im Getreide. Die besten Energielieferanten sind die Kohlenhydrate in Kartoffeln und Getreide. Beim Getreide gibt es jedoch Unterschiede, was die Qualität der Kohlenhydrate betrifft. So sind die Kohlenhydrate aus z.B. Vollkornreis, Vollkornnudeln, Vollkornflocken und Vollkornbrot wertvoller als Kohlenhydrate aus geschältem Reis, weißen Nudeln und Weißbrot. Der Grund liegt darin, dass Produkte aus Vollkorn außer den wichtigen Kohlenhydraten gleichzeitig noch einen sehr hohen Ballaststoffgehalt haben. Ballaststoffe sind Kohlenhydrate, die unser Körper nicht verdauen kann, die aber trotzdem wichtig sind, da sie für eine gute Verdauung sorgen und der Verstopfung vorbeugen. Vollkornprodukte haben zusätzlich einen weitaus höheren Vitamin- und Mineralstoffgehalt als Weißmehlprodukte. Vitamine und Mineralstoffe liegen beim Getreidekorn unter den äußeren Randschichten. Da bei Vollkornprodukten das ganze Korn verwendet wird, sind somit alle Vitamine und Mineralstoffe enthalten. Bei der Herstellung von Weißmehl werden jedoch die äußeren Randschichten entfernt und somit auch ein Großteil der dort enthaltenen Vitamine und Mineralstoffe.

Kohlenhydrate aus Milch- und Milchprodukten sowie aus Obst und Gemüse spielen eher eine untergeordnete Rolle, weil diese von unserem Körper relativ schnell aufgenommen werden und somit kurzfristige und schnelle Energie liefern. Kohlenhydrate aus Kartoffeln und Getreide dagegen werden langsamer und über einen längeren Zeitraum von unserem Körper aufgenommen. Dies hat den Vorteil, dass wir durch diese kontinuierlich Energie erhalten, ohne ständig etwas essen zu müssen.

10-15% der Energie, die wir zu uns nehmen, sollte aus Eiweiß bestehen. Eiweiß ist ein wichtiger Baustoff für unseren Körper. Eiweißreiche Lebensmittel sind beispielsweise Fleisch, Fisch, Eier, Milch- und Milchprodukte sowie Hülsenfrüchte. Aber auch im Getreide und in Kartoffeln ist Eiweiß enthalten. Um eine möglichst gute Qualität an Eiweiß zu erhalten, sollte innerhalb der eiweißhaltigen Lebensmittel abgewechselt werden.

25-30% der Gesamtenergie sollte aus Fett bestehen. Fette sind durchaus lebensnotwendig, aber wir brauchen nur wenig davon. Wenn wir einen sehr hohen Anteil der Gesamtenergie in Form von Fett aufnehmen würden, wäre die Gefahr von Übergewicht sehr groß. Eine erwachsene Person sollte im Durchschnitt am Tag nicht mehr als 70g Fett aufnehmen. Diese Fettmenge setzt sich zur Hälfte zusammen aus sichtbarem Fett, dazu gehört das Streich-, Koch- und Bratfett sowie das Öl im Salat. Die andere Hälfte sind die versteckten Fette, also Fett in Fleisch- und Wurstwaren, Milchprodukte, Eier, Fisch und im Getreide.

Die Deutsche Gesellschaft für Ernährung hat einen so genannten Ernährungskreis entwickelt. Er ist eine praktische Hilfe für eine geeignete Lebensmittelauswahl. In ihm werden die Lebensmittel in sieben verschiedene Gruppen eingeteilt, die in einem bestimmten Verhältnis zueinander dargestellt werden. Die Größe der einzelnen Gruppen sagt aus, in welchen Mengen die Lebensmittel im Verhältnis zueinander gegessen werden sollen, sodass wir optimal mit Kohlenhydrate, Eiweiß, Fett, Vitaminen und Mineralstoffen versorgt werden.

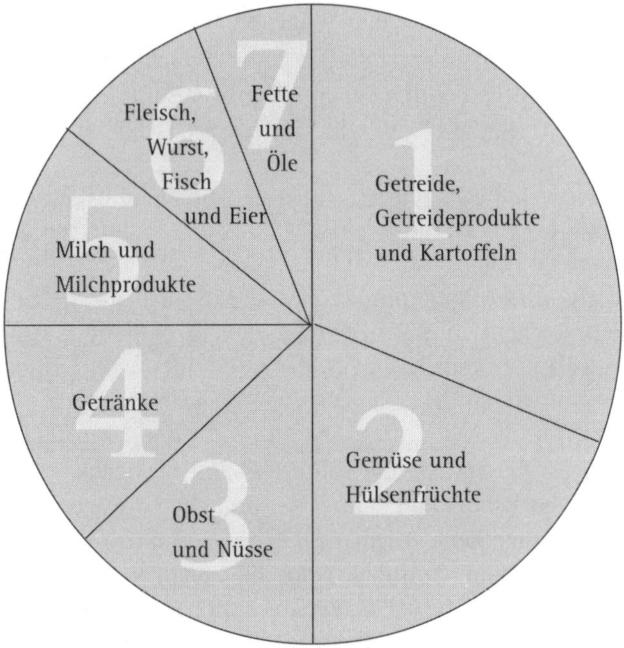

Der Ernährungskreis enthält folgende 7 Lebensmittelgruppen:

Gruppe 1:	Getreide, Getreideprodukte und Kartoffeln
Gruppe 2:	Gemüse und Hülsenfrüchte
Gruppe 3:	Obst und Nüsse
Gruppe 4:	Getränke
Gruppe 5:	Milch und Milchprodukte
Gruppe 6:	Fleisch, Wurst, Fisch und Eier
Gruppe 7:	Fette und Öle

Getreide und Getreideprodukte sollten zum größten Teil als Vollkornprodukte gegessen werden. Getreide ist reich an Vitaminen der B-Gruppe und Vitamin E und enthält wichtige Mineralstoffe wie Kalium, Magnesium, Eisen und Zink.

Kartoffeln sollten bei einer vollwertigen Ernährung nicht fehlen. Allerdings sollten bei der Zubereitung keine unnötigen Mengen an Fett zugesetzt werden, wie dies beispielsweise bei Pommes frites, Bratkartoffeln oder Reibekuchen der Fall ist. Kartoffeln enthalten wenig Fett, viel Stärke und Wasser und haben einen hohen Gehalt an Vitamin C.

Gemüse und Obst haben einen geringen Energiegehalt, d.h. wenig Kalorien, aber dafür enthalten sie sehr viele Vitamine und Mineralstoffe. Die Vitamine, die im Obst und Gemüse enthalten sind, sind wichtig für unser körpereigenes Abwehrsystem und verringern das Risiko, an Husten, Schnupfen und Grippe zu erkranken.

Es ist empfehlenswert täglich *1,5–2 Liter zu trinken.* Geeignete Durstlöscher sind Mineralwasser, ungesüßte Kräuter- und Früchtetees sowie verdünnte Obst- und Gemüsesäfte. Cola, Limonaden, Kaffee, schwarzer Tee und Alkohol sollten nur als Genussmittel und in geringeren Mengen getrunken werden.

Milch und Milchprodukte sollten aufgrund ihres hohen Calciumgehaltes täglich getrunken bzw. gegessen werden. Unsere Knochen bestehen zu 99% aus Calcium. Um die Knochenmasse erhalten zu können, braucht unser Körper täglich Calcium. Außer in Milch und Milchprodukten finden wir Calcium noch in grünem Gemüse (z.B. Brokkoli) und in Kräutern. Milch und Milchprodukte sind auch noch eine wichtige Eiweißquelle.

Fleisch ist reich an Vitamin B1, Zink und Eisen und eine gute Eiweißquelle. Für eine gesunde Ernährung ist mageres Schweine-, Rind- und Geflügelfleisch günstig. *Wurst* enthält sehr viel versteckte Fette und sollte deshalb nur selten gegessen werden.

Eier enthalten sehr viel Eiweiß. Allerdings sollten pro Woche nicht mehr als 3-4 Eier gegessen werden Wobei hier nicht nur die typischen Frühstückseier gemeint sind, sondern auch alle versteckten Eier, wie beispielsweise in Nudeln, Aufläufen und Kuchen.

Seefisch sollte möglichst ein- bis zweimal pro Woche gegessen werden, da Fisch außer Eiweiß und lebenswichtigen Fetten reichlich Jod enthält. Jod ist wichtig für die Funktion der Schilddrüse.

Fette und Öle sollten nur in geringen Mengen gegessen werden. Allerdings ist die Zusammensetzung der Fette wichtig. Wir sollten darauf achten, dass wir nicht nur tierische Fette in Form von Fleisch, Wurst, Eiern und Butter zu uns nehmen, sondern auch pflanzliche Fette, z.B. Sonnenblumenöl, Maiskeimöl, Distelöl und Olivenöl sowie pflanzliche Fette, die im Vollkorngetreide und in Nüssen vorkommen.

6 Schritte zu einer gesunden Ernährung:

1. Reichlich Kartoffeln, Vollkornbrot, Vollkornnudeln und Vollkorngetreide.

2. Täglich Obst und Gemüse – mindestens 5 Portionen am Tag.

3. Ausreichend trinken (1,5-2l).

4. Täglich Milch und Milchprodukte.

5. Mäßig Fleisch, wenig Wurst und Eier; ein- bis zweimal pro Woche Fisch.

6. Sparsam Fett verwenden.

Brigitte Krämer

Jahrgang 1972, verheiratet, Diplom-Oecotrophologin, hat Haushalts- und Ernährungswissenschaften studiert und arbeitet als Ernährungsberaterin in einem Neurologischen Rehazentrum.

Gestörtes Essverhalten

Unser Essverhalten wird vorwiegend durch Umwelteinflüsse und nur in geringem Maß durch Erbfaktoren bestimmt.

Kinder lernen durch das Nachahmen ihrer Eltern und übernehmen dadurch Essgewohnheiten von den Eltern. Später kommt dann der Einfluss von ErzieherInnen im Kindergarten dazu. Mit der Schule nimmt dann in zunehmendem Maß der Einfluss der gleichaltrigen Freunde zu. Essgewohnheiten, die wir uns im Kindesalter angewöhnt haben, begleiten uns häufig bis ins hohe Alter.

Falsche Essgewohnheiten – Gestörtes Sättigungsgefühl

Ein typisches Beispiel für antrainiertes falsches Essverhalten: Einem Kind wird gesagt: »Iss deinen Teller ganz leer!« Wie oft mussten wir als Kind unseren Teller aufessen, obwohl wir längst satt waren. Und wie machen wir es als Erwachsene? Hören wir auf, wenn wir satt sind, oder essen wir so lange, bis der Teller leer ist, weil wir es eben von Kindheit an so gewohnt sind? Kennen wir eigentlich überhaupt noch ein Sättigungsgefühl oder entscheiden wir vielmehr nach äußeren Einflüssen, wann wir satt sind. Hören wir auf, wenn der Teller leer ist oder wenn wir glauben, genügend Kalorien aufgenommen zu haben. Durch den

Verlust des persönlichen Sättigungsgefühls ist ein natürliches Essverhalten fast nicht mehr möglich.

Eine Folge des gestörten Sättigungsgefühls könnte beispielsweise Übergewicht und im Extremfall Fettsucht sein. Immer mehr Menschen haben Schwierigkeiten, das persönliche Wohlfühlgewicht zu halten. Sie nehmen an Gewicht zu, weil sie nicht mehr merken, wann sie satt sind. Häufig wird versucht, das Gewicht in Griff zu bekommen durch Diäten oder das Zählen von Kalorien. Allerdings sind diese Erfolge meist nur von kurzer Dauer. Der Grund liegt darin, dass durch Diäten nur die Kalorienzufuhr eingeschränkt wird. Wir haben aber nicht gelernt, an unserem persönlichen Essverhalten und unseren Essgewohnheiten etwas zu ändern. Das persönliche Wohlfühlgewicht können wir weder durch ständige Diäten noch durch das Kalorienzählen halten bzw. erreichen, sondern dadurch, falsche Essgewohnheiten abzulegen und ein neues Essverhalten zu erlernen, das nicht von äußeren Einflüssen (beispielsweise dem Duft und Anblick leckerer Speisen), sondern von inneren Einflüssen (Sättigungsgefühl) bestimmt wird.

Essen als Entschädigung

Zu falschem Essverhalten gehört auch das Essen, um innere Bedürfnisse zu befriedigen. Wir essen, um uns etwas Gutes zu tun, wir gönnen uns etwas. Essen kann so ein Ersatz für fehlende Liebe und Zuneigung sein. Bereits bei Kindern wird das Essen als eine Form der Zuneigung eingesetzt. Kinder bekommen beispielsweise als »Entschädigung« dafür, dass sie alleine zu Hause bleiben müssen, Süßigkeiten. So werden Süßigkeiten zum Ersatz für die fehlende Zuneigung und Zeit. Oder ein anderes Beispiel: Ein Kind hat sich verletzt und weint. Zum Trost bekommt es Süßigkeiten. »Essen« wird als Mittel zum Zweck eingesetzt – und das nicht nur bei Kindern.

Erwachsene, die häufig in ihrer Kindheit mit Schokolade getröstet wurden, greifen immer wieder zu Schokolade, wenn sie das Gefühl haben, sich aus irgendeinem Grund trösten zu müssen. Vielleicht haben Sie sich auch schon einmal dabei ertappt, dass sie essen, obwohl sie gar keinen Hunger haben, sondern einfach nur deshalb, weil sie sich etwas Gutes tun wollen. Essen kann durchaus ein Ersatz für fehlende Liebe, Zuneigung und Anerkennung sein.

Ein gestörtes Essverhalten ist heute keine Seltenheit mehr. Ungefähr 70% der weiblichen Jugendlichen sind mit ihrer Figur nicht zufrieden und versuchen, durch ein gezieltes Einschränken der Nahrungsaufnahme ihre Wunschfigur zu erreichen. Nicht selten entwickelt sich dadurch ein gestörtes Essverhalten. Die Folgen sind *Anorexia nervosa* (Magersucht) und *Bulimia nervosa* (Ess- und Brechsucht).

Magersucht

An Magersucht erkrankte Personen hatten während ihrer Kindheit keine Essstörungen. Trotzdem liegt die Ursache der Krankheit in der Kindheit, obwohl die Symptome erst in der Pubertät auftreten. Von Magersucht sind häufig Personen betroffen, die mit Ängstlichkeit und übertriebener Fürsorge erzogen wurden. Charakteristisch ist auch, dass gerade die Jugendlichen von Magersucht betroffen sind, die als sehr vorbildhafte, wohlerzogene Kinder galten. Kinder, die immer ihren Eltern gehorchten und sich nie widersetzten.

Ein Grund für Magersucht kann sein, dass sich ein Mädchen dagegen wehrt, eine Frau zu werden. Durch das gezielte Abnehmen versucht es, der natürlichen Entwicklung entgegenzuwirken. Es kann auch sein, dass sich ein Mädchen auflehnt gegen die Bevormundung durch die Eltern. Die Magersucht erscheint als die einzige Möglichkeit, dem Ausdruck zu verleihen

Hinter Magersucht steckt auch ein Streben nach übermäßiger Schlankheit. Dadurch entwickeln Magersüchtige ein gestörtes Verhalten gegenüber Nahrung, Nahrungsaufnahme und Gewicht. Sie haben eine verzerrte Wahrnehmung ihres eigenen Körperbildes und glauben ständig, sie seien zu dick. Sie haben dauernd Angst davor, an Gewicht zuzunehmen.

Auffallend bei Patienten mit Anorexia nervosa ist, dass sie sich intensiv mit Nahrung beschäftigen. Das Sammeln von Kochbüchern und Rezepten ist dabei keine Seltenheit.

Aufgrund des bestehenden Untergewichts treten mit der Zeit körperliche Veränderungen auf. Es kommt beispielsweise zu Schlafstörungen, Schwäche, Magen- und Darmbeschwerden, Wachstumsstörungen und bei Mädchen und Frauen zum Ausbleiben der Monatsblutung. Es treten aber auch gefühlsmäßige und Verhaltens-Veränderungen auf wie Depressionen, Angst und Erregbarkeit. Persönlichkeitsveränderung und sozialer Rückzug bestimmen das Leben von Magersüchtigen. Die Behandlung der Krankheit ist mit Schwierigkeiten verbunden, da Magersüchtige nicht das Bewusstsein dafür haben, an einer schweren Essstörung zu leiden.

Ess-Brech-Sucht

Bulimia nervosa« ist als Ess- und Brechsucht bekannt. Ein Großteil der an »Bulimia nervosa« erkrankten Personen waren zuvor Magersüchtige. BulimikerInnen haben ein extrem ausgeprägtes Figurbewusstsein. Ihr Körpergewicht liegt allerdings im Durchschnittsbereich. Der Wunsch nach einer Idealfigur ist der Anlass, meist weiblicher Jugendlicher, zu einem gezügelten Essverhalten, das als Risikofaktor für die Entstehung der »Bulimia nervosa« gilt. Verschiedene Diäten und Fastenkuren führen zu einer Gewichtsreduktion. Auftretende Fressanfälle ergeben eine Gewichtszunahme, der sich noch strengeres Fasten anschließt. Erbrechen, übermäßige körperliche Betätigung und die Einnahme von Abführmitteln werden als Gegensteuerung zur Gewichtszunahme eingesetzt. BulimikerInnen wissen, dass ihre Essgewohnheiten nicht normal sind und leiden unter ihrem Verhalten, machen sich sogar selbst Vorwürfe und werden depressiv. Öffentlich erleben sie sich als normal, enthaltsam, perfektionistisch, attraktiv und unabhängig. Heimlich sehen sie ihr Verhalten als unkontrolliert, pervers, gierig, abstoßend, bedürftig und abhängig an. BulimikerInnen sind sich ihres falschen Essverhaltens bewusst. In der Regel versuchen sie aus eigener Initiative oder mit Hilfe einer Therapie wieder ein normales Essverhalten zur erlernen.

Essverhalten wird vorwiegend durch Umwelteinflüsse und nur in geringem Maß durch Erbfaktoren bestimmt.

Das fehlende Sättigungsgefühl ist häufig der Grund für gestörtes Essverhalten.

Essen wird oft als Ersatz für fehlende Liebe, Zugneigung und Anerkennung eingesetzt.

Extreme Essstörungen sind Anorexia nervosa (= Magersucht) und Bulimia nervosa (= Ess- und Brechsucht). Gründe können sein: überhöhte Erwartungen an sich selbst, Ablehnung des Frauseins, heimliche Auflehnung gegen Erziehungsberechtigte, Hang zum Perfektionismus.

Brigitte Krämer

Jahrgang 1972, verheiratet, Diplom-Oecotrophologin, hat Haushalts- und Ernährungswissenschaften studiert und arbeitet als Ernährungsberaterin in einem Neurologischen Rehazentrum.

Sport und Fitness
Rückengymnastik zu Hause

Unser Körper ist ein wunderbares Geschenk Gottes an uns. Als Gott den Menschen erschuf, hat er sich etwas Gutes ausgedacht. Er sah auf seine Schöpfung und beurteilte sie mit dem Prädikat »sehr gut« (1. Mose 1, 31). König David dankt Gott in Psalm 139: »Ich danke dir dafür, dass ich wunderbar gemacht bin.« Der Apostel Paulus erinnert seine Adressaten daran, dass ihr Körper der Tempel des Heiligen Geistes ist und es Gott nicht egal ist, wie wir mit unserem Körper umgehen (1. Korinther 6).

Wie jedes Haus (Tempel), so hat auch unser Körper eine eigene Statik. Nur beim Hausbau ist die Arbeit des Statikers beendet, wenn das Gebäude fertig gestellt ist. Anders ist es bei unserem Körper. Für die Statik unseres Körpers sind die Muskeln zuständig. Sie halten das Knochengerüst in Ruhe und in Bewegung zusammen.

Ein einfaches Bild verdeutlicht, wie die großen Muskelgruppen, von den Füßen beginnend, im Wechsel vor und hinter dem Knochengerüst liegen und eine aufrechte Haltung ermöglichen: die kurzen Fußmuskeln unter der Fußsohle, die Wadenmuskeln hinten, die Oberschenkelmuskulatur vorn, die Gesäßmuskulatur hinten, die Bauchmuskeln vorn, die Rückenstrecker und Schulteranzieher hinten und die Brustmuskeln vorn. Diese so genannte Streckschlinge arbeitet Hand in Hand zusammen. Funktioniert die Zusammenarbeit nicht, d. h., sind Muskeln nicht kräftig oder dehnfähig genug, hat das Auswirkungen auf die gesamte Statik. Jemand, der z.B. die Schultern nach vorne hängen lässt, bekommt einen Rundrücken. Dann verkürzt sich die Brust- und Bauchmuskulatur, die Schulter- und Rückenmuskulatur wird überdehnt. Die Folge sind nicht nur Verspannungen, sondern dies führt auch dazu, dass die Wirbelsäule ihre Aufgabe als »Stoßdämpfer« nicht mehr wahrnehmen kann, weil sie nicht mehr in der richtigen Position ist. Nach und nach fällt die ursprüngliche Statik in sich zusammen, und wenige Muskeln müssen dann das Gleichgewicht halten. Eine mühsame Aufgabe, die sich dann mit Schmerzen rächt. Regelmäßige und richtige Bewegung kräftigt Muskeln, Sehnen und Bänder und schützt somit die Gelenke und die Wirbelsäule.

Testen Sie einmal Ihre Streckschlinge

Stellen Sie sich barfuß und rückwärts so auf die letzte Treppenstufe, dass nur noch die Zehen auf der Stufe stehen und die Ferse frei in der Luft hängt. Nehmen Sie die Arme nach vorn. Strecken Sie sich nun im Wechsel bis in den Hochzehenstand und senken Sie dann wieder die Fersen so weit ab, dass diese tiefer sind als die Treppenstufe. Wenn dies nicht gelingt, wird es Zeit zum Handeln.

Haben Sie Rückenschmerzen?

Wenn ja, dann gehören Sie zu ca. 80 Prozent der deutschen Bevölkerung. Rückenschmerzen sind mittlerweile die Zivilisationskrankheit Nr. 1.

Was für Gelenke generell gilt, ist für den Rücken ganz besonders wichtig. Die Wirbelsäule mit ihren Wirbelkörpern und den dazwischen liegenden Bandscheiben bleibt nicht von allein in ihrer Position. Dutzende von langen und kurzen Muskeln, Sehnen und Bändern geben der Wirbelsäule ihre Stabilität. Wenn durch eine schlechte Haltung oder durch falsche Belastung einzelne Muskeln ständig gedehnt oder gar nicht beansprucht werden, so hat das zwei Auswirkungen. Im günstigeren, aber auch unangenehmeren Fall schmerzen die fehlbelasteten Muskeln. Im ungünstigeren Fall werden die Bandscheiben geschädigt. Wenn zwei benachbarte Wirbelkörper nicht mehr senkrecht übereinander stehen, sondern leicht gekippt sind, verteilt sich der Druck nicht mehr gleichmäßig auf die Bandscheibe. Ein kleinerer Teil der Bandscheibe muss den gesamten Druck aushalten. Auf Dauer führt dies zu Schädigungen, denn gerade im Bereich der Lendenwirbelsäule wird der Druck sehr groß. Wenn Sie z.B. ein Gewicht von 10 kg falsch anheben, so ist die Druckbelastung im Bereich des fünften Lendenwirbel etwa 15-mal so hoch.

Solche Fehlbelastungen sind keine Seltenheit. In der Regel sitzen wir falsch, bücken uns falsch und heben und tragen falsch. Folgende Rückentipps sollen Ihnen helfen, durch etwas Aufmerksamkeit schon im Alltag Ihre Wirbelsäule deutlich zu entlasten.

Rückentipps für ein rückenfreundliches Verhalten

- Nutzen Sie die Bewegungsmöglichkeiten im Alltag. Ihr Körper, Ihre Muskeln und Ihre Bandscheibe leben von der Bewegung – starre Haltung schadet. Legen Sie immer wieder einmal eine Bewegungspause ein, in der Sie sich strecken, räkeln, dehnen und kräftigen.

- Achten Sie auf eine aufrechte Haltung und vermeiden Sie ein Hohlkreuz ebenso wie einen Buckel.
- Sitzen Sie dynamisch und wechseln Sie häufig die Haltung. Langes Sitzen schadet Ihrem Rücken. Stehen Sie daher zwischendurch auf.
- Beugen Sie beim Stehen leicht die Knie.
- Gehen Sie beim Bücken in die Hocke und halten Sie den Rücken gerade.
- Heben und tragen Sie Gegenstände nah am Körper. Vermeiden Sie beim Heben einen gekrümmten Rücken. Verteilen Sie das Gewicht sinnvoll und nutzen Sie Hilfsmittel zum Heben und Tragen.
- Gönnen Sie sich Entspannungsphasen, in denen Sie Ihren Rücken entlasten. Legen Sie z.B. in der Rückenlage Ihre Beine nach oben.
- Gestalten Sie Ihre Umgebung und Ihren Tagesablauf möglichst rückenfreundlich.
- Trainieren Sie Ihre Muskeln und treiben Sie regelmäßig Sport.

Durch ein zusätzliches Dehn- un Kräftigungsprogramm schaffen Sie dann die besten Voraussetzungen, um von ständigen Rückenschmerzen verschont zu bleiben.

Rückengymnastik: Ein Übungsprogramm für zu Hause

Die Zusammenstellung des folgenden Übungsprogrammes soll Ihnen den direkten Einstieg in das Training zu Hause erleichtern. Dabei stand nicht die absolute Vollständigkeit der Übungen, sondern vielmehr die Anwendbarkeit des Programmes im Vordergrund. Versuchen Sie das Basisprogramm täglich, mindestens aber dreimal in der Woche durchzuführen. Bei akuten Rückenproblemen sollten Sie auf jeden Fall einen Arzt zu Rate ziehen. Sollte für Sie persönlich das Training anderer Muskelgruppen angezeigt sein, können Sie das Programm mit entsprechenden Übungen ergänzen. Halten Sie aber auf jeden Fall die Reihenfolge *Aufwärmen – Dehnen – Kräftigung* ein.

Nehmen Sie sich zunächst die Zeit, die im Übungsprogramm enthaltenen Übungen zu erlernen. Nur die korrekte Ausführung der Übungen zeigt auch ihre Wirkung.

Aufwärmen

Bevor Sie mit den Übungen für den Rücken beginnen, sollte der Körper durch aktive Bewegungs- und Laufformen sowohl physisch wie auch psychisch »erwärmt« werden. Schon 5 - 10 Minuten vor dem Basisprogramm der Rückengymnastik sind ausreichend. Damit Sie sich wohl fühlen, tragen Sie bequeme Kleidung, ziehen Sie leichte Schuhe an oder üben Sie auch barfuß. Achten Sie auf ausreichenden Bewegungsspielraum und stellen Sie sich einen Stuhl zur Seite. Dann kann es losgehen!

- Strecken Sie im Stand Ihren Körper. Die Hände greifen im Wechsel nach oben in Richtung Decke. Versuchen Sie den Körper nach oben zu ziehen, ihn noch länger zu machen. Atmen Sie gleichmäßig weiter und spüren Sie bewusst die Streckung im Körper.

- Stellen Sie sich hinter den Stuhl und fassen Sie mit den Händen die Lehne. Im Wechsel stellen Sie sich nun auf die Zehenspitzen und rollen auf die Fersen ab. Anschließend wird dasselbe zur Kontrolle der Koordination freistehend durchgeführt. Um den ganzen Körper zu beanspruchen, werden dann noch die Arme rhythmisch mitgeführt. Beim Hochdrücken in den Zehenstand schwingen Sie die Arme gleichzeitig nach vorn oben, beim Abrollen auf die Fersen locker nach unten hinten.
- Schwingen Sie die Arme locker entgegengesetzt nach vorn bzw. nach hinten. Die Knie federn dazu rhythmisch mit, sodass z. B. in der Endposition der Arme die Beine gestreckt, beim Schwingen die Beine gebeugt sind.
- Heben Sie im Stand abwechselnd das rechte und linke Knie nach oben und berühren Sie es mit der gegenüberliegenden Hand.
- Fassen Sie mit den Händen wieder an die Stuhllehne und heben Sie im Wechsel das rechte und linke Knie leicht nach vorn an. Die Füße werden auf den Zehen abgefedert. Führen Sie die Bewegung zunehmend schneller durch.
- Halten Sie sich weiter an der Lehne fest und joggen Sie langsam auf der Stelle. Steigern Sie Ihr Lauftempo, die Stuhllehne wird jetzt losgelassen.

Die Übungen können in beliebiger Reihenfolge zusammengestellt werden, wobei die weniger intensiven Formen zu Beginn, die intensiveren Laufformen an das Ende des Aufwärmens gestellt werden. Mit Musik lassen sich diese Aufwärmübungen übrigens viel leichter ausführen. Alternativ zu den hier vorgestellten Übungen können Sie z.B. auch auf dem Heimfahrrad 10 Minuten radeln.

Unterarmstütz (Ganzkörperkräftigung)

1. Stützen Sie sich im Vierfüßlerstand auf den Unterarmen und Knien ab. Die Zehen sind aufgestellt. Die Knie stehen ca. 10 cm hinter dem Hüftgelenk.
2. Spannen Sie die Rumpfmuskulatur an. Halten Sie den Rücken gerade und den Kopf in Verlängerung der Wirbelsäule.
3. Heben Sie die Knie einige Zentimeter vom Boden ab.
4. Halten Sie diese Position für 15 Sekunden und atmen Sie gleichmäßig weiter.
5. Achten Sie darauf, in der Lendenwirbelsäule nicht einzuknicken.

Seitstütz (Ganzkörperkräftigung)

1. Legen Sie sich auf die Seite.
2. Winkeln Sie Ihre Beine rechtwinklig an. Rumpf und Oberschenkel bilden eine Linie.
3. Stützen Sie sich auf dem Unterarm ab. Der Ellbogen befindet sich unter dem Schultergelenk.

4. Spannen Sie die Bauchmuskulatur an.
5. Heben Sie Ihr Gesäß, bis Ihr Körper vom Kopf bis zu den Knien eine Linie bildet.

Diagonales Arm-Bein-Heben (Rückenmuskulatur)

1. Strecken Sie in der Bauchlage Ihren Körper und versuchen Sie, mit Ihren Fingern möglichst weit nach vorn zu kommen. Ihr Kopf ist in Verlängerung der Wirbelsäule, die Stirn berührt den Boden.
2. Heben Sie nun den linken Arm und das rechte Bein einen Zentimeter vom Boden ab und drücken Sie gleichzeitig den linken Arm sowie das rechte Bein leicht gegen den Boden. Die Nase befindet sich während der ganzen Übung leicht über dem Boden.
3. Wechseln Sie das Arm-Bein-Paar.

Hände hochschieben (schräge Bauchmuskulatur)

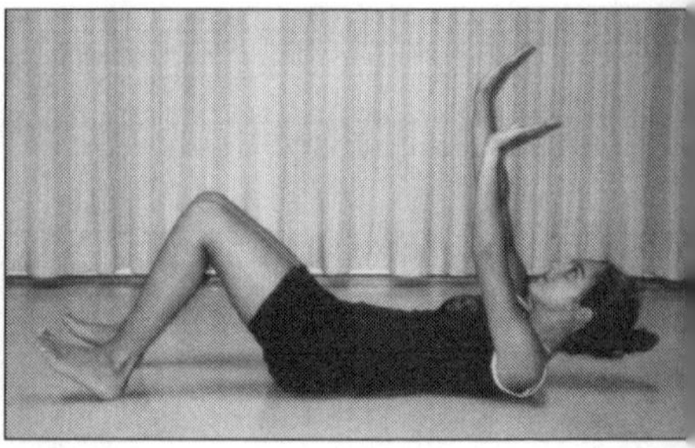

1. Winkeln Sie in der Rückenlage die Beine an.
2. Ziehen Sie die Zehen an und stemmen Sie die Fersen leicht in den Boden.
3. Machen Sie Ihren Nacken lang und ziehen Sie die Schulterblätter nach hinten unten.

4. Heben Sie den Kopf und die Schultern vom Boden ab.
5. Schieben Sie die Handflächen (und Schultern) abwechselnd nach oben Richtung Decke.

Dehnen

Nur ein entspannter Muskel kann optimal gedehnt werden, da sich ein angespannter Muskel der Dehnung widersetzt. Die Entspannung der Muskulatur kann durch eine bewusste und regelmäßige Atmung wirkungsvoll unterstützt werden.

In der Sportpraxis und Physiotherapie haben sich verschiedene Dehnmethoden bewährt. Das passiv-statische Dehnen, das so genannte »Stretching«, ist für den Anfänger am einfachsten durchzuführen. Bei dieser Methode wird eine eingenommene Dehnposition ca. 20 Sekunden gehalten. Das Dehngefühl sollte als angenehm und nicht zu stark empfunden werden. Die individuelle Dehnposition soll unterhalb der Schmerzschwelle liegen und dort gehalten werden. Die Dehnübung sollte je Hauptmuskel 2- bis 3-mal wiederholt werden.

Ausfallschritt (vordere Hüftmuskulatur)

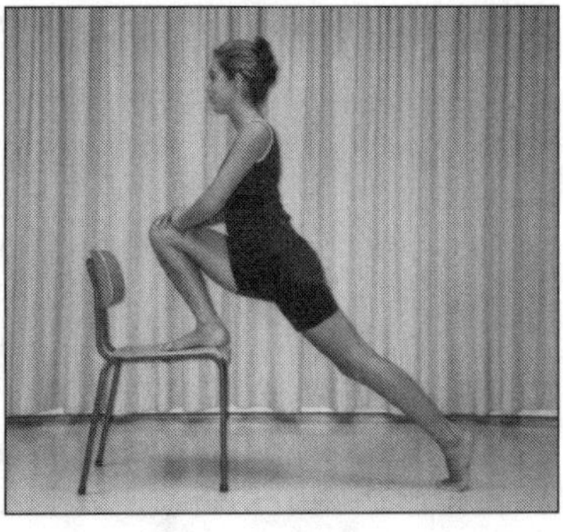

1. Stellen Sie in weiter Schrittstellung den rechten Fuß auf einen Stuhl und stützen Sie sich mit beiden Händen auf dem Knie ab. Beide Füße und das Becken zeigen nach vorn.
2. Halten Sie den Rücken durch eine leichte Bauchspannung gerade.

3. Verlagern Sie das Gewicht auf das vordere Bein.
4. Bewegen Sie die linke Hüfte nach vorn und unten, bis Sie eine deutliche Dehnung im linken Hüftbereich spüren.
5. Unterstützen Sie die Dehnung, indem Sie die linke Gesäßhälfte anspannen.
6. Führen Sie die gleiche Übung mit dem linken Fuß auf dem Stuhl aus.

Beinstrecken (hintere Oberschenkelmuskulatur)

1. Legen Sie sich in Rückenlage auf den Boden.
2. Umfassen Sie den linken Oberschenkel mit beiden Händen und ziehen Sie das Bein Richtung Oberkörper. Das rechte Bein bleibt gestreckt auf dem Boden liegen.
3. Strecken Sie das linke Bein behutsam nach oben, bis Sie eine deutliche Dehnung der hinteren Oberschenkelmuskulatur spüren (eine Verstärkung der Dehnung erreichen Sie durch Anziehen des linken Fußes).
4. Führen Sie die gleiche Übung mit dem rechten Bein aus.

Anfersen (vordere Oberschenkelmuskulatur)

1. Setzen Sie sich auf die Vorderkante eines Stuhls.
2. Das rechte Bein steht auf dem Boden. Umfassen Sie mit der linken Hand das linke Fußgelenk. Achten Sie darauf, dass Sie das Becken nicht nach hinten drehen oder ins Hohlkreuz gehen (Bauch leicht anspannen).

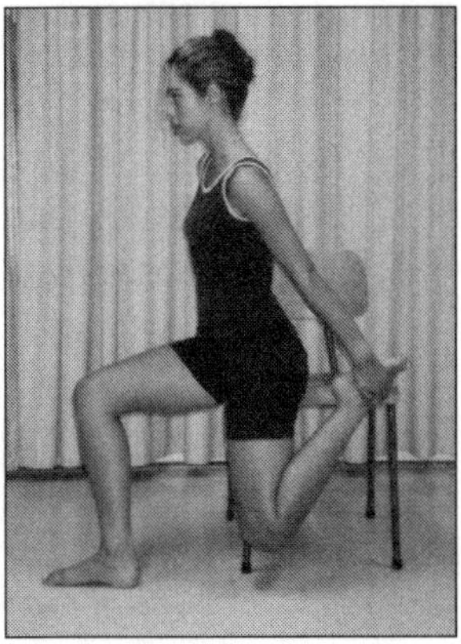

3. Strecken Sie die linke Hüfte, sodass Oberkörper und Oberschenkel eine Linie bilden.
4. Bewegen Sie die linke Ferse mit der linken Hand Richtung Gesäß, bis Sie eine deutliche Dehnung an der Vorderseite des Oberschenkels spüren.
5. Führen Sie die gleiche Übung mit dem rechten Bein aus.

Mobilisation der Wirbelsäule (Brust – und seitliche Rumpfmuskulatur)

1. Legen Sie sich auf die rechte Seite und winkeln Sie das linke Bein an.
2. Halten Sie das linke Knie mit der rechten Hand am Boden.
3. Schauen Sie nach links und drehen Sie den Oberkörper in dieselbe Richtung.
4. Senken Sie behutsam den gestreckten linken Arm so weit wie möglich auf den Boden, bis Sie eine deutliche Dehnung an der Brustoberseite spüren.
5. Atmen Sie bewusst in die gedehnte Region ein, um die Dehnung positiv zu unterstützen.
6. Legen Sie sich auf den Rücken und durchwandern Sie in Gedanken Ihren Körper. Nehmen Sie bewusst wahr, wie sich die gedehnte Seite anfühlt und auf dem Boden liegt.

7. Führen Sie die gleiche Übung auf der linken Seite aus.

Das Übungsprogramm im Überblick

	Dauer	Wdh.	Pause
Kräftigen			
Unterarmstütz	15 Sek.	3 x	15 Sek.
Seitstütz	15 Sek.	3 x	15 Sek.
Diagonales Armheben	15 Sek.	3 x	15 Sek.
Hände hochschieben	15 Sek.	3 x	15 Sek.
Dehnen			
Ausfallschritt	20 Sek. je Seite		2 x
Beinstrecken	20 Sek. je Seite		2 x
Anfersen	20 Sek. je Seite		2 x
Mobilisation der Wirbelsäule	20 Sek. je Seite		2 x

Sigrun Leisner

Jahrgang 1966, hat Sport studiert und ist bei Sportler ruft Sportler angestellt.

Aha, besondere Tage – vom Umgang mit dem Zyklus

Während einer gemütlichen Plauderstunde mit einer älteren Freundin durchzuckte mich ein schmerzliches Ziehen im Rücken. Sie bemerkte es sofort und seufzte teilnahmsvoll: »Ach, das kenne ich gut! Wie froh war ich, als meine Menstruation recht früh durch die Unterleibsoperation aufhörte!« Allerdings – so berichtete meine Freundin mir – glaubten die Ärzte, dass dadurch hormonbildende Substanzen gefehlt hätten, deren Mangel nun ihre Osteochondrose begünstigt hätten, eine Abnutzungs- und Verbrauchskrankheit der Wirbelsäulenbandscheiben.

Auf der einen Seite erstaunte es mich immer wieder, wie wunderbar alle Körperfunktionen zusammenspielen und welch starke Auswirkungen ein Eingriff in den natürlichen Haushalt hat.

Trotzdem – auch ich wäre froh, wenn ich diese monatliche Qual hinter mir hätte, denn so lange ich denken konnte, war die Zeit meiner Menstruation mit Unannehmlichkeiten verbunden.

Während meiner Pubertät belegte ich regelmäßig einmal im Monat das Krankenzimmer. Da ich bei den Lehrern nie besonders beliebt war, erntete ich missbilligende und ungläubige Blicke und Bemerkungen und empfand hilflose Wut über meine Schmerzen und meine Übelkeit. Empfohlene Bestrahlungen und Schmerzmittel halfen nur sehr wenig.

Nachdem ich verheiratet war, empfand ich diese qualvolle so genannte »Unpässlichkeit«, trotz des Verständnisses meines Mannes, als äußerst peinlich.

Erst nach den Geburten der Kinder wurden die »rosaroten Zeiten«, wie eine Freundin es nannte, etwas schmerzfreier, aber dafür sank meine Stimmung auf den Tiefpunkt, meist begleitet von rasenden Kopfschmerzen. Das Lachen und Scherzen meines Mannes mit unseren Kindern, das ich sonst sehr genoss, zerrte an meinen Nerven. Auch sein gewohntes, fröhliches Necken verletzte mich plötzlich.

Meine Stimmungen waren dementsprechend aggressiv oder weinerlich bis zur regelrecht depressiven Unzufriedenheit, sodass mein Mann und auch die Kinder oft erschrocken über meine ungewöhnlichen Reaktionen zurückwichen.

Alle meine Versuche, dies einfach zu missachten und darüber hinwegzugehen oder gar der energische Befehl zur Selbstdisziplin – »Maria, stell dich nicht so an, du bist schließlich nicht krank!« – scheiterten. Schließlich resignierte ich und forderte von meinen Lieben: »Ich bin jetzt eben mal so, also nehmt gefälligst auf mich Rücksicht!« Dies war gerade mein innerer Zustand, als ich mit meiner Freundin auf dieses Thema und die damit verbundene Problematik zu sprechen kam! Abschließend meinte sie mehr zu sich selbst als zu mir: »Ich möchte zu gern einmal wissen, was Gott sich dabei in oder für uns gedacht hat?«

Diese Frage lies mich nicht mehr los!

Gott achtet uns Frauen

Obwohl ich schon seit einigen Jahren in einer immer vertrauter werdenden Weise mit Gott, meinem Schöpfer, lebte, und er in so vielen Bereichen meines Seins heilend eingegriffen hatte, habe ich noch nie daran gedacht, ihm meine Hilflosigkeit, meine Wut und meine Fragen über diese Beeinträchtigung meines körperlichen und auch seelischen Zustandes zu bringen.

Kaum hatte ich Jesus Christus als meinem Herrn und Erlöser mein Leben mit allen Bereichen anvertraut, durchforschte ich sofort voller Spannung die Bibel im Hinblick auf Gottes Sicht und seinen Plan mit mir. Dabei überraschte es mich, mit welcher Fürsorge Gott durch die ganze Bibel hindurch die Frauen wertachtet, ja sie schützt. Ebenso wie Jesus – das Wesen des Vaters widerspiegelnd – ihnen in großer Liebe und Achtung begegnet und sie entgegen allem damaligen Denken wertschätzte und ernst nahm!

Damit begann eine überwältigende und überraschend befreiende Erkenntnis über seine Liebe und Absicht für mich und meine Position als Frau. Ich, die ich voll Minderwertigkeit war, staunte und be- bzw. ergriff schließlich dankbar, wie wertvoll und »liebenswürdig« ich für ihn war.

Dies brachte einen Prozess in Gang, der meine sehr zerbrochene und verkorkste Persönlichkeit heilte und wieder herstellte.

Gott möchte wirklich für alles in mir zuständig sein

Mit diesem Erleben und Erfassen, dass er wirklich mein Schöpfer ist, der mich wunderbar gemacht hat – siehe Psalm 139 –, begann ich nun Gott ganz ehrlich zu fragen, wie er dies auf meine monatliche »Unpässlichkeit« beziehe, denn meine Regel erschien mir eher als ein Mangel seiner Schöpfung!

Seine Antwort ließ nicht lange auf sich warten: »Ich bin wirklich dein Schöpfer, ich bin mir dir, mit deinem Geist, deiner Seele und auch deinem Körper – meinst du nicht, ich könnte auch diese Umstände in meinen Händen halten und dir beistehen. Ich habe einen Plan damit – komm zu mir und vertraue mir!«

Anfangs zögerlich, dann aber immer mutiger, begann ich Gott die Tage meiner Regel in die Hände zu befehlen. Dies durchzog mehrere Monate meine Gespräche mit ihm. Während eine Menstruation zu Ende ging, betete ich schon für die nächste. Ich bat meinem himmlischen Vater mich schon in den zartesten Anfängen meiner aggressiven oder depressiven Stimmungen an seine Versorgung und seinen Trost zu erinnern. Und ich spürte, wie ich sensibler wurde, und mich immer schneller und konsequenter in seine Leitung und Vergebung begab.

Natürlich war dies ein Lernprozess. Anfangs vergaß ich immer wieder, darauf zu achten, aber sobald mich bestimmte Gedankengebilde zu überfallen drohten, schaute ich in meinen Terminer, und mit einem »Aha« stellte ich mich ganz bewusst unter Gottes Schutz und Versorgung.

Dies half mir, mich und meine Stimmung sowie mein körperliches Unwohlsein in gewisser Weise bewusster zu registrieren und so dem entgegenzuwirken.

Praktische Hilfen

Zuerst wurde ich achtsamer auf äußere Auswirkungen während dieser Tage.

Zum Beispiel fiel mir auf, wie schnell mir am Tag vor dem Beginn meiner Menstruation und den ersten zwei »starken Tagen« morgens Gegenstände aus den Händen fielen. So gewöhnte ich mir an, abends schon den Frühstückstisch zu decken. Es entspannte nicht nur die morgendliche Hektik, sondern ich umging so die körperliche Schwäche.

Auch anderes entdeckte ich, das mich in diesen Tagen besondere körperliche Kraft kostete und mein – sonst stabiles – Nervenkostüm ziemlich zerfledderte.

Zum Beispiel –

- der wöchentliche Großeinkauf (wir wohnen auf dem Land),
- Besorgungsgänge – z. B. auf Ämtern, treppauf, treppab, warten in stickigen Räumen,
- anstrengende Besuche (z. B. mit hyperaktiven Kindern) oder Gespräche (Lehrertermine),
- Berichte, Bücher, Filme – romantisch oder problemorientiert,
- Zahnarztbesuche – hier lernte ich am schnellsten umzuorganisieren,
- Buchhaltung – es fiel mir besonders leicht, dies zu verschieben ...,
- längere Autofahrten im Sommer, der Sonne entgegen – wobei ich mir hilflos wie ein Hähnchen im Grill vorkam(!),
- winterliche Kaufhausbesuche – dick vermummt,
- ausgedehnte Spaziergänge – trotz verführerisch schönem Wetter,
- bestimmte Gartenarbeiten, auch wenn es mich in den Händen juckte und »ich doch nur eben mal schnell umgraben, umpflanzen usw. wollte« – übrigens eine Verführung, auf die ich immer noch hereinfalle – das kann ich am schwersten ablegen.

So weit wie möglich verschiebe ich z. B. die Großeinkäufe, den Behördengang, anstrengende Besuche und Gespräche. Früher versuchte ich, diese monatlichen Beeinträchtigungen einfach nicht zu beachten und zwang mich, mich zusammenzureißen. Nun aber entdeckte ich, wie hilfreich der bewusste Umgang mit den Umständen ist und ich staunte, wie vieles durch Umorganisieren leichter wird. Durch Schaden klüger zu werden, kostet oft mehr Zeit.

Nicht immer kann ich mich so zurückziehen, wie ich es möchte, und manchmal sind auch Termine nicht zu verschieben. In meinem Leben gibt es viel Durchgangsverkehr, und mein Referentendienst erfordert langfristige Planung. Aber ich lerne, während dieser Tage nicht »im höchsten Gang« zu leben – zumal ich mehr und mehr spüre, das Gott in diesen Zeiten für mich andere Maßstäbe hat. Bildlich gesprochen biege ich von der

Autobahn ab und fahre langsam übers Land zum Ziel!

Irgendwann spürte ich, dass ich nicht mehr hilflos den Umständen und Stimmungen ausgeliefert war, sondern dass ich lernen durfte, weise mit ihnen umzugehen, ja dass sie mir sogar dienten.

Gottes Einladung in die Entspannung

Diese besonderen Tage wurden zunehmend wirklich ganz besondere Tage. Sie haben mir inzwischen viele unerwartet schöne Stunden beschert – manches, was zum Beispiel im normal geschäftigen Alltag oft durch Aktuelles zurückgedrängt wird: ein extra gemütlicher Abend mit meinen Mann oder den Kindern; Gespräche, die sich aus der Ruhe vor Gott entwickelten; ein Lesetag; besondere Besuche.

Überhaupt schaffe ich meist viel mehr, als ich das anfangs gedacht hatte: Fotos werden in Alben geklebt; ein Brief oder ein Telefonat, wofür ich plötzlich die richtigen Worte fand; Pläne für den Garten kamen aufs Papier; Kleidung wurde aussortiert; alte Zeitschriften wurden nach Interessantem durchforstet und endlich, endlich in den Papiermüll entsorgt (zur Freude meines Mannes, denn ich bin eine leidenschaftliche Sammlerin) usw. Auch die Idee und die erste Fassung dieses Artikels entstand in solch besonderen Tagen.

Gottes Gedanken der liebevollen Versorgung durchbrechen unsere Sicht

Aber noch etwas anderes entdeckte ich.

Im Alten Testament galten Frauen in der Zeit ihrer Menstruation als unrein, sie waren sozusagen aus- ja, abgesondert. Das empfand ich lange Zeit als eine Missachtung, ja Ungerechtigkeit und Diskriminierung.

Heute aber, nachdem ich immer mehr Gottes große Liebe zu mir und seine Achtung meinem ganzen fraulichen Sein gegenüber erlebe, glaube ich eher, dass er uns Frauen in diesen Tagen besonders in seine Ruhe und Geborgenheit einlädt, damit wir in einer Zurückgezogenheit mit ihm neu seine Liebe entdecken und Kräfte tanken und so für unsere vielfältigen und verantwortungsvollen Aufgaben ausgerüstet werden. Ich begann, diese Zeiten mehr zu nutzen und ganz bewusst bei ihm zu ruhen und mich einfach bei ihm einzukuscheln.

Der Sieg über Stimmungen, Umstände – innere und äußere – ist schließlich immer nur in ihm und ganz nah bei ihm zu erfahren!

Im Lauf der Jahre habe ich immer mehr Übung darin entwickelt, der Einladung Gottes in seine Geborgenheit nachzugehen. Diese besonderen Rendezvous mit ihm haben meine Beziehung zu diesem Herrn total verändert.

Alles dient zu unserem Bestem

Wir wissen aber, dass denen, die Gott lieben, alle Dinge zum Besten dienen, denen, die nach seinem Ratschluss berufen sind (Römer 8, 28).

In dieser Aussage steckt das Geheimnis der Überwindung und des Sieges über alle Umstände und Bereiche, mögen sie geistig, seelisch oder körperlich sein.

1. Ich darf ganz sicher sein, dass Gottes große Liebe und Wertschätzung mir gilt.
2. Es gibt nichts in meinem Leben – auch in meinen körperlichen Bereichen nichts, über das Gott nicht Herr in uns werden kann!
3. Ich darf vor Gott bleiben – ganz ehrlich – mit allen Anfragen und allem, was ich nicht verstehe. Dann wird er durch seinen Geist mich in seine Wahrheit leiten!

Das ist eine Antwort, die wir nicht immer über unseren Verstand erfassen können, aber eine Antwort, die mich immer tröstet, stärkt und befreit und mich diesem Gott näher bringt – ich darf dabei seine Größe und Herrlichkeit mehr und mehr erfassen.

Unverständnis, ja Wut gegen die Ohnmacht der körperlichen und seelischen Beeinträchtigung durch die Menstruation sind oft die ersten normalen Reaktionen von uns Frauen.

Es stellt sich uns die Frage: Hat Gott uns wirklich wunderbar gemacht – wie es in Psalm 139 heißt – auch in diesen Bereich?

Wenn wir vor Gott beginnen, ehrlich unser Herz auszuschütten, wird er uns in seine Wahrheiten und Absichten leiten und uns helfen, mit diesen Bereichen umzugehen, ja sie als Geheimnis zu entdecken.

Wenn Gottes Frieden und Geborgenheit einkehrt, wächst die Sensibilität, auf Gottes vorbereiteten Wegen zu gehen.

Unsere Menstruation ist eine Chance, der Einladung Gottes zu folgen: aus der alltäglich fordernden Aktivität für einige Zeit in die Ruhe mit ihm zu treten, um für die Anforderungen unserer Aufgaben neu ausgerüstet zu werden!

Maria Czerwonka

Jahrgang 1952, ist Hausfrau und Mutter von zwei erwachsenen Kindern. Sie ist als Referentin bei Freizeiten und Seminaren tätig; von ihr erschienen schon zahlreiche Beiträge in verschiedenen Zeitschriften.

Immer mit der Ruhe Hilfen zur Entspannung

Ursachen für Verspannungen

Es gibt sehr viele unterschiedliche Auslöser für Anspannungen. Viele dieser Faktoren bemerken wir gar nicht mehr, da sie zu unserem Leben gehören, wie z. B. unangenehme Gerüche, laute Geräusche, kalte oder aufregende Farben und Muster. Weitere Auslöser für Verspannungen sind Angst und Unruhe, permanenter Zeitdruck, Überforderungen.

An manchen Tagen genügt bereits ein Reiz, um eine innere Anspannung oder Erregung auszulösen. Manchmal bewirkt aber auch ein Zusammentreffen verschiedener Faktoren eine Verspannung.

Alle Auslösefaktoren können wir unter dem Begriff »Stress« zusammenfassen. Stress an sich ist keine Neuerscheinung, nur der Name, der aus dem Englischen kommt, klingt eher modern.

Stresssymptome sind jedoch seit Menschenbestehen bekannt. Begegnete ein Urzeitmensch beim Jagen einem großen, gefährlichen Tier, bedeutete dies für ihn eine körperliche Erregung und Anspannung – also Stress. Diesem Menschen blieben zwei Möglichkeiten zu überleben: entweder kämpfen oder fliehen. Heute bezeichnen wir diese Alternativen als das »Fight-or-flight-Syndrom«. Beide dieser Überlebensmöglichkeiten führen zum Stressabbau.

Auch wir Menschen unserer heutigen Zeit geraten auf verschiedenste Art und Weise in körperliche und psychische Anspannung.

Ein Beispiel: Sie haben den Tag minutiös ausgeplant mit wichtigen Terminen. Nun stehen Sie im Stau; es geht nichts mehr. Mit wem wollen Sie nun kämpfen, oder wohin können Sie flüchten?

Wie wir auf Stress reagieren, kann individuell sehr verschieden aussehen. Frau S. schaut am frühen Morgen auf ihren Terminkalender. Sie erkennt, dass es ein voller Tag werden wird: Ihre jüngste Tochter kommt heute in den Kindergarten. Sie sieht das als neue Chance und denkt: »Ich habe wieder etwas mehr Zeit für mich!« – Zum Mittagessen bekommt sie Besuch von der jungen Italienerin von nebenan. Auch das ist eine positive Herausforderung: »Schön! Ich wollte schon lange das neue Gnocchirezept ausprobieren und mein tolles Geschirr zur Geltung bringen!« – Die Leiterin des Frauenkreises ist erkrankt und hat ihr die Organisation des Abends übertragen – »Eine tolle Herausforderung, um zu zeigen, was in mir steckt!«

Die gleichen Herausforderungen können für eine andere Frau ganz gegenteilige Auswirkungen haben: Frau E. steht nach dem Frühstück voller Entsetzen vor demselben Terminplan. – Beim Kindergartenneubeginn ihrer Tochter kommen ihr die Tränen: »O nein! Jetzt braucht auch meine Kleine mich ein Stück weniger!« – Die Einladung fürs Mittagessen lässt sie in Panik geraten: »Was wird nur, wenn mir die Gnocchi misslingen und mein Geschirr den Geschmack der Nachbarin nicht trifft?« – Der Frauenkreis am Abend steht wie ein Berg vor ihr: »Wäre ich nur nicht ans Telefon gegangen oder hätte gleich abgesagt!«

Frau S. sieht ihren stressigen Tag als positive Herausforderung an.

Dieser positive Stress wird auch »Eu-Stress« genannt. Dieser Eu-Stress kann einen Menschen geradezu beflügeln. Er wirkt sich positiv auf den ganzen Organismus aus.

Frau E. sieht nur die Belastung des Tages. Sie sehnt sich eher nach Ruhe und leidet unter der Beanspruchung. Dieser negativen Stress wird auch »Dys-Stress« genannt. Der Dys-Stress wird zur Belastung für den ganzen Körper.

Ständige Stresssituationen können einen Menschen an Körper, Geist und Seele krank machen. Im Endeffekt ist es entscheidend, wie schnell ein Mensch nach Belastung wieder entspannen kann.

Entspannung verändert

Ständige Anspannungen und Stresssituationen beeinflussen die Ausstrahlung eines Menschen erheblich. Unser Gesicht ist manchmal der Spiegel unserer Seele.

Doch wie finden wir zu einer wohltuenden Entspannung?

In den letzten Jahren wurde der deutsche Markt geradezu überflutet von den unterschiedlichsten Techniken zur Entspannung.

Gleichzeitig mit der Verbreitung der verschiedenartigsten Entspannungsmethoden wurden auch vielerlei Bedenken von christlicher Seite geäußert. Daher haben sich in den letzten Jahren immer mehr Christen mit diesem Thema auseinander gesetzt.

Das ausführliche Ergebnis verschiedener Studien würde diesen Rahmen sprengen. Der überwiegende Konsens könnte wie folgt zusammengefasst werden:

Der glaubende Christ darf wissen, dass er vor Entspannungsübungen keine Angst zu haben braucht. Ein eindeutiges Stopp ist jedoch geboten bei z.B. fernöstlichen Entspannungsmethoden, die nur in Zusammenhang mit der jeweiligen Ideologie oder Religion durchführbar sind.

Da nicht jeder Mensch gleichermaßen auf eine Entspannungsmethode anspricht, gibt es heute eine Vielzahl verschiedener Methoden (z.B.: Autogenes Training; Progressive Muskelentspannung; Entspannung durch Musik; verschiedene Atemtechniken; biblische Meditation).

Im Folgenden sollen Ihnen einige dieser hilfreichen Techniken mit entsprechenden Übungen zur Umsetzung vorgestellt werden:

1. Progressive Muskelentspannung

Diese Entspannungstechnik wurde 1932 von Edmund Jakobson vorgestellt.

Progressive (= fortschreitende) Muskelentspannung bedeutet, Muskelgruppen unseres Körpers in einer bestimmten Reihenfolge zuerst anzuspannen und dann zu lockern. Dabei konzentrieren wir uns auf die Empfindungen, die wir im Entspannungszustand an unseren Muskeln erleben. Nach einiger Übung wird die Muskulatur sich so weit entspannt haben, dass der »normale« Anspannungsgrad in eine völlige Entspannung übergeht und mit einer tiefen körperlichen Entspannung harmonisiert.

Dieses Erlernen braucht Zeit und Geduld, ein zu verbissenes Arbeiten kann Verspannungen noch verstärken. Eine große Hilfe zur Anwendung der progressiven Muskelentspannung bieten verschiedene MC/CD mit gut nachvollziehbarer Entspannungsanleitung in Verbindung mit entspannender Musik.

Übung: Setzen Sie sich in bequemer Kleidung in einen gut temperierten Raum. Nun konzentrieren Sie sich auf ihre rechte Hand. Was empfinden Sie? Formen Sie nun mit der rechten Hand eine Faust und halten diese Spannung 5-7 Sekunden. Während des Ausatmens lassen Sie die Faust ruckartig wieder los. Fühlen Sie in die Muskeln hinein. Was hat sich verändert? Gibt es einen Unterschied zur linken Hand? Genießen Sie bewusst die Entspannung. Wiederholen Sie nun noch einmal die Anspannung mit der rechten Hand. Ganz wichtig ist es, den Muskeltonus vor und nach der Anspannung zu erspüren. Registrieren Sie das Gefühl der Entspannung! Entwicklen Sie ein Gefühl für Ihren Körper.

Wiederholen Sie diese An- und Entspannung in folgender Reihenfolge:

Armbereich – Gesichtsbereich – Hals-, Nacken- und Schulterbereich – Rücken- und Beckenbereich – Brust- und Bauchbereich – Beine. Spüren Sie am Schluss jeder Muskelpartie einzeln nach. Atmen Sie ruhig durch. Um nun wieder fit zu werden für den Alltag, räkeln und strecken Sie sich kräftig und schütteln die Extremitäten (Hände und Füße).

2. Entspannung mit Musik

Musik kann als Entspannungswerkzeug gebraucht werden, wobei es nicht unbedingt auf einen bestimmten Musikstil ankommt. Der Musikstil richtet sich nach persönlichen Vorlieben. Zur Unterstützung der Entspannung kommt es lediglich auf einen besonderen Rhythmus an.

Neuere Untersuchungen haben ergeben, dass wir gesünder und geistig leistungsfähiger wären, wenn wir den Herzschlag auf ca. 60 Schläge pro Minute reduzieren könnten. Ebenso besteht auch zwischen der Herzfrequenz und der Art der Gehirnwellen ein Zusammenhang.

Theoretisch geht es darum, dass sich Herzschlag, Gehirnwellen und Atemfrequenz an den Rhythmus der Musik anpassen. Deshalb sollte das Musikstück einem Viervierteltakt unterliegen und ca. 60 Schläge pro Minute einhalten.

Im Gegensatz zu anderen Entspannungsübungen bleibt der

Geist wach und konzentrationsfähig. Diese Methode eignet sich zum Beispiel auch hervorragend für längere Autofahrten.

Übung: Suchen Sie sich eine ruhige Instrumentalmusik (am besten langsame klassische Musik) aus und nehmen Sie sich ein wenig Zeit. Hören Sie sich nun in die Musik hinein. Sie werden bemerken, dass Ihr Atem ruhiger wird und sich dem Rhythmus der Musik anpasst. Konzentrieren Sie Ihr Denken nur auf die Musik. Lassen Sie alle Muskeln bewusst locker und entspannen Sie sich!

3. Richtiges Atmen

Zwischen den Menschen des östlichen Kulturkreises und unserer westlichen Welt besteht ein grundlegender Denkunterschied in der Atemtechnik. Wir im Westen neigen dazu, das Einatmen in den Vordergrund zu stellen und damit ein »Aufladen« neuer Energiereserven zu bezwecken. Im Osten dagegen steht das Ausatmen, das Loslassen, im Vordergrund. Um sich eine »richtige« Atmung anzugewöhnen, ist Folgendes zu beachten:

Lassen Sie bewusst Ihre Schultern locker. Wenn Sie richtig einatmen, haben Sie das Gefühl, dass sich zuerst der Bauch und zuletzt die Lungen mit Luft füllen. Beim Ausatmen wird der Bauch wieder eingezogen, während die verbrauchte Atemluft wieder ausströmt.

Übung: Ziehen Sie bequeme Kleidung an und begeben Sie sich in einen gut temperierten Raum. Konzentrieren Sie sich nun ganz bewusst auf Ihre Atmung. Legen Sie beide Hände flach auf den Bauch und atmen Sie so, dass diese sich heben und senken. Versorgen Sie beim Einatmen bewusst jede Zelle Ihres Körpers mit Sauerstoff und genießen Sie die Entspannung jeder Muskelfaser beim Ausatmen.

Die Übungen 1, 2 und 3 eignen sich sehr gut zum Kombinieren.

4. Biblische Meditation

Die Voraussetzung hierfür ist genügend Zeit. Diese Zeit gewinnen wir durch einen gesammelten und geklärten Geist wieder zurück. Ein vertrauter, angenehmer Ort, an dem wir ungestört sind, löst in uns bereits eine Vorstufe der Entspannung aus.

Die christliche Meditation ist ein Reden mit Jesus Christus, unserem Herrn, der für uns gestorben und auferstanden ist. Jesus steht im Mittelpunkt! Er kennt uns, er redet zu uns!

Beim Ausatmen können wir kurze Bibeltexte wiederholen oder auch immer wieder Stoßseufzer sprechen. Ein solcher Seufzer kann lauten: »Herr, gib mir deinen Frieden!« Während der christlichen Meditation sind wir uns der Gegenwart Gottes gewiss. Es gibt eine Reihe von Bildbänden, die sich hervorragend zur Meditation eignen.

Die Bibel ist geradezu ein Entspannungsbuch erster Güte. Bereits im Alten Testament lädt uns Gottes Wort mehrfach zur inneren Entspannung, zum Loslassen, ja, zur Gelassenheit ein!

Sie lädt uns ein zum Frieden mit Gott:
Prediger 3,1-8: Hier stellt uns der Prediger Salomo unsere begrenzten Möglichkeiten vor Augen. Er sagt uns: »Alles hat seine Zeit!« In Vers 9 endet er: »Man mühe sich ab, wie man will, so hat man keinen Gewinn davon.«
Sie lädt uns ein zum Vertrauen:
Gott hat alles in seiner Hand. Im Vertrauen auf ihn werden wir gelassen und finden inneren Frieden. Friede mit Gott ist mehr als Entspannung.

Psalm 37, 5: David ruft uns hier zu: »Befiehl dem Herrn deine Wege und hoffe auf ihn, er wird's wohl machen!« Im Vertrauen auf Gott brauchen wir nicht krampfhaft unseren Zielen nachzujagen. Wir können loslassen und entspannen.
Sie lädt uns ein zur Vergebung:
Johannes 16, 33b: Jesus ruft uns zu: »In der Welt habt ihr Angst;

aber seid getrost, ich habe die Welt überwunden!« Jesus ist für unsere Sünde gestorben, wir werden allein durch Gnade gerecht (Römer 3, 24). Ist das nicht der Ursprung jeglicher Entspannung?

Die Bibel lädt uns ein zur Stille:

Die Werbung z.B. scheut keine Kosten und Mühen, uns in ein Richtungswirrwarr zu stürzen. Auf was sollen wir nicht alles achten: Glänzend gefärbtes Haar, faltenlos glatter Teint, umwerfend frischer Atem, Traumfigur usw. Wollten wir dem allen entsprechen, gliche dies fast einem Fulltimejob! Doch Gott sagt: »Halt! Ich habe Pausen für dich eingeplant. Ich kenne dich!« Das 3. Gebot: »Du sollst den Feiertag heiligen!« heißt: »Entspanne dich, du hast eine Pause verdient.«

Die Bergpredigt lädt uns ein, klare Prioritäten zu setzen:

Matthäus 6, 33: »Trachtet zuerst nach dem Reich Gottes…«, also: Lass dich nicht von Terminen überrollen. Gottes Sache hat Vorrang! Er sagt: »Du bist mein« (Jesaja 43,1-4)! Steig doch aus, aus dem Vergleichsdenken. Du bist von Gott gewollt, geliebt, wert geachtet – so wie du bist!

5. Entspannung aus Gottes Garten

Gottes Schöpfung ist wunderbar. »Für jede Krankheit ist ein Kraut gewachsen!«, lautet eine alte Weisheit. Auch für Verspannungen gibt es eine Vielzahl von Kräutern. Hier nun ein Ausschnitt:

Baldrian: nervenberuhigendes Kraut, das für ein ausgeglichenes Gemüt und ein ruhiges Unterbewusstsein sorgt.

Johanniskraut: ein Kraut für jeden, der sich ausgebrannt fühlt.

Melisse: lindert Spannungen, die durch menschliche Konflikte ausgelöst werden.

Schlüsselblume: für alle, die oft »aufgedreht« sind und nicht zur Ruhe kommen.

Wacholder: ein Kraut für »Grübler-Typen«, die nicht abschalten können.

Anwendungen:

1. Als Tee: Alle oben aufgeführten Kräuter lassen sich, mit heißem Wasser aufgebrüht, als Tee zubereiten. Wenn Sie über einen längeren Zeitraum 2-3 Tassen täglich trinken, wirkt dies Ihren Verspannungen gezielt entgegen. Sie können die verschiedenen Kräuter ganz nach Ihren individuellen Bedürfnissen mischen.
2. Als Badezusatz: Baldrian, Melisse und Wacholder sind als hautpflegendes Badeöl erhältlich. Diese Anwendung ist als eine Art Soforttherapie geradezu ideal. Warmes Wasser und die angenehm aufsteigenden Dämpfe lassen Sie den Stress des Tages schnell vergessen.
3. Als Tinktur: Die meisten Kräuter erhalten sie auch als Tinktur. Diese können als Tropfen eingenommen oder für Umschläge verwendet werden.
4. Aromatherapie: Die individuellen Gerüche der einzelnen Kräuter sind in den letzten Jahren wieder neu als Heilmethode entdeckt worden. Naturreine ätherische Öle gelangen über die Atemwege schnell ins Nervenzentrum und wirken schmerzlindernd und entspannend. Aromaöle können in der Duftlampe, als Badezusatz, zur Inhalation oder als Zusatz für Massagecremes verwendet werden.
   Folgende Öle können ihre Entspannung positiv beeinflussen:
   Bergamotte – wirkt ausgleichend, aufmunternd.
   Fenchel und Weihrauch – wirken entspannend und beruhigend.
   Lavendel – wirkt ausgleichend und erfrischend.
   Orange und Rose – wirken ausgleichend.

Über allem jedoch steht Jesu Wort:

»Kommet her zu mir alle, die ihr müde seid und ermattet von übermäßiger Last (die ihr seufzt unter harten Geboten und unter der Angst, es Gott nicht recht zu machen). Aufatmen sollt ihr, und frei sein!« (Matthäus 11, 28; Übersetzung Jörg Zink)

Verspannungen können durch unterschiedliche Faktoren ausgelöst werden. Stress, Belastungen, Veranlagung und vieles mehr können uns in unangenehme Anspannungen führen.

Entspannung verändert. Dazu gibt es hilfreiche Techniken und Methoden, die wir auch als Christen bedenkenlos anwenden dürfen.

Die Bibel ist ein Entspannungsbuch erster Güte, weil sie uns Sicherheit und Geborgenheit für unser Leben vermitteln kann. Unser Leben kann von seinen Grundlagen her durch das Reden Gottes neu aufgebaut werden und wir können dadurch gelassene Menschen werden.

Auch verschiedene Kräuter aus Gottes Schöpfung können uns zur Entspannung verhelfen.

Martina Kilgus

Jahrgang 1962, Krankenschwester, ist zurzeit Hausfrau und Familienmittelpunkt. Sie hat zwei Kinder und ist in der Gemeindearbeit tätig.

8. Umgang mit Krisen

Gesundheit und Krankheit

»Gesundheit!«, sagt man, wenn jemand niest. Über Gesundheit reden wir in unserer Gesellschaft eigentlich erst, wenn jeman krank wird. Selbst im »Gesundheitsmagazin Praxis« (einer Fernsehsendung unter diesem Titel) wird die ganze Zeit über Krankheiten geredet. Es scheint so, als sei die Gesundheit der verbriefte Normalzustand und die Krankheit eine unverdiente Störung, ja sogar eine Strafe. »Womit habe ich das verdient?«, fragen sich viele, vor allem, wenn sie schwer erkranken. Als sei Krankheit eine Strafe, die nur böse Menschen ereilt. Sicher, es gibt Krankheiten, bei denen ein Mitverschulden des Menschen nicht abzustreiten ist. Zum Beispiel muss ein Raucher wissen, dass er sein Risiko aktiv erhöht, an Lungenkrebs zu sterben. Dennoch: Die meisten Krankheiten kann sich keiner aussuchen. Ein direkter Zusammenhang zu eigener Schuld ist sehr selten festzustellen.

Vor einiger Zeit las ich ein Buch über eine blinde Chinesin. Sie hatte als kleines Kind eine Augenentzündung, die falsch behandelt wurde und zum Erblinden führte. Erst mit sechs Jahren erfuhr sie, dass sie anders war als ihre Geschwister. Sie spielten immer wieder ein Spiel, bei dem der gewann, der ausgeschüttete Knöpfe am schnellsten vom Boden aufheben konnte. Sie wunderte sich, warum sie immer verlor und fragte ihre Eltern. Die Antwort: »Das ist doch klar, du bist blind und die anderen können sehen!«, kam total überraschend für das Mädchen. Sie hatte nicht gewusst, dass sie anders war. Ich denke, dass Menschen mit chronischen Krankheiten, die sie von Geburt an haben, dieses Beispiel gut verstehen. Als Kinder schon mussten sie unter den Einschränkungen leiden, die ihre Krankheit mit sich brachte. Diabetes, Epilepsie, Asthma, Neurodermitis sind einige solcher Krankheiten, die von Geburt an das Leben eines Menschen beeinträchtigen. Solche Menschen haben noch nie einen vollkommen gesunden Körper gehabt und sich dennoch vielleicht nur zeitweise krank gefühlt.

Krankheit und Schuld

Wenn ich nun von Krankheit rede, dann meine ich nicht nur den Schnupfen oder die Grippe. Ich meine auch und vor allem die Krankheiten, die unser Leben in Gefahr bringen oder nachhaltig beeinträchtigen. Jeder weiß, dass Kinder krank werden, und bestimmte Krankheiten muss das Kind einfach durchmachen. Kaum einer würde es als Strafe Gottes ansehen, wenn Kinder sich im Kindergarten anstecken und eine Grippe mit nach Hause bringen. Wenn aber das Kind an einer Virusgrippe erkrankt, die lebensgefährlich werden kann, sehen manche Menschen das als Strafe und fragen sich und andere, warum Gott so etwas zulassen kann.

Als ich vor einigen Jahren an Krebs erkrankte, schrieb mir ein Bekannter: »Du musst ja viel gesündigt haben, dass Gott dir diese Krankheit schickt!« Ich muss ja zugestehen, dass der erste Teil des Satzes sogar wahr ist. Ja, ich habe sicher viel gesündigt. Aber die Schlussfolgerung ist absolut falsch. Gott schickt keine Krebserkrankung, weil ich viel gesündigt habe. Für meine Schuld hat er eine ganz andere Lösung geschaffen. Jesus ist für meine Sünde gestorben. In Jesaja 53 heißt es ganz ausdrücklich: »Er trug unsre Krankheit und lud auf sich unsre Schmerzen.

...Die Strafe liegt auf ihm, auf dass wir Frieden hätten, und durch seine Wunden sind wir geheilt.« Wenn Gott unsere individuelle Sünde durch Krankheit strafen würde, könnte kein Mensch mehr gesund sein. Denn alle Menschen sind Sünder und können so, wie sie sind, nicht vor Gott bestehen.

In unserer Gesellschaft wird Krankheit als Strafe von Gott empfunden. Leider haben wir bis in unsere christlichen Gemeinden hinein oft diese Meinung beibehalten. Von der Bibel her lässt sich diese Haltung nicht belegen. Im Gegenteil. Als die Jünger einen blinden Menschen sehen, fragen sie Jesus, wessen Schuld es ist, dass der Junge blind ist: seine eigene oder die der Eltern. Jesus weist das zurück und sagt deutlich, dass die Blindheit keine Folge der Sünde ist. Dieser Mensch ist blind, weil Gott sich in seinem Leben durch die Heilung verherrlichen wollte – so sagte es Jesus.

Krankheit ist nicht Gottes Wille

Krankheit ist ein Teil und eine Folge unserer von Gott abgefallenen Welt, unserer sterblichen Wirklichkeit. Im Paradies gab es vor dem Sündenfall keine Krankheit und keinen Tod. Auch nach der Wiederkunft Jesu wird es beides nicht mehr geben. Aber in der Zwischenzeit, in unserer Zeit jetzt und hier, gibt es Krankheit und jeder Mensch muss sterben. Auch wir Christen sind da nicht ausgenommen. Gott hat die Krankheit nie gewollt. Und auch nicht den Tod. Er will, dass wir leben. Er will, dass wir den Tod überwinden und ewig leben. Deshalb kann jeder, der an Jesus glaubt, leben, auch wenn er stirbt. Aber weil wir Menschen uns von Gott getrennt haben, leben wir in einer Welt, in der das Böse Macht hat. Der Tod ist ein Feind des Menschen und ein Feind Gottes. Jesus hat in seiner Auferstehung den Tod besiegt. Er hat sein ganzes Leben lang gezeigt, dass er auch die Autorität über Krankheiten hatte. Er hat alle geheilt, die zu ihm kamen und seine Hilfe in Anspruch nehmen wollten. In Jesus ist die wiederherstellende Kraft Gottes gekommen, die die Schöpfung aus der Macht des Bösen befreit. Jesus ist der Herr über Krankheit und Tod. Deshalb können wir auch heute jederzeit mit Kranken beten und Gott bitten, sie zu heilen.

Gott tut auch heute noch Wunder

Vor einigen Jahren war ich in Ägypten eingeladen. Dort besuchte ich eine ältere, schwer zuckerkranke Frau, deren Mann gerade gestorben war. In dieser äußerst angespannten Lage war ihr Zucker gestiegen und sie hatte ein offenes Bein. Ich sollte mit ihr und für sie beten. Ich muss ehrlich gestehen, dass ich in meinem Gebet keinen großen Glauben hatte und auch kein besonderes Gefühl. Ich betete einfach, dass Jesus sie anrührt und sie heilt, wenn er das will. Und dass er sie in ihrer Not tröstet. Ein schlichtes Gebet, wie es jeder andere auch gebetet hätte. Am nächsten Tag traf ich die Tochter der Frau. Ich erkundigte mich nach ihrer Mutter und fragte, ob sie noch so verzweifelt sei. Ungläubig sah mich die Tochter an. »Hast du nicht mitbekommen, dass meine Mutter geheilt ist? Das Bein ist zugeheilt. Es geht ihr gut. Sie hat gemerkt, dass Gott ihr hilft.« Ich war total überrascht. Damit hatte ich überhaupt nicht gerechnet. Wie kann ein Bein über Nacht ganz abheilen? Gott hatte ein Wunder getan. Und ich konnte es kaum glauben. Ich glaube nicht, dass ich die Gabe der Krankenheilung habe. Ich habe in diesem Fall einfach im Vertrauen zu Jesus gebetet und ihn gebeten, zu handeln. Und in diesem Fall hat er es getan. Ich nehme aus dieser Erfahrung den Mut mit, Gott um Wunder zu bitten. Ob er sie tut, entscheidet er allein.

Gott weiß, was gut für mich ist

Als ich an Krebs erkrankt war, haben viele für mich gebetet. Unter Handauflegung durch die Ältesten bzw. Leiter wurde ich gesalbt, wie es in der Bibel steht. Aber ich wurde nicht durch ein Wunder spontan geheilt. Stattdessen bekam ich ein Jahr lang Chemotherapie. Und durch diese Therapie hat Gott mich geheilt. »Medicus curat, deus sanat«, sagt der Lateiner: Der Arzt behandelt, Gott heilt. Das stimmt. In meinem Fall war es ein Heilen Gottes, dass die Chemotherapie den Krebs besiegen konnte. Wenn Gott gewollt hätte, dass ich an der Krankheit sterbe, hätte auch keine Therapie mir helfen können. Gott ist der Heilende. Er weiß, was gut für uns ist. In manchen Kreisen wird behauptet, dass wir geheilt werden, wenn wir nur genug glauben. In anderen Kreisen werden keine Wunder mehr erwartet und es wird sich ganz in den Willen Gottes ergeben, ohne ihn um Heilung zu bitten. Es gelingt anscheinend leider nur wenigen Christen, die Balance zu finden zwischen der Erwartung von Gottes Eingreifen und vertrauensvollem Bitten um ein Wunder auf der einen Seite und der Bereitschaft, die Krankheit anzunehmen und Gott darin zu vertrauen, auf der anderen. Sicher ist, dass Gott jede Sekunde unseres Lebens Herr der Lage ist. Nichts, was mit uns geschieht, ist einem Schicksal oder dem Zufall überlassen. Mein Leben gehört Gott, und er bestimmt, was mir geschieht. Er lässt zu, was mich krank macht. Aber er kann es auch jederzeit beenden. Das war mir sehr wichtig, als ich Krebs hatte. Für viele Menschen hat allein schon dieses Wort Krebs eine magische Wirkung. Sie denken gleich an den bevorstehenden Tod. Ich habe mir klar gemacht, dass für Gott Krebs nichts anders ist als eine Grippe. Er kann mich jederzeit davon heilen. Und ich wollte nicht, dass diese Krankheit nun mein ganzes Leben beherrscht. Sicher habe ich mich sehr viel damit beschäftigt und viel Angst gehabt. Aber ich wusste, dass nicht der Krebs entscheidet, ob und wann ich sterbe, sondern Jesus allein. Ich habe mich nicht vor der Krankheit gebeugt, sondern vor Jesus, meinem Herrn. Sein Wille sollte geschehen. Nicht meiner.

Gott ist bei mir in der Krankheit

Ich erinnere mich gerne an meine Kindheit. Wenn ich krank war, durfte ich in der Küche auf einer Couch liegen und mitten im Geschehen sein. Neben mir stand immer etwas Leckeres zum Essen und ein teurer Obstsaft namens »Rotbäckchen«. Ein gesundes und fröhliches Mädchen lächelte mir von der Flasche zu und vermittelte mir den Eindruck: Wenn du das trinkst, wirst du auch bald wieder so fröhlich sein können. Meine Mutter und meine Oma haben es verstanden, mir die Schrecken der Krankheit zu nehmen und mir Lebensqualität zu vermitteln, trotz Krankheit. Ich habe davon viel gelernt. *Erstens*: Das Leben geht weiter. Ich kann auch trotz Einschränkungen am Leben weiter teilnehmen. Es muss sich nicht alles um mich drehen. Aber ich darf weiter dabei sein. *Zweitens*: Es kommen hoffentlich auch wieder andere Zeiten. Nicht im Selbstmitleid vergehen, nicht jammern und klagen, das Beste daraus machen. Ich glaube, dass mir das während meiner Krebserkrankung und Chemotherapie viel geholfen hat. Ich habe mich nicht zurückgezogen, sondern ich habe versucht, so viel wie möglich am normalen Leben teilzunehmen.

Die ersten Wochen meiner Erkrankung habe ich im Krankenhaus verbracht. Da ich gleichzeitig eine Salmonellenvergiftung hatte, lag ich im Einzelzimmer. Aber ich fühlte mich nie allein. Ich wusste, Jesus ist bei mir. Und nicht nur ich selbst, auch Besucher und das Pflegepersonal haben das gespürt. Eines Nachts kam eine Nachtschwester herein und fragte mich: »Hier ist doch noch jemand. Haben Sie jemanden versteckt?« Ich musste lachen. Sie hatte deutlich die Anwesenheit von jemandem gespürt, den sie nicht sehen konnte. Ich erklärte ihr, das sei Jesus. Es begann ein langes und tiefes Gespräch.

Gott hat mich nicht spontan geheilt. Aber er war jede Sekunde meiner Krankheit bei mir. Er hat das alles an meiner Seite durchgestanden und mir in jeder Lage Kraft gegeben und mich getröstet.

Wenn ein Glied leidet, leiden alle

Diesen Satz aus der Bibel versteht man gut, wenn man Zahnweh hat. Ein einziger Zahn kann uns aus dem Konzept bringen und dazu führen, dass wir nicht mehr denken und nicht mehr arbeiten können. Unser Körper ist eine Einheit, in der nicht nur ein Teil Probleme hat, sondern in der wir als Ganzes von Störungen betroffen sind. Deshalb können wir auch nicht garantieren, dass wir fröhlich und unbeschwert bleiben, wenn wir krank sind. Unsere Seele leidet mit, wenn der Körper leidet. Aber unser Verstand kann dankbar bleiben, wenn wir krank sind. Es gab und gibt so viel Gutes in unserem Leben. Gott hat so oft geholfen. Sich daran zu erinnern und dankbar zu sein für Gottes Wirken setzt neue Kräfte frei. Natürlich ziehen wir in Krankheitszeiten Bilanz. Wir fragen uns automatisch, was wir hätten anders machen können und sollen. Schuld steht plötzlich klar vor Augen. Sie kann und muss Gott gebracht werden, damit die Seele wieder ruhig wird. Aber auch viel Freude an dem, was Gott Gutes getan hat, taucht in der Erinnerung auf.

Krankheitszeiten machen auch schnell deutlich, auf welche Menschen man sich verlassen kann. Ich hatte das große Glück, neben meinem lieben und verständnisvollen Mann auch noch viele andere Menschen zu haben, die mich besuchten, für mich beteten und mir in praktischen Dingen halfen. Auch das verbirgt sich hinter dem Bild des Leibes, der als Ganzes leidet. Viele haben mir ihr Mit-Leiden ausgedrückt. Und das macht so viel Mut, wenn man sieht, wie andere sich kümmern.

Ob Sie gesund oder krank sind: Gott ist bei Ihnen. Nichts und niemand kann uns aus seiner Hand reißen. Wir dürfen ihm vertrauen, dass er es gut mit uns meint. Wir dürfen wie Kinder um Heilung bitten, aber wir sollten auch bereit sein, mit ihm ins Leiden zu gehen. Gott will, dass wir mit ihm leben. Gesund oder krank. Und zwar ewig leben, über den Tod hinaus.

Krankheit empfinden wir als Störung unseres Normalzustandes, manchmal sogar als Strafe.

Der kranke Mensch ist nicht schuldiger als gesunde Menschen. Diesem Denken hat schon Jesus deutlich widersprochen.

Krankheit ist nicht Gottes ursprünglicher Wille. Vor dem Sündenfall gab es keine Krankheit und in Gottes ewiger Welt wird es kein Leid mehr geben.

Gott kann heilen und tut auch heute noch Wunder an kranken Menschen.

Gottes Wille ist für jeden Menschen anders. Die einen werden geheilt, und andere sterben an ihrer Krankheit. Der Herr unseres Lebens soll immer Jesus und nicht die Krankheit sein.

Gott ist bei mir in der Krankheit und steht mit uns jede Situation durch.

Krankheitszeiten führen uns in einen Prozess des Nachdenkens, des Bilanzziehens und der Veränderung.

In Krankheitszeiten erkennen wir, wo unsere echten Freunde sind und auf wen wir uns wirklich verlassen können.

Elke Werner

Jahrgang 1956, Lehrerin für Haupt- und Realschulen, ist jetzt in der leitenden Mitarbeit im Christus-Treff Marburg. Sie ist mit Dr. Roland Werner verheiratet und Vorstandsmitglied im Ring missionarischer Jugendbewegungen und in der Evangeliumsgemeinschaft Mittlerer Osten; außerdem ist sie als Referentin und Autorin tätig.

Ängste bewältigen

Wovor haben wir Angst?

Jeder Mensch hat Angst. Angst gehört zum menschlichen Leben dazu wie das Geborenwerden und das Sterbenmüssen.

Auch Jesus stellt das fest: »In der Welt habt ihr Angst.« Schließlich gibt es genug, wovor wir Menschen Angst haben können oder müssen: z. B. die Angst vor der Zukunft oder vor Krankheit, Angst vor Unfall oder schwierigen Situationen.

Manche Menschen haben Angst vor Dunkelheit oder vor engen Räumen, Angst vor dem Aufzug oder dem Kino, Angst vor großen Plätzen oder davor, die Straße überqueren zu müssen, Angst vor Treppen und Türmen, Angst vor dem Fliegen, Angst vor Feuer oder Wasser, vor Tieren usf.

Angst vor Neuem, gekoppelt mit der Befürchtung, Fehler zu machen, und im Gegenstück dazu die Angst, dass alles beim Alten bleiben könnte. Es gibt Angst vor Nähe und – im Gegenzug – Angst vor Einsamkeit.

Es gibt Ängste, mit denen wir ganz gut umgehen können und die uns nicht allzu sehr verunsichern. Aber es gibt auch Ängste, die in eine tiefere Schicht unserer Persönlichkeit gehen und unser Verhalten bestimmen und prägen. Solche Ängste sind uns zwar nicht immer bewusst, aber sie sind dennoch in der Tiefenstruktur unserer Persönlichkeit verankert und leiten uns.

In der Psychologie werden vier Grundängste unterschieden (Riemann, Fritz: Grundformen der Angst):

Angst vor Selbsthingabe

Selbsthingabe bedingt die Öffnung des eigenen Lebens, sie erfordert intensivere Beziehungen zu anderen Menschen. Damit können Herausforderungen oder Überforderungen verbunden sein, mehr Nähe zu anderen Menschen, auch mehr Emotionalität, Beurteilung oder gar Verurteilung durch andere Menschen oder sogar Verletzung durch diese. Solche Erfahrungen machen Angst.

Angst vor Selbstwerdung

Je mehr wir unsere Eigenständigkeit oder unser Selbst betonen, desto eher besteht die Gefahr, dass wir Grenzen zu anderen Menschen ziehen. Grenzen machen aber auch einsam. Beziehungen können dadurch gefährdet werden oder verloren gehen. Die Folge davon ist Einsamkeit. Angst vor Selbstwerdung, vor Originalität und Individualität können darum dazu führen, dass wir uns eher um andere Menschen als um uns selbst kümmern. Wir geben lieber eigene Wünsche und die Verwirklichung eigener Bedürfnisse auf, um nicht mit uns selbst allein sein zu müssen.

Angst vor Veränderung

Veränderungen stören, beunruhigen und erinnern uns an unsere Vergänglichkeit und an den Tod. Dauerhaftigkeit und Beständigkeit dagegen vermitteln ein Gefühl der Sicherheit. Menschen, bei denen diese Grundangst vorherrscht, haben

Angst, dass Andersartiges und Neues Chaos verursachen könnte. Sich spontan einer Situation zu überlassen ohne Selbst- oder Fremdkontrolle macht darum Angst.

Angst vor Begrenztheit und Endgültigkeit

Zu festgefügte Formen, Ordnungen und Strukturen grenzen ein. Alles, was den Charakter der Endgültigkeit in sich birgt, macht Angst. Menschen, die von dieser Grundangst geprägt sind, suchen darum immer wieder nach Veränderungen, nach Freiheit, nach Neuem. Die Zukunft mit allen ihren Möglichkeiten sehen sie als ihre große Chance. Vergangenheit interessiert sie nicht so sehr. Ordnungen und Gesetzmäßigkeiten machen ihnen Angst.

All die genannten Grundängste kommen in jedem Menschen vor. Eine Reflexion auf dem Hintergrund dieser Thesen, kann uns eine Hilfe sein. Dabei können wir entdecken, wo wir in unserem Verhalten, in unseren Entscheidungen möglicherweise unbewusst und ungewollt angstgeleitet sind.

Die tiefste und größte Angst in uns Menschen ist die Angst vor dem Tod. Alle Formen der Angst können wir letztlich darauf zurückführen. Darum nimmt unsere Beziehung zum Tod auch einen wichtigen Stellenwert in der Bewältigung der Angst ein. Unsere Stellung zum Tod ist ein wichtiger Schlüssel zum Umgang mit unseren Ängsten.

Angst und ihre Wirkung auf uns

Angst ist mit dem Wort »Enge« verwandt. Das Wort »Angst« kommt aus dem lateinischen »*angustiae*«, das heißt übersetzt *Enge*. Angst bekomme ich, wenn es mir eng wird. Auch das Wort *angina* – »Enge im Hals oder *angina pectoris«* – Enge ums Herz, haben diesen gleichen Wortstamm. Angst geht manchmal mit dem Gefühl einher, keine Luft mehr zu bekommen oder nicht mehr frei atmen zu können. Angst ist ein inneres Bedrängtsein.

Angst kann auf zweierlei Weise auf uns wirken:
Entweder sie *lähmt* uns, macht uns untätig. Wir kommen uns wie gefangen vor und können mit Angst machenden Situationen nicht umgehen. Wir versuchen, ihnen auszuweichen, und werden dabei traurig, depressiv oder lustlos.

Oder Angst *aktiviert* uns, bringt Impulse in unser Leben zur Überwindung der Angst. Hinter den Ängsten gibt es neue Dimensionen zu entdecken, neue Freiheiten. Angst kann ein Signal sein: »Es gibt Situationen, mit denen du nicht umgehen kannst. Es gibt Dinge, mit denen du nicht zurechtkommst.« Angst birgt also eine Chance zur Veränderung in sich und kann so zu einer positiven Herausforderung für uns werden.

Wenn wir lernen, mit unseren Ängsten umzugehen, wenn wir lernen, sie zu überwinden, wächst uns ein neues Können zu. Jede Angstbewältigung ist ein Sieg, der uns stärker und reifer macht. Jedes Ausweichen vor ihr ist eine Niederlage, die uns schwächt.

In dem Märchen »Die drei Sprachen« kommt der Held, der Dummling, dreimal wieder nach Hause, und jedes Mal hat er eine neue Sprache gelernt: die Sprache der bellenden Hunde, der Vögel und der Frösche. Mit Hilfe der Sprache der Tiere kann der Held vielen Menschen helfen und wird zu einer bedeutenden Persönlichkeit. Als er auf einer Wanderung in einer Burg übernachten will, weist ihn der Burgherr in den alten Turm. Aber er warnt ihn vor den wilden Hunden, die dort hausen und jeden verschlingen, der sich ihnen naht. Doch der Held hat keine Angst, er spricht mit den bellenden Hunden. Sie verraten ihm, dass sie deshalb so bellen, weil sie einen großen Schatz hüten müssen. Erst wenn der Schatz gehoben würde, kämen sie zur Ruhe. Sie zeigen ihm den Ort, wo der Schatz verborgen ist. So kann er eine mit Gold gefüllte Truhe heben und dem ganzen Land Frieden und Reichtum bringen.

Ein Märchen mit viel Symbolträchtigkeit. Unsere Ängste sind im Grunde genommen wie die bellenden Hunde. Sie wollen uns auf etwas aufmerksam machen.

Wenn wir uns der Angst stellen und nicht vor ihr fliehen, uns nicht lähmen lassen, wenn wir sozusagen mit den bellenden Hunden zu sprechen beginnen, dann können wir daran reifen, unser Leben verändern lassen. Wenn wir der Angst ausweichen, wenn wir die Angstschranke nicht überwinden lernen, wenn wir vor den bellenden Hunden fliehen, bleiben wir in unreifen und kindlichen Verhaltensmustern stecken. Wir entdecken die verborgenen Schätze nicht. Lebensprozesse entwickelt sich nicht weiter, kommen zum Stillstand oder gar zum Rückschritt.

»Unser Leben wird erst richtig verwandelt, wenn die Grundängste und Grundnöte aufgebrochen und zum Ort der Gotteserfahrung werden.

Wir müssen die Sprache der Angst verstehen, damit wir auch den Schatz heben können, der sich hinter ihr verbirgt« (Anselm Grün: Verwandlung).

Auswege aus der Angst – Möglichkeiten zur Bewältigung von Angst

Vielerlei unterschiedliche Auswege aus der Angst werden uns von allen möglichen Seiten angeboten: Die einen sagen:

»Du musst eben lernen, mit deinen Ängsten zu leben. Mach dir die Angst zum Freund, dann ist alles nur noch halb so schlimm.«

Die anderen sagen: »Konzentriere dich auf andere Dinge, denke anderes, wenn dich die Angst überfällt.«

Wieder andere sagen: »Du musst eben die Situationen, die dir Angst machen, meiden. Dann gibt es schon weniger Anlass für Angst.«

Manche verschreiben Tabletten gegen die Angst oder erhoffen sich von Entspannungstechniken oder unterschiedlichen Meditationsübungen Hilfe. Manche dieser Vorschläge können tatsächlich hilfreich sein.

Die Angst genau anschauen

Wirkliche Auswege aus der Angst erfahren wir erst, wenn wir die Angst zulassen. Wir sollten nicht davor fliehen, sondern genau hinschauen, was uns konkret Angst macht: Ins Gespräch mit den bellenden Hunden kommen:

- Habe ich Angst vor dem Verlassenwerden?
- Oder vor der Einsamkeit? Angst vor Fehlern oder Blamage?
- Angst davor, in einer Situation ohnmächtig und ausgeliefert zu sein?

Der Angst können wir durch folgende Fragen auf den Grund spüren: »Was wäre, wenn diese oder jene Situation eintreten würde? Was würde mir dann noch helfen? Was könnte mir dann Geborgenheit geben?«

Unsere Stellung zum Tod überprüfen

In der Bibel taucht Angst zum ersten Mal auf, nachdem sich Adam und Eva gegen Gott aufgelehnt hatten und ungehorsam waren. Mit dieser Auflehnung gegen Gott war nun auch die

Sterblichkeit des Menschen verbunden. Darum haben Angst und Tod einen tiefen Zusammenhang.

Wir wissen oder ahnen, dass unser Leben voller Fehler und Versäumnisse ist. Darum haben wir Angst vor dem Tod und dem, was danach kommt. Wir haben Angst, vor Gott nicht bestehen zu können. Alle Ängste im Leben hängen mit dieser tiefen Ahnung von Schuld und Trennung von Gott zusammen.

Angst und Tod, Angst und Vergänglichkeit haben miteinander zu tun.

Bei der Angst vor Krankheit schwingt die Angst mit, nicht nur krank zu werden, sondern todkrank – und damit letztlich dann die Angst vor dem Sterben.

Bei der Angst vor Prüfungen schwingt die Angst mit, nicht zu bestehen, sondern zu vergehen. Schon im Wort klingt da etwas vom Sterben an.

Bei der Angst vor Enttäuschungen schwingt unsere Angst vor Verletzlichkeit und vor Schmerzen mit; die Angst, in Enttäuschungen zu tief verletzt zu werden und das Leben nicht mehr aushalten zu können.

Das Angebot Jesu annehmen

Jesus ist auf diese Welt gekommen, um für uns und an unserer Stelle zu sterben. Alles, was uns Menschen von Gott trennt, nahm er mit in seinen Tod. Er starb dafür, nahm die Strafe auf sich, die wir eigentlich verdient hätten. Er will, dass wir frei sein können. Frei von den Lasten der Vergangenheit; frei, wieder von vorne anzufangen. Wenn ich diese Liebe und Vergebung für mein Leben annehme, erfahre ich, dass ich wieder in diese ursprüngliche Gemeinschaft mit Gott hineinversetzt werde. Ich darf zu ihm gehören wie ein Kind zu einem schützenden Vater. Wenn ich zu ihm gehöre, brauche ich weder vor Gott noch vor dem Tod oder vor dem, was nach dem Tod kommt, Angst haben. Dieses Angebot darf ich annehmen.

Jesus ist stärker als der Tod, darum auch stärker als die Angst vor dem Tod.

Jesus sagt: In der Welt habt ihr Angst. Aber seid getrost: Ich habe die Welt überwunden. Konkret heißt das: *Ich bin stärker als alles, was euch Angst machen kann, ich bin größer. Ich habe die Welt überwunden, auch den Tod und die damit verbundenen Schwierigkeiten und Nöte.*

»Nichts kann uns scheiden von der Liebe Gottes: weder Tod noch Leben, weder Gegenwärtiges noch Zukünftiges, weder Mächte noch Gewalten, weder Hohes noch Tiefes noch irgendeine Kreatur oder Macht kann uns scheiden von der Liebe Gottes« (vgl. Röm 8). Alles, was uns Angst machen kann, ist nicht so stark und nicht so mächtig, dass es uns aus Gottes Liebe herausreißen könnte.

Ängste bei Jesus abladen

In Angst machenden Situationen denken wir manchmal: »Das ist jetzt eine Strafe Gottes – Gott liebt mich nicht mehr.« Unser Gottesbild ist in der Regel von dem Bild unseres eigenen Vaters geprägt. Wenn dieser willkürlich, lieblos oder unberechenbar war, dann übertragen wir das fälschlicherweise auf Gott. Doch die Bibel zeigt Gott als liebenden Vater, berechenbar, nicht willkürlich, nicht lieblos. Gott ist kein harter Richter, der nur auf unsere Fehler wartet, um uns bestrafen zu können. »Nichts kann uns scheiden von der Liebe Gottes.« Gottes Liebe gilt mir – in jeder Situation, auch in der, die ich nicht verstehen kann. Gott meint es gut mit mir. Von dem Bild des liebenden Vaters soll ich mein Denken prägen und bestimmt sein lassen.

Wenn ich also von Angst befallen werde, muss ich sie nicht verdrängen, muss ich mich auch nicht an die Angst preisgeben. Genauso wenig aber muss ich mich dafür schämen oder an meinem Glauben zweifeln, wenn ich Angst habe. Wenn mich nichts von der Liebe Gottes trennen kann, dann kann ich auch den

Ängsten ins Auge sehen und mich dabei an der Gewissheit der Liebe Gottes festhalten. Selbst im Tod bin ich noch gehalten, auch wenn ich Angst davor habe.

In der Psychologie heißt es: Mach dir den Tod zum Freund, dann brauchst du keine Angst mehr zu haben. In der Bibel heißt es: Mach dir den zum Freund, der den Tod überwunden hat.

Das Wichtigste in unserem Leben ist Gottes Liebe zu uns, sein Ja, das er uns zuspricht. Die Werte, die in dieser Welt eigentlich zählen, heißen: Vertrauen, Geborgenheit in Gott, echte Freude – auf diese Werte hin sollen wir unser Leben ausrichten. Letztendlich kommt es nicht auf die Erhaltung unserer Gesundheit, unserer Reichtums oder unserer Wohlbefindens an, sondern darauf, dass der stärkste Herr der Welt in unserem Leben gegenwärtig sein kann wie ein Freund.

Panik – eine Sonderform der Angst

Es gibt eine besondere Form der Angst – die Panik. Mehr Menschen, als wir allgemein denken, leiden unter Panikzuständen. Panik bedeutet: Die Angst befällt mich von einer Minute auf die andere; ich fühle mich wie gelähmt; kann nicht mehr klar denken oder reagieren.

Menschen die von Panikattacken betroffen sind, versuchen alles zu vermeiden, was Panikreaktionen in ihnen auslösen könnte. Wenn also ein Panikzustand beim Autofahren, beim Einkaufen oder auf einem Turm an einer bestimmten Stelle auftritt, dann meidet der Mann oder die Frau in Zukunft diese Stelle. Das Ausweichen vor solchen Situationen ist aber genau die falsche Reaktion. Denn je mehr wir diesen Zustand vermeiden wollen, desto eher kann er uns wieder einholen. Er kann sich sogar ausweiten und mehr und mehr Macht über uns gewinnen. Auch in ganz anderen Situationen tritt dann plötzlich Panik auf. Wenn wir dagegen ankämpfen, diesen Zustand sozusagen zu unserem Feind erklären und versuchen, ihm ausweichen, sind wir von vorneherein die Verlierer. Dann kann sich daraus eine richtige Krankheit entwickeln, ein neurotisches Angst-Ausweichverhalten. Alles wird dann nur noch unter dem Gesichtspunkt entschieden, wie und wo dieses Panikgefühl am wenigsten auftreten könnte.

Besser ist es, sich bewusst wieder an die Stelle oder in die Situation zu begeben, in der die Panik aufgetreten ist. Wenn dann das Panikgefühl wieder auftritt, kommt es darauf an, ihm in anderer Weise zu begegnen, sich neu darauf einzustellen. Etwas Humor kann uns dabei helfen. Wir könnten es begrüßen wie einen alten Bekannten: »Ach, bist du wieder da«, tief durchatmen, ein bisschen über den Versuch unseres Körpers, uns einzuschüchtern, spotten. Es ist gut zu wissen, dass solche Zustände meistens nur wenige Minuten anhalten und dass wir nicht daran sterben. Solche Panikzustände habe mit einer hohen Ausschüttung von Adrenalin und einer Übererregung des Nervensystems zu tun. Diese körperliche Reaktion hört auch wieder auf. Je gelassener wir einem solche Zustand begegnen, desto eher löst er sich und desto weniger kann er sich zu einem Mechanismus bei uns entwickeln. – Auch in solchen Situationen gilt: Jesus ist jetzt bei mir, ich darf meinen Blick auf ihn richten, mich ihm zuwenden, er kann mir helfen.

Das Bewusstmachen unserer Ängste und die Entdeckung unserer Ängste ist der erste Schritt, den Ängsten die unbewusste Macht zu nehmen. Wir können lernen, die Angst auch als positives Signal zu sehen, das darauf hinweist, dass hier Dinge noch nicht bewältigt sind.

Wir brauchen eine bewusste und willentliche Entscheidung, den Ängsten neu begegnen zu wollen. Wir können unsere Gedanken und Gefühle neue Wege gehen lassen. Die Angst braucht mich nicht mehr gefangen zu nehmen, sondern kann zu einer positiven Wende in meinem Leben führen.

Eine klare und bewusste Hinwendung an Christus hilft uns dabei. Wenn wir ihn zum Freund unseres Lebens wählen, dann haben wir jemanden, der mit uns durch schwere und Angst machende Zeiten gehen kann. Bei ihm können wir unsere Ängste loslassen. Wir werden auch weiterhin Angst machende Situationen erleben, aber wir dürfen wissen, dass er durch Angst, Not, Leid und
letztlich auch durch den Tod mit uns geht. In Entscheidungen müssen wir uns nicht mehr von unseren Ängsten leiten lassen, sondern können Christus vertrauen und uns von ihm leiten lassen.

Cornelia Mack

Literaturhinweis:

Fritz Riemann, Grundformen der Angst
Anselm Grün, Verwandlung – eine vergessene Dimension geistlichen Lebens

Umbrüche in der Lebensmitte

Umbrüche erleben wir in unserer Lebensgeschichte immer wieder. Was aber steckt hinter dem Umbruch in der Lebensmitte, den wir auch die Midlife-Crisis nennen?

Können wir wissen, wann wir unsere Lebensmitte erreichen?

In der Bibel lesen wir: »Unser Leben währet siebzig Jahre, und wenn's hoch kommt, so sind's achtzig Jahre ... es fähret schnell dahin, als flögen wir davon«(Psalm 90,10).

Geht man von diesem Maß – 70 oder 80 Jahre – aus, dann fällt die Lebensmitte in die Zeit zwischen 35 und 45. Und tatsächlich setzt man die Zeit der Lebensmitte etwa in diesem Bereich an (natürlich gibt es auch »Spätentwickler«).

Woher kommt es, dass für unsere Mütter und Großmütter die »Midlife-Crisis« wohl kaum eine Bedeutung hatte und dass es lange kaum Literatur zu diesem Thema gab?

Um 1900 lag die durchschnittliche Lebenserwartung einer Frau bei 51 Jahren. Für sie fiel die Zeit der heutigen Lebensmitte oft mit dem Ende ihres Lebens zusammen, und viele Frauen erlebten sie überhaupt nicht. Inzwischen erreichen immer mehr Menschen, vor allem Frauen, ein Alter, das über die 80 hinausgeht. Von daher wurde in den letzten 30 Jahren viel über die Lebensmitte und über die zweite Lebenshälfte geforscht, sowohl medizinisch als auch psychologisch. Wir können uns die Erkenntnisse dieser Forschungen für unser eigenes Leben zunutze machen.

Die erste und die zweite Hälfte unseres Lebens

Blicken wir auf die ersten 35 Jahre unseres Lebens, so erkennen wir, dass dies eine Zeit ist, in der wir uns sehr stark nach außen hin orientieren. Wir suchen unseren Platz in der Familie und später in der Schule. Wir möchten vorwärts kommen und bestimmte Ziele erreichen, die wir uns selbst stecken oder die uns von unseren Eltern vorgegeben werden. Wir machen eine Ausbildung und treffen berufliche Entscheidungen. Wir suchen einen Partner, gründen eine Familie und/oder bauen wichtige Beziehungen zu anderen Menschen auf. Unser Blick richtet sich in erster Linie auf die Außenwelt. Wir entwickeln unser Selbst. In der Tat ist das sehr wichtig. Wenn wir es versäumen, in der ersten Lebenshälfte diese Aufgaben zu bewältigen, so hat das negative Auswirkungen auf unser ganzes weiteres Leben. Jemand, der die nötige Entwicklung in der ersten Hälfte des Lebens nicht vollzogen hat, wird in der zweiten Hälfte mit besonderen Schwierigkeiten zu kämpfen haben.

In der zweiten Lebenshälfte leben wir anders als in der ersten.

Vergleicht man die erste Lebenshälfte mit dem Morgen und dem Vormittag eines Tages, so leben wir in der zweiten Lebenshälfte am Nachmittag und am Abend unseres Lebens. Das Lebensgefühl verändert sich! Während wir in der ersten Lebenshälfte die Vorstellung haben, ewig jung zu sein, so sind wir in der zweiten Hälfte unserer Sterblichkeit näher gerückt und müssen uns mit unserem eigenen Tod auseinander setzen. Wir betrachten das Leben vor allem in Hinsicht darauf, wie viel Zeit uns noch bleibt. Wir konzentrieren uns nicht so sehr auf die äußere, sondern zunehmend auf unsere innere Welt. Wir fragen uns: Warum verhalte ich mich so? Welchen Sinn hat mein Leben? Wer bin ich in Gottes Augen?

Die zweite Lebenshälfte ist eine Zeit der Orientierung nach innen.

Die Lebensmitte – Schwelle zwischen erster und zweiter Lebenshälfte

In der Lebensmitte sind wir dabei, einen uns vertrauten Raum (erste Lebenshälfte) zu verlassen, aber wir sind noch nicht dort, wohin wir gehen werden (zweite Lebenshälfte). Wir sind »zwischendrin«, »auf der Schwelle«. Wir sind nicht mehr diejenigen, die wir einmal waren, aber auch noch nicht die, die wir sein werden. Wir haben den Morgen und den Vormittag unseres Lebens hinter uns, den Nachmittag und Abend noch vor uns. Wir sind am Mittag unseres Lebens angelangt. In diesem Moment ähneln wir den Heranwachsenden, die keine Kinder mehr sind, aber auch noch keine Erwachsenen. Von daher lässt sich die Zeit der Lebensmitte in vieler Hinsicht sehr gut mit der Zeit der Pubertät vergleichen.

Die Lebensmitte – eine zweite Pubertät

Die erste Pubertät liegt schon lange hinter uns. Welche Erinnerungen haben wir an diese Zeit? Für viele von uns war es sicher eine Zeit der Unsicherheit und vieler Ängste. Wir fühlten uns unverstanden. Wir wussten nicht, was wir wollten. Unsere Stimmungslage schwankte zwischen »himmelhoch jauchzend« und »zu Tode betrübt«. Wir erlebten, wie unser Körper und unsere Gestalt sich veränderten. Wir beschäftigten uns mit unserer Zukunft. Wir schauten uns nach Vorbildern um. Wir fragten nach Gott und dem Sinn unseres Lebens. Ganz ähnliche Gefühle und Gedanken erleben wir in der Zeit der Lebensmitte.

Und noch eine Parallele ist wichtig: So wie die erste Pubertät ungefähr sieben Jahre dauert, so dauert auch die Midlife-Crisis ungefähr so lange. Seien wir also geduldig mit uns, und geben wir uns Zeit für alle körperlichen und seelischen Veränderungen, die in diese Phase unseres Lebens fallen.

Veränderungen im körperlichen Bereich

In der Lebensmitte nimmt unsere Fortpflanzungsfähigkeit ab, unsere Fruchtbarkeit geht zu Ende. Die Eierstöcke produzieren immer weniger Östrogen, bis es schließlich zu den körperlichen Anzeichen des Östrogenmangels kommt. Dieser Prozess beginnt um das 38. Lebensjahr und endet etwa mit 50.

Begleiterscheinungen der Umstellungen im hormonalen Bereich sind:

Unregelmäßige Blutungen. Bei manchen Frauen kommt es zu einem allmählichen Ende der Menstruation, d. h., die Blutung kommt zwar noch in regelmäßigen Abständen, dauert aber nur kürzere Zeit und bleibt schließlich ganz aus. Andere Frauen klagen über unregelmäßige, starke Blutungen in immer größeren Zeitabständen. Manchmal hört die Blutung auch abrupt auf.

Demineralisierung der Knochen (Osteoporose). Besonders in den ersten drei Jahren nach der Menopause, also nach dem Aufhören der Blutungen, schreitet die Demineralisierung der Knochen relativ rasch vorwärts. Der Knochenmasseverlust beträgt in den ersten drei Jahren nach der Menopause über 5% im Jahr. Das heißt, 15% der Knochenmasse werden abgebaut, ohne dass die betroffene Frau irgendetwas davon verspürt. Dann geht der Abbau zwar wieder zurück, aber insgesamt kommt es zu einem höheren Knochenschwund als vor den Wechseljahren.

Trockene Haut. Die Haut wird trockener, welker, grobporiger. Der Abbau der Haut entspricht in gewisser Weise dem Abbau der Knochen. Auch die Durchsichtigkeit der Haut geht mit der Osteoporose einher.

Schleimhautveränderungen. Mundtrockenheit, die laufende Nase, Harnträufeln, Trockenheit der Scheide, die zu Schmerzen beim Geschlechtsverkehr führt – das alles sind Folgen des Östrogenmangels.

Veränderungen der Brust. Das Drüsengewebe bildet sich zurück. Die Brust erschlafft.

Hitzewallungen und Schweißausbrüche. Sie sind die häufigsten Begleiterscheinungen der Wechseljahre, oft bis ins hohe Alter hinein. Auch hier gibt es große Unterschiede: Manche Frauen haben nur wenige Wallungen in der Woche, andere bis zu 100 am Tag. Da es oft auch nachts zu Hitzewallungen kommt, leiden viele Frauen unter Schlaflosigkeit und Übermüdung.

Nicht jede Frau erlebt diese körperlichen Begleiterscheinungen in der gleichen Weise. Die Auswirkungen des abnehmenden Östrogenspiegels hängen von der genetischen Widerstandskraft dem Altern gegenüber ab, von der allgemeinen Gesundheit, den Essgewohnheiten und der körperlichen Fitness. Frauen, die zeitlebens einen niedrigen Östrogenspiegel hatten, kommen früher in die Wechseljahre als diejenigen, die einen hohen Östrogenspiegel hatten. Auch das Rauchen scheint eine frühzeitige Menopause (Zeitpunkt der letzten Blutung) zu begünstigen.

Einige Hilfen

Informieren Sie sich so gründlich wie möglich über die hier nur kurz angedeuteten körperlichen Prozesse. Lassen Sie sich regelmäßig alle sechs Monate untersuchen. Finden Sie einen guten Arzt, dem Frauen in den Wechseljahren nicht lästig sind, sondern der auf Sie eingeht und Ihnen wirklich helfen will.

Fast alle Ärzte befürworten heutzutage eine Hormontherapie. Die Wirkung dieser Therapie kann erstaunlich sein. Innerhalb einer Woche lassen Hitzewallungen und viele andere Symptome nach. Einer Rückbildung der Unterleibsorgane wird entgegengewirkt. Der Anteil an Herzkranzgefäßerkrankungen, Bluthochdruck, Osteoporose und Knochenbrüchen ist bei Frauen, die mit Hormonen behandelt werden, bedeutend niedriger als bei anderen Frauen. Um Osteoporose zu vermeiden, sollte eine Östrogenbehandlung spätestens zwei Jahre nach der letzten Blutung einsetzen und bis zum Lebensende fortgeführt werden. Wenn eine Frau zu lange wartet, ändert sich die Struktur der Knochen unwiderruflich.

Allerdings sind Hormonpräparate nicht die Wundermedizin des Jahrhunderts. Sie haben ihre Schattenseiten. Da eine Östrogen-/

Progesteron-Therapie in etwa dem normalen Menstruationszyklus angeglichen sein soll, kommt es in den fünf Tagen, in denen man das Präparat nicht einnimmt, zu periodenähnlichen Entzugsblutungen. Bevor Sie mit einer Behandlung beginnen, sollten Sie mit Ihrem Arzt den Nutzen im Hinblick auf Ihre persönlichen Bedürfnisse und im Hinblick auf Ihre Gesundheit bedenken und abwägen.

Für Ihr körperliches Wohlbefinden ist es auf alle Fälle wichtig, dass Sie für ausreichend Bewegung sorgen: Wandern, Fahrrad fahren, Trampolin hüpfen und Schwimmen – wichtig ist, dies alles regelmäßig zu tun.

Achten Sie auch auf gesunde, ausgewogene Ernährung. Vorsicht bei Diäten! Vielen Diäten fehlen wichtige Bestandteile einer gesunden Ernährung.

Vor allem: Hören Sie irgendwann einmal auf, sich mit jungen Mädchen zu vergleichen und mit ihnen zu konkurrieren. Gehen Sie liebevoll mit Ihrem Körper um – Sie haben nur diesen einen! Tun Sie alles, was Ihnen hilft, sich in Ihrer Haut wohl zu fühlen.

Veränderungen im seelischen Bereich

Die Psychologen sagen: In der Lebensmitte rühren sich die ungelebten Seiten unseres Lebens.

In der ersten Lebenshälfte haben wir viel geleistet und sicher auch manches erreicht, worüber wir uns freuen können. Allerdings hat das auch viele Kräfte gekostet. Vieles konnten wir nur erreichen, indem wir auf manches verzichtet haben, was ebenfalls wichtig oder erstrebenswert gewesen wäre. So haben wir vielleicht den Eindruck, wir hätten noch gar nicht »richtig« gelebt, sondern seien immer nur von anderen gelebt worden. Streckenweise fühlen wir uns müde und erschöpft. Unsere Konzentrationsfähigkeit lässt nach. Viele Frauen klagen über »graue Tage« mit leichten oder schwereren Depressionen.

Bei vielen Frauen steigen Gefühle auf, die sie bisher gar nicht so kannten oder die sie sich nicht gestatteten und die deshalb auch Angst machen. Zu diesen Gefühlen gehören Unzufriedenheit, Bitterkeit und Traurigkeit und oft eine riesige Wut: Wut auf einen selbst, weil man immer nur funktioniert hat, oder Wut auf Eltern, Lehrer, Geschwister, auf den Chef, den Ehepartner, vielleicht auch auf Gott. Wohin mit der Wut?

Ein weiteres, besonderes Kennzeichen der Midlife-Crisis ist eine gewisse innere Unsicherheit. Wir hinterfragen (fast) alles: unsere Entscheidungen und Überzeugungen, unsere Bewertung von Gut und Böse, unsere Glaubensinhalte und unsere Beziehungen. Man könnte auch sagen: Wir hinterfragen unsere Werte. Ausgelöst werden diese Fragen nach unseren Werten oft durch unsere herangewachsenen Kinder, die sich von uns abnabeln und dabei gegen unsere Überzeugungen und Wertvorstellungen heftig protestieren. Sie weigern sich, unsere Werte und Überzeugungen anzunehmen, sie praktizieren einen uns fremden Lebensstil, und die Auseinandersetzung mit ihnen lässt uns oft ratlos und verunsichert zurück.

Auch wenn die Kinder noch zu Hause wohnen, so merken die Mütter: Die Mutterrolle läuft aus. Je mehr sie sich mit dieser Rolle identifiziert haben, umso schmerzlicher ist das für sie. Womit soll die Leere gefüllt werden, die durch das Fortgehen der Kinder entstanden ist? Worüber soll man mit dem Ehepartner noch sprechen, wenn nicht mehr über die Kinder und ihre Bedürfnisse? Wie werden sich die nächsten 20 oder 30 Jahre gestalten? Wer braucht mich jetzt noch? Diese Fragen treiben uns in der Lebensmitte um.

Dazu kommt fast immer die Auseinandersetzung mit den Schuldgefühlen. Man erkennt, dass man den Kindern so manches schuldig geblieben ist, dass man zu streng war oder zu nachgiebig.

An unseren alternden Eltern erleben wir zunehmend Krankheit und Hinfälligkeit. Sie beanspruchen unsere Hilfe, manchmal leben sie in der Familie mit. Frauen, die nach einer langen Erziehungsphase nun endlich die Zeit hätten, etwas für sich zu tun, finden sich erneut ans Haus gebunden und müssen sich nun zwar nicht mehr um die Kinder, aber um die alten Eltern kümmern.

Auch die Ehe gerät in der Lebensmitte sehr häufig in die Krise. Viele Männer können nicht verstehen, was in ihren Frauen vorgeht. Sie selbst kommen in die Midlife-Crisis. In vielen Ehen ist das persönliche Gespräch schon lange verstummt. Über der Erziehung der Kinder hat man sich vielleicht zerstritten. Die zweithöchste Scheidungsrate fällt in diese Zeit der Midlife-Crisis.

Nicht zuletzt ist die Zeit der Lebensmitte eine Zeit der Torschlusspanik sowohl für Verheiratete als auch für Alleinstehende. Man rechnet sich aus, dass für bestimmte Vorhaben nicht mehr viel Zeit zur Verfügung steht.

Einige Hilfen

Im seelischen Bereich geht es vor allem darum, die erste Lebenshälfte zu verarbeiten. Das ist die Herausforderung und die Aufgabe dieser Lebensphase. Dabei geht es um die Personen, die uns geprägt haben: Vater, Mutter, Großeltern, Geschwister, Vorbilder. Es geht um die Werte, die sie uns vermittelt haben und die vielleicht gar nicht so toll waren. Und es geht um die schmerzlichen Ereignisse unseres Lebens, die wir verdrängt haben.

Natürlich sind Bücher und Seminare zur Aufarbeitung unserer Lebensgeschichte hilfreich, aber sie können das persönliche Gespräch oder die Beratung durch einen/eine SeelsorgerIn oder TherapeutenIn nicht ersetzen. So wie wir im körperlichen Bereich auf die Hilfe eines Arztes angewiesen sind, so brauchen wir eigentlich auch im seelischen Bereich eine kompetente Begleitung.

Lassen Sie Vergangenes los und investieren Sie in Ihre jetzigen Beziehungen. Wenden Sie sich Ihrem Partner neu zu. Vertiefen Sie die Beziehung zu ihm durch den Besuch eines Eheseminares. Es ist wichtig, dass Sie wieder ein Ehepaar werden, nachdem Sie lange ein Elternpaar waren.

Lassen Sie Ihre Kinder los. Kinder sind nicht unser Besitz, sie sind nur Gäste in unserem Leben. »Ein Mensch wird Vater und Mutter verlassen«, sagt uns die Bibel.

Suchen und finden Sie neue Ziele für die zweite Lebenshälfte.

Veränderungen im geistlichen Bereich

»War das alles? Wozu rackere ich mich eigentlich so ab? Wer bin ich ohne einen Mann? Wer bin ich ohne meine Kinder? Gibt es noch mal einen neuen Anfang? Muss ich für den Rest des Lebens mit Schuldgefühlen herumlaufen?«

Alle diese Fragen sind zutiefst geistliche Fragen. Pater A. Grün schreibt in seinem sehr lesenswerten Büchlein »Lebensmitte als geistliche Aufgabe«:

»Die Krise der Lebensmitte schüttelt die Elemente des menschlichen Lebens durcheinander, um sie zu scheiden und neu zu ordnen. Vom Glauben her gesehen ist in dieser Krise Gott selbst am Werk. Er bringt Bewegung in das Herz, um es für sich aufzubrechen und von aller Selbsttäuschung zu befreien.«

Einige Hilfen

Beziehen Sie Gott, seine Vergebung und Heilung in die Aufarbeitung Ihrer Lebensgeschichte mit ein. Versöhnen Sie sich mit Ihren Bezugspersonen. Lassen Sie Ihren Groll los! Empfangen und schenken Sie Vergebung.

Suchen Sie sich jemanden, mit dem Sie Ihre Fragen besprechen können.

Besuchen Sie einen Glaubenskurs oder machen Sie Einzelexerzitien.

Entdecken Sie neue Formen des Gebetes.

Finden Sie einen lebendigen Hauskreis oder eine gute christliche Gruppe.

Ausblick

Wenn Sie die Dinge verarbeitet haben, die in den verschiedenen Bereichen anstehen, werden Sie entdecken, dass Ihnen nach einer Zeit der Verinnerlichung, in der Sie sich stark mit sich selbst beschäftigt haben, neue Kräfte zugewachsen sind. Sie haben alten Ballast abgeworfen, haben neuen Lebensmut und neue Lebensfreude gewonnen. Sie gehen mit sich selbst und mit anderen barmherziger um. Das Leben kann noch einmal beginnen!

Wir erleben die Midlife-Crisis, den Übergang von der ersten in die zweite Lebenshälfte, zwischen 35 und 50 Jahren.

Man kann die Lebensmitte mit einer zweiten Pubertät vergleichen. Sie dauert auch etwa sieben Jahre. In ihr geschehen viele Umbrüche nicht nur im körperlichen, sondern auch im seelischen Bereich.

Die Midlife-Crisis stellt uns vor die Aufgabe, unseren sich verändernden Körper neu anzunehmen, seelische Verletzungen aus der Kindheit aufzuarbeiten und neue Prioritäten zu setzen.

Seelsorgerliche oder psychologische Begleitung ist während dieser Zeit sehr hilfreich, oft auch nötig.

Die Lebensmitte ist eine Zeit, in der wir uns stark mit uns selbst beschäftigen, um danach wieder frei zu sein für Neues.

Susanne Endres

Jahrgang 1938, ist gelernte Auslandskorrespondentin. Sie ist mit Pfarrer Dieter Endres verheiratet und hat drei Kinder. Seit 1982 arbeitet sie in Schloss Craheim, Lebenszentrum für die Einheit der Christen, bei Tagungen mit dem Schwerpunkt Ehe- und Familienarbeit mit und ist Referentin bei Frauenfrühstückstreffen.

Nie wieder – über Tränen, Tod und Trauer

Welche Bedeutung hat der Tod meines verstorbenen Ehepartners für mich?

Wenn ich persönlich vom Tod eines geliebten Menschen betroffen bin, dann ist das für mich etwas Endgültiges, Hartes, Schmerzhaftes. Er ist ein Schlusspunkt, der mich wirklich berechtigt, das Wörtchen *nie* zu benutzen. In unserer Ehe hatten wir uns vorgenommen, mit den Wörtern *nie* und *immer* sehr vorsichtig umzugehen; sie können so wehtun und verletzen und vermitteln eine Endgültigkeit, die gar nicht berechtigt ist.

Als ich aber zwei Wochen nach dem Tod meines Mannes, der mit 32 Jahren plötzlich und unerwartet starb, in mein Tagebuch schrieb: »Nie wieder wird er mit mir, mit unseren Kindern zusammen sein, nie wieder werden wir ihn (hier auf Erden) wieder sehen, nie wieder uns austauschen oder ermutigen, niemals werden wir seine Nähe spüren ...«, traf mich es umso mehr. Die Endgültigkeit dieser Trennung wurde dadurch nur noch unterstrichen. Es waren so viele Dinge, für die ich nun allein einstehen musste. In Krankheitszeiten der Kinder war ich allein für sie verantwortlich. Auch mein Immunsystem war stark herabgesetzt und somit war auch ich oft geschwächt und krank. Viele schriftliche Formalitäten und Gänge auf die Ämter, Dinge wie der Rentenantrag u.a. machten mir sehr zu schaffen. Wie sehr würde ich ihn gerade jetzt brauchen.

Nun war ich allein, d.h. allein mit Gott. War unsere Beziehung – die, die zwischen Gott und mir bestand – noch tragfähig? Er war jetzt doch der Einzige, der noch blieb. Der Einzige, mit dem ich alles durchsprechen konnte, dem ich auch meine innersten Gedanken anvertrauen konnte. Manchmal erschrak ich auch über mein Innerstes, das so halblebig – eben nur noch zur Hälfte – hier auf Erden war. Mich erschreckte es, wie groß meine Sehnsucht war, einfach nicht mehr hier auf Erden bleiben zu müssen. In mir war etwas gestorben.

Die Einsamkeit und Verlassenheit wurde größer, als nach ca. acht Wochen der große Rummel vorbei war. Ich kam mir wie eine alte Frau vor, die ihr Leben gelebt hatte und nun auf den Tod wartete. Meine Kraft war verschwunden, meine Heiterkeit, alles war so leer und beschwerlich geworden. Alle Zukunftspläne und Erwartungen waren geplatzt. Was hatte ich schon noch zu erwarten? Die einzige Aufgabe, die ich noch zu Ende führen müsste, so meinte ich, waren meine Kinder, denen ich Vater und Mutter sein wollte. Aber war das denn überhaupt möglich?

Anfangs bemühte ich mich noch stark darum, Eigenschaften meines Mannes mit einzubringen, bis ich zu der Einsicht gelangte, dass Gott vielleicht durch Verwandte, Freunde und Nachbarn diesen Ausgleich schenken würde. Ich war zum Beispiel nicht so sportlich wie mein Mann.

Abends saß ich dann allein im Wohnzimmer, die Kinder schliefen, ich konnte nicht weggehen, jemanden besuchen. Oft ging ich aber trotzdem spät ins Bett, um todmüde sofort in den Tiefschlaf zu versinken, denn die grübelnden Gedanken waren abends nicht konstruktiv, sondern machten mich eher depressiv. Vor dem Einschlafen las ich dann noch Gedanken aus einem

Bildband von George Popp, die mir Halt gaben und mit denen ich dann einschlief:

Ich lass dich nicht allein.
Auch wenn du noch so traurig und mutlos bist,
einsam und verlassen, hilflos und krank.
Ich lasse dich nicht allein.
Verliere nicht den Mut
und lass dich durch nichts aus der Bahn werfen:
Denn ich, der Herr, dein Gott, bin bei dir.
Wie elend und verlassen du dich auch fühlst:
Ich halte meine schützende Hand über dir.
Ich begleite dich, wohin du auch gehst.
Ich lasse dich nicht allein.

Die Phasen meiner Trauer

Der Weg des Trauerns ist ein langer, mühsamer Weg, den uns niemand abnehmen kann. Ein Weg, den wir allein gehen müssen. Er kostet viel körperliche und seelische Kraft. Nicht umsonst reden wir daher von der Trauer*arbeit*. Andere Menschen können uns helfen auf dem Weg, können uns auch durch ihr Gebet tragen, sodass wir nicht ganz unten im tiefen Loch sitzen. Sie können uns durch ihre Ehrlichkeit und ihre Erfahrungen mit dem Tod Wegweiser sein. Sie können uns Mut machen, weiterzugehen auf dem Weg, auf dem wir kein Ziel mehr sehen.

Wenn ich Gelegenheit hatte, mit Betroffenen zu reden, hat es mir am meisten geholfen, wenn sie von ihrem Weg erzählten und ich dabei spüren konnte, dass sie nicht bitter geworden waren, sich nicht zurückgezogen hatten, sondern ihren Weg angenommen hatten, denn das ist der Schlüssel zu einem erfüllten Leben!

Folgende Phasen habe ich durchgemacht

1. Phase: Das Nicht-wahrhaben-Wollen

Zuerst stand ich unter einem schweren Schock und wurde von einem starken Gefühl überwältigt. Mein Leben verlief zwischen Traum und Wirklichkeit. Konnte es denn wahr sein, dass mein Mann, der jung, gesund und sportlich war, der heute Morgen mit dem Fahrrad das Haus verlassen hatte, jetzt plötzlich gestorben sein sollte? Immer wieder meinte ich, ich müsste gleich von einem tiefen Traum aufwachen und alles würde sein wie vorher. Oft ertappte ich mich dabei, wenn ich die Treppen zu unserer Wohnung hochrannte, dass ich dachte – und mir so sehr wünschte –, dass mein Mann wartend im Wohnzimmer sitzen würde ... Überall suchten meine Augen nach ihm, aber er kam nicht wieder.

2. Phase: Das Gefühlschaos

Meine Gefühle schwankten oft. Sie wechselten zwischen Wut, Schmerz, Angst, Zorn und Schuldgefühlen. Auch Dankbarkeit über das gemeinsam Erlebte und die zwei gesunden Kinder gehörte dazu. Viele Tränen wurden durch nur kleine Erinnerungen ausgelöst.

Ich nenne zwei von diesen Gefühlen. Zum einen den Schmerz: Jahrelang hatten wir jemanden geliebt, und nun fällt diese Liebe einfach ins Leere. Wie kann ich das aushalten? Es kommen die natürlichen Fragen: Warum musste er sterben, warum so bald, warum geht es anderen im Vergleich so gut? Warum, warum, warum – ich musste es aushalten lernen. Ich fand auch nicht gleich eine Antwort – gibt es überhaupt eine Antwort? Das Wozu kommt erst viel später.

Zum anderen die Angst: Wie wird es weitergehen? Ich hatte

oft Angst, abends allein in unserer Wohnung zu sitzen. Auch wenn es unbegründet war, empfand ich es so. An diesem Punkt musste ich oft denken: Wo werden meine Gefühle enden? Die Gratwanderung meiner Gefühle war sehr schmal. Auf keinen Fall wollte ich bitter oder depressiv werden, und so machte ich daraus ein Gebet, indem ich Jesus bat, auch für mich zu bitten wie er es für Petrus tat (Lukas 22, 32: » Ich aber habe für dich gebeten, dass dein Glaube nicht aufhöre.«). Aus mir heraus fühlte ich mich nicht stark genug, um meine Gefühle immer wieder in die rechte Bahn zu lenken.

3. Phase: Neuorientierung

Dietrich Bonhoeffer schreibt: »Es gibt nichts, was uns die Abwesenheit eines uns geliebten Menschen ersetzen kann.« Diese Tatsache in ihrer ganzen Bandbreite zu erfassen ist unheimlich hart. Der Versuch, sich Ersatz zu verschaffen für das Fehlen eines geliebten Menschen, endet immer in der Enttäuschung. Der Verlust muss ausgehalten werden. Auch Gott wird uns diese Lücke nicht ausfüllen, aber wenn wir ihm unsere Lücke und unseren Schmerz hinhalten, kann er uns beim wieder heil werden helfen. Dies hieß für mich ganz praktisch, ich musste lernen, den Verlust meines Mannes anzunehmen, Ja zu meinen Schmerzen und meiner Ohnmacht zu sagen – nicht im Vergleichen, im Zorn gegenüber denen, die es meiner Ansicht nach besser hatten. Und es bedeutete auch Nein sagen zum Grübeln: »Was hätte ich ändern können, damit mein Mann nicht hätte sterben müssen ...?«

An dieser Stelle kam ich mir oft vor wie in einem Tunnel. Ich sah immer noch zu wenig Licht, als dass der Ausgang zu sehen gewesen wäre. Ich fragte mich oft: Bewege ich mich im Kreis oder ist es eine Aufwärtsspirale?

Zwischendurch kamen auch wieder Phasen, in denen ich mich wieder wohl fühlte, durchatmen konnte, wo ich manche

Projekte durchgestanden hatte und Erfolgserlebnisse verzeichnen konnte. Doch der Schmerz wird ein Teil meines Lebens bleiben, auch wenn er verarbeitet wird. Indem ich meine Gefühle und Emotionen hochkommen lasse und sie auszuhalten versuche, zusammen mit Freunden oder indem ich sie aufschreibe, wird der Schmerz erträglicher. Ein durchlebter Trauerprozess gibt uns die Möglichkeit, wieder Selbstsicherheit zu bekommen. Denn auch die Wesenszüge, die der Verstorbene in uns belebt hat, müssen wir nicht verlieren, sondern können daran festhalten und weiterbauen. Es werden schöne Erinnerungen bleiben, die uns niemand nehmen kann.

4. Phase: Neue Chancen

Auch ich selbst bin wieder zu einer selbstständigen Frau nachgewachsen, habe wieder einen Blick für andere bekommen und suche nach Aufgaben, in denen ich von dem Erfahrenen weitergeben kann. Im Rückblick kann ich nur sagen »Danke, Gott, oft hast du mich einfach durchgetragen.«

Wenn die Kinder schon in die Schule gehen und die natürliche Ablösung begonnen hat, kann ja wieder überlegt werden, ob ich einige Stunden in der Woche arbeiten gehe im alten Beruf oder woanders, z. B. im karitativen Bereich. So finden wir einen Platz, eine Aufgabe und erleben neu Wertschätzung, erfahren, dass wir gebraucht werden.

Indem ich mich der Außenwelt wieder öffne und Einladungen annehme, ergeben sich neue Kontakte. Vielleicht stellt sich hier auch die Frage: »Welche neuen Kontakte könnte ich aufnehmen? Gibt es in unserer Gemeinde Gesprächsrunden oder einen Chor?« Fragen Sie doch einfach in Ihrer Gemeinde verantwortliche Leiter, die Ihnen an diesem Punkt weiterhelfen können, aus Ihrer Isolation herauszukommen.

Beziehungen sind für mich kostbarer geworden – auch als ich an eine neue Partnerschaft zu denken begann. Es sollte auf keinen Fall ein Ersatz der alten Beziehung sein, sonst wäre das Chaos vorprogrammiert gewesen. Der neue Partner wäre in eine Rolle gezwängt, die ihm nicht passt. Ich würde ein böses Erwachen erleben, wenn meine Wünsche und Träume nicht erfüllt würden. Bei einer Wiederheirat sollten alte Beziehungen seelsorgerlich verarbeitet sein. Es müssen viele Fragen ausgesprochen und im Miteinander geklärt werden. Allein das Gefühl, sich hingezogen zu fühlen, wieder jemand lieben zu können, reicht nicht aus. Beispielsweise waren für mich folgende Punkte wichtig: Welche Beziehung lebt er zu Gott? Wie geht er mit meinen Kindern um? Kann ich seine Kinder in mein Herz schließen? Wie wird es finanziell aussehen? Könnte ich Ja sagen zum Beruf des Partners, falls er Auswirkungen auf das Familienleben hat; könnte ich innerlich mitgehen und seinen Weg mittragen? Wie wird das gemeinsame Familienleben aussehen? Können wir über unsere schmerzhaften Erfahrungen reden und Neues wachsen lassen?

Ein Vers aus Jesaja 43, 19 und ein Bild waren mir dabei wichtig: »Denn siehe, ich will ein Neues schaffen, jetzt wächst es auf, erkennt ihr's denn nicht? Ich mache einen Weg in der Wüste und Wasserströme in der Einöde.«

Kann ich mich auf so eine Situation vorbereiten?

Es gibt Einschnitte in einem Leben, durch die sich vieles ändert:

Wenn wir heiraten, das erste Kind bekommen, wenn wir uns entscheiden, unsere ganze Kraft in die berufliche Karriere zu stecken usw.

Genauso große Veränderungen gibt es – nur viel schmerzhafter –, wenn wir, ob langsam oder plötzlich, von einem geliebten Menschen Abschied nehmen müssen. Dadurch werden wir, ob wir wollen oder nicht, mit dem Thema Tod konfrontiert.

Wir werden vielen Fragen ausgesetzt: Was ist der Tod? Ist er ein Schlusspunkt? Ist damit alles vorbei? Ist er ein Fragezeichen: Geht es nach dem Tod weiter? Gibt es eine Ewigkeit? Oder ist er ein Gedankenstrich: Er stimmt mich nachdenklich.

Um diese Fragen beantworten zu können, stelle ich die Gegenfrage: Was ist Leben? Ist Leben eine aufwärts führende Leiter, an der ich ohne Schwierigkeiten emporklettern kann? Gibt es ein Leben ohne Krisen, Leid, Erschütterungen, Ängste? Ist das nicht eine Illusion? Dazu einige Gedanken von Axel Kühner:

»Wer ein Leben ohne Schmerzen will, sollte nicht geboren werden. Wer ein Leben ohne Tränen will, sollte niemals Kind werden. Wer ein Leben ohne Leiden will, sollte niemals lieben. Wer ein Leben ohne Opfer will, sollte niemals eine Familie haben. Wer ein Leben ohne Enttäuschungen will, sollte nichts hoffen. Wer ein Leben ohne Abschiede will, sollte nicht alt werden. Wer aber ein richtiges Leben will, sollte mit Schmerzen geboren werden, Kind sein, erwachsen werden, lieben, Familie und Hoffnung haben, alt werden und einmal in Gott hineinsterben. Dann wird er ein Leben ohne Schmerzen und Tränen, Spannungen und Leiden, Mühen und Opfern, Enttäuschungen und Abschieden, Einsamkeit und Tod finden.«

Lass mir Zeit!

Der Schock ist zu groß – der Schmerz so unfassbar,
ich fühle mich ganz leer – wie ausgehöhlt.
Meine Seele ist erstarrt – mein Herz liegt wie ein Stein in meiner Brust.
Alle, die es gut mit mir meinen, sprechen auf mich ein:
Lebe doch wieder! Weine doch wieder! Lass das Klagen! Verliere dich nicht an den Schmerz! Rede mit uns! Hasse nicht! Raffe dich wieder auf!
Alle, die es gut mit mir meinen, sprechen eine fremde Sprache, die ich nicht verstehe ...
Alle, die es gut mit mir meinen, verstehen nicht, dass ich Zeit brauche, um meine Tode zu sterben, um in mich hinein zu weinen, um schweigen zu können, mich zu verlieren, mich gehen zu lassen, auch zu hassen, für eine Zeit, für eine Zeit, Zeit, bitte, lasst mir doch nur dieses eine: Z E I T ... (Verfasser unbekannt)

Komme mir niemand mit billigem Trost!

Trost kann manchmal grausam sein, vor allem, wenn ich noch gar nicht so weit bin. Oft habe ich Trostworte gehört, die mich verletzt haben, darum möchte ich einige davon aufschreiben, auch das, was sie in mir ausgelöst haben.

Das wird schon wieder gut.
Manchmal ist dieser Satz berechtigt und kann einem Verzagten Mut machen. Vielfach aber fühle ich mich bei solchen Trostworten allein gelassen und bekam unausgesprochen die Botschaft: »Lass mich mit deinen Schwierigkeiten bloß in Ruhe.« Gut im Sinne, wie es früher einmal war, kann es gar nicht mehr werden,

weil ein geliebter Mensch nicht mehr da ist und ich das Neue zuerst annehmen lernen muss. Am Anfang empfand ich alles Neue grausam und hart. Ich wollte alles wieder so haben, wie es vorher war. Somit empfand ich es nur als billigen Trost!

Vielleicht war es gut so.
Oder die christliche Variante: Wir wissen aber, dass denen, die Gott lieben, alle Dinge zum Besten dienen (vgl. Römer 8, 28). Diese Aussage setzt einen harten Schlusspunkt, sie lässt keine Fragen zu und tut ganz einfach weh – auch wenn sie gut gemeint war. Ob das, was ich erlebt habe, gut ist oder war, darauf denke ich, brauche ich am Anfang noch keine Antwort. Bevor die Frage des »Wozu« geklärt werden kann, muss zuerst die Frage nach dem »Warum« ausgehalten werden. Diese Antwort kann ich mir geben, wenn ich eine Situation durchgestanden habe. Ich kann sie mir auch selbst zusprechen, um mir Mut zu machen. Aber als Trauernde möchte ich das von einem anderen nicht hören. Ich würde gerne über meine Schmerzen reden, doch nach solchem »Trost« haben diese Gedanken keinen Platz mehr. Stellen Sie an dieser Stelle besser eine Frage: Wie fühlst du dich denn, nach diesem großen Verlust?

Das kann ich gut verstehen, weil …
Als Tröster sollten Sie nie (!) mit sich vergleichen. Nehmen Sie den anderen ernst und lassen Sie ihn seinen Kummer erzählen, denn sein Kummer ist für ihn jetzt der größte! Mir hat es wehgetan, als ich einmal nach dem Tod meines Mannes gefragt wurde, wie es mir erginge, nur um nach dem ersten Satz abgewürgt zu werden mit der Bemerkung: Das kann ich gut verstehen, denn ich habe meinen Vater auch verloren. Ich fühlte mich so missverstanden und hatte das Gefühl, als wolle jemand seinen Kummer bei mir loswerden! In meiner Empfindlichkeit und Mimosenhaftigkeit, die zu dieser Zeit einfach auch dazugehörte, antwortete ich nur: Meinen Vater hab ich auch verloren, als ich noch ein Kind war.

Geht es dir jetzt wieder gut?
Als eine Frau sechs Wochen nach einer Fehlgeburt gefragt wurde, ob es ihr jetzt wieder gut gehe, wurde diese Frau zornig.

Ich kann Sie ganz gut verstehen, sechs Wochen nach dem Verlust eines Kindes, oder eines nahe stehenden Menschen, den wir liebten, mit dem wir lebten, den wir in unsere Gedanken mit einschlossen, ist der Schmerz sehr stark. Am Anfang lähmt der Schmerz. Dann nach all dem Trubel, der Beerdigung und den vielen schriftlichen Angelegenheiten, kommt der Alltag, in dem der leere Platz erst richtig bewusst wird und der Schmerz erst richtig ins Bewusstsein kommt.

Der Verlust eines lieben und nahe stehenden Menschen ist nicht in ein paar Wochen bewältigt. Ein solcher Prozess dauert Jahre. Die Intensität des Schmerzes lässt nach, doch nach einem Jahr konnte ich erst sagen: »Nun habe ich alle Tage des Jahres (damit meinte ich unsere Geburtstage, Feiertage usw.) einmal alleine erlebt – besser gesagt überlebt.«

Wie trösten wir?

Ein praktisches Beispiel aus der Bibel:
Ich persönlich wünsche Ihnen, liebe Leserin, den Mut, Menschen in Trauer zu trösten, sie anzusprechen und nicht aus Unsicherheit Ihnen aus dem Weg zu gehen. Es tut gut, wenn der Trauernde auch nach längerer Zeit noch Gelegenheit bekommt, seinen Schmerz mitzuteilen.

Aber lernen wir aus der Geschichte Hiobs: Hiob war ein Mann, der einen großen Verlust zu beklagen hatte, denn er hatte nicht nur seine sieben Kinder und deren Familien, sondern auch sein ganzes Hab und Gut samt Knechten verloren. Zuletzt wurde er sogar noch von einer schweren Krankheit befallen. Hiob verlor dabei nicht nur sein Ansehen, sondern auch sein Gesicht, weil die Leute glaubten, Gott wolle ihn auf diese Weise bestrafen. Hatte er nicht genug erlebt – und hätte Hilfe wirklich nötig gehabt? Nur drei Freunde stellten sich zu ihm und besuchten ihn, sie kamen, um ihn zu beklagen und zu trösten. Was mich am meisten beeindruckt, ist, dass sie sich einfach zu ihm setzten und sieben Tage mit ihm in einer stummen Totenklage schwiegen.

Seine Freunde schwiegen mit ihm und wahrten somit die Ehrfurcht vor dem Leid. Sie brachten die Voraussetzung jedes echten Tröstens mit! Sie gingen hin, ohne sich ihrer Tränen zu schämen, setzten sich zu ihm auf den Boden, das heißt sie stellten sich nicht über ihn, sondern unter sein Leid, schwiegen, konnten warten und hatten Zeit!

Keiner von uns wird trösten können, wenn er nicht die Geduld mitbringt, die dem andern die Zeit lässt und Zeit schenkt. Zum Trösten gehört der Mut, den Kummer stehen zu lassen, gehört die Weisheit, die schweigen, hören und beten kann.

Durch dieses Schweigen wurde den drei Freunden die Tür geöffnet für die tröstenden Worte, die Hiob zweifelsohne brauchte, aber zur rechten Zeit.

Vielleicht kennen Sie ähnliche Erlebnisse. Es ist schwer, richtig zu trösten, mit Trauernden einfach nur auszuhalten! Wir sind viel schneller bei der guten Tat, oder den guten Worten; aber diese sollten an zweiter Stelle kommen. Können wir trösten? Wird es uns angemerkt, dass wir von dem Gott des Trostes kommen, oder trösten wir mit unseren eigenen Worten? Der Leidende wartet auf Trost, spürt aber auch durch seine überhöhte Sensibilität, was aus dem Herzen spricht und aus der Tiefe kommt.

Gehen wir wieder zurück zu Hiob: Nun bricht Hiobs Klage wie ein Gewitter aus ihm heraus. Das Gespräch beginnt, die Freunde reden nacheinander, aber sie reden aneinander vorbei, bis sie sich auseinander geredet haben.

An dieser Stelle möchte ich diese tiefgründige Geschichte aus der Bibel abbrechen und uns allen wünschen, dass wir von den drei Freunden lernen, was gut tut und sehen, wie wir besser nicht trösten. Halten Sie lieber die Hand des Trauernden und sagen Sie: »Mir fehlen einfach die Worte, wenn ich mir dein Leid vorstelle ...« Der Leidende sucht Zustimmung, Bestätigung und kann die Geduld des Helfers bis aufs Äußerste prüfen. Erst nach der Zeit des Schweigens und Zuhörens sollten Sie fragen, ob Sie ihm praktische Hilfe anbieten können. Ist die Frau gestorben, ist Ihnen der Mann bestimmt dankbar über ein zubereitetes Essen oder einen Fensterputz ...

Ist dagegen der Mann gestorben, ist Ihnen die Frau dankbar, wenn der Herd oder das Auto instand gesetzt wird. Ich empfand es auch als sehr schön und hilfreich, wenn wir (meine zwei Kinder und ich) an Sonn- und Feiertagen bei Freunden mit einbezogen wurden. Die Wochenenden konnten unendlich lang werden und mich unsagbar in die Tiefe ziehen, weil ich oft im Vergleichen mit anderen stehen blieb.

Regine Murdoch-Nonnenmacher

Jahrgang 1959, hat zwei eigene und vier angenommene bzw. angeheiratete Kinder. Sie ist seit zwei Jahren wieder verheiratet, nachdem ihr erster Mann plötzlich und unerwartet starb. Sie ist heute Mutter und Hausfrau und an der Seite ihres Mannes (Pfarrer) in der Gemeinde tätig.

Durch den Tod eines geliebten Menschen kommen wir in eine Schicksals- oder Glaubenskrise. Das Wort Krise kommt aus dem griechischen und bedeutet so viel wie Scheidung, Entscheidung. Das wiederum meint: Eine Krise führt mich in eine Spannung, in der ich mich entscheiden kann, in welcher Richtung sie verlaufen wird. Werde ich sie Gott hinhalten mit allen Gefühlen der Trauer und mit ihm diesen Weg weitergehen? Oder werde ich mich vom starken Gefühl des Neids, das mich zur Bitterkeit und Depression führt, leiten lassen?

Nie wieder möchte ich den Tod erleben. Und doch werde ich es müssen. Der Tod wird mich immer wieder beschäftigen. Ich wünsche mir für solche Zeiten Menschen, die für mich einfach da sind, die mich mit keinen billigen Floskeln abspeisen wollen.

Verschiedene Phasen laufen ab: Das Nicht-wahrhaben-Wollen, das Gefühlschaos, die Neuorientierung und neue Chancen gehören dazu.
Für alle, die Trauernde begleiten, folgende Hinweise: Lass den Trauernden Zeit für die Trauerarbeit. Komm niemandem mit billigem Trost. Denk an Hiob und seine Freunde, begleiten und da sein ist wichtiger als schnelle Worte.

Innere Heilung erfahren

Über Leid, Missbrauch und andere seelische Verletzungen

Zeit heilt Wunden!?

Wenn wir von Leid, von seelischen Verletzungen hören, denken wir oft spontan: Die Zeit heilt alle Wunden. Aber stimmt das so? Heilt die Zeit wirklich alle Wunden? An diesem Sprichwort ist etwas Wahres dran und auch etwas Falsches. Das Wahre an diesem Sprichwort ist: dass es Zeit braucht, bis Wunden, die uns zugefügt werden, verheilen. Wenn wir eine Verletzung an unserem Körper haben, einen Schnitt oder einen Knochenbruch oder eine Entzündung, dann braucht das Zeit, bis die Wunden wieder heilen – und im seelischen Bereich ist das genauso. Wir werden nicht von heute auf morgen heil, wenn uns etwas Schlimmes widerfahren ist. Es braucht Zeit, eine Beleidigung oder üble Nachrede zu verkraften. Es braucht Zeit, das Erlebnis zu verarbeiten, wenn einem z. B. der Mann untreu wird. Es braucht Zeit und viel Arbeit, um Trauer nach einem Todesfall oder nach einer Scheidung zu verarbeiten. Und es braucht Zeit, schlimme Erlebnisse aufzuarbeiten, wie z. B. einen Unfall, das Miterleben einer Katastrophe, Traumata aus dem Krieg. Genauso braucht es Zeit, schlimme Verletzungen aus der Kindheit, wie etwa emotionalen, körperlichen oder sexuellen Missbrauch, zu verarbeiten.

Aber nun ist auch etwas falsch an diesem Sprichwort: Da heißt es doch genau genommen: Es ist die Zeit, die Wunden heilt. Und das stimmt so nicht. Was unsere Wunden wirklich heilen kann, ist nicht die Zeit, die darüber hinweggeht, sondern letztlich immer nur die Erfahrung von Liebe, Trost und Geborgenheit. Was unsere Wunden wirklich heilen kann, sind Erfahrungen, die einen Gegenpol bilden zu den schlimmen Erlebnissen, die uns verletzt haben.

Und noch etwas ist falsch an diesem Sprichwort: Es gibt Wunden, die werden nie geheilt dadurch, dass Zeit darüber hinweggeht. Es gibt Menschen, die ihr Leben lang an Lebenswunden leiden. Wenn diese Menschen sich nicht bewusst dazu entscheiden, ihre Lebensverletzungen aufarbeiten zu wollen, wenn sie nicht bewusst Heilungsschritte gehen wollen, dann bleiben sie ein Leben lang an der Vergangenheit haften, bleiben stecken in kindlichen, in trotzigen, in rückzugshaftem Verhalten. Ihr Leben bleibt eingeschränkt und schmalspurig.

Aber wenn sich nun solche Menschen entschließen, Heilung zu wollen, dann stimmt dieses Sprichwort wieder – es braucht Zeit, bis wir Heilung erleben, und es braucht viel Geduld. Innere Heilung ist ein Weg, der nicht geradlinig, sondern immer wieder über Umwege und Rückschläge verläuft.

Gesichter der Verletzungen

Die Gesichter der Verletzungen, die uns im Lauf eines Lebens zugefügt werden können, sind sehr vielfältig.

- Der Ehebruch des Partners kann eine Frau völlig aus der Bahn werfen und in ihr Gefühle der Würdelosigkeit und des Verlorenseins hervorrufen bis hin zu schweren Depressionen.

- Der Tod eines geliebten Menschen kann uns tief verwunden und entwurzeln. Wir fühlen uns verloren, vergessen, halbiert, unser Leben scheint seinen Sinn zu verlieren.
- Emotionale Ungeborgenheit von Kind an kann schwere Schäden in unserer Seele hervorrufen wie Minderwertigkeitskomplexe, Süchte und Zwänge, Unfähigkeit zur Selbstständigkeit. Dazu gehört auch die Erfahrung, immer an zweiter Stelle oder als Kind nicht gewollt gewesen zu sein. Vielleicht war ein anderes Kind viel eher geliebt und stand immer im Vordergrund: »Eigentlich wollten wir dich ja nicht mehr.« – »Eigentlich solltest du ein Junge sein.« – »Wegen dir mussten wir heiraten.«
- Seelischer Missbrauch besteht dann, wenn Kinder zu eng oder zu zwanghaft an die Eltern gebunden wurden, zu wenig Freiraum hatten, sie selbst zu sein, auch dann, wenn Eltern ihren eigenen Wert und ihren Sinn nur in ihrem Kind sehen.
- Sexueller Missbrauch führt immer zu zerstörtem Selbstwert und hinterlässt im Opfer das Gefühl nur Abfall, Objekt, nichts wert zu sein.
- Körperlicher Missbrauch, wie z.B. viele Schläge, verletzt die Seele.

  Aber auch verbaler Missbrauch kann tief verwunden. Auch mit Worten können wir schlagen.
- Liebesentzug bei Fehlverhalten ist einer der häufigsten tief verletzenden Erziehungsfehler: »Wenn du das machst, rede ich nicht mehr mit dir, mag ich dich nicht mehr« usw.
- Dauernde Missachtung oder Misshandlung durch einen nahen Menschen (Ehepartner, Geschäftskollegen, Eltern, Kinder) kann uns sehr wehtun.
- Schreckliche Erlebnisse in Form von Katastrophen, Bedrohungen durch Menschen oder Schicksalsschläge können uns traumatisieren. An den Bildern und Erinnerungen haben wir oft jahrelang zu leiden.

Signale für seelischen, körperlichen oder sexuellen Missbrauch

Oft wissen wir nicht, was uns geschehen ist, aber wir spüren es an unserem Verhalten, dass tief in uns etwas nicht stimmt. Es gibt Signale, die uns darauf aufmerksam machen wollen, dass wir uns auf den Weg machen sollten und Heilung suchen sollten.

- Selbsthass; wir haben die Empfindung: es kann einfach nicht sein, dass ich geliebt bin. Wir können Lob, Liebe und Zuwendung nicht annehmen, wir wehren uns dagegen, haben Blockaden, echte Hindernisse.
- Innerer Unfriede oder Unruhe oder Getriebensein: immer bin ich auf der Suche nach Sinn, nach Glück, nach Zufriedenheit, nach Sicherheit bis hin zur Sucht oder anderem Zwangsverhalten.
- Aggressionen, unerklärliche Wut oder Zorn und starke Empfindlichkeit.
- Das Gefühl von dauernder Ohnmacht.
- Immer wiederkehrende Alpträume (meistens ohne Erinnerung an den Inhalt).
- Schwierigkeiten, die eigenen Gefühle zu erkennen und auszudrücken, bis hin zu Gefühllosigkeit und unkontrollierten Gefühlen, kein wirkliches Körperempfinden.
- Immer wiederkehrende Selbstmordgedanken oder -versuche.
- Dauerndes Gefühl, Opfer zu sein.
- Schwierigkeiten, für sich selbst und für andere verantwortlich zu sorgen.
- Keine Erinnerung an die Kindheit unter 10 Jahren.

1. Zugeben, dass ich Heilung brauche

Es wahrhaben, dass es in meinem Leben wunde Punkte und Verletzungen gibt, auch wenn ich sie nicht alle genau kenne.

Zum Beispiel: »Ja, es war so: Ich bin nicht bedingungslos geliebt worden. Der Hunger nach Geliebtsein ist immer noch in mir. Meine Eltern konnten diesen Hunger nicht stillen.«

Oder: »Ja, in mir ist immer noch dieses innere Loch, dieses innere Leere-Gefühl, das mich zu mir oft unerklärlichen Dingen treibt. Ich bin immer unter Zwängen und dauernd auf der Suche nach etwas, das mein innerstes Empfinden ausfüllt.«

Oder: »Ja, es war so: Ich bin zutiefst verletzt worden in meinem Vertrauen als Kind in die Erwachsenen. Mein Vertrauen wurde missbraucht, meine Seele wurde missbraucht, mein Körper wurde missbraucht, ich fühle mich wie ein weggeworfener Putzlumpen, wertlos und nutzlos.«

Oder: » Ja, es war so: Meine Eltern haben von mir zu viel und zu Hohes erwartet. Ich sollte ihre eigenen ungelebten Seiten verwirklichen und stehe darum immer unter innerem Druck, etwas Besonderes, etwas Gutes, etwas Hohes zu sein und mit meinem Leben Höchstleistungen zu vollbringen.«

Oder: »Der Tod dieses geliebten Menschen hat in mir tiefe Lebenswunden geschlagen, mit denen ich einfach nicht umgehen kann.«

Oder: »Dieses schreckliche Ereignis, als ich neulich auf der Straße bedroht wurde, lähmt mich in meinem Alltag und verfolgt mich auf Schritt und Tritt. Die Bilder kommen immer wieder.«

2. Sich erinnern wollen

Es ist ein bekannter Mechanismus, dass unsere Seele sich schützt, indem sie uns allzu schlimme Erlebnisse und Erfahrungen vergessen oder besser verdrängen lässt. Aber wenn wir Heilung wollen, müssen wir uns erinnern. Vieles, was uns in unserer Kindheit angetan wurde, wissen wir nicht mehr. Unser Unbewusstes hat einen Schutzmechanismus aufgebaut, um uns und unsere Seele vor den Gefühlen der Trauer und des Schmerzes zu schützen.

Vieles von dem, was wir erlebt haben und das wir vergessen und verdrängt haben, würde uns umwerfen, wenn es uns in der ganzen Brutalität bewusst wäre. Darum hat unsere Seele Mechanismen entwickelt, uns solche Dinge ganz schnell wieder vergessen zu lassen. Es gibt Langzeitstudien bei Frauen, die sexuell missbraucht wurden: davon haben 53% der Frauen nach 15 Jahren wieder vergessen, *warum* sie überhaupt in Therapie waren.

Solange die Dinge nur verdrängt und nicht geheilt sind, haben sie Macht über uns durch unser Unterbewusstsein. Sie machen uns depressiv oder aggressiv, sie lähmen unser Erleben und Empfinden, oder sie leiten uns zu uns unerklärlichen Wutausbrüchen. Sie machen uns anderen Menschen gegenüber verletzend und unnahbar. Die Verletzungen der Vergangenheit verlieren erst ihre Macht, wenn wir sie benennen können, wenn wir uns erinnern können, wenn wir die Gefühle neu durchleben, die uns damals bestimmt haben, und wenn wir die einschneidend verletzenden Erlebnisse neu und bewusst in unsere Lebensgeschichte so einordnen können, dass wir wissen, was war, ohne dass uns das Schreckliche noch beherrschen und überwältigen muss.

Die Erinnerungsfähigkeit muss oft erst mühsam wiedergewonnen werden – entweder in seelsorgerlichem Gespräch oder in einer Therapie, wenn andere mitgehen und keine Angst vor dem haben, was da evtl. an Erinnerungen hochkommen könnte. Auch durch Träume können wir uns erinnern, durch das Anschauen von Fotoalben, durch Gespräche mit Familienangehörigen, durch das Lesen alter Briefe.

3. Die verborgene Trauer kennen lernen

Das Erinnern ist oft ein langer und sehr mühevoller Prozess, der über Jahre hin gehen kann. Wenn wir dann aber erkennen, was mit uns geschehen ist, dann sind unsere ersten Gefühle oft Nicht-wahrhaben-Wollen: »Das kann doch nicht sein, dass mir das passiert ist.« Oder auch Beschönigen: »So schlimm wird es schon nicht gewesen sein.« Dann folgt aber Entsetzen, Aggression und Wut. Es kann wichtig sein, auch erst mal Wut über all das, was da geschehen ist, zuzulassen. Schon das kann ein schwieriger Lernprozess sein.

Aggression und Wut sind aber nicht die entscheidenden, nicht die letztlich prägenden und leitenden Gefühle. Hinter Aggression und Wut ist Trauer verborgen. Zu diesem Gefühl der Trauer, dem Gefühl des Verlorenseins und Ungeborgenseins müssen wir vordringen. Wenn wir dieses Stadium des Heilungsprozesses erreicht haben, sind wir wohl am schwierigsten und schmerzhaftesten Punkt in diesem ganzen Prozess angelangt.

Spätestens hier wehren sich viele Menschen gegen ihre Heilung. Denn Aggression und Wut sind viel schönere Gefühle als Trauer und Schmerz. Solange ich noch wütend und aggressiv bin, lasse ich den tiefsten Schmerz noch nicht an mich heran. In der Aggression bin ich noch selbst aktiv, beherrsche das Geschehen noch, wenn auch im Negativen. Aber wenn ich anfange zu trauern, dann bin ich oft hilflos und ohnmächtig, fühle mich verloren. Trauern tut viel mehr weh als Wut. Aber wenn wir nicht bereit sind zu trauern, werden wir auch keine wirkliche Heilung erleben.

Manchen Menschen waren in solchen Situation die Psalmen schon eine große Hilfe. Sie formulieren die große Not und Verlorenheit und schreien Gott entgegen: »Herr, warum ist mir das passiert, warum hast du das zugelassen?«

4. Sich auf Gottes Liebe einlassen

Wer sich auf Trauerarbeit – nicht nur nach dem Tod, sondern auch bewusst im Blick auf die Vergangenheit – einlässt, braucht Rückhalt in einer starken Liebe, in einer Kraft, die auch unsere verletzte Seele heilen kann. Letztlich finden wir diese starke Liebe und Kraft nur in Gott; aber auch Menschen können Vermittler dieser Liebe Gottes sein. Wenn wir Heilung wollen, brauchen wir Menschen, die diesen Weg mit uns gehen. Menschen, die einem immer wieder vermitteln: »Auch das Allerschlimmste, was du erlebt hast, entwertet dich nicht. Deine Erlebnisse sind nicht das letzte Wort und das letzte Urteil über deinem Leben. Du bist dennoch geliebt, auch wenn du dich selbst schmutzig und wertlos fühlst.« Vor allem Opfer von sexuellem Missbrauch haben oft das Gefühl: »Mir ist das alles widerfahren, weil ich nichts Besseres verdient habe. Ich bin selbst Schuld. Ich bin so schmutzig innen und außen, dass es mir ganz recht geschieht, was mir angetan wurde.« Beim plötzlichen Verlust eines geliebten Menschen können uns solche Gefühle ebenso überfallen: »Ich habe den anderen Menschen nicht verdient.« – »Das geschieht mir gerade recht, Gott hat mich vergessen. Das ist die Strafe für jahrelanges Fehlverhalten.«

An diesen Stellen gilt es nun, neue Gedanken und neue Gefühle auf der Basis der Gewissheit einzuüben, von Gott geliebt zu sein. Gott liebt uns auch dann noch, wenn wir ganz schwach und elend sind, auch dann noch, wenn wir uns wegen all dem schämen, was schon in unserem Leben geschehen ist.

Auf Gottes Liebe können wir uns verlassen und einlassen, dort erleben wir ein tiefes Verstandenwerden, ein Angenommensein und Echt-sein-Dürfen. Diese Liebe dürfen wir annehmen, zu dieser Liebe dürfen wir Ja sagen, sie wahr sein lassen in unserem Leben; damit beginnt innere Heilung.

5. Neues Denken und neue Gefühle einüben und daraus folgend neues Verhalten

Je mehr die Heilung in uns Fuß fasst, desto mehr wird sie sich auch in unserem Denken, Fühlen und Verhalten auswirken. Dies gelingt uns nicht immer automatisch. Oft müssen wir das ganz bewusst einüben. Unser Denken, auch unser negatives Denken, leitet uns oft mehr, als wir wissen. »Weil die anderen das und das von mir erwarten, darum tue ich dies oder das. Weil ich davor Angst habe, darum tue ich dies oder jenes nicht.«

Wir brauchen darum die bewusste Entscheidung, Neuem in uns Raum zu geben – neuen Denkmustern, neuen inneren Bildern.

Bilder gegen Selbstablehnung und Frustration, gegen Versagen und Selbstabwertung. Entscheidung für neues Denken heißt: ich bin auch dann noch geliebt, wenn mir alles an einem Tag misslingt, und ich darf auch mit Halbfertigem zufrieden sein – mein Leben ist trotzdem wertvoll, mein Wert hängt nicht von meiner Leistung ab.

Wir brauchen neue innere Bilder, die uns helfen, mit der Angst vor Gefühlen oder mit der Angst vor dem eigenen Körper fertig zu werden.

Gott hat meinen Körper so geschaffen, darum ist er liebenswert. Ich brauche meinen Körper nicht zu hassen, Gott macht keine Fehler. Ich kann und ich darf Gefühle zeigen, ohne dass das im Chaos endet – ich darf meinen Körper und seine Gefühle und Empfindungen wahrnehmen, auch die negativen sind wichtig. Selbst wenn ich Gefühle zulasse, die wehtun, gehe ich dabei nicht unter.

Wir brauchen neue Gedankenmuster gegen Schuldzuweisungen und Minderwertigkeitskomplexe. Ich bin geliebt – auch mit Fehlern. Weil ich als unvollkommener und unperfekter Mensch geliebt bin, darum kann ich auch andere unvollkommene Menschen lieben. Gott unterscheidet zwischen persönlicher Wertschätzung und meinen Fehlern, wir könnten auch sagen zwischen sachlicher und persönlicher Kritik.

Neue und positive Erfahrungen mit anderen Menschen können heilsam wirken, können mir neue Vater- oder Muttererfahrungen schenken, sodass den schlimmen Erfahrungen der Vergangenheit neue Erfahrungen entgegengesetzt werden. Menschen, die als Kinder sexuell, körperlich oder emotional missbraucht wurden, brauchen zur Heilung ein neues Mutter- oder Vaterbild, damit Gefühle und Erfahrungen neu geprägt werden.

6. Versöhnung mit der Vergangenheit zulassen

Viele Menschen möchten gerne den schmerzhaften Heilungsprozessen ausweichen und gleich von Anfang an sagen: »Ich vergebe dem anderen halt, und damit hat sich die Sache.« Aber damit weichen sie der wirklichen Heilung aus. Vergebung ist erst dann echt und ehrlich, wenn wir auch über unseren Verlusten und Defiziterfahrungen getrauert haben.

Dann aber gilt es, auch den Menschen zu vergeben, die uns wehgetan haben. Selbst wenn der andere schon tot ist, kann ich in Gedanken vor ihn oder sie treten und sagen: »Ich vergebe Dir.«

Vielfach geschieht es ja nicht willentlich oder aus bewusster Boshaftigkeit, wenn Menschen uns verletzen oder wehtun. Selbst Missbrauchstäter handeln oft aus Zwängen heraus. Missbrauchstäter sind manches Mal süchtig nach Sex oder Macht und brauchen selbst auch Heilung und Vergebung.

Eltern machen Fehler bestimmt nur in den seltensten Fällen willentlich und vorsätzlich. In der Regel wollen Eltern das Beste für ihre Kinder, aber stolpern vielleicht an vielen Stellen über ihre eigene Unfähigkeit und ihre eigene Verletzlichkeit und geben das wieder weiter.

Die meisten Menschen haben unter Fehlern zu leiden gehabt, haben seelische Wunden bekommen und geben selbst wieder Fehler weiter. Dieser Gedanke kann hilfreich sein, um zu einer inneren Versöhnung mit der eigenen Vergangenheit zu finden und zu einem inneren Frieden mit dem, was geschehen ist.

7. Vergebung von eigener Schuld erbitten und zulassen

Wenn wir erwachsene Kinder haben und diese dann auch ihre Ecken und Kanten haben, machen wir uns als Eltern oft Vorwürfe: »Da siehst du mal, das ist also das Ergebnis deiner Erziehung.« Oft können wir uns dann die Fehler, die wir in der Erziehung gemacht haben, nicht vergeben.

Es gibt Menschen, die haben Schuld an dem Tod oder der Behinderung eines anderen Menschen – etwa durch einen Verkehrsunfall oder irgendeine Unvorsichtigkeit.

Jahrelang oder lebenslang können Menschen an solcher Lebensschuld tragen. Sie können sich selbst nicht vergeben und meinen, andere könnten es auch nicht. Für solche Menschen ist es wie Balsam auf ihre verwundete Seele, wenn sie erfahren, dass bei Christus Vergebung möglich ist. Auch größte Schuld, die wir uns selbst nie verzeihen könnten, kann Christus wegnehmen und ins »äußerste Meer werfen«. Lasten, die wir fast nicht mehr tragen können, will er uns abnehmen. Das dauernde Kreisen um uns selbst und über unserem eigenen Versagen kann aufhören. Gott möchte uns davon befreien.

Wo wir Gottes Befreiung, Gottes Vergebung zulassen, da wird Platz geschaffen für etwas Neues, tritt neue Kraft zum Lieben in unser Leben. Die Lasten der Vergangenheit machen nicht mehr unfrei. Das ganze Gerümpel, der ganze Ballast, all das, was

Gottes Lieben im Weg steht, kann Gott aus unserem Leben forträumen.

Heilung ist möglich

Es gibt Heilung – auch von den schlimmsten Verletzungen der Kindheit, auch von brutalem körperlichen und emotionalen Missbrauch. Es ist nicht die Zeit, sondern letztlich ist es die Liebe Gottes, die unser Leben heil und dann auch erfüllt machen kann.

Wir sollten uns der Herausforderung zur Heilung stellen, denn wer mit Verletzungen aus der Vergangenheit weiterlebt, gibt seine eigenen Frustrationen und Aggressionen ständig an andere Menschen weiter und vergiftet, oft ohne es zu wissen, die Atmosphäre um sich herum. Wir sollen und dürfen zu Menschen werden, die als Geheilte dieser Welt die Nachricht der Heilung weitersagen können.

Wir haben einen liebenden Vater im Himmel, der voller Erbarmen ist mit uns armen verletzten Menschen und der nicht will, dass wir an der Bosheit und der Schuld, die uns zugefügt wurde, leiden, und der auch nicht will, dass wir anderen Menschen Bosheit zufügen und an anderen Menschen schuldig werden.

Gottes Liebe zu uns ist so unendlich groß. Sie gilt jedem Menschen. Es gibt einen Weg heraus aus unserer Schuldverstrickung und aus unserem Ungeordnetsein. Mit Jesus Christus können wir anfangen, unser Leben zu ordnen und heilen zu lassen und zu befreiten Menschen werden.

Die Gesichter der Verletzungen, die uns in unserem Leben zugefügt werden, sind sehr vielfältig. Die Spuren, die sie in uns hinterlassen, können uns ein Leben lang beeinträchtigen.

Es gibt Signale, die uns deutlich machen, dass Verletzungen in uns sind, die geheilt werden sollten, wie z. B. unerklärliche Aggressionsausbrüche, große Erinnerungslücken im Blick auf die Kindheit, keine Zugänge zu unseren Gefühlen, Selbstmordgedanken, immer wiederkehrende Alpträume, Zwänge und Süchte.

Innere Heilung ist oft ein langer Prozess, aber ein Weg, der jedem Menschen offen steht. Gott will uns einen behutsamen und barmherzigen Weg führen, damit wir uns in seiner Liebe öffnen und ihm allen Schmerz geben, damit wir frei werden von Verletzungen, Schmutz, Selbsthass und selbstzerstörerischen Tendenzen.

Heilung ist für jeden Menschen möglich. Bei Gott gibt es keine hoffnungslosen Fälle.

Cornelia Mack

9. Gesellschaftliches Engagement

Den »Zehnten« geben

Viele Menschen geben hier und da eine Spende für einen guten Zweck. Für Christen ist es Ausdruck ihrer Lebensgestaltung aus dem Glauben, dass sie von ihrem Einkommen etwas abgeben. Gott fordert uns auf, nicht nur an uns selbst zu denken, sondern auch die Bedürfnisse anderer und der Gemeinde zu sehen und dafür einzutreten.

Wie wir es mit dem Geben halten, wie viel, wofür und wie, ist immer wieder ein Diskussionsthema in Familien, Gemeindegruppen und Gesprächskreisen. Manche halten sich an den biblischen Zehnten, andere halten das für ziemlich viel und wenden ein, dass es sich hier schließlich nicht um ein göttliches Gebot handle.

Die folgenden Überlegungen und Denkanstöße sollen zu einem bedachten Umgang mit unserem Einkommen beitragen und helfen, eine begründete Entscheidung zu treffen und in Bezug auf das Geben eine gute Gewohnheit zu entwickeln.

Geschichtlicher Ursprung

Der Zehnte wird zum ersten Mal schon in der Bibel erwähnt. Der Priester Melchisedek segnete Abraham, und Abraham gab ihm den Zehnten von allem (1. Mose 14, 20). Später tat Jakob nach seiner überwältigenden Begegnung mit Gott ein Gelübde. Wenn Gott ihn auf seinem Weg bewahren und versorgen würde, so gelobte er: »Von allem, was du mir gibst, will ich dir den Zehnten geben« (1. Mose 28, 22). Er lebte in dem Bewusstsein, dass er alles, was er hatte, der Zuwendung und dem Segen Gottes zu verdanken hatte. Alles Gute kommt von Gott. Der Zehnte ist Zeichen des Dankes an Gott und der Ehrerbietung.

Im Gesetz, das Gott seinem Volk Israel durch Mose gegeben hat, heißt es dann: »Alle Zehnten im Lande, vom Ertrag des Landes und von den Früchten ... und alle Zehnten von Rindern und Schafen ... sollen heilig sein dem Herrn.« (3. Mose 27, 30ff.) Das heißt, der zehnte Teil von allem Ertrag soll Gott gegeben werden; er gehört Gott. Und was geschah damit? Zur Zeit des Alten Testaments diente die Abgabe des Zehnten dem Unterhalt der Priester und Leviten. Dieser Stamm der Israeliten hatte nach dem Einzug ins gelobte Land bei der Verteilung der Gebiete kein eigenes Land bekommen, sondern sollte den Dienst am Haus Gottes versehen und dafür uneingeschränkt zur Verfügung stehen. Gott sorgte somit selbst für die Menschen, die er als Mitarbeiter in seinen Dienst gestellt hatte, und für ihre Familien. Er stellte sie frei von der Sorge für ihren Lebensunterhalt, frei für den Dienst für Gott und seine Gemeinde. Die so in besonderer Weise für den Gottesdienst zuständig waren, waren andererseits auf den Unterhalt durch die Gemeinde angewiesen. Dieses Prinzip finden wir im Neuen Testament und in der Gemeinde Jesu wieder.

Festzuhalten ist noch, dass die Erstlinge der Herde Gott gehören. Also das Erste, das Beste soll Gott gegeben werden, nicht was am Ende übrig bleibt – falls etwas übrig bleibt. Offenbar wurde an den Gaben für das Reich Gottes auch damals schon gerne geknausert. Denn Gott lässt sein Volk durch den Propheten Maleachi (3,10) ermahnen: »Bringt aber die Zehnten in voller Höhe in mein Vorratshaus, auf dass in meinem Hause Speise sei, und prüft mich hiermit, spricht der Herr Zebaoth, ob ich euch dann nicht des Himmels Fenster auftun werde und Segen herabschütten die Fülle.« Hier ist die Aufforderung zum Abgeben mit einer Segensverheißung verbunden.

Aufforderung zum Teilen im Neuen Testament

In der Zeit des Neuen Testaments gibt es diesen Priesterdienst und den Priesterstand nicht mehr. Jesus hat alle, die an ihn glauben, zum priesterlichen Dienst berufen. Aber auch in der Gemeinde Jesu gibt es bestimmte Ämter und Aufgaben. Das alttestamentliche Gesetz über den Zehnten gilt nun nicht mehr, wohl aber die Aufforderung zum Abgeben und Teilen. Und wieder verbindet Gott damit seine Zusagen.

Die verschiedenen Aufforderungen zum Geben und Teilen lassen unterschiedliche Zielrichtungen erkennen.

1. Besitz bindet den Menschen, aber wir sollen uns davon nicht gefangen nehmen lassen. Wir sollen nicht an unserem Besitz hängen, sondern großzügig geben. Paulus sagt dazu: »Ich meine aber dies: Wer da kärglich sät, der wird auch kärglich ernten; und wer da sät im Segen, der wird auch ernten im Segen. Ein jeder, wie er's sich im Herzen vorgenommen hat, nicht mit Unwillen oder aus Zwang; denn einen fröhlichen Geber hat Gott lieb« (2. Korinther 9, 6-7). Hier wird deutlich, dass das kein Gesetz mehr ist. Aber wer sich von Gott geliebt und bei ihm geborgen weiß, muss nicht alles für sich beanspruchen, sondern kann Herz und Hände öffnen.

2. Wer etwas gibt, sollte das nicht in der Absicht tun, sich selbst einen Namen zu machen und vor den Leuten gut dazustehen. Selbst unsere guten Taten können aus recht zweifelhaften Motiven kommen. Auch wenn andere von unserem Tun nichts wissen und es nicht würdigen, Gott sieht es und wird es nicht unbelohnt lassen. »Dein Vater (Gott) ... wird dir's vergelten« (Matthäus 6,1ff.). Das spricht keineswegs dagegen, um eine Spendenbescheinigung zu bitten, wohl aber gegen eine namentliche Nennung des Spenders im Gemeindebrief.

3. Wir werden zur persönlichen Hilfeleistung für einzelne Menschen aufgerufen. »Gib dem, der dich bittet, und wende dich nicht von dem, der dir borgen will« (Matthäus 5, 42).

4. Zwischen reichen und armen Gemeinden soll ein Ausgleich stattfinden. »Jetzt helfe euer Überfluss ihrem Mangel ab, damit danach auch ihr Überfluss eurem Mangel abhelfe und so ein Ausgleich geschehe« (2. Korinther 8, 14). »Lasst uns Gutes tun an jedermann, allermeist aber an des Glaubens Genossen« (Galater 6, 10).

Wir sollen von dem, was wir haben, etwas abgeben, um einzelnen Bedürftigen zu helfen, und etwas einsetzen, um den Bau der Gemeinde Jesu zu fördern. Damit wird ermöglicht, dass Menschen das Evangelium hören können und dass die Gemeinde sich sammeln und nach Gottes Willen auf allerlei Weise den Menschen dienen kann.

Leben und Dienst der Gemeinde fördern

Diesen Dienst können wir auf verschiedene Weise fördern und unterstützen, z. B. durch Gastfreundschaft, indem wir unser Haus öffnen für Seelsorge und Gesprächskreise; indem wir Gäste der Gemeinde, z. B. auch Gastprediger, beherbergen; indem wir uns selbst einsetzen und uns manche Auslagen nicht erstatten lassen. Es ist natürlich völlig berechtigt, wenn wir uns manche Unkosten, die uns durch die Mitarbeit entstehen – wie Fahrtkosten, Tagungsgebühren, Arbeitsmaterialien – erstatten lassen. Aber wir sollten das sorgfältig abwägen. Wir können auch hier und da bewusst auf Kostenerstattung verzichten und so einen Beitrag für die Gemeindearbeit leisten.

Unser Einkommen besteht heute nicht mehr aus Naturalien, sondern in Geld. So sollen wir auch von unserem Einkommen etwas für Gott und den Dienst in seiner Gemeinde abgeben. Vieles im Reich Gottes kann ohne Spenden nicht realisiert werden, von Projekten in der eigenen Gemeinde bis hin zur Weltmission, ob es sich um die Renovierung des Gemeindehauses handelt oder die Durchführung von Evangelisationen, wie z. B. ProChrist. Die Aussendung von Missionaren und Projekte zur Bibelübersetzung und Alphabetisierung sind ohne finanzielle Unterstützung aus der Heimat nicht möglich. Auch für Hilfsmaßnahmen in Notsituationen wird immer wieder rasch Geld gebraucht. So können wir uns an der Mission und an Hilfsprojekten beteiligen, auch wenn wir selbst nicht hinausgehen und Hand anlegen können. Jeder soll mit dem dienen, was er hat (1. Petrus 4,10). An vielen Stellen wird unsere Unterstützung dringend gebraucht.

Es ist kaum zu verstehen, dass mitten im allgemeinen Wohlstand zurzeit viele christliche Werke und Missionsgesellschaften durch den Rückgang der Spenden in Bedrängnis kommen, Mitarbeiter entlassen müssen oder dringend benötigte Missionare nicht aussenden können. Wenn langjährige treue Unterstützer der Arbeit sterben, reißt das natürlich Lücken auf, aber was ist mit den jüngeren Leuten? Es müssten doch immer wieder Geber nachwachsen, Menschen, die zum Glauben finden und bereit werden, sich für Gottes Sache auch finanziell zu engagieren, bzw. die mit wachsendem Einkommen auch mehr abgeben können.

Alles haben wir von Gott

Wir müssen uns immer wieder bewusst machen, dass wir nicht mehr uns selbst gehören. Wenn Jesus Christus unser Herr geworden ist, dann gehören wir ihm mit allem, was wir sind und haben. Wir sind im Grunde nur Verwalter dessen, was Gott uns gegeben hat, ob es nun Gaben und Fähigkeiten sind oder materielle Güter. Die Erkenntnis, dass er Herr sein will über alle Bereiche unseres Lebens, wächst bei uns meist erst allmählich. So hat die Feststellung sicher ihre Berechtigung, dass der Geldbeutel bei manchem noch extra bekehrt werden müsse.

Den meisten von uns geht es wirtschaftlich gut, sie haben ihr gutes Auskommen. Dass wir von unserem Besitz etwas abgeben sollen für Bedürftige und für die Gemeinde, ist sicherlich unstrittig. Aber wie viel sollte es denn sein? Hier ist der Zehnte weiterhin ein guter Anhaltspunkt und Richtwert. Sicher zahlen die meisten bereits Kirchensteuern, aber das ist sehr viel weniger. Das ist nicht nur ein sehr bescheidener Beitrag zum Gemeindeleben, sondern ist zudem auch nicht gezielt einsetzbar.

Unseren Umgang mit Geld haben wir alle bereits von frühester Kindheit an gelernt. Die Grundeinstellung dem Besitz gegenüber festigt sich früh und bleibt im Lauf des Lebens sehr stabil: ob wir sparsam sind oder knauserig oder im Extremfall gar geizig oder aber freigiebig und großzügig. So fällt es dem einen von Natur aus leichter, etwas herzugeben als dem anderen. Wir sollten uns bewusst machen, zu welcher Kategorie wir selbst gehören. Sparsamkeit und Genügsamkeit haben ihr Gutes, solange sie uns nicht gegen andere abschotten, ebenso die Freigiebigkeit, wenn wir dadurch nicht andere an uns binden und uns gegenüber verpflichten. Es sind wesensmäßige Unterschiede, die wir im Licht Gottes betrachten sollten. Er wird uns unsere Schwächen und Defizite zeigen. Wir selbst neigen zu einem milden Urteil und nennen den Geiz bei uns selbst gern »Sparsamkeit« und den Hang zur Verschwendung »Großzügigkeit«.

Den Zehnten Gott zu geben ist ein gutes Maß. Das wird uns, ob wir nun viel oder wenig haben, ob wir sparsam sind oder gerne gut leben, immer viel erscheinen. Wenn wir als Auszubildende oder Studentinnen gerade mal ein paar Hunderter zur Verfügung haben, sind 50 DM schon ziemlich viel. Haben wir später im Beruf eine gute Position erreicht und verfügen über ein stattliches Einkommen, vielleicht sind es inzwischen 8000

DM im Monat, dann erscheinen uns 10% davon auch wieder viel. Was wir weggeben, kann sich über viele Jahre unseres Lebens auf etliche Zehntausende summieren. Da kann einem mal der Gedanke kommen: Was hätte damit alles gemacht werden können! Natürlich hätten wir – aber ob es uns dann wohl besser ginge oder ob wir glücklicher wären, wenn wir uns davon allerlei geleistet hätten?

Da wir uns meist schwer trennen können, ist es gut, einmal eine grundsätzliche Entscheidung darüber zu treffen, wie viel wir regelmäßig abgeben wollen, und dann ein paar Daueraufträge für Spenden einzurichten. So brauchen wir nicht immer neu darüber nachzudenken, wie viel und wem wir etwas geben wollen. Wenn wir »die Erstlinge« geben, gleich vom Gehaltskonto, stellt sich die Frage gar nicht, ob am Ende des Monats wohl etwas für Gott übrig bleibt. Dieses Geld haben wir nicht zur Verfügung, und wir rechnen dann gar nicht mehr damit.

Vorsorge treffen

Es liegt in unserer Verantwortung, Vorsorge zu treffen. Wir sollen verantwortlich planen und vorsorgen, damit wir nicht irgendwann unseren Kindern auf der Tasche liegen oder staatliche Unterstützung brauchen. Es ist keine Schande, wenn wir durch einen Notfall hilfsbedürftig werden, aber wir sollten möglichst nicht leichtfertig in eine solche Lage kommen. Aber wie viel ist genug? Wir können immer noch zusätzliche Versicherungen und eine zusätzliche Altersversorgung abschließen. Die Versicherungsbranche wird uns ihr vielfältiges Angebot gerne unterbreiten und uns anschaulich vor Augen führen, was alles passieren kann. Nun wissen wir einfach nicht, was auf uns zukommt und was wir in fernerer Zukunft einmal brauchen werden. Eine Rundum-Absicherung für jeden theoretisch denkbaren

Notfall ist gar nicht möglich. Wenn wir den schlimmsten Fall annehmen, dann wird es niemals genug sein. Aber rechnen wir in unserem Leben eigentlich mit der Führung Gottes und seiner Fürsorge für uns?

Gott verheißt dem Geber seinen besonderen Segen

Gott macht eine Zusage. Er bindet sich an sein Wort. Gott verspricht, dass er den Geber segnen und nichts unbelohnt lassen will. Und er fordert uns auf: »Prüft es doch, probiert es aus!« Was wir in sein Reich, den bedürftigen Nächsten und in die Gemeinde investieren, wird sich niemals als Fehlinvestition erweisen.

Was wir im Vertrauen auf Gott tun, kann allerdings aus der Sicht von Nichtchristen unvernünftig erscheinen. Wenn wir gerade im Aufbau sind – berufliche Existenz, Familiengründung, Hausbau –, brauchen wir doch jede Mark selbst. Sollen wir dann auch noch etwas weggeben? Als wir ein Haus gebaut haben und dafür auch Geld leihen mussten, haben wir beschlossen, trotzdem weiter den Zehnten von unserem Einkommen zu geben. Die logische Konsequenz war, dass wir deshalb mehr Geld aufnehmen und damit rechnen mussten, nun über einen entsprechend längeren Zeitraum zurückzuzahlen. Aber während wir für uns ein Haus bauten, wollten wir nicht an Gottes Haus sparen. Das war natürlich ein Wagnis, aber wir haben unsere Entscheidung nie bereut. Wenn wir großzügig sind, kann Gott uns auch wieder unerwartet etwas zuwenden.

Wem sollen die Spenden zukommen?

Manche Menschen sind skeptisch gegenüber Institutionen und Werken und ihrem Umgang mit Spenden. Das ist durchaus nicht ganz unberechtigt. Es sind schon immer wieder einmal Unregelmäßigkeiten und manchmal sogar handfeste Skandale aufgedeckt worden. Aber die Untreue einzelner Personen und einzelne Fälle von Missbrauch von Spendengeldern rechtfertigen nicht, dass wir uns zurückziehen und gar nichts mehr geben. Wir können uns weitgehend absichern, indem wir uns sorgfältig informieren bzw. Menschen unterstützen, die wir persönlich kennen – Missionare, Bibelübersetzer, gezielte Hilfsprojekte. Die persönliche Beziehung, durch die wir regelmäßig etwas über die Menschen und den Fortgang der Sache erfahren, verbindet und motiviert uns zu weiterer Unterstützung. Sie brauchen schließlich nicht nur unser Geld, sondern vor allem unsere Fürbitte. Seit einigen Jahren gibt es für Werke eine Qualitätskontrolle und ein Spendensiegel, nach dem wir uns richten können. Wer die Undurchsichtigkeit vorschützt, ist nur zu bequem, sich zu informieren, und benutzt dann gerne seine Unwissenheit als Ausrede.

Dein Einkommen – mein Geld

Soweit es unser eigenes Einkommen betrifft, sind unser Verantwortungsbewusstsein und unsere Freigiebigkeit gefragt. Eine besondere Situation, in der sich allerdings viele Ehefrauen befinden, ist dann gegeben, wenn der Ehemann der Alleinverdiener ist und sie kein eigenes Einkommen hat.

Wenn der Mann auch Christ ist, werden sie die Frage nach

dem Zehnten gemeinsam erörtern. Sie gehört dann in den viel größeren Bereich: Wie gestalten wir unser Leben als Christen? Wie leben wir unseren Glauben im Alltag? Falls er das aber ganz anders sieht und weniger freigiebig ist, dann ist die Frau vor Gott nur für das verantwortlich, was sie beeinflussen und worüber sie selbst verfügen kann, also nicht für den Zehnten von seinem Einkommen. Dann bezieht sich ihre Verantwortung auf den Umgang mit ihrem Taschengeld bzw. ihren persönlichen Anteil am Budget.

Es kann eine Frau sehr schwer ankommen, wenn sie die Bedürfnisse der Gemeinde oder von Missionaren kennt und gerne etwas beisteuern möchte und wenn sie dann erlebt, wie der Ehepartner die Hand draufhält und solche unnötigen Ausgaben überhaupt nicht einsieht und nicht duldet. Der Drang zu helfen sollte dann aber niemals dazu führen, dass sie ihn hintergeht und heimlich etwas abzweigt. Wenn der Ehepartner noch keine Beziehung zu Jesus hat, wollen wir doch vor allem ihn gewinnen. Wenn wir ihm etwas von der Liebe Jesu vermitteln wollen, ist eine selbstverständliche Voraussetzung, dass wir ehrlich und verlässlich sind. Also unbedingt loyal sein! Gott sind unsere Lebensumstände doch in allen Einzelheiten bekannt. Wir können und sollen nicht geben, was wir nicht haben.

Wenn sich die Gelegenheit dazu ergibt, sollten wir die Sache im Gespräch erörtern. Vielleicht hat er gegen ein begrenztes soziales Engagement gar nichts einzuwenden. Ein Mensch, der Jesus nicht kennt, ist eher für die Unterstützung Hilfsbedürftiger zu gewinnen. Auch dass für das Gemeindehaus neue Stühle und dafür eine Spende gebraucht wird, wird er wahrscheinlich einsehen, aber wohl kaum die Förderung von Evangelisation und Mission. Wir sollten uns wirklich die Mühe machen, uns in seine Lage zu versetzen und seine Gedankengänge nachzuvollziehen. Die sind meist ganz einsichtig, nur haben wir als Christen inzwischen neue Werte und Maßstäbe angenommen. Wenn der Partner die nicht teilt, können wir ihn nicht ändern und dürfen ihn nicht überfordern.

Unterschiede im Umgang mit Geld in der Ehe

Auch wenn beide Christen sind, können die persönlichen Unterschiede im Umgang mit Geld und Besitz ein Problem darstellen, wenn nämlich einer sparsam ist und alles sorgsam zusammenhält, der andere aber freigiebig und großzügig. Der Sparsamere wird durch das Verhalten des Großzügigen verunsichert und kann regelrecht Angst haben, weil sein Sicherheitsbedürfnis nicht befriedigt wird. Hier werden sicher manche Gespräche nötig sein, um zu einer Annäherung zu kommen und einen Kompromiss zu finden. Allerdings sollte der Sparsamere einmal in sich gehen und überlegen, ob sein Sicherheitsbedürfnis nicht überzogen ist. Resultiert ein so ausgeprägtes Bedürfnis nach Absicherung nicht letztlich aus einem mangelnden Vertrauen zu Gott? Muss ich deshalb für alle Fälle vorsorgen, weil ich seiner Liebe und Fürsorge nicht wirklich trauen kann?

Wenn wir tatsächlich bei unserer Absicht zu geben und zu teilen durch den Ehepartner Begrenzungen erfahren, dann sollten wir uns auf das besinnen, was wir persönlich zu geben haben und zum Bau der Gemeinde Jesu einsetzen können: unsere Zeit und die Gaben, die Gott uns geschenkt hat, Gastfreundschaft und vor allem die Fürbitte.

Gott selbst fordert uns zum Geben und Teilen auf. Der Zehnte ist kein Muss, aber ein gutes Maß.

Wer sich bei Gott geborgen weiß, muss sich nicht rundherum absichern.
Wer von Gott beschenkt ist, kann selbst großzügig sein. Wenn in einer Ehe darüber unterschiedliche Vorstellungen vorhanden sind, ist es gut voneinander zu lernen, aufeinander zu hören und zu guten Kompromissen zu finden.

Wir sollen etwas abgeben von dem, was wir selbst haben. Wichtig ist dabei, dass Ehefrauen, die über kein eigenes Einkommen verfügen, ihren Ehemann nicht hintergehen, sondern von dem geben, worüber sie selbst verfügen können.

Wir werden erfahren: Gott lässt sich nichts schenken, er wird es vergelten.
»Prüft mich hiermit, ob ich euch dann nicht reichlich segnen werde!«

Dr. Christel Hausding
Jahrgang 1949, verheiratet, kinderlos, war zunächst Lehrerin, dann nach der Promotion in Erziehungswissenschaften in der Lehrerausbildung tätig. Jetzt ist sie tätig als Referentin bei Frauenfrühstückstreffen, Gemeindeveranstaltungen, Tagungen und Freizeiten. Sie ist Mitglied der Württembergischen Evang. Landessynode (Sprecherin der »Lebendigen Gemeinde« und Vorsitzende des Ausschusses für Kirche, Gesellschaft und Öffentlichkeit) und der EKD-Synode; von ihr sind zwei Bücher erschienen.

Beten für unsere Kinder

Jesus sagte seinen Jüngern: *»Was ihr bitten werdet in meinem Namen, das will ich tun, auf dass der Vater verherrlicht werde im Sohn«* (Johannes 14,13). Jesus fordert uns zum Beten auf. Der Wille Gottes kann auf der Erde wie im Himmel geschehen, *wenn* wir beten.

Die Kinder sind die Zukunft eines Landes. Als Christen sollten wir alles tun, was wir können, um die heranwachsende Generation positiv zu beeinflussen und zu unterstützen. Wir sollen und wir *können* mitgestalten. Unsere Kinder sind auch das Wertvollste unserer persönlichen Habe, auch wenn wir sie nicht als Besitz sehen dürfen, sondern sie uns für eine bestimmte Zeit anvertraut sind.

»Das Gebet ersetzt keine Tat, aber das Gebet ist eine Tat, die durch nichts ersetzt werden kann« (Helen von Keller). Wir denken oft, dass wir am meisten für Gott durch Aktivitäten tun können. Aber mit Beten können wir mehr tun. »Der Teufel lacht, wenn wir bis über die Ohren in Arbeit stecken; aber er zittert, wenn wir beten« (Corrie ten Boom). Ich habe den Eindruck, dass jede Generation dies neu lernen muss.

Gebet ist Gemeinschaft mit unserem Schöpfer. Er hat uns so geschaffen, dass wir nur in Beziehung mit ihm ganz sind. Gebet ist Reden mit Gott. Es ist keine Luxusbeschäftigung für gewisse Leute, die besonders viel Zeit haben. Jesus lehrt uns, dass wir zu Gott Vater sagen dürfen. Das ist etwas ganz Besonderes. Jeder gute Vater möchte, dass seine Kinder zu ihm kommen und ihm mitteilen, was sie beschäftigt. Der Vater will seinen Kindern helfen und tut es auch. Er freut sich, wenn sie ihm Vertrauen schenken – das ehrt ihn.

So ist auch unser himmlischer Vater. Er sehnt sich nach Gemeinschaft mit uns. In Psalm 23, 5 erfahren wir, dass er einen Tisch für uns gedeckt hält. Wir gehen ihm nicht auf den Wecker mit unseren Bitten. Er hat immer Sprechstunde. Ihm ist kein Anliegen zu klein, sodass er sich nicht darum kümmern würde. Und keines ist zu groß, sodass es ihm unmöglich wäre zu helfen. Wir dürfen ihm vertrauen, wie kleine Kinder ihren Eltern vertrauen. Es macht einen Unterschied, ob wir beten oder nicht!

»… schütte dein Herz aus vor dem Herrn wie Wasser. Hebe deine Hände zu ihm auf um des Lebens deiner jungen Kinder willen …« (Klagelieder Jeremias 2, 19).

Sobald die Kinder in der Schule sind, teilweise auch schon in der Kindergartenzeit, werden sie vielen Einflüssen ausgesetzt. Wir Eltern haben oft nicht mehr den Überblick. Wir müssen deshalb hellhörig sein und immer ein offenes Ohr haben, wenn die Kinder erzählen wollen, was sie im Umgang mit Mitschülern und Lehrern erleben und was durch den Lehrstoff auf sie zukommt. Vieles entspricht nicht den biblischen Maßstäben. Wir müssen aber nicht in Panik geraten oder sogar resignieren und sie ihrem Schicksal überlassen, *»… denn der in euch ist, ist größer, als der in der Welt ist«* (1. Johannes 4, 4).

Nehmen wir die Herausforderung an und tun wir das Möglichste, indem wir sie in ihrem Schulalltag durch Gebet begleiten. Warten Sie nicht, bis Ihr Kind »auf der Intensivstation« ist.

Gott sollte nicht als Notarzt benutzt werden, den wir nur bei besonderen, schwierigen Anlässen rufen.

Beugen wir lieber vor und begleiten wir die Kleinen, bevor sie Probleme haben. Wir werden ihnen und uns vieles ersparen, wenn wir jeden Tag mit unserem Vater im Himmel reden und mit seiner Gegenwart rechnen. Das Beten hat nicht nur seine Wirkung an anderen, sondern es tut uns selbst sehr wohl. Ja, vielleicht tragen wir sogar den größten Segen davon.

Mütter in Kontakt (MIK)

MIK ist ein Angebot – eine Hilfe, diesen Gedanken praktisch umzusetzen. Es sind Mütter und/oder Großmütter, die sich *verbindlich* in überkonfessionellen Gebetskreisen zusammenschließen, um wöchentlich eine Stunde für ihre Kinder, deren Mitschüler, Lehrer, Schulleiter und -behörde zu beten.

Fern Nichols, die Gründerin/Leiterin dieser Gebetsbewegung, die aus Amerika kommt und den internationalen Namen *Moms In Touch International* trägt, sagt: »Das wertvollste Geschenk, das du deinem Kind machen kannst, ist, dass du konkret und regelmäßig zusammen mit anderen Frauen für es betest. Es ist ein Geschenk, das nicht zerbricht, das nicht heruntergewirtschaftet und nicht ausgeschaltet werden kann.«

Mehr und mehr Gruppen entstanden um Fern Nichols herum, die sich wöchentlich für eine Stunde zum gemeinsamen Gebet trafen. Die Gruppen baten um Hilfe; sie wollten lernen, wie sie in diesen 60 Minuten am effektivsten sein konnten. Deshalb wurde das Büchlein von ›Moms in Touch International‹ zusammengestellt. Wir konnten dieses Heft übersetzen und haben dieser Idee in der deutschen Sprache den Namen »Mütter in Kontakt« gegeben. Der Name steht für: Mütter in Kontakt mit ihren

Kindern, miteinander, mit der Schule und, am wichtigsten, in Kontakt mit dem Herrn.

In vielen Beispielen in der Bibel werden wir ermutigt, uns im geistlichen Kampf gegenseitig beizustehen, deshalb das Gebet in der Gruppe. *»Wo zwei oder drei versammelt sind in meinem Namen, da bin ich mitten unter ihnen«* (Matthäus 18, 20).

Im deutschen Schulsystem ist es häufig so, dass sich Kinder einer Familie in verschiedenen Schulen befinden. Darum ist es hilfreich, Schwerpunkte zu setzen. Es sollte unser Ziel sein, dass jede Schule eine Gruppe hat. Das wird uns nämlich auch dazu anspornen, dafür zu beten, dass MIK-Kreise für andere Schulen in unserer näheren Umgebung entstehen.

Beispiele, von Müttern erzählt

Eine Mutter von drei kleinen Kindern erzählt, wie sie zu MIK fand

Eine Stunde im Gebet verbringen – das ist nur etwas für besonders begabte Christen, war meine erste Reaktion. ›Das MIK-Heft sieht ja attraktiv aus, ich werde es durchlesen.‹ Es gefiel mir! So konnte ich mir Beten vorstellen: Nicht unsere Not sollte im Mittelpunkt sein, sondern Gott. Ich wollte mir diese Gruppe anschauen. Die Gruppe gefiel mir. Hier war Gottes Gegenwart spürbar. Gott musste aber verschiedene Dinge klären, damit ich dabei sein konnte, vor allem brauchte ich einen Kindergartenplatz für meine Jüngste. Er hat alles geordnet, so dass ich einsteigen konnte! Unser Gebet erreicht Gottes Herz. Wenn wir lernen, auf Gott zu schauen und uns einig in unseren Bitten werden, erleben wir, dass Gebet eine mächtige, segnende und heilende Kraft ist. Dass wir überhaupt die Möglichkeit haben, zu beten, erkenne und erfahre ich inzwischen als Ausdruck der Vaterliebe Gottes an uns.«

›Mobbing‹

Eine besorgte Mutter erzählt: »Meine kleine Tochter, Erstklässlerin, wurde auf dem Schulweg verspottet und in der Klasse ausgeschlossen. Sie brauchte dringend eine Freundin. Wir nahmen dieses Anliegen im Kreis auf. Die Klassenkameraden, mit denen sie den Schulweg teilte, hörten plötzlich auf, böse zu ihr zu sein. Sie bekam auch bald darauf eine Freundin. Dank dem Herrn, der ihr so schnell zu Hilfe kam.«

Leistungserwartung

Anfang des Schuljahres hatte ich mit meinem Grundschuljungen bei den Hausaufgaben große Mühe. Seine Leistung entsprach überhaupt nicht meinen Erwartungen. Wir beteten über dieser Situation im Kreis. Kurz danach durfte ich ein gutes Gespräch mit der Lehrerin haben, das für mich sehr hilfreich war. Ich konnte dem Herrn danken, dass mein Sohn gerade diese Lehrerin bekommen hatte. Sie hatte genau die Stärken und die Schwächen meines Jungen erkannt und beobachtet. Was sie sagte, hat mir Mut gemacht und mir neue Wege gezeigt, wie ich besser mit meinem Sohn umgehen kann.«

Schulwechsel

Als unsere Tochter vor zweieinhalb Jahren von der Grundschule zur Realschule wechselte, hatte sie große Schwierigkeiten. Vorher war sie in einer Grundschule, die fast vor unserer Haustür lag – wohl behütet. Dann ein weiter Schulweg, auf dem die Schüler der Haupt- und Realschule zusammentrafen. Die Art, wie sich die Schüler benahmen und gaben, war für meine Tochter völlig unbekannt. Der rohe Umgang, Rücksichtslosigkeit, Gewalt – das alles kannte sie nicht. Von ihren früheren Freundinnen und Mitschülerinnen fühlte sie sich im Stich gelassen. Sie war allein. Ich empfand die Situation so: Wenn es den Kindern nicht gut geht, dann geht es auch uns Müttern schlecht.

Zu diesem Zeitpunkt wurde ich in den MIK-Gebetskreis für diese Realschule eingeladen. Unter normalen Umständen hätte ich mich nie in einen weiteren Kreis mit festem Termin und zu einer weiteren Verpflichtung einladen lassen. Doch ich hatte die Not meiner Tochter erkannt und wusste, dass hier nur das Gebet, nur Gott, weiterhelfen konnte. Ich fühlte mich von Anfang an in der Gruppe wohl und merkte, dass die anderen Mütter uns im Gebet trugen und halfen.

In kürzester Zeit waren die Schulprobleme meiner Tochter wie weggeblasen. Sie fand unter den Kindern unserer MIK-Gruppe eine Freundin, die mit ihr durch dick und dünn geht und die, was am wichtigsten ist, mit ihr auf dem Glaubensweg ist.

Wir merken immer wieder, wie wichtig es unseren Kindern ist, dass wir für sie und ihre Schule beten: In den Sommerferien, als die Kinder sich unterhielten, welche Lehrer sie wohl nach den Ferien bekommen würden, meinte meine Tochter: »Ist doch egal, die Mütter können ja schon die richtigen Lehrer her- oder wegbeten.« Und so haben wir es auch tatsächlich erlebt. Mit meinen Erfahrungen möchte ich Ihnen Mut machen, falls Sie zögern, sich einer MIK-Gruppe anzuschließen. Die Kinder vertrauen unserem Gebet und erwarten es von uns. Als ich mir vor Wochen überlegt habe, wieder ins Berufsleben zurückzugehen, da hatte unsere Tochter nur einen Einwand: ›Mama, dann kannst du ja nicht mehr in den Schulgebetskreis.‹ Trotz stundenweiser Arbeit ist es mir möglich, den MIK-Kreis zu besuchen. Das gibt mir Ruhe und Sicherheit; ich weiß meine Tochter auch in der Schule in Gottes Händen geborgen.«

Okkulte Praktiken

Eines Tages kam meine Tochter, die die 9. Klasse einer Realschule besucht, nach Hause und erzählte: ›In den Pausen beschäftigen sich einige Schüler mit okkulten Praktiken.‹ Da wurde über dunkle Räume, Gläser- und Tischerücken gesprochen. Meine Tochter wurde von ihrer Freundin eingeladen, dabei mitzumachen mit der Begründung, dass sie dann die Klassenarbeiten besser schreiben würde. Uns wurde es schon Angst und Bange, und es hat uns ins Gebet getrieben. Wir erlebten, dass der Herr in dieser Situation gewirkt hat. Die ganze Sache kam nie so richtig in Gang, und die Schüler haben bald festgestellt, dass es nicht die erwartete Wirkung hatte. Wir waren sehr erleichtert und haben Gott die Ehre gegeben.

Unsere Gruppe trifft sich schon um 8.30 Uhr. Da verlasse ich mit meiner jüngsten Tochter das Haus und schaffe es an diesem Tag morgens nicht, die Bibel zu lesen. Ich muss aber sagen, dass ich nach dieser Gebetsstunde so erfüllt, gesegnet und mit neuem Schwung nach Hause gehe – ich kann es kaum beschreiben, es muss erlebt werden!«

Freundschaft

Mein Sohn hatte in der Klasse keinen Freund, das wurde ein wichtiges Gebetsanliegen. Gott hörte unsere Gebete, und bald bekam er einen Freund. Es war wunderbar; dieser Junge ließ sich in die Jungschargruppe einladen. Er kommt aus einer Familie, die nicht so ›in der kirchlichen Szene‹ dabei ist. Die Mutter des Jungen sagte: ›Er ist ein richtiger JUBI-Freak (›Jugend liest die Bibel‹) geworden. Er liest jeden Morgen in der Bibel.‹ Wie toll hat Gott hier gewirkt – nicht nur, dass mein Sohn einen Freund bekam, sondern auch dass dieser Freund angefangen hat, sich mit Jesus bekannt zu machen!«

Strafarbeiten

Ein Mädchen in der 8. Klasse kam im Mathematikunterricht nicht mit. Anstatt den Lehrer zu fragen, bat sie ihre Tischkameradin um Hilfe. Ihr Verhalten störte den Unterricht. Sie bekam deshalb wiederholt Strafarbeiten. Zu Hause erzählte sie nichts von ihren Problemen. Eines Tages wurde ihre Mutter jedoch darauf aufmerksam. Sie sprach mit ihrer Tochter darüber, dass sie sich vom Lehrer ungerecht behandelt fühlte. Die Mutter suchte ein Gespräch mit dem Lehrer. Er war verärgert, und die Strafarbeiten waren seiner Meinung nach berechtigt. Die Gespräche änderten nichts. Eine längere Zeit beteten wir im Kreis über diese Situation. Später erklärte der Lehrer, dass in Bezug auf das Mädchen keine Probleme mehr vorhanden seien. Und erstaunlicherweise wurde dieser Lehrer in den Augen des Mädchens der beste Lehrer an der Schule.«

Disziplin ist gefragt

Im Herbst 1996 war die Situation in der Klasse meines Sohnes (8. Klasse, Realschule) katastrophal. Die Schüler waren sehr undiszipliniert und laut. Jeder Lehrer beklagte sich über das Verhalten der Schüler, und kein einziger Lehrer ging gern in diese Klasse. Sie war schon im ganzen Haus abgestempelt, denn es war fast unmöglich, einen sinnvollen Unterricht zu gestalten. Dies wirkte sich natürlich auch auf die Leistung aus, und etwa ein Drittel der Schüler war versetzungsgefährdet.

Im MIK-Kreis brachten wir Mütter diese Situation immer wieder vor Gott, und er gab mir den Vers: *›Sorgt euch um nichts, sondern in allen Dingen lasset eure Bitte in Gebet und Flehen mit Danksagung vor Gott kund werden‹* (Philipper 4, 6).

Gott hat unsere Gebete erhört, wenn auch nicht über Nacht. Heute, nach eineinhalb Jahren, hat sich die Klasse total verändert: Die Schüler nehmen konzentriert am Unterricht teil, erbringen bessere Leistungen, und der Umgangston hat sich verbessert. Auch die Lehrer gehen wieder gern in die Klasse. Es lohnt sich, im Gebet dranzubleiben.«

Schülerbibelkreis

Eine Frau tritt allein in die Bresche für das Gymnasium, welches ihre Tochter besucht. Sie hat bis jetzt noch keine Gebetspartnerin gefunden. Sie sagt: »Schreib den Müttern: Das Gebet lohnt sich!« Sie hat den Herrn gebeten, dass ein Schülerbibelkreis (SBK) an dieser Schule entsteht. Anfang des Schuljahres kam ein neuer Lehrer dazu, und er hat die Initiative ergriffen und einen SBK wieder ins Leben gerufen. »Habe ich gejubelt, als ich das erfuhr und dass 18 Schüler mitmachen.«

Ausgeflippt

Vor drei Jahren, als unsere Tochter 20 war, war es mit ihr sehr schlimm. Ein paar Jahre früher war sie Feuer und Flamme für Jesus gewesen. Sie hatte sich mit 15 für ihn entschieden und diese Entscheidung durch die Taufe besiegelt. Im Alter von 17-18 geriet sie in eine Krise. Sie war ständig auf der Suche nach etwas: einem Freund, einer Freundin. In dieser Zeit war sie immer unruhig, unzufrieden und unglücklich. Wir, die Eltern und eine jüngere Schwester, haben sehr mit ihr gelitten. Dann bekam sie einen Freund, den sie in einer Disko getroffen hatte. Sie war in ihn verliebt, und ihr Leben fing durch diese Freundschaft an, sehr chaotisch zu werden: Sie war ständig unterwegs auf Konzerten, Diskos und Partys. Wir standen machtlos da, weil sie nicht mit sich reden ließ. Wir waren sehr traurig. Ja, wir haben drei Jahre getrauert, als wäre sie tot.

Während dieser Jahre konnte ich immer wieder im MIK-Kreis mein schweres Herz ausschütten. Es half mir, dass auch die anderen Frauen in der Gruppe mein Anliegen vor Gott ausgebreitet haben. Unsere Gebete waren nicht vergebens. Er hat eingegriffen und das Leben meiner Tochter total umgekrempelt. Sie trennte sich dann von diesem Freund, suchte sich wieder eine Gemeinde und ist dort in der Jugendgruppe aktiv. Sie ist glücklich, dass sie ihren Weg wieder mit Jesus gehen darf. Im MIK-Kreis haben wir immer wieder zu danken für das, was er in ihrem Leben getan hat und weiter tut.«

Liebesdienst

Eine Gruppe erzählt Folgendes: »Vor Weihnachten machten wir dem Schulleiter unserer Grund- und Hauptschule einen Besuch, bei dem wir uns als Gebetsgruppe vorstellten. Mit einem Korb Obst und Nüssen und mit einer Karte drückten wir den Lehrern unseren Dank und unsere Anerkennung aus. Der Schulleiter war natürlich total überrascht. Von so etwas hatte er noch nie gehört – Mütter, die sich wöchentlich Zeit nehmen, um für Schüler und Anliegen der Schule zu beten. Seine spontane Reaktion: ›Alle Achtung! Endlich etwas Positives von den Eltern!‹

Am Schuljahresende sind wir wieder als Gruppe in die Schule gegangen. Dabei hatten wir eine Schachtel ›Merci‹ und eine schöne Karte mit einem lieben Gruß an die Lehrer. Wir waren überwältigt von allem Guten, das geschehen war im vergangenen Jahr, und dies haben wir auch erzählt. Der Rektor war sehr bewegt. Er hatte selbst eine deutliche Veränderung bei einer Schülerin miterlebt – als Antwort auf unsere Gebete. Nach dem Gespräch, beim Abschied, sagte der Schulleiter: ›Solche Mütter wie Sie könnten wir viele gebrauchen!‹«

Wenn ein MIK-Kreis gut etabliert ist und die Motivation dazu vorhanden ist, bitten wir im Schulsekretariat um einen Termin beim Schulleiter/bei der Schulleiterin. Die meisten MIK-Leiterinnen haben hier gute Erfahrungen gemacht. In der Regel erstatten Mütter oder Väter nämlich nur dann der Schule einen Besuch, wenn Probleme vorhanden sind. Dass jemand in die Schule kommt und erzählt, dass sie die Schule positiv unterstützen, indem sie für konkrete Situationen oder Personen beten, ist etwas sehr Ungewöhnliches.

Wir zeigen den Lehrern, dass wir ihre Arbeit und Mühe mit unseren Kinder anerkennen. Ein oder mehrere Mal im Jahr bringen wir eine Überraschung mit einer Karte, worauf wir uns kurz vorstellen und unseren Dank aussprechen. Die Überraschung kann ein schönes Gesteck in der Adventszeit sein, eine Pflanze oder ein Blumenstrauß, ein Korb mit Früchten, das Gebäck für die Lehrerkonferenz oder eine besondere, schöne Karte zu einem bestimmten Anlass. Das Staunen bei den Lehrern ist groß. Die ganze Aktion wird natürlich im Gebet von der Gruppe getragen. Wir beten, dass unser Tun sie nachdenklich und fragend macht. »Warum tun diese Mütter das? Gibt es Gott wirklich, und ändert sich tatsächlich etwas, wenn sie beten?«

Keine Gruppe sollte sich allerdings gezwungen fühlen, in die Schule zu gehen. Das Gebet hat Priorität!

Gebet im Einklang

Wenn zwei unter euch eins werden auf Erden, worum sie bitten wollen, das soll ihnen widerfahren von meinem Vater im Himmel« (Matthäus 18,19). Auf Englisch heißt dieser Begriff

›Praying in one Accord‹. Das kann uns helfen zu verstehen, was hier gemeint ist: Das Wort ›Akkord‹ kennen wir aus der Musik; es bezeichnet den Zusammenklang von mindestens drei Tönen verschiedener Tonhöhe. Sie bilden zusammen *einen* harmonischen Klang. So bilden auch wir Mütter *eine* Gruppe – aber jede ist anders, deshalb leitet der Heilige Geist jede auf andere Weise, wie für etwas gebetet werden soll. Gebet im Einklang bedeutet, dass wir zusammen jedes Anliegen vor den Herrn bringen und so lange dafür beten, wie der Geist uns führt. Wir üben uns darin, kurz und einfach zu beten; das stärkt das Miteinander und ist sehr hilfreich für Frauen, die noch unsicher sind beim lauten Beten in einer Gruppe. Das Beten im Einklang kann auch ›Gesprächsgebet‹ genannt werden.

Die MIK-Stunde

Wir sind zusammen, um zu beten. Disziplin ist dabei gefragt, sonst verlieren wir uns im Austausch. Aus diesem Grund versuchen wir so weit als möglich, die Anliegen im Gebet weiterzugeben, statt sie zu erzählen. Dies gilt auch für das Danken – also nicht erst erzählen, sondern sofort mit dem Danken beginnen. Das schult uns, aufeinander zu hören und macht es möglich, uns im Danken und in der Fürbitte einzustimmen.

Wir fangen immer mit *Anbetung* an, weil Gott der erste Platz gebührt. Ihn zu loben, tut auch uns gut! Wenn wir uns ganz auf ihn konzentrieren, rückt alles andere in den Hintergrund. Satan und seine Helfer können es nicht ausstehen, wenn wir Gott loben, und verschwinden. Gott hat alles wunderbar gemacht. Wir haben wirklich viel Grund, ihn zu loben. Das gibt unserem Leben Stabilität und lässt einen stillen und sanften Geist in uns entstehen. In der Anbetung geht es darum, wer Gott ist.

In einem Leiterordner für die MIK-Gruppen-Leiterinnen gibt es zusätzliches Material, gerade auch als Hilfe für die Anbetung; wie z.B. die Eigenschaften Gottes, seine Charakterzüge und seine Namen.

Schuld bekennen: Wir wollen, dass er unsere Gebete hört und erhört. Darum unterziehen wir uns einer Herzensuntersuchung, jede für sich in der Stille, und bereinigen, wo wir schuldig geworden sind – nach dem Psalmwort: *»Erforsche mich, Gott, und erkenne mein Herz; prüfe mich und erkenne, wie ich's meine«* (Psalm 139, 23).

Danken: Es ist uns wichtig, dass wir in der MIK-Stunde gemeinsam Gott für sein Eingreifen danken. Wie oft nehmen wir Dinge als selbstverständlich hin oder wir vergessen, dass wir konkret für jemand oder etwas gebetet haben, und registrieren die Veränderung nicht als Gebetserhörung. An diesen Punkten möchten wir gegensteuern. *»Ich will dir danken in großer Gemeinde; unter vielem Volk will ich dich rühmen«* (Psalm 35,18). Wir werden in der Bibel häufig aufgefordert, Gott Dankopfer zu bringen. Das Danken stimmt uns froh, und wir leben im Ausschau halten nach dem, was er tut und getan hat.

Die Fürbitte: In der Fürbitte lernen wir, Gottes Verheißungen in Anspruch zu nehmen. In der Vorbereitung für die Gebetsstunde sucht die Leiterin ein Bibelwort aus, unter das wir dann jedes Kind im Gebet stellen. Zusätzlich bringen wir natürlich alle anderen Nöte, Mitschüler, Lehrer, Lernschwierigkeiten und Probleme mit einzelnen Fächern usw. vor Gott. Es ist sinnvoller, wenige Anliegen ordentlich durchzubeten, als zu viele Anliegen wie möglich. Der Heilige Geist braucht Zeit, uns zu leiten, wie wir für etwas beten sollen. Wenn die Gruppe groß ist, ist es deshalb notwendig, dass jede Mutter sich für eines ihrer Kinder entscheidet, welches nach ihrem Empfinden die besondere Fürbitte am Nötigsten hat. Sie kann für ihre anderen Kinder ›im Kämmerlein‹ beten.

Die Leiterin gibt ebenfalls einen Bibelvers weiter bei der Fürbitte für die Lehrer. Vergessen Sie nicht, auch für den Schulleiter oder die Schulleiterin zu beten, die einen großen Einfluss im Umgang mit Lehrern, Schülern und Eltern ausüben und eine große Verantwortung tragen.

Mangelnde Disziplin im Klassenzimmer, Unstimmigkeiten zwischen Lehrern und Schülern, ›Mobbing‹ auf dem Schulhof, Gewalt, Drogen, ja, auch selbstmordgefährdete Schüler – das sind Anliegen, die wir in Bezug auf die Schule je nach Bedarf ins Gebet hineinfließen lassen.

Am Schluss beten wir um Zuwachs in den bestehenden MIK-Kreisen und dafür, dass Schulen in unserer Umgebung, die noch keine Mütter-Gebetskreise haben, auch welche bekommen.

Ein ganz wichtiger Punkt bei der Gebetsstunde ist Vertraulichkeit: Wofür im Kreis gebetet wird, das bleibt auch im Kreis.

Die Ziele

Das Hauptziel von *Moms In Touch International* ist, dass jede Schule in der eigenen Nation und dann in der ganzen Welt einen Kreis von betenden Müttern hinter sich haben wird.

Weiterhin sind die Ziele:

- Im Gebet für unsere Kinder einzutreten.
- Dafür beten, dass unsere Kinder Jesus als Herrn und Retter annehmen und dann auch mutig im Glauben stehen.
- Für Lehrer, Schulleitung und -behörde zu beten.
- Dafür beten, dass Lehrer, Schulleitung, -behörde und Schüler zum Glauben an Jesus Christus finden.
- Mütter unterstützen und ermutigen, die um ihre Kinder besorgt sind.
- Dafür beten, dass unsere Schulen nach biblischen Normen und klaren moralischen Maßstäben geführt werden.

- Ein positiver, unterstützender Einfluss in unseren Schulen sein.

Das Ganze nahm seinen Anfang 1984 durch Fern Nichols, eine Mutter von vier Kindern. Sie lebte damals mit ihrer Familie in Britisch Kolumbien, Kanada. Nachdem die Familie nach Poway, Kalifornien, umgezogen war, stieß diese Idee auf noch größeres Interesse. Ja, bald fingen Frauen aus den inzwischen entstandenen Gruppen an, das Büchlein mit den hilfreichen Richtlinien in andere Sprachen zu übersetzen, es dann auch in die entsprechenden Länder zu bringen und diesen Dienst dort bekannt zu machen. Heute, nach etwa 14 Jahren, ist das Büchlein in etwa 18 Sprachen übersetzt. Wir sind mit 100 000 Frauen auf der ganzen Erde aus etwa 85 Ländern verbunden, die wöchentlich für Schüler und Schulen beten! Manche Länder haben auch eine eigene Landeskoordinatorin, wie es z.B. hier in Deutschland und in der Schweiz der Fall ist. Die verantwortlichen Frauen arbeiten daran, andere für diese Sache zu gewinnen, bemühen sich um die bestehenden Gruppen, veranstalten MIK-Treffen und halten mit der *Moms In Touch International*-Zentrale in Kalifornien Kontakt.

Einstieg in eine Gruppe

Wenn Sie von der Notwendigkeit des Gebets für ihre Schulkinder und deren Schulen überzeugt sind und hier einsteigen möchten, sind Sie herzlich eingeladen, das Büchlein mit den hilfreichen Anleitungen zu bestellen. (Siehe Anschrift am Schluss des Kapitels.)

Vieles, was hier beschrieben wurde, habe ich, nach Erlaubnis von Fern Nichols, der Gründerin/Leiterin von *Moms in Touch* International, übernommen.

Das MIK-Büchlein kann bestellt werden bei:
Mütter in Kontakt, Postfach 1241, 73602 Schorndorf, Deutschland
Mütter in Kontakt, Uf der Holde 1, 4436 Oberdorf, Schweiz
Englisch und andere Sprachen bei:
Moms In Touch International, P.O. Box 1120, Poway, California 92074, USA

Ingrid Giger

Jahrgang 1943, verheiratet, zwei Kinder, Lehrerin für textiles Werken, war etliche Jahre mit einer Mission in arabischen Ländern tätig und ist jetzt für *Mütter in Kontakt* in Deutschland Kontaktperson.

Jesus fordert uns auf zu beten. Wir sind so geschaffen, dass wir nur in der Beziehung mit dem Schöpfer ganz sind.

Das Gebet ist ein Gespräch zwischen Zweien, die sich lieben: Ich mit meinem himmlischen Vater.

Mütter in Kontakt ist eine Bewegung von Müttern, die sich wöchentlich für eine Stunde treffen, um konkret und regelmäßig für ihre Schulkinder und deren Schulen zu beten.

Erfahrungen in den MIK-Gruppen ermutigen: Auf konkrete Gebete erfahren wir konkrete Antworten.

Beim Beten achten wir auf Einklang: jedes Anliegen wird durch kurze, einfache Sätze ausgiebig durchgebetet, bevor wir mit dem nächsten Anliegen fortfahren. Wir nehmen dabei die Verheißungen Jesu in Anspruch.

Der Ablauf einer MIK-Stunde sieht folgendermaßen aus: Anbetung, Schuldbekenntnis, Dank und Fürbitte.

Das Ziel von *Moms In Touch International*: jede Schule, zuerst in der eigenen Nation und dann auf der ganzen Welt, sollte eine Gruppe betender Mütter hinter sich haben.

Wer sind meine »Nächsten«?

Du wünscht dir, geliebt und mit deiner ganzen Person angenommen zu werden. Du sehnst dich nach enger Gemeinschaft, aber du hältst die Menschen eine Armlänge von dir, weil das Leben so einfacher scheint.

Wenn du verletzt und einsam bist, wünschst du dir, dass jemand dir helfen und beistehen würde – aber du traust dich nicht, um Hilfe zu bitten.

Wenn doch jemand anderes auf dich zukommt, ziehst zu dich zurück, weil du dich unsicher fühlst.

Kennen Sie die eine oder andere hier beschriebene Situation?

Wir alle brauchen von Zeit zu Zeit jemanden, der einfach nur für uns da ist. Aber kann es nicht auch sein, dass jemand anderes uns ebenso nötig braucht?

Der barmherzige Samariter

Das Gleichnis des barmherzigen Samariters ist heute aktueller denn je. Vielleicht begegnen wir niemandem, der überfallen und niedergeschlagen wurde. Aber was ist mit Susanne, die letzten Monat entdeckte, dass ihr Mann ein Alkoholproblem hat? Sie benötigt dringend jemanden, mit dem sie darüber sprechen kann. Was ist mit der Familie aus Kasachstan, die letzte

Woche aus dem Aussiedlerheim in die Wohnung gegenüber einzog? Sie wünschen sich so sehr jemanden, der ihnen ein wenig unter die Arme greift, ihnen bei ganz alltäglichen Dingen behilflich ist – ihnen vorurteilsfrei und mit Liebe und Achtung begegnet.

Oder wie geht es Ulrike, die so massive Probleme mit ihrer Tochter im Teenageralter hat?

Sie alle können unsere Hilfe und Anteilnahme so dringend brauchen.

Sich hier einzubringen bedeutet natürlich, ein Stück von sich selbst herzugeben, seine eigene, bequeme ›heile‹ Welt zu verlassen und auf andere zuzugehen.

Erinnern wir uns an die Geschichte in Lukas 10, 25-37: Auch der Samariter musste auf seinem Weg innehalten, seine Pläne – vorläufig – zurückstellen, ein paar Unannehmlichkeiten und finanzielles Engagement in Kauf nehmen.

Wir zweifeln sicher manches Mal an unseren Fähigkeiten dazu. Aber Jesus gab uns den Auftrag, uns um die ›Armen‹ zu kümmern – und wird uns deshalb gerade dann auch nicht im Stich lassen, wenn wir uns auf den Weg zu ihnen machen.

Wer ist ›arm‹?

Das Erscheinungsbild der ›Armut‹ ist vielfältig: Arme, Kranke, Witwen, Waisen, Suchtkranke, Menschen am Rand der Gesellschaft.

In uns kommt sicher oft die Frage hoch, ob die Begleitung und Versorgung dieser Menschen nicht die Aufgabe des Staates wäre. Doch diese Aufgabe allein dem Staat und Sozialarbeitern zu überlassen, ist nicht genug. Sie sind damit überfordert. Staatliche Hilfen sind wichtig und gut, aber die Menschen am Rand der Gesellschaft müssen persönlich erfahren, dass sie *geliebt* werden.

Armut ist mehr als nur das Problem, zu wenig Geld zu besitzen. Auch Kinder wohlhabender Eltern können innerlich arm sein, können unsere Liebe so dringend brauchen. Und was ist mit allein erziehenden Müttern, verlassenen Frauen, Lehrern, die angesichts der Situation an den Schulen jegliche Motivation verloren haben, Aidskranken, Aussiedlern, Asylanten ...?

Jeder Mensch, der allein ist und sich nach einer Beziehung sehnt, ist ›arm‹ (dran).

Wer ist geeignet?

Wir können natürlich einwenden, dass wir selbst unsere Probleme haben, im Umgang mit diesen Problemen nicht geschult sind, nicht das entsprechende zeitliche und/oder finanzielle Polster besitzen – und schon gar nicht die dazu nötige Begabung.

Aber anders ging es dem Samariter auch nicht!

Gott befähigt gerade Menschen, die nicht perfekt sind, die vielleicht Schweres durchgemacht haben, Menschen, deren Möglichkeiten so völlig unzureichend zu sein scheinen!

Gerade solche sind für diese Aufgabe besonders geeignet. Indem sich diese Menschen um andere kümmerten, erfuhren sie selbst Wertschätzung und persönlichen Gewinn.

In Anbetracht der vielfältigen und gewaltigen Probleme um uns herum könnte man leicht den Mut verlieren: Was kann ich allein schon ausrichten? Nützt es überhaupt etwas, wenn ich mich für solch eine Sache einsetze?

Aber unsere Aufgabe ist es nicht, allen gleichzeitig zu helfen, sondern in kleinen Schritten – eins nach dem anderen zu tun.

Als Mutter Teresa einmal gefragt wurde, ob sie angesichts des millionenfachen Elends nie die Hoffnung aufgeben wollte, antwortete sie: Falls sie jemals nur auf das *gesamte* Elend gesehen hätte, hätte sie nie begonnen, irgendjemandem zu helfen. Aber sie entschied sich dafür, die einzelne Person zu sehen – und zu *lieben*!

Nun ist nicht jede von uns eine Mutter Teresa, und nicht jede sollte ihren Platz in Indien suchen.

Aber wenn wir mit offenen Augen (und Herzen) durch unsere Stadt und Nachbarschaft gehen, werden wir Menschen sehen, denen wir helfen können.

Oft werden uns unsere persönlichen Möglichkeiten zu gering erscheinen, aber Gott hat uns zugesagt, ebenfalls mitzuhelfen.

Unsere Aufgabe ist es eben nicht wegzusehen, sondern kleine Schritte zu machen.

Sicher ist es nicht leicht, den *ersten* Schritt zu machen. Was sollen die anderen von mir denken? Was für ein Recht habe ich überhaupt, mich in das Leben anderer Menschen einzumischen?

Doch wenn der schwere erste Schritt einmal getan ist, dann ... folgen viele andere.

Vielfältige Möglichkeiten

Natürlich müssen wir auch unsere persönliche und familiäre Situation bedenken. Nicht jeder hat die Kraft und die Mittel, ein schwangeres, minderjähriges Mädchen in seine Familie aufnehmen.

Aber es gibt noch viele andere Gelegenheiten:

- Aussiedler- oder Asylantenfamilien warten darauf, dass ihnen jemand unter die Arme greift. Schon für uns ganz alltägliche Dinge oder Gänge auf Behörden und Ämter sind für diese Menschen fast unüberwindbare Hürden.

- Vielleicht wartet Ihre ausländische Nachbarin nur auf ein freundliches Lächeln und einen Gruß, um Ihnen ihre sprichwörtliche Gastfreundschaft anbieten zu können und auf diese Weise einen netten Kontakt zu knüpfen.
- Die Kinder von Aussiedlern oder Ausländern benötigen oft Hilfe und Unterstützung bei den Hausaufgaben.
- Der alte Nachbar zwei Häuser weiter erhält so gut wie keinen Besuch, weil seine Kinder so weit weg wohnen. Schon kleine Kurzvisiten würden ihn aus seiner Einsamkeit und Isolation herausholen.
- Eine Freundin oder Bekannte macht gerade eine sehr schwierige Zeit durch. Ein kleines Geschenk, eine hübsche Grußkarte oder einfach ein Telefonanruf würden sie sicher freuen und ihr gut tun.
- Ein Teenager aus einer befreundeten Familie kann mit seinen Eltern über nichts sprechen, ohne dass es gleich zu lautstarkem Streit kommt. Gerade deshalb sucht er nach einem Erwachsenen, mit dem er reden, lachen – und vielleicht auch weinen kann.

Der Weg

Möglicherweise erscheinen Ihnen nun manche Tipps realisierbar, aber Sie wissen nicht, wo und wie Sie es anfangen sollen.

Beten Sie darum, dass Gott Ihnen zeigt, was für Sie persönlich ›dran‹ ist. Auch eine Bibelstelle oder Freunde können dann einen Anstoß zu einer neuen Sache geben. Und nicht zuletzt kann es auch sein, dass sich bestimmte Dinge in unserem Leben so verändern, dass nun Raum für neue Möglichkeiten vorhanden sein wird.

Gewiss wird uns aber trotz allem im Hinterkopf bleiben, dass es nie genug Suppe und Brot auf der Welt geben wird, um allen Hungrigen zu essen zu geben. Es wird nie ausreichend Medizin für alle Kranken zur Verfügung stehen. Und es wird immer Witwen, Waisen, jugendliche Straftäter und Menschen mit vielfältigen Problemen geben.

Doch eben das meinte Jesus damit, als er sagte: *»Ich bin nackt gewesen, und ihr habt mich gekleidet. Ich bin krank gewesen, und ihr habt mich besucht. Ich bin im Gefängnis gewesen, und ihr seid zu mir gekommen. ... Was ihr getan habt einem von diesen meinen geringsten Brüdern, das habt ihr mir getan«* (Matthäus 25, 36.40).

Wir werden uns mit ›guten Taten‹ keinen Platz bei Gott erkaufen können. Denn wir sind von ihm zuerst und *bedingungslos* geliebt.

Aber weil uns Gottes Liebe verändert, können wir hier auf Erden zu ›Handlangern‹ Gottes werden. Im Bewusstsein seiner Liebe können wir diese an andere Menschen weitergeben.

Und dies wird vielleicht nicht nur das Leben des anderen bereichern und verändern, sondern auch meines ...

Die Aufgabe, sich um ›Arme‹ zu kümmern, ist nicht nur die Sache des Staates, sondern auch unsere ganz persönliche.

Armut bedeutet nicht nur der Mangel an Geld.
Es gibt vielfältige Variationen von Armut.

Ich kann nicht allen Süchtigen, Aidskranken, Flüchtlingen, Witwen, Waisen, ledigen Müttern, Aussiedlern und Obdachlosen helfen.
Meine Aufgabe ist es, *einen* oder *eine* zu lieben und mich um sie zu kümmern.

Wenn ich mich für Gott im Gebet öffne, hat er die Möglichkeit, mir zu zeigen, welche Aufgabe für mich geeignet ist.

Jesus hat uns zu dieser Aufgabe aufgefordert – und unterstützt uns deshalb auch dabei.
Deshalb wird unser Engagement nicht nur das Leben des anderen verändern, sondern auch unser eigenes Leben bereichern.

Barbara von der Heydt Elliott

ist verheiratet und hat vier Kinder. Sie ist Gründerin und Präsidentin des »Center of Renewal«, einer glaubensgeprägten

Organisation in Houston, Texas, die sich um Menschen am Rand der Gesellschaft (Arme) kümmert. Während ihrer Zeit in Europa als Fernsehkorrespondentin war sie 1989 Mitbegründerin einer privaten Initiative, die Menschen unterstützte, die vor dem kommunistischen Regime geflohen waren. Sie ist Buchautorin und veröffentlicht regelmäßig Artikel in diversen Zeitschriften wie z. B. Lydia. Während sie in Deutschland lebte, war sie Mitarbeiterin und Referentin bei Frühstückstreffen für Frauen und betreute Obdachlose in Köln und Moskau.

Tagesmutter sein – Für und Wider

Im Paragraph 23 des Kinder- und Jugendhilfegesetzes von 1990/91 hat der Gesetzgeber das Aufgabenfeld der Tagesmutter wie folgt formuliert:

»Zur Förderung der Entwicklung des Kindes, insbesondere in den ersten Lebensjahren, kann auch eine Person vermittelt werden, die das Kind für einen Teil des Tages oder ganztags entweder im eigenen Haushalt oder im Haushalt der Personensorgeberechtigten betreut (Tagespflegeperson).

Die Tagespflegeperson und der Personensorgeberechtigte sollen zum Wohle des Kindes zusammenarbeiten. Sie haben Anspruch auf Beratung in allen Fragen der Tagespflege. Wird eine geeignete Tagespflegeperson vermittelt und ist die Förderung des Kindes in der Tagespflege für sein Wohl geeignet und erforderlich, so sollen dieser Person die entstehenden Aufwendungen einschließlich der Kosten der Erziehung ersetzt werden.«

Dies stellt eine umfassende Anforderung an die Tagesmutter, um die im Text genannten Aufgaben zu erfüllen. Dies erfordert nicht nur einen einfühlsamen Umgang mit Kindern, sondern auch gute Nerven, Kreativität, Organisations- und Durchsetzungsvermögen.

Aufgaben einer Tagesmutter

1. Aufbau einer vertrauensvollen Beziehung zu dem betreuten Kind: Für die Mutter ist es wichtig zu wissen, dass ihr Kind gut aufgehoben ist. Die Mutter muss sich darauf verlassen können, dass ihr Kind von der Tagesmutter gut versorgt und beschützt ist, dass sie mit ihm spielt und ihm zuhört, es tröstet und es – wenn nötig – auch mal zurechtweist.

2. Betreuung des Tageskindes: Die Tagesmutter muss auf die körperlichen Bedürfnisse ihres Tageskindes achten. Dazu gehören nicht nur Essen, Schlafen und Hygiene, sondern vor allem auch Zuwendung, Ermutigung, Trösten, aber auch Grenzen setzen.

3. Entfaltung des Tageskindes: Dazu braucht es altergemäßes Spielzeug sowie Spielanregungen. Kleine Kinder malen sehr gerne. Erfahrungen mit Buntstiften, Wasserfarben, Wachsmalstiften usw. sind sehr lehrreich und fördern die Fantasie des Kindes. Auch kleine Kinder können schon basteln und lernen, mit der Schere umzugehen. Eine Tagesmutter sollte die Entwicklungsschritte des ihr anvertrauten Kindes in allen Bereichen zu fördern versuchen. Dazu gehört auch, dass das Kind Raum und Zeit hat zur eigenen Kreativität.

4. Zusammenarbeit von Eltern und Tagesmutter: Tagesmutter und Eltern sollten ein offenes Verhältnis haben und eine gute Beziehung zueinander aufbauen. Wenn das Verhältnis zwischen Eltern und Tagesmutter gut ist, ist es für das Kind einfacher, von einem Haushalt in den anderen zu wechseln. Gegenseitiger Informationsaustausch hilft beiden Seiten, das Kind besser zu verstehen. Missverständnisse oder Konflikte zwischen Eltern und Tagesmutter sollten so schnell wie möglich geklärt werden.

4. Sicherheit des Tageskindes: Die Tagesmutter muss das Kind körperlich und seelisch schützen, damit es sich sicher fühlt. Dazu gehört auch die medizinische Betreuung. Wenn ein Kind plötzlich Fieber bekommt, Ohrenschmerzen hat usw. sollte die Tagesmutter die Eltern benachrichtigen und mit deren Einverständnis einen Arzt holen oder die Eltern nach Hause bitten, um mit ihrem Kind zum Arzt zu gehen.

5. Erziehung des Tageskindes: Eine Tagesmutter, die eigene Kinder hat, nimmt das Tageskind mit hinein in die Erziehung, indem sie Grenzen setzt, lobt, tadelt und ihnen beibringt, was sie für gut und richtig hält. Eine gute Beziehung zu dem Kind ist dafür eine wichtige Voraussetzung. Bei kleinen Kindern kostet dies oft viel Geduld und Liebe. Dass bei der Tagesmutter vielleicht andere Regeln gelten wie zu Hause, schadet nicht. Wenn die Tagesmutter mehrere Kinder betreut, dienen aufgestellte Regeln der Sicherheit aller Kinder.

Vorteile der Tagesmutterbetreuung gegenüber dem Kinderhort

Wenn das Kind im Umfeld einer Familie betreut wird, bietet dies Möglichkeiten, die andere Betreuungsformen wie Hort oder Krippe nicht haben.

Vorteile für das Kind

- Da die Betreuung im Haushalt der Tagesmutter stattfindet, wird das Kind nicht aus seiner gewohnten Welt herausgerissen. Tageskinder erleben einen normalen Alltag. Sie gehen Einkaufen mit der Tagesmutter, helfen in der Küche und sind bei allen häuslichen Arbeiten mit dabei.

- Es lernt andere Regeln kennen und andere Umgangsformen. Dadurch wird sein Horizont erweitert.
- Es kann eine Bereicherung für das Tageskind sein, Freunde, Verwandte und Nachbarn der Pflegefamilie kennen zu lernen.
- Es lernt andere Gewohnheiten kennen, kann aber sein Schmusetier oder Kopfkissen usw. von zu Hause mitnehmen.
- Die Kinder der Tagesmutter und die Tageskinder werden wie Geschwister behandelt, und nach einiger Zeit empfinden sie sich auch so.
- Ein anderer Vorteil »Geschwister« zu haben ist, dass sich die Kinder untereinander erziehen und voneinander lernen.

Vorteile für die Eltern

- Möglichkeit der Absprache über Bring- und Abholzeiten. Die Betreuung über eine Tagesmutter bietet die Möglichkeit, Tageskinder auch zu Zeiten zu betreuen, in denen Hort, Krippe oder Kindergarten nicht geöffnet haben.
- Es ist leichter, im Kreis der Familie auf eine besondere Ernährung oder Zuwendung Rücksicht zu nehmen. Besonders wichtig ist das im Fall einer chronischen Krankheit, wie z. B. Neurodermitis o. Ä.
- Bei Erkrankung des Kindes muss die Mutter zu Hause bleiben, weil es nicht in den Kindergarten oder Hort darf. Je nach Art und Schwere der Erkrankung kann eine Tagesmutter in solchen Fällen trotzdem die Betreuung übernehmen, für Medikamenteneinnahme sorgen und dem Kind besondere Zuwendung geben.

Vorteile für die Tagesmutter

- Die Tagesmutter erfüllt eine sehr wichtige Aufgabe und sammelt durch den Kontakt zu anderen Kindern wertvolle Kenntnisse und Erfahrungen.

- Sie hat die Möglichkeit, zu arbeiten und trotzdem zu Hause bei ihren eigenen Kindern zu bleiben.
- Sie kann sich durch diese Aufgabe etwas Geld verdienen.

Vorüberlegungen für die Tätigkeit einer Tagesmutter

Gründe

Seien Sie sich dessen bewußt, dass ein Tageskind viel Schönes mit sich bringt, aber auch mehr Arbeit, mehr Lärm und mehr Verantwortung.

Wichtig ist, dass Sie gerne mit Kindern zusammen sind.

Manchen ist es wichtig, dass sie bei ihren Kindern zu Hause bleiben können und gleichzeitig ein wenig »Taschengeld« verdienen.

Als Tagesmutter können Sie viele Erfahrungen sammeln und wichtige Erkenntnisse in der Kindesentwicklung bekommen.

Wenn Sie das Gefühl haben, sie müssten ihren eigenen Kindern gegenüber etwas wieder gutmachen, indem sie sozusagen einen zweiten Versuch mit einem Tageskind starten, ist das keine gute Grundlage für die Übernahme einer solchen Aufgabe.

Auch Sehnsucht nach jemanden, der einen braucht und der eigene emotionale Defizite stillen kann, sind ebenfalls keine guten Voraussetzungen für die Tätigkeit als Tagesmutter.

Wer kann Tagesmutter werden?

Jede Frau, die Kinder mag, kann als Tagesmutter arbeiten.

Es gibt keine Ausbildung zur Tagesmutter. Es gibt aber Kurse. Sie sollten sich an die Richtlinien halten, die von den Jugendämtern und dem Tagesmütter-Bundesverband aufgestellt wurden.

Inzwischen gibt es an vielen Orten einen Tagesmütter-Verein, der Ihnen Auskunft geben kann über das Thema Tagesmutter.

Was bedeutet Tagesmutter ganz praktisch?

Mütter mit mehreren Kindern wissen, dass ein zusätzliches Kind mehr Belastung bedeutet. Mehr Kinder heißt: mehr Hausarbeit, mehr Zeit für die Kinder und weniger Zeit für andere Dinge.

Das Tageskind braucht und will seinen Platz in der Familiengemeinschaft.

Bevor Sie mit der Suche nach einem Tageskind beginnen, sollten Sie sich, Ihrem Partner und Ihren eigenen Kindern die Fragen stellen, ob Sie bereit sind, dem Tageskind diesen Platz einzuräumen.

Wie viel Platz braucht ein Tageskind?

Sie brauchen kein großes Haus zu haben, um ein Tageskind aufzunehmen. Was aber notwendig ist:

- Genügend Platz zum Spielen (ein Spielzimmer mit altersgemäßem Spielzeug).
- Ein Schlafplatz, falls das Tageskind bei Ihnen schläft.
- Eine Wohnung, die kindgerecht eingerichtet ist.

Basis für die Arbeit als Tagesmutter

Beziehung und Zusammenarbeit

Eine gute Beziehung zwischen Eltern und Tagesmutter ist sehr wichtig. Für das Tageskind ist es ideal, wenn die Beziehung zu einer Freundschaft zwischen den beiden Familien wird.

Der regelmäßige Austausch zwischen Eltern und Tagesmutter ist der Schlüssel zu einer guten Beziehung. Die wenigen Minuten Zeit, die es braucht, um kurz miteinander zu sprechen, wenn das Tageskind abgeholt wird, sind entscheidend für eine gute Zusammenarbeit. Mindestens einmal im Monat sollten Eltern und Tagesmutter sich eine Stunde Zeit nehmen, um die vergangenen Wochen zu reflektieren. Wenn irgendwelche Probleme auftauchen, sollte sofort Zeit für ein Gespräch sein. Probleme gleich zu klären kostet im Endeffekt weniger Zeit als die Aufarbeitung verschleppter Probleme.

Einfühlungsvermögen

Es ist wichtig, dass die Tagesmutter nachempfinden kann, dass es schwer für die Mutter ist, von dem Kind den ganzen Tag getrennt zu sein und dazu noch die Doppelbelastung von Arbeit und Familie zu bewältigen. Sie sollte nicht den ersten Platz im Leben des Kindes einnehmen wollen.

Die Mutter sollte sich hineindenken in die verantwortungsvolle und arbeitsintensive Aufgabe der Tagesmutter.

Sicherheit

Die Eltern müssen sich darauf verlassen können, dass sich die Tagesmutter an abgesprochene Vereinbarungen hält. Sie müssen sicher sein können, dass es ihrem Kind gut geht. Die Tagesmutter sollte informiert sein, wenn es Probleme zu Hause oder in der Partnerbeziehung gibt, da sich diese im Verhalten des Kindes widerspiegeln. Kinder reagieren auf solche Krisen mit psychosomatischen Reaktionen, Krankheiten, Aggressionen. Ohne Information kann die Tagesmutter unübliche Reaktionen des Kindes nicht verstehen.

Checkliste für Tagesmütter

Wie viele Kinder möchte ich betreuen?
Welches Alter soll das Tageskind haben?
Wie lange möchte ich das Tageskind betreuen (einige Monate oder Jahre)?
Wann möchte ich das Tageskind betreuen? – Vormittags, nachmittags, stundenweise, einige Tage oder die ganze Woche?
Darf das Tageskind bei mir Fernsehen? – Wie oft?
Wie sieht es bei mir mit Süßigkeiten aus? – Bekommen die Kinder viel, wenig oder überhaupt keine?
Wie ist mein Ernährungsplan? – Abwechslungsreich oder oft das Gleiche? Gibt es viel Gemüse, Salat und Obst? Wäre ich bereit, Diät zu kochen?

Dürfte das Tageskind auch mal bei mir übernachten,
wenn es will – oder eher nicht?
Wer sorgt für meine Vertretung bei Krankheit
oder Urlaub?
Wie viel Betreuungsgeld möchte ich haben?

Die obige Liste kann noch erweitert werden mit Fragen,
die Sie zum Thema Tagesmutter bewegen.

Margrit Frei

Jahrgang 1947, hat sieben eigene Kinder und in den vergangenen Jahren vier Kinder in der Langzeit-Tagespflege betreut. Sie ist Mitarbeiterin bei Frühstückstreffen für Frauen und in der Kinderarbeit tätig.

10. Gelebter Glaube

Stille Zeit

Unter dem Begriff ›Stille Zeit‹ verstehen wir im christlichen Sprachgebrauch einen im Tagesablauf ausgesparten Zeitraum zur Gemeinschaft mit Gott.

Stille Zeit als eine Lebens- und Glaubenshilfe

Glauben an Gott heißt in Beziehung leben mit Gott. So wie jede zwischenmenschliche Beziehung auf Kommunikation angewiesen ist, damit sie lebendig bleibt, braucht auch die Beziehung zu Gott Pflege. Wenn wir uns in einer Freundschaft besser kennen lernen möchten, werden wir Zeit miteinander verbringen, einander erzählen und zuhören. Daraus erwachsen Verständnis und Vertrauen, eine Herzensnähe, die Offenheit und Liebe ermöglicht. Jesus sagt in Johannes 10, 27: »Meine Schafe hören meine Stimme, und ich kenne sie, und sie folgen mir.« Nachfolge kommt aus dem vertrauten Umgang, aus dem Hören, Reden und Umsetzen dessen, was wir verstanden haben.

Wir hören Gottes Stimme in seinem schriftlich niedergelegten Wort, der Bibel. Hier offenbart sich der lebendige Gott. Er zeigt uns wer und wie er ist, und er gibt uns Einblick in seine Gedanken und Pläne, in seine Geschichte mit uns Menschen von Beginn der Schöpfung bis hin zur Vollendung.

Gott spricht auch sehr persönlich zu uns durch seinen Geist. Er lehrt und erinnert uns (Johannes 14, 26), und wir dürfen in einem inneren Dialog mit ihm leben, gerade in unserer ›Stillen Zeit‹.

Missverständnisse im Blick auf die Stille Zeit

Es gibt Christen, die verstehen unter ›Stiller Zeit‹ eine *Pflichtübung.* »Man« *muss* ›Stille Zeit‹ machen, um Gott zufrieden zu stellen. Wir haben Angst, von Gott bestraft zu werden, oder leben mit einem schlechten Gewissen und Versagergefühlen, die zu folgenden Aussagen führen können: »Nur wer regelmäßig und treu ›Stille Zeit‹ hält, ist eine *richtige* Jüngerin Jesu und ist *von Gott angenommen.*« Mit solchen Gedanken und Motiven kommen wir in eine Werkgerechtigkeit hinein und leben unseren Glauben unter dem Gesetz. Wir sind zur Freiheit berufen! Unsere Gerechtigkeit kommt nicht aus dem »rechten Tun«, sie ist uns in Jesus geschenkt. Gott hat uns aus freier Gnade angenommen, weil Jesus uns erlöst hat. Das Einhalten von religiösen Regeln macht uns nicht zu besseren und frömmeren Christen, die sich damit einen Ehrenplatz im Himmel (oder der Gemeinde) verdienen können. Aber die Erfahrung zeigt, dass verbindliche Nachfolge den Glauben erstarken lässt. Die regelmäßige Gemeinschaft mit Gott wirkt sich in unserem Charakter und Verhalten aus.

Stille Zeit ist keine Pflichtübung, sondern eine Einladung. Der lebendige Gott, der König aller Könige, lädt mich ein, mich zu ihm zu setzen. Er will mir seine Liebe zeigen, mich mit seiner Güte beschenken, mir wohl tun. Er will mir Anteil geben an seinen Gedanken und mich in der Begegnung mit ihm stärken.

Ich darf ihm mein Herz zeigen, kann Sorgen bei ihm abladen, Schuld bekennen, Rat holen, Fragen stellen. Es ist eine kostbare Zeit – wir berauben uns selbst, wenn wir sie uns nicht gönnen!

Ein weiteres Missverständnis besteht darin, dass ›Stille Zeit‹ oft mit *Aktivität* verwechselt mit. Die Zeit wird ausgefüllt mit möglichst viel Lesen in der Bibel, einem richtigen Bibelstudium oder Auswendiglernen von Bibelversen und einer langen Fürbitteliste. Je effektiver diese Zeit ausgenützt wird, desto nutzbringender erscheint sie.

Aber ›Stille Zeit‹ als Begegnungszeit ist Erquickung, nicht Leistung – und schon gar nicht ein Krampf. Es darf auch das stille Ausruhen, die Einkehr im Vaterherzen Gottes geben, das Anschauen und Anbeten Gottes. Vor dem Tun kommt das Sein.

Die Bibel gebraucht ein wunderschönes Bild zur Illustration dieses Zur-Ruhe-Kommens in Psalm 131, 2: »Meine Seele ist still und ruhig geworden wie ein kleines Kind bei seiner Mutter; wie ein kleines Kind, so ist meine Seele in mir.« Ein Säugling erhält beim Stillen nicht nur Nahrung. Er wird auch mit Zuwendung, Angenommensein, Nähe, Wärme und Liebe gestillt. Wie entspannt kann doch so ein gesättigter kleiner Erdenbürger neben der Mutter liegen. Wir spüren ihm das Wohlsein an.

Selbstverständlich hat auch das Bibelstudium seinen Wert und Platz in der Stille! Unser Bibelwissen profitiert und wächst durch gute Kenntnisse biblischer Zusammenhänge. Das ist wichtig und gut.

Solche Art von ›Zeit vor Gott‹ spricht mehr den Verstand an, die ›Stille Zeit‹ hingegen mehr das Herz, unseren verborgenen, persönlichen Umgang mit Gott.

Welche Tageszeit eignet sich am besten dafür?

Im Allgemeinen wird ›Stille Zeit‹ mit dem Tagesanfang verbunden. Damit bringen wir zum Ausdruck, dass wir Gott den Vorrang geben möchten, ihm den ersten Platz einräumen möchten, bevor andere Menschen und Geschäfte uns beschlagnahmen. Zudem sind wir am Morgen meistens frisch und aufnahmefähig.

Aber das ist für viele Frauen, vor allem mit kleinen Kindern, eine unmögliche Zeit! Wir müssen selbst herausfinden, wann die beste, störungsfreiste Zeit des Tages ist, wann wir uns einen kurzen Rückzug erlauben können.

Im Lauf des Vormittags, wenn die Kinder zur Schule weg sind, ergibt sich für einige Frauen eine Gelegenheit zur Gemeinschaft mit Gott. Berufstätige hingegen sparen sich das oft auf die letzte Stunde vor dem Zubettgehen, sozusagen als ›Betthupferl‹. Eine viel beschäftigte Bekannte erzählte mir, dass sie so dankbar ist, wenn sie nachts aufwacht und nicht gleich wieder einschlafen kann. Sie steht dann für eine halbe Stunde auf, nimmt ihre Bibel und sucht das Gespräch mit ihrem Herrn.

Eins ist sicher: Es wird immer eine erkämpfte und umkämpfte Zeit sein, die sich nie von selbst anbietet. Wir müssen sie wollen und uns dafür einsetzen. Es kann sein, dass es nötig ist, das Telefon oder die Hausglocke für diese Zeit außer Gefecht zu setzen oder den anwesenden Familienmitgliedern den Entschluss klarzumachen, dass wir in dieser Zeit nicht gestört werden möchten.

Wie sieht diese Zeit vor Gott ganz praktisch aus?

Es gibt überhaupt keine Norm oder Schablone. Die Begegnung mit Gott erschließt sich jedem Menschen anders. Wir dürfen den Weg und Zugang suchen und wählen, der zu uns passt.

Damit es aber praktisch vorstellbar und nachvollziehbar wird, erzähle ich Ihnen von meiner persönlichen Erfahrung mit der ›Stillen Zeit‹.

Weil mich die verschiedenen Sachen auf meinem Schreibtisch eher ablenken, wähle ich einen anderen Platz aus. Ich habe mir eine innere Ordnung geschaffen, die mir zur Ruhe und Sammlung hilft, und dazu gehört eben mein ›Stammplatz‹ in der Sofaecke. Manchmal zünde ich mir eine Kerze an, die mir mit ihrem Licht ein Hinweis auf die unsichtbare und doch so reale Gegenwart von Jesus ist.

Ich versuche, mich mit meinem Herzen und den Gedanken auf Gott auszurichten. Das gelingt mir am besten, wenn ich für einige Momente die Augen schließe, tief ein- und ausatme und ganz bewusst vor Gott da bin. Bildhafte Vorstellungen sind mir eine Hilfe dabei. So stelle ich mir zum Beispiel vor, wie Jesus mir wie ein älterer Bruder die Hand gibt und mich mitnimmt zum Vater. Oder wie der Vater aus dem Gleichnis des verlorenen Sohnes (Tochter) mir die Hände entgegenstreckt und sagt: »Du bist mir willkommen. Ich freue mich, dass du da bist. Ich habe mich nach Gemeinschaft mit dir gesehnt.« Ich lasse mich hineinnehmen in die Umarmung des Vaters und bin einfach da bei ihm.

In schlichten Worten, die ich auch wiederholen kann, antworte ich laut oder leise: »Danke, dass ich jetzt bei dir sein darf.«

Oder: »Abba, lieber Vater, in deine Hände lege ich mein Leben.«

Oder: »Jesus Christus, du bist mein Heiland, Freund und Bruder.«

Oder: »Ich glaube an dich, den dreieinigen Gott, den Vater, den Sohn, den Heiligen Geist.«

Oder: »Vater, ich bin dein Kind. Ich vertraue mich dir an.«

Das so genannte ›Herzensgebet‹, das mit dem Atem verbunden gedacht oder gesprochen wird, ist vielen glaubenden Menschen eine Hilfe, um in Verbindung zu sein mit Gott. Beim Einatmen: »Herr Jesus Christus.« Beim Ausatmen: »Erbarme dich meiner!«

Auch Lieder sind eine gute Hinführung zur Stille. Sie holen weg vom Alltagsgeschehen und führen hinein in die Gegenwart Gottes. Sie öffnen das Herz und die Ohren und machen mich sensibel für Gottes Reden.

Das bekannte Tersteegen-Lied »Gott ist gegenwärtig« ist ein Beispiel für das Eintauchen-Können in die Gegenwart Gottes mit einem Lied. Die beiden Strophen haben es mir besonders angetan:

»Du durchdringest alles; lass dein schönstes Lichte, Herr, berühren mein Gesichte. Wie die zarten Blumen willig sich entfalten und der Sonne stille halten, lass mich so, still und froh, deine Strahlen fassen und dich wirken lassen.

Herr, komm in mir wohnen; lass mein Herz auf Erden dir ein Heiligtum noch werden. Komm du nahes Wesen; dich in mir verkläre, dass ich dich stets lieb und ehre. Wo ich geh, wo ich steh, lass mich dein gedenken, mich in dich versenken.«

Durch ein Anbetungslied bringe ich meinem Herrn die Ehre und das Lob, das ich ihm in dieser Begegnung gerne aussprechen möchte. Sie formulieren etwas aus von dem, was ich empfinde, aber nicht immer in eigene Worte fassen kann.

Eine ältere Frau erzählte mir, dass es ihr so zum Bedürfnis geworden sei, in der ›Stillen Zeit‹ Gott mit Anbetungsliedern zu ehren. Aber sie war völlig unmusikalisch und konnte nicht singen. Da meldete sie sich in ihrem Alter noch zum Blockflötenunterricht an, damit sie ihrem Gott ein Lied auf der Flöte spielen konnte!

Gottes Wort lesen

Ich will in diesen Augenblicken der Stille nicht nur über meine Beziehung zu Gott nachdenken. Ich möchte ihn besser kennen lernen, etwas von ihm und über ihn erfahren! Darum lese ich die Bibel. Sie ist das Buch, in dem Gott sein Herz offenbart und Leitlinien zu einem erfüllten Leben aufzeigt. Ich verlasse mich auf diese Worte und senke meine Lebenswurzeln hier hinein. Gottes Worte sind wahr und zuverlässig. Sie bleiben ewig gültig.

Wenn sich jemand erstmals an die Bibel heranwagt, empfehle ich, bei den Evangelien zu beginnen. Evangelium heißt: Gute Nachricht! Diese gute Nachricht erzählt das Leben und Wirken Jesu auf dieser Erde. Es ist ungeheuer faszinierend und ergreifend, die Lebensgeschichte Jesu im Zusammenhang zu lesen, seinen Auftrag und seine Liebe zu uns Menschen zu erahnen oder zu verstehen. Durch den Glauben an Jesus Christus gibt es für uns einen Weg, eine versöhnte Beziehung zum Vater im Himmel und ein Leben mit dem Heiligen Geist.

Ich lese meistens aus der revidierten Luther-Übersetzung, weil sie mir seit vielen Jahren vertraut ist. Zur Abwechslung und zum besseren Verständnis greife ich aber auch gerne zu einer Übersetzung, die der heutigen Umgangssprache mehr entspricht, zum Beispiel: ›Hoffnung für alle‹ oder ›Gute Nachricht‹. Kinder und jüngere Bibelleser werden evtl. diese Bibelübersetzungen bevorzugen.

Es gibt natürlich eine große Bandbreite von guten Bibelübersetzungen. Angefangen bei Luther, über Zwingli, Elberfelder, Schlachter, Bruns und Zink gibt es Bibeln in allen Preislagen. Verschiedene Bibeln haben Anmerkungen und Erklärungen zu den Bibeltexten, in anderen finden wir Bilder zum Text passend oder Stichwortregister, Wortkonkordanz, Lexikon etc. Jede christliche Buchhandlung führt eine große Auswahl und berät Sie gerne.

Wenn ich genügend Zeit habe, lese ich auch mal in der englischen Bibel. Da spricht mich ein altbekannter Vers oft ganz neu an, weil ich beim Lesen mehr überlegen muss.

Wenn ich Begriffe oder Worte nicht verstehe, schaue ich im Bibellexikon nach, oder wenn mich ein bestimmtes Wort besonders anspricht oder interessiert, gebrauche ich die Wortkonkordanz. Sie hilft mir, dem Wort oder Thema nachzugehen, andere Bibelstellen zu finden, in denen dieses Wort ebenfalls vorkommt. Ich kann Zusammenhänge erkennen, oder es ergeben sich Korrekturen in meinem Verständnis.

Ich meine aber nicht, dass ich jedes Mal alles bis ins Detail verstehen müsste. Ich halte es da eher mit dem berühmten Prediger Spurgeon, der sagte: »Gottes Wege sind überall anzubeten, aber nicht überall zu ergründen. Ich bin des Vaters Kind, nicht sein Geheimrat.«

Mit offenem Herzen versuche ich, die gewählten Bibelverse zu lesen. Ich bitte Jesus, dass er mir durch seinen Geist sein Wort aufschließt. Um besser in den Text hineinzukommen, kann ich mir auch verschiedene Fragen stellen:

- Um welche Situation/Geschichte/Gleichnis handelt es sich hier?
- Welche Personen kommen darin vor? In welcher Beziehung stehen sie zueinander?
- Wo spielt sich die Geschichte ab? (Hintergrund oder Ort der Geschichte)
- Was wollte Jesus (oder der Schreiber des Buches) damit sagen?

- Wie könnte ich die Hauptaussage dieses Abschnittes zusammenfassen?
- Was spricht mich ganz persönlich an? Wie könnte ich es in meine Situation hinein umsetzen?

Bibellesehilfen

Damit wir nicht nur bei einigen ›Lieblingsstellen‹ in der Bibel hängen bleiben oder sie uns zusammenhanglos herauspicken, empfiehlt sich ein Bibelleseplan. Sie führen im Lauf der Jahre wohl dosiert durch das Neue und Alte Testament und geben meistens auch gut verständliche Erklärungen zum Text.

Bekannt und beliebt sind – neben vielen anderen – die vierteljährlich erscheinenden Bibellesehilfen für Kinder, Jugendliche und Erwachsene des Bibellesebundes (Postfach 1129, Industriestr. 2, D-51703 Marienheide; Flugplatzstr. 5, Postfach, CH – 8404 Winterthur), die Jahresbibellese »Termine mit Gott« und »Bibel für heute« (Brunnen-Verlag), die Jahresbibel (Hänssler-Verlag) und die Gnadauer-Bibellese.

Ich lese morgens seit vielen Jahren die beiden Verse aus dem so genannten ›Losungsbuch‹ der Herrnhuter Brüdergemeine, das jedes Jahr neu zusammengestellt wird. Auch darin ist ein Bibelleseplan enthalten, allerdings ohne Erklärungen.

Daneben gibt es auch eine Reihe guter Andachtsbücher, die sich als geistliche Begleiter durchs Jahr eignen. Bildmeditationsbände, die in die Stille und Tiefe führen, glaubensfördernde Literatur, die zur Hilfe werden kann. Wir dürfen ruhig auch mal etwas verändern, Neues ausprobieren, den Weg suchen, der den eigenen geistlichen Bedürfnissen entspricht.

Wichtig ist mir dabei geworden, dass ich nicht nur von Auslegungen und Erklärungen leben will, also von dem, was andere über Gott und sein Wort denken und sagen. Ich möchte meinen Glauben und meine Beziehung zu Gott aus erster Hand leben, direkt und persönlich mit ihm verbunden sein. So wichtig und wertvoll alle Auslegungen sind – sie kommen aus zweiter Hand. Darum bleibt das persönliche Lesen in der Bibel mein ›heißer Draht‹ zu Gott! Ich will das Wort Gottes in meinen Geist und meine Seele aufnehmen, aufsaugen, damit es in mir bleibt als ein brennendes Licht. Daraus erwächst spontan das Bedürfnis zurückzurufen, Gott eine Antwort zu geben. Unsere Glaubensvorfahren nannten dies *oratio*, das antwortende Reden.

Gebet – das Gespräch mit Gott

Stille Zeit ist Begegnung mit Gott. Wir könnten im heutigen Sprachgebrauch auch sagen: Kommunikation mit Gott. Ich rede mit Gott über das, was mich im Augenblick beschäftigt: über eigene Probleme und Fragen, über andere Menschen mit ihren Kümmernissen. Ich bitte um Hilfe und Schutz für mich und andere. Ich bringe Gott meinen Dank und gebe meiner Freude und Liebe zu ihm Ausdruck. Ich frage meinen Herrn, was er zu dieser Entscheidung meint, sage ihm, dass er mir seine Anliegen aufzeigen soll.

Wir nennen dies Gebet. Gebet ist das, was in einer lebendigen Beziehung an Anteilnehmen und Anteilgeben lebt, was an gutem Miteinander da ist. Es bedeutet Freundschaft mit Gott.

Trotzdem ist Gebet noch mehr: Es ist Zusammenarbeit mit Gott! Der allmächtige Gott ist stark genug, um alle seine Pläne selbst auszuführen. Aber er möchte uns als seine Kinder an seinem Werk mitbeteiligen! Er sucht und will Gemeinschaft mit uns, darum vertraut er uns seine Gedanken an und hilft uns bei der Ausführung. Gebet ist echte Mitarbeit im Reich Gottes!

Ich möchte hier keine ›Gebetstheorien‹ schreiben, weil diese persönliche Zeit mit Gott einen intimen und unkomplizierten Charakter haben darf. Aber vielleicht hilft ein Hinweis auf die verschiedenen Gebetsarten doch zum besseren Verständnis.

Bei der *Bitte und Fürbitte* treten wir vor Gott mit unserem Anliegen und erwarten von ihm Hilfe. Es ist Ausdruck unseres vertrauensvollen Verhältnisses: Weil Gott durch Jesus Christus mein Vater geworden ist, darf ich vertrauensvoll bitten.

Zu diesem Einstehen für andere Menschen und Situationen gehört auch das *Segnen* (1. Petrus 3, 9). Ich bringe durch das Segnen Menschen in das Kraftfeld und die liebevolle Fürsorge Gottes hinein. Ich wünsche ihnen Hilfe und Gutes von Gott.

Beim *Danken* bekennen wir, dass wir als Empfangende leben. Wir danken für empfangene Gaben und Hilfe.

Im *Lob* rühmen und preisen wir den Herrn für seine großen Taten. Wir geben der Liebe zu Gott im Loben (Wertschätzung sagen, Komplimente machen) einen Ausdruck. Loben und lieben (gern haben) haben die gleiche indogermanische Sprachwurzel »leubh«. Was mir lieb ist, lobe ich. Was ich lobe, liebe ich.

In der Praxis sind Lob und Anbetung Gottes meist zusammen und gemischt. Aber die *Anbetung* unterscheidet sich von den anderen Gebetsarten dadurch, dass ich Gott nicht darum danke oder lobe, weil ich einen Nutzen von ihm habe, sondern ich bete Gott um seiner selbst willen an. Ich verehre Gott, weil er ist, wer er ist. Ich staune über Gott, ich lasse mich ergreifen von seiner Schönheit und Heiligkeit. Ich lasse mein Herz mit hineinnehmen in ein inneres ›Schauen der Herrlichkeit Gottes‹ und sage ihm, vielleicht stammelnd und auf den Knien, dass er allein anbetungswürdig ist. Die Anbetung bringt eine Mittelpunktverlagerung von mir weg zu Gott hin.

Ein anderer Vorschlag zu einer geordneten Gebetszeit geht dem »Vaterunser-Gebet« entlang:

1. *Lob und Dank*: »Unser Vater im Himmel, geheiligt werde dein Name.«

2. *Fürbitte*: »Dein Reich komme, dein Wille geschehe, im Himmel und auf Erden.«
3. *Bitten – für persönliche Anliegen*: »Unser tägliches Brot gib uns heute.«
4. *Umkehr und Gebete der Vergebung*: »Vergib uns unsere Schuld, wie auch wir vergeben unseren Schuldigern.«
5. *Sich selbst und den Tag ganz Gott anbefehlen*: »Und führe uns nicht in Versuchung, sondern erlöse uns von dem Bösen. Denn dein ist das Reich und die Kraft und die Herrlichkeit in Ewigkeit. Amen«

Gebetszeiten sind nicht nur im ›stillen Kämmerlein‹ möglich. Bei einem Spaziergang, wenn wir allein im Auto unterwegs sind, im Wartezimmer des Arztes oder während einer schlaflosen Stunde im Bett lassen sich wunderbare Herzensgespräche mit Gott führen.

Hörendes Schweigen vor Gott

Es gibt ein Hineinwachsen in die Gemeinschaft mit Gott, in der das Reden an Bedeutung verliert, dafür die Hörfähigkeit zunimmt. Wir lernen, Jesus als den gegenwärtigen Herrn in allen Bereichen und Situationen des Lebens zu erkennen und von ihm her zu leben. Der Heilige Geist wird als innerer Lehrer, als ›Doctor Internus‹, wie die alte Kirche ihn nannte, zu uns reden und uns führen.

Das ist ein geistlicher Prozess, ein innerer Weg, auf dem wir Schritt für Schritt vorangehen und uns über alles freuen, was dazugeschenkt wird an Erleben, Erfahrung und Erkenntnis von, über und mit Gott!

Ein »Stille-Zeit-Buch« oder Gebets-Tagebuch führen

Wer anfängt, seine Gedanken, Erkenntnisse, Eindrücke oder Gebete aus der ›Stillen Zeit‹ aufzuschreiben, erhält eine ›Schatztruhe‹, gefüllt mit geistlichen Geschenken, die der Herr uns im Lauf der Jahre gibt.

So ein Tagebuch ist für die Schreiberin selbst sehr wertvoll. Ich blättere manchmal zurück und staune über Gottes Handeln in meinem Leben. Allerdings registriere ich auch oft sehr erstaunt, wie vergesslich ich bin! Das Aufschreiben bewahrt vor dem Vergessen, und damit auch vor der Undankbarkeit.

Es kann auch zusätzlich eine wertvolle Hilfe zur Vorbereitung für ein Thema in einer Frauenstunde oder im Hauskreis werden.

Was Glaubensmütter und Glaubensväter dazu sagten

»Die Stille, die ich mir nehme, ist wie Zeit, die ich auf ein Konto lege. Sie zahlt sich aus! Ich bekomme sie mit Zinsen zurück!« (Elfriede Reimann)

»Es bleibt das Geheimnis des Stilleseins vor Gott, dass Menschen, die Zeit hatten, Gott reden zu hören, auch die Zeit und Kraft fanden, ihren Nächsten zu dienen.« (Jakob Kroeker)

»Gott ist ein Freund der Stille. Je mehr wir im stillen Gebet empfangen, desto mehr wir im tätigen Leben geben. Wir brauchen die Stille, um Herzen anrühren zu können.« (Mutter Teresa)

»Unser Herz braucht diese Stille, diese Sammlung, in deren Mitte Gott sein Reich aufrichtet und wo der vertraute Umgang mit Gott Gestalt annimmt. Genau in dem Maß, wie das Gespräch des Herzens mit Gott Gestalt gewonnen hat, wird später das Leben Frucht tragen. Wenn dieses innerliche Leben gleich Null ist, dann helfen kein Eifer, keine guten Absichten, kein noch so großes Maß an Arbeit. Dann sind die Früchte gleich Null. Dann möchten wir anderen Heiligkeit beibringen und können es nicht, weil wir selbst keine besitzt. Man kann nur geben, was man hat.« (Charles de Foucauld)

»Stille Zeit« ist eine Lebens- und Glaubenshilfe, eine Einladung in das Gespräch mit Gott.

Viele missverstehen Stille Zeit als Pflichtübung oder verwechseln sie mit Aktivität. »Je mehr ich gelesen und gebetet habe, desto besser.« Der eigentliche Sinn der Stillen Zeit besteht aber vielmehr in einem Zur-Ruhe-Kommen vor Gott und sich neu von ihm füllen lassen.

Welche Tageszeit sich am besten eignet, muss jede für sich selbst herausfinden. Dies kann sich auch im Lauf der Zeit und durch Veränderung der Lebensumstände immer wieder ändern.

Diese Zeit vor Gott kann auf vielfältige Weise gestaltet werden, mit Gebeten, Liedern, Bibellesen, Fürbitte, Anbeten, Segnen. Es gibt dafür aber keine Schablone oder Norm.

Um einen Zugang zu Gottes Wort zu finden, gibt es vielerlei Hilfen und Zugänge, auch verschiedene Bibellesehilfen.

Das Gebet ist Gespräch mit Gott. Es ist Freundschaft mit Gott und Teilhabe an Gottes Reich.

Auch das hörende Schweigen vor Gott kann sehr erquickend und bereichernd sein.

Ein »Stille-Zeit-Buch« oder ein Gebets-Tagebuch kann eine Hilfe sein und bewahrt vor Undankbarkeit.

Glaubensmütter und -väter haben in der Stille schon viel erlebt und ermutigen uns auch heute zu Erfahrungen mit Gott in der Stille.

Vreni Theobald

wohnhaft in Turbenthal (Schweiz), zusammen mit ihrem Mann in der Eheseelsorgeberatung und -schulung tätig, Vortragstätigkeit im In- und Ausland (Frühstückstreffen, Ehepaartreffen u.a.), zahlreiche Buchveröffentlichungen.

Familienandachten

Religiöse Erziehung

Eines Tages waren wir bei einer griechisch-amerikanischen Familie eingeladen. Und während wir zwanglos um den Tisch saßen, fing der Vater spontan an zu singen, als Nächste fiel die Mutter ein, dann ein Kind nach dem anderen, und miteinander sangen sie: »Father, I adore you ... (Vater, ich bete dich an. Jesus, ich bete dich an. Heiliger Geist, ich bete dich an.)« Ich werde nie vergessen, welch einen Eindruck dieses spontane schlichte Singen auf uns ausgeübt hatte. Da war kein Zwang, das war ein freudiges Einstimmen aller Familienmitglieder.

Oder ich denke an die vertrauten jüdischen Sabbatfeiern, wo die ganze Familie mitsamt Gästen sich Woche für Woche zur Zeit des Sonnenuntergangs um den Tisch versammelt. Da ruht die Arbeit. Alles ist vorbereitet. Jetzt konzentriert sich die Familie bewusst auf Gott: Die Mutter zündet die Kerzen an und singt den Segen, dann spricht der Hausvater das Dankgebet, teilt Brot und Wein aus, wobei er jedem Kind seine Hände mit einem besonderen Segensspruch auflegt. So wird der Sabbat zum Höhepunkt der ganzen Woche.

Aber darüber hinaus gibt es noch viele Gelegenheiten zum Feiern, Stunden, in denen wir uns in besonderer Weise an das erinnern, was Gott getan hat. Wenn wir die Berichte aus dem alten Israel lesen, so sehen wir, dass die Geschichte des Volkes

Gottes von Generation zu Generation weitergegeben werden sollte, damit das Handeln Gottes nicht in Vergessenheit geriet. Da heißt es: »Wenn dich nun dein Sohn ... fragen wird: Was sind das für Vermahnungen, Gebote und Rechte, die euch der Herr, unser Gott geboten hat?, so sollst du deinem Sohn sagen: Wir waren Knechte des Pharao in Ägypten, und der Herr führte uns aus Ägypten mit mächtiger Hand; und ... tat große und furchtbare Zeichen und Wunder an Ägypten und am Pharao und an seinem ganzen Hause vor unsern Augen und führte uns von dort weg, um uns ... das Land zu geben, wie er unsern Vätern geschworen hatte ...« (5. Mose 6, 20ff.).

Hier ergreift das Kind die Initiative und fragt, und die Eltern antworten. Darüber hinaus aber heißt es von dem Gesetz: »Diese Worte ... sollst du ... deinen Kindern einschärfen und davon reden, wenn du in deinem Hause sitzt oder unterwegs bist, wenn du dich niederlegst oder aufstehst ...« (5. Mose 6, 6-7).

Es geht hier um ein Training, das möglichst früh einsetzen sollte, um die Kinder mit den Geboten Gottes vertraut zu machen. Das aber setzt voraus, dass auch die Eltern in diesem Wort zu Hause sind.

Heutzutage sind viele Mütter im Blick auf die religiöse Erziehung verunsichert. Noch vor gar nicht langer Zeit fühlten sich Eltern hilflos, wenn es darum ging, ihre Kinder sexuell aufzuklären. Inzwischen sind sexuelle Diskussionen so selbstverständlich geworden, dass sich kaum noch jemand scheut, selbst vor einem Millionenpublikum über sexuelle Erfahrungen zu sprechen. Aber wenn es darum geht, über den eigenen Glauben zu sprechen und diesen Glauben den Kindern nahe zu bringen, herrscht oft eine große Verunsicherung. Einerseits möchte die gläubige Mutter die christlichen Werte an ihre Kinder weitergeben, auf der anderen Seite weiß sie oft nicht wie. Vor allem dann, wenn jemand selbst in einer christlichen Familie aufgewachsen ist und solch eine religiöse Tradition als Einengung empfunden hat. Hier beginnt dann das Problem.

Viele Eltern müssen eines Tages erleben, dass ihr Kind nichts mehr mit dem christlichen Glauben zu tun haben möchte. Wie oft hören wir, dass junge Menschen, die in einem christlichen Elternhaus aufgewachsen sind, beinahe leidenschaftlich den Gott ihrer Eltern ablehnen. Kann es sein, dass der Grund für diese Entwicklung in den Eltern liegt? Haben sie etwas falsch gemacht?

Ein junger Mann berichtete eines Tages: »Mein Vater war ein Despot. Wir hätten es nie gewagt, ihm zu widersprechen. Wir durften nur sagen, was er hören wollte. Wir hatten Angst vor ihm. Er war unbeherrscht und konnte sehr ausfallend werden. Ich habe nie etwas anderes kennen gelernt als Streit. Aber sobald jemand aus der Gemeinde zu uns zu Besuch kam, wurde fromm geredet. Das konnte ich nicht verstehen. Er konnte von einem Augenblick zum anderen umschlagen, doch die Familienandachten änderten sich nie. Sie verliefen nach einem ganz bestimmten Ritus. Ich konnte seine Gebete längst auswendig. Ich hatte sie von Kind an gehört. Ich konnte kaum erwarten, bis er endlich ›Amen‹ sagte. Am schlimmsten waren die Sonntage. Ich habe diese Sonntage gehasst. Alle meine Geschwister haben die Sonntage gehasst. Heute geht keiner mehr von uns zur Kirche. Endlich sind wir alt genug, unseren eigenen Glauben zu wählen. Und mein Glaube ist: Bleibe fern von dem Glauben deiner Eltern. Der hat sich nicht bewährt.«

Diesem jungen Mann war es gelungen, den Glauben seiner Eltern abzuschütteln; aber glücklich war er nicht. Er war ständig auf der Suche nach irgendetwas, ohne zu wissen, was er eigentlich suchte.

Dieses Beispiel steht nicht isoliert da. Wie viele Menschen haben uns berichtet, dass der Glaube ihrer Eltern ihnen den Weg zu Gott versperrt hat. Das sollte uns aufhorchen lassen.

Glaube muss echt sein

Was aber ist es, das junge Menschen abstößt? Wenn Kinder erleben, dass sich das Reden der Eltern nicht mir ihrem Tun deckt, so empfinden sie solch ein Reden als Heuchelei. Wo der christliche Glaube nur gepredigt, aber nicht gelebt wird, wird er unglaubwürdig. Ob der Glaube einer Familie gesund ist, zeigt sich nicht an der Familienandacht, sondern wie der Glaube im Alltag gelebt wird. Daher ist es wichtiger, wie wir im Alltag miteinander umgehen, als dass wir eine tägliche Andacht erzwingen. Wenn die tägliche Andacht zu einem leeren Ritus wird, verliert sie ihre Kraft. Sobald daher die Andacht zu einer starren Einrichtung wird, hat sie ihre Daseinsberechtigung verloren. Irgendwann kommt der Augenblick, wo sich die Kinder gegen diesen Ritus zur Wehr setzen; denn nicht die Form ist entscheidend, sondern das Leben. Was hilft es, wenn die äußere Form gewahrt wird, aber die Gebete keine Unmittelbarkeit mehr haben! Da wiederholen sich die gleichen Worte Tag für Tag, Jahr für Jahr. Da halten Eltern an der Tradition fest, vielleicht aus Angst, ihrer Familie könnte andernfalls ein Unglück zustoßen. Aber eine Andacht ist kein Talisman.

Wenn Kindern darüber hinaus Gott als der drohende Aufseher vor Augen gemalt wird, der auch das kleinste Vergehen bestraft, kann sich das Kind nicht frei entfalten. Wie viele Menschen sind uns begegnet, die selbst vor harmlosen Freuden zurückschreckten aus Angst, sich zu versündigen. Ihr Glaube basiert auf Angst. Sie wurden schon früh zur Bekehrung gedrängt, damit sie der Hölle entrinnen. Wenn aber Gott als drohende Supermacht Kindern vor Augen gemalt wird, kann keine spontane liebevolle Beziehung entstehen. Schon Sätze wie »Wenn du das tust, dann ist der liebe Heiland ganz traurig« sollten vermieden werden. Gott ist keine Erziehungshilfe, die eine ratlose Mutter darin unterstützt, ihre Kinder gefügig zu machen. Das ist nicht nur unfair, sondern kann für das ganze spätere Leben belastend sein. Es ist zwar bequem, Gott als mächtigen Verbündeten einzuschalten, das Kind ist ja dieser Supermacht total unterlegen und völlig ausgeliefert; aber solch eine Beziehung basiert nicht auf Liebe, sondern auf Angst.

Ein Kind hat eine ganz natürliche Beziehung zu allem Übernatürlichen. Es hat einen angeborenen Hang zum Mystischen. Jesus wusste, wie verwundbar die Seele eines Kindes ist, denn nicht umsonst stellte er die Kinder unter seinen besonderen Schutz (Matthäus 18, 6). Ein Kind ist wie eine zarte Knospe, die nicht gewaltsam geöffnet werden darf.

Wie alles in der Natur, so ist auch der Mensch auf Wachstum angelegt, d. h. er durchläuft verschiedene Entwicklungsphasen, bis er zur Reife gelangt. Und jede Phase ist von großer Bedeutung. Dasselbe gilt auch für das Wachstum des Glaubens.

Wenn nun der Anspruch Jesu, der an einen erwachsenen Jünger gestellt wurde, einem Kind vorgehalten wird, so ist das, als wollten wir die Frucht vor der Blüte pflücken.

Ich kann von einem Kind nicht verlangen, dass »sein Ich sterben soll«, wenn dieses Ich sich noch nicht entfalten konnte. Das alles ist eine Frage der Zeit. Ich kann die Ernte nicht vorwegnehmen. Reife braucht Zeit.

Vorschläge zur Umsetzung

Wie nun praktisch die Familienandacht durchgeführt wird, ist von Familie zu Familie unterschiedlich. Es gibt da keine feste Regel. Für den einen ist die tägliche Andacht ein fester Bestandteil des Tages, ein anderer kann ganz darauf verzichten. Solange die Kinder klein sind, werden sicherlich Vater oder Mutter vor dem Schlafengehen Geschichten aus der Bibel vorlesen oder erzählen, mit ihnen singen und beten. Die Kinder warten darauf. Dieses abendliche Zusammensein ist oft der Höhepunkt eines Tages. Da sind Mutter oder Vater ganz für das Kind da und haben Zeit. Sie hören zu, was das Kind erlebt hat, und antworten auf all die Fragen. Daraus ergibt sich eine gute Gelegenheit, um all das Erlebte miteinander dem Vater im Himmel zu erzählen, ihm für den vergangenen Tag zu danken und auch die persönlichen Bitten vor ihn zu bringen. Solche Augenblicke sind für Kinder wichtige Zeiten der Geborgenheit.

Dann gibt es Familien, da wird jede Mahlzeit mit einem Kalenderblatt oder einem Kapitel aus der Bibel abgeschlossen; andere ziehen ein Andachtsbuch vor. Wieder andere lesen nur am Morgen die Tageslosung. Welche Methode auch immer eine Familie bevorzugt: die Andacht sollte kurz gehalten und dem Auffassungsvermögen der Kinder angepasst sein. Es geht nicht darum, die Kinder anzupredigen, sondern ihnen das Handeln Gottes kindgemäß nahe zu bringen. Am besten wäre es, die Kinder an der Andacht zu beteiligen. Sie dürfen fragen, erzählen, lachen, singen, darstellen – das alles kann Teil der Familienandacht sein.

Es gibt also keine feste Regel, ob, wann und wie eine Familienandacht durchgeführt werden sollte. »Wo aber der Geist des Herrn ist, da ist Freiheit«, schreibt der Apostel an die Gemeinde in Korinth (2. Korinther 3,17). Das gilt auch in diesem Fall. Was hilft es, wenn einer ängstlich an der äußeren Form festhält, ja, sich daran klammert – aber diese Form wird zu einem Gefängnis für die Kinder? Wenn Freiheit nur gepredigt wird, aber nicht gelebt, ist sie ein Hohn. Wichtiger als die tägliche Andacht ist es, dass die Kinder im Alltag erleben, wie Mutter und Vater ihr Leben auf Gott ausrichten und in jeder Situation Gott einbeziehen.

In vielen Familien kommt irgendwann der Zeitpunkt, an dem sich die heranwachsenden Kinder gegen eine Andacht wehren. Sie sind so stark mit dem eigenen Werden beschäftigt, dass alles Predigen nur ihren Widerstand hervorruft. In dem Fall ist es für Vater oder Mutter von großer Bedeutung, dass sie dem Bedürfnis ihrer Kinder entgegenkommen. Das kann durchaus heißen, auf die Familienandacht ganz zu verzichten, um solch ein familiäres Zusammensein nicht durch innere Opposition zu belasten.

Glauben im Alltag

Wenn die Kinder sehen, wie Mutter oder Vater sich im Alltag verhalten und das Reden mit Gott der Begegnung mit anderen Menschen entspricht, wird es für Kinder nicht schwer sein, das, was die Eltern sagen, zu respektieren. Doch wenn sie miterleben, wie Vater und Mutter sich streiten und dann die Liebe Gottes im Munde führen, wird diese Liebe unglaubwürdig.

Das heißt nicht, dass die Eltern perfekt sein müssen. Sie dürfen Fehler machen; aber sie sollten den Mut haben, diese Fehler danach zuzugeben und um Vergebung bitten – auch in Gegenwart der Kinder. Dadurch verlieren sie nichts an elterlicher Autorität, im Gegenteil, damit geben sie ihren Kindern eine wichtige Lektion fürs Leben mit. Denn wenn Kinder sehen, dass Eltern aufrichtig sind und demütig zu dem stehen, was nicht gut war, so ist das für ein Kind eine große Ermutigung. Wenn das Kind später in eine ähnliche Situation kommt, wird es sich daran erinnern, wie Vater oder Mutter sich verhalten haben. So ist das Vorbild wichtiger als jede Predigt.

Was ist es nun, das in unserem Familienalltag weitergegeben werden soll? Es geht darum, dass unsere Kinder Jesus kennen lernen, dass sie früh lernen, ihn zu lieben und ihm zu vertrauen. Zu diesem Glauben brauchen wir sie nicht mit Hilfe der Angst zu treiben.

Auffallend ist, dass uns noch keiner begegnet ist, der nicht von der Person Jesu angesprochen war, aber viele konnten sich nicht mit der Art der Frömmigkeit ihrer Eltern identifizieren. Instinktiv spürten sie eine große Diskrepanz zwischen dem Reden und dem Sein. Daher ist es besser, das Evangelium zu leben, als es zu predigen. Kinder haben ein sehr feines Gespür.

Sehen wir uns doch an, wie Jesus den Kindern begegnet ist. Er stellte keine Forderungen an sie. Er war für sie da. Er zog sie liebevoll an sich. Er umarmte sie, küsste sie und ließ sie spüren, dass er sie liebte. Er segnete sie, d. h., er brachte sie in Verbindung mit diesem Strom der Liebe. Wenn Eltern auf diese Weise ihrem Kind Gott nahe bringen, wird sich das Kind weit öffnen.

Es hat einmal jemand gesagt, es sei besser mit Gott über die eigenen Kinder zu reden als mit den Kindern über Gott. Und ich glaube, darin liegt eine tiefe Wahrheit. Es ist unser Vorrecht als Eltern, jeden Tag aufs Neue unsere Kinder Gott anzuvertrauen und ihn um Weisheit zu bitten, damit wir unsere Aufgabe, die er uns aufgetragen hat, auch in seinem Sinne ausführen können.

Das Reden über den Glauben, also die religiöse Erziehung, sollte für die Eltern so selbstverständlich sein wie jedes andere Alltagsthema.

Religiöse Erziehung ist nur dann sinnvoll, wenn der Glaube der Eltern echt ist. Reden und Verhalten sollten im Einklang miteinander stehen. Kinder haben ein feines Gespür für Unglaubwürdigkeit.

Familienandachten können vielerlei Formen annehmen. Sie sollten aber nie zu einem Zwang oder einem unveränderlichen Ritual werden. Wo der Geist des Herrn ist, da ist auch Freiheit, auch Freiheit zur Veränderung.

Gelebter Glaube im Alltag ist die ehrlichste Hinführung heranwachsender Kinder an den Glauben.

Hildegard Horie

lebt mit ihrem Mann, Dr. Michiaki Horie, in Victoria, Kananda, und hat zwei Kinder. Sie ist im deutschsprachigen Raum besonders durch ihre zahlreichen Veröffentlichungen zu psychologischen und zeitkritischen Themen, aber auch durch ihre Biografien zu biblischen Personen bekannt.

Mit Kindern über Gott reden

Mama, warum hat der Gott eigentlich Wespen gemacht? Zugegeben, diese Frage einer Fünfjährigen bringt einen ganz schön ins Stolpern. Dahinter können wir die Frage vermuten, warum es das Böse in der Welt gibt oder auch erste Risse in einer vermittelten Sicht von Gott, der anscheinend doch nicht nur gut ist. Wie sollen wir auf diese schwierigen Fragen eine kindgerechte, theologisch korrekte Antwort finden? Ein guter Trick ist immer, die Frage zurückzugeben: »Was meinst du, warum es Wespen gibt?« Meist finden die Kinder selbst sehr originelle Lösungen. Ein ehrliches »Ich weiß es nicht!« ist oft besser als langatmige Erklärungen.

Mit Kindern über Gott zu reden, hat sehr viel mit eigenen Vorerfahrungen und Vorstellungen von Gott zu tun. Wie wurde mir selbst in der Kindheit Gott nahe gebracht, habe ich mich davon gelöst bzw. mein Bild von Gott weiterentwickelt, sodass ich es mit Überzeugung weitergeben kann? Selbst wenn Erwachsene das Thema ›Gott‹ mit Kindern nicht ansprechen, irgendwann im Kindergartenalter werden Kinder von sich aus Fragen nach Gott stellen. Sie machen sich Gedanken, wie alles geworden ist. Für sie ist klar, irgendeiner muss die Welt und alles gemacht haben, ein viel Größerer, eben *der Gott*. Damit beginnt schon das erste Problem.

Wie sollen Kinder Gott anreden?

Ist es nicht respektlos, wenn ein Kind sagt: *der Gott*? Von Kindern ist dies in keiner Weise abwertend gemeint, sondern Ausdruck einer Personalisierung. Sie haben Recht damit, Gott ist kein anonymes höheres Wesen, keine unpersönliche Macht, sondern eine lebendige Person. Wenn Gott kein persönlicher Gott für mich ist, ist er gar kein Gott für mich. Manche reden vom »lieben Gott«, meist wenn sie eine eher traditionelle Vorstellung von Gott haben. Aber hat sich dabei nicht längst die Vorstellung von einem lieblichen, süßlichen, weichen Gott eingeschlichen, den wir »einen guten Mann sein lassen«, also der wenig konkret mit mir und meinem Leben zu tun hat?

Am besten sprechen wir von Gott als von dem, der alles gemacht hat. Für jüngere Kinder ist der Begriff »Herr« zu schwierig, deshalb ist es besser, nicht vom »Herrn Jesus« zu reden. Dazu klingt es auch sehr altertümlich. Kinder meinen oft, »Herr« sei die Höflichkeitsform wie bei »Herr Meier«. Mit wachsendem Verständnis und persönlicher Beziehung können wir von Gott als dem Vater sprechen, wie es uns Jesus gezeigt hat (Lukas 11, 2). Da allerdings viele Kinder heute ohne Vater oder mit einem negativen Vaterbild aufwachsen, braucht das Kind Erklärungen, welche Art von Vater Gott für uns ist. Hilfreich kann für solche Kinder auch sein, von Jesus als dem besten Freund zu reden.

Mit Teenagern lohnt es sich, über Gottes Heiligkeit und Macht nachzudenken und welche Anrede dem entspricht. Es ist aber wichtig, dass wir durch die Anrede keinen falschen Abstand zwischen dem Kind und Gott aufbauen. Die Bibel ist da eher großzügig, wenn sie uns auffordert, wie kleine Kinder »Papa« zu sagen, was das Wort »Abba« meint (Römer 8,15).

Was sage ich von Gott?

Es ist Aufgabe der Eltern, den Kindern die großen Taten Gottes zu berichten (Psalm 78, 5-7). Für Eltern, die Christen sind, unterliegt es nicht der Beliebigkeit, ob sie mit ihren Kindern von Gott sprechen, sondern es ist ein Auftrag. Was sie sagen, wird sich nach der Altersstufe des Kindes richten und nach dem, was es gerade wissen will.

Jüngere Kinder denken ganz menschlich von Gott: »Lieber Gott, bei mir gab es heute Pizza. Was gab es bei dir?« Sie leben in der magischen Vorstellung, dass alles belebt ist und fühlen kann. Sie denken kausalistisch, d. h., für alles muss es eine Ursache geben. Deshalb begreifen sie Gott am besten in seinem Schöpferhandeln. Sie lieben die Wundergeschichten von Jesus und haben keine Zweifel daran. Sie beten zu Gott wie zu einem vertrauten Gegenüber. Sie sehen die Welt immer dualistisch. Deshalb ist es für sie ganz klar, dass es auch den Teufel gibt, der die böse Seite verkörpert.

Ihre Vorstellung wird aber auch stark von Bildern geprägt. Bei Bilderbüchern sollten wir auch auf ästhetische Aspekte achten und nur das Kindern zeigen, was wir auch später noch bejahen und schön finden können. Wir sollten keinen frommen Kitsch und auch kein süßliches, unrealistisches Jesusbild verbreiten. Erst recht aber keine Angst machenden Bilder, wie sie früher in manchen Bilderbibeln zu finden waren.

Schulkinder stellen weniger Fragen, sind aber stark an biblischem Wissen interessiert. Mit wachsendem Realismus ihres Denkens erfassen sie größere Zusammenhänge und differenzieren deutlicher zwischen Gott und Jesus. Mit ihnen sollten wir die Geschichten des Alten Testaments durchsprechen, wie Gott mit seinem Volk handelt, wie Einzelne Siege und Niederlagen erlebten. Interessant ist es, wie Jesus im Neuen Testament mit

Menschen umgeht, die Missionsreisen des Paulus und das Werden der Gemeinde. Wenn sie von Kindheit an Gott kennen, fühlen sie sich ihm zugehörig und darin sollten wir sie auch bestärken (Matthäus 19,14).

Teenager sprechen meistens weniger in der Familie über ihre Glaubensfragen, das tun sie eher in der Gruppe Gleichaltriger. Sie denken abstrakter und umfassender. Sie erkennen auch die persönliche Verantwortung vor Gott, Schuld und Versagen. Sie können sich von Gott getrennt erkennen und bewusst umkehren. Manchmal setzen sie sich aber zuerst vom Frömmigkeitsstil der Eltern ab und versuchen, ihren eigenen (Glaubens-)weg zu gehen. Jetzt ist die Zeit, während der wir weniger mit den Kindern über Gott reden sollten, dafür umso mehr *mit Gott über die Kinder.* Es bringt nichts nachzubohren, es ist besser zu warten, bis sie selbst über ihre inneren Prozesse, Fragen, Zweifel und Entscheidungen reden wollen. Provokationen sollten wir mit Gelassenheit nehmen und schwierige Lebensfragen nicht schnell mit frommen Argumenten abwürgen.

Gott nicht als Erziehungsmittel einsetzen

Aussagen wie: »Jetzt ist der liebe Gott aber traurig, weil du so böse warst«, sollten wir unbedingt vermeiden. Ehrlicher wäre es zu sagen: »Ich bin traurig, weil du mir nicht gehorcht hast.« Sonst gebrauchen wir Gott als Erziehungsmittel an den Stellen, wo wir selbst nicht genug Autorität haben. Gerade für jüngere Kinder ist ein solches Reden verheerend. Sie sehen, dass sie etwas falsch gemacht haben, sie möchten es gerne wieder gutmachen oder zumindest erfahren, dass der Erwachsene ihnen wieder gut ist. Das können sie aber in Bezug auf Gott nicht konkret wahrnehmen oder begreifen. So impfen wir ihnen ein ständig schlechtes Gewissen gegenüber Gott ein. Einen solchen Gott wollen wir als Erwachsener möglichst schnell loswerden. Wir können Kindern schon sagen, was Gott nicht gefällt, wir sollten es aber nicht in Zusammenhang mit der Tat des Kindes setzen.

Ähnlich ist es mit der Drohung: »Der liebe Gott sieht alles!« Auch das gibt ein diffuses Schuldgefühl. Manche Lieder drücken das bis heute aus, wenn es z.B. in dem Lied »Von allen Seiten umgibst du mich, oh, Herr« heißt: ›... ich kann dir nicht entrinnen, denn was ich auch beginne, in allen Lagen bist du bei mir.‹ Ängstliche Naturen werden eher das Angstmachende als das Tröstende heraushören und in ihr Gottesbild einfügen. Gerade Lieder prägen sehr stark unsere Gottesvorstellung. Deshalb sollten wir sehr auf die Texte achten, die wir den Kindern in den Liedern vermitteln.

Oft nehmen die Kinder mehr die Atmosphäre auf als die Worte. Sie spüren, ob wir echt sind, ob wir gerne mit Gott leben, ob die Bibel uns Maßstab und Lebensbuch ist, ob wir gerne in die Gemeinde gehen, ob wir in schwierigen Lagen im Gebet unser Vertrauen stärken. Leben wir ihnen kein Trallala-Christsein vor, sondern lassen wir sie auch teilhaben an unseren schwierigen Zeiten und den Glaubenserfahrungen darin. Gott ist nicht nur ein Halleluja-Gott, sondern ein tragender Fels in den stürmischen Zeiten des Lebens. Nie sollten wir Kindern Druck machen, sie zu einer Entscheidung drängen. Kinder spüren genau, dass auch ihre Beziehung zu Jesus eine sehr persönliche Sache ist. So wehren auch kleine Kinder alle manipulativen Bekehrungsversuche ab, wenn sie dazu erzogen wurden, frei ihre Meinung zu äußern. Wir sollten auf den Umgang von Jesus mit den Menschen achten. Er hat nie jemanden unter Druck gesetzt, bedrängt oder gar geängstigt, sondern sein Leben und Reden waren einladend und überzeugend. Jesus achtete den freien Willen des Menschen.

Wie und wann rede ich mit Kindern über Gott?

5. Mose 6, 4-7 ist bis heute die Grundlage, wie im Judentum die Eltern mit ihrem Kindern über Gott reden. Es geht vor allem darum, dass wir Kindern die Freude an Gott vermitteln, Freude über seine Einzigartigkeit, sein Fürunssein und seine unveränderliche Liebe. Zugleich wollen wir damit bei den Kindern die Liebe zu Gott wecken. Sehr anschaulich beschreibt der Text, wie Vater und Sohn, Mutter und Tochter bei ihrem alltäglichen Miteinander ins Gespräch über Gott kommen. Wir sollen also für unser Reden von Gott keine künstlichen Gesprächsanlässe schaffen, sondern solche Gespräche sollen sich aus dem normalen Miteinander ergeben. Jüngere Kinder stellen zu allen Gelegenheiten Fragen. Auch mit den älteren Kindern ergeben sich diese Gespräche nebenbei, wenn wir offen dafür sind, z.B. am Mittagstisch, bei gemeinsamen Tätigkeiten oder Unternehmungen. Wir sollten darauf achten, dass es in unseren Familien solche Freiräume zum Gespräch gibt: z. B. bei den Mahlzeiten nicht fernsehen, denn das ist der Gesprächstöter Nr. 1.

Gemeinsames Arbeiten an einer Sache oder einem Projekt ergeben oft zwanglose Gespräche. Viele Kinder haben das Gefühl, dass andere Menschen ihren Eltern oft wichtiger sind als sie, gerade, wenn die Eltern einen frommen Beruf haben. Wer sich für seine jüngeren Kinder keine Zeit nimmt und Fantasie entwickelt, was sie interessieren könnte, wird auch nicht erleben, dass sich seine älteren Kinder für seine Arbeit interessieren. Gerade im Teenageralter sind Gelegenheiten wichtig, alleine mit dem Vater oder der Mutter zu sein, z. B. mal den Heranwachsenden mit zu einer Geschäftsreise oder Konferenz nehmen, mit ihm eine Nachtwanderung machen oder ein gemeinsames Wochenende. Kinder spüren unsere innere Zugewandtheit und unser echtes Interesse. Dann fangen sie auch zu reden an. Es kommt nicht immer auf die Länge der Zeit an, die wir miteinander verbringen, sondern auf die Intensität. Wir sollten auch immer wieder um Gelegenheiten zum Gespräch mit unseren Kindern beten.

Wenn Gott und seine Aufträge in meinem Denken und Reden einen großen Raum einnehmen und ich auch die Kinder mit einbeziehe, wird auch dieser Bereich für meine Kinder fragens- und übernehmenswert.

Kinder fragen spontan und intuitiv nach Gott. Oft können sie eigene Fragen besser beantworten als die Eltern.

Wir sollten Kindern Gott von Anfang an als einen liebevollen Vater vermitteln.

Wenn wir Gott als Erziehungsmittel einsetzen, schaffen wir eine Distanz zu Gott. Einen solchen Gott wollen sie im Erwachsenenalter möglichst schnell wieder loswerden.

Je normaler unser Glaube für uns Eltern ist, je mehr er mit unserem Alltag zu tun hat, desto echter können ihn Kinder erkennen und übernehmen. Heranwachsende Jugendliche müssen spüren, dass sie uns wichtig sind, wir Interesse an ihnen haben. Das schafft Brücken, sodass sie auch leichter Interesse an unserem Glauben finden können.

Jutta Georg

Jahrgang 1950, Lehrerin für Sekundarstufe 1. 1977–1993 Leiterin der Jungschararbeit im Bund Freier evangelischer Gemeinden in Witten. Seit 1993 unterrichtet sie an einer christlichen Grundschule in Lüdenscheid; dort leitet sie Gesprächsgruppen für Scheidungskinder. 1998 Initiatorin von CHRIS-Deutschland e.V., ein christliches Sorgentelefon für Kinder und Jugendliche.

Wenn Kinder mit Leid und Tod konfrontiert werden

Unsere eigene Stellung zum Thema Leid und Tod

Viktor v. Weizsäcker hat darauf aufmerksam gemacht, dass die Menschen in unserer Gesellschaft sich mehr und mehr an die Erleichterungen unseres Lebens durch die fortschreitenden Technologien gewöhnen und gleichzeitig dadurch immer weniger bereit sind, im Alltag Schmerzen und Leid hinzunehmen. Statt Leidensbereitschaft herrscht mehr und mehr der Anspruch vor, vom Leiden befreit zu werden. Ärzte haben ein hohes Prestige, müssen dafür aber den Preis zahlen, ihren Patienten jede Art von Unwohlsein, Schlaflosigkeit, Schmerz oder Krankheit abzunehmen. Alles, was die Menschen daran hindert, ihr Leben und ihr Glück zu genießen, muss beseitigt werden. Dafür ist der Arzt zuständig. Dies führt zu solch abstrusen Auswüchsen, dass es Ärzte gibt, die den Tod eines Patienten als persönliches Versagen empfinden.

Wir leben in einer Gesellschaft, in der Gesundheit das Wichtigste ist, was Menschen angeblich besitzen können. Zur Erhaltung von Gesundheit oder zur Vermeidung von Krankheit sind manche Menschen bereit, Tausende von Mark auszugeben. Weil wir Leid vermeiden wollen und weil wir letztlich dem Ende, dem Tod, nicht ins Auge sehen wollen, versuchen wir uns durch Medizin oder aber durch zweifelhafte Angebote, die es en masse auf dem esoterischen Markt gibt, Gesundheit zu kaufen.

Nicht nur die Krankheit, sondern auch das Sterben und der Tod werden aus unserem Alltagsleben verdrängt. Sterben geschieht heute nur noch in den wenigsten Fällen zu Hause. Alte, leidende und behinderte Menschen schieben wir in Heime oder Krankenhäuser ab. Persönliche Begegnung mit Sterbenden geschieht heute nur noch selten, und die Konfrontation und eigene Betroffenheit vom Tod gehört zu den Ausnahmen. Kinder – aber auch wir Erwachsenen – sehen heute nur noch selten einen Toten.

Wenn Kinder in ihrer unmittelbaren Art nach dem Tod und dem Sterben fragen, sind wir oft hilflos – das Thema ist uns sogar peinlich. So setzen wir die Tabuisierung des Themas Tod fort. Manchmal scheint es mir, dass es uns leichter fällt, mit Kindern über Sexualität zu reden als über Sterben und Leid.

Wenn wir persönlich keine Antwort haben auf Sterben und Tod, wenn wir persönlich keine Hoffnung haben, die über den Tod hinausreicht, werden wir uns mit solchen Themen immer schwer tun.

Jesus Christus ist die Quelle der Hoffnung für unser Leben, und nur von ihm her können wir uns auch den Fragen nach Leid, Krankheit, Sterben und Tod stellen. Wenn wir darum wissen, dass Jesus unser Freund ist, der in jeder Situation bei uns ist und der mit uns durch den Tod geht, dann können wir auch die Schattenseiten des Lebens wahrnehmen und haben Antworten, die durch uns persönlich hindurchgegangen sind.

Wenn Kinder mit dem Tod konfrontiert werden

Trauer nicht verdrängen

Am häufigsten betroffen von der Erfahrung des Todes sind heute Kinder vielleicht dann, wenn ein Haustier stirbt.

Es ist wichtig, dass wir dem Kind in solchen Fällen die Trauer nicht ersparen. Der Schmerz muss zugelassen und erlaubt werden. Es ist traurig, wenn ein kleines Tier, das über Jahre wie ein persönlicher Freund war, plötzlich tot ist. Wir sollten Kinder nicht schimpfen oder ärgerlich reagieren, wenn sie darüber laut und lange weinen oder tagelang betrübt oder lustlos sind. Trauer muss zugelassen werden und ist zur Verarbeitung und zur Auseinandersetzung mit diesem Thema nötig. Es kann eine Hilfe sein, mit dem Kind zusammen in den Garten oder Wald zu gehen, das Tier dort zu begraben und vielleicht sogar ein kleines Grab mit Blumen und Kreuz zu errichten, eine Stätte der Erinnerung an das Lebewesen und an viele schöne Momente, die man mit ihm zusammen erlebt hat. Dies ist ja auch der Sinn von Gräbern, die wir unseren Verstorbenen errichten. Sie sind ein Zeichen dafür, dass wir sie nicht vergessen wollen und uns dankbar an sie erinnern.

Die Wahrheit sagen

Selten kommt es vor, dass ein Mensch nicht schon während seiner Kindheit oder Jugend mit dem Tod eines Mitmenschen konfrontiert wird. Am ehesten erleben Kinder in der Regel das Sterben von Oma und Opa, aber auch oft von Nachbarn oder auch Freunden, manchmal auch von einem Elternteil. Wir sollten Kindern keine Lügen im Blick auf Sterben und Tod erzählen, sondern ihnen die Wahrheit sagen.

Verschweigen, Tabuisieren, Anlügen kann fatale Folgen für Kinder haben. Einem Kind wurde erzählt, der Opa sei sehr müde gewesen und »eingeschlafen«. Das führte bei dem Jungen zu Schlafstörungen und Einschlafschwierigkeiten, bis den Eltern der Grund klar wurde: Das Kind hatte Angst, es würde in eine gleiche Art von Schlaf fallen wie der Großvater – einschlafen und nie wieder aufwachen.

Auch schon kleinen Kindern sollten wir deutlich sagen, worum es beim Sterben geht. Das stärkt das Vertrauen der Kinder in seine Eltern. Sie spüren: Meine Eltern reden mit mir auch über schwere und große Themen; sie trauen mir zu, dass ich das schon verstehe. Dabei sollten wir auch die Hoffnung, von der wir leben, nicht verschweigen:

Wer gestorben ist, kommt nicht wieder. Aber wir können uns im Himmel wieder sehen.

Wenn jemand stirbt, sind wir sehr traurig und weinen, weil wir den Menschen nicht mehr sehen und nicht mehr mit ihm sprechen können, ihn nicht mehr berühren können. Aber allen, die im Himmel sind, geht es jetzt trotzdem gut.

Kleine Kinder können die ganze Ernsthaftigkeit des Todes und die Tragweite sicher noch nicht erfassen. Wichtig ist aber, dass wir ihnen Trauer ermöglichen und zugestehen. Verdrängte Trauer schadet immer. In der Regel können Kinder mit Trauer trotzdem besser umgehen, als wir oft denken. Schlimmer ist es für Kinder, wenn wir eigene Trauer vor ihnen verschließen aus Angst, sie mit der ganzen Wahrheit zu konfrontieren, oder aus Scham, Gefühle zu zeigen.

Den Verlust zum Gesprächsthema machen

Wir nehmen Kindern die Möglichkeit, Trauer und Verlust zu verarbeiten, wenn wir in der Gegenwart der Kinder diese

Themen vermeiden. Kinder müssen darüber reden können – Erwachsene natürlich auch. Kinder brauchen in solchen Situationen Gemeinschaft und das Gespräch.

Wenn Eltern von einer Hoffnung auf die Auferstehung getragen sind, wenn sie sich getröstet wissen von dem Gott allen Trostes, dann spüren Kinder das und können selbst auch besser mit dem Verlust eines Menschen umgehen.

Kinder und Beerdigung

Es wäre falsch, Kinder nicht auf Beerdigungen mitzunehmen. Es ist ein offizielles Abschiednehmen im Kreis von Menschen, die diesem Verstorbenen die letzte Ehre erweisen, die ihn als Weggefährten und Lebensbegleiter geschätzt oder einfach gekannt haben.

Wenn wir vorher mit den Kindern gesprochen haben, können wir sie evtl. auch an den offenen Sarg mitnehmen, um Abschied zu nehmen. Oft kann solch ein Abschiednehemen eine Stunde besonderen Getröstetwerdens sein, denn gerade Verstorbene haben oft eine tiefe Ausstrahlung von Frieden, von zur Ruhe gekommen sein. Kinder empfinden dies noch mehr als Erwachsene und können in der Stille, die von solch einer Begegnung ausgeht, Trost finden.

Die Beerdigung selbst ist ein öffentlicher Akt des Abschiednehmens. Wenn wir Kinder davon »verschonen« wollen, fehlt ihnen oft ein wichtiger Punkt im Prozess des Loslassens und Hergebens. Gemeinsam nochmals an den Verstorbenen zu denken, am Grab zu singen und zu beten und sich damit zu verabschieden, ist etwas elementar Wichtiges.

Kindern Geborgenheit vermitteln

Bei Fragen nach dem Tod kann es hilfreich sein, nach den Hintergründen einer Frage zu suchen. Je nachdem müssen wir ganz verschieden antworten.

Wenn Kinder nach dem Tod fragen, kann dies ganz verschiedene Gründe haben. Entweder sie fragen aus persönlicher Betroffenheit und persönlichem Erleben heraus – wie z. B. der Tod eines Menschen oder Tieres. Sie können aber auch aus Unsicherheit oder dem Bedürfnis nach Geborgenheit heraus fragen.

Manchmal haben Kinder Angst, dass ihnen ein Mensch, der ihnen wichtig ist, genommen wird, dann fragen sie nicht nach dem Tod, sondern eigentlich nach Sicherheit. »Wenn ihr tot seid, wer sorgt dann für uns?« Die Angst vor der Trennung kann die viel größere Angst sein als die Angst vor dem Tod.

In solchen Fällen ist es wichtig, den Kindern deutlich zu versichern, dass wir in jeder Lebenssituation in Gott geborgen sein können. Und dass auch nach dem Tod der Eltern Menschen da sind, die dann für sie Verantwortung übernehmen, dass sie sich nicht selbst überlassen sind, sondern dass gut für sie gesorgt werden wird. Möglicherweise können wir die Kinder sogar fragen: *»Bei wem würdest du gerne leben, wenn es uns nicht (mehr) gäbe?«* Die Gewissheit, auch anderswo Heimat finden zu können, kann Kindern Geborgenheit geben und die Sicherheit vermitteln, die sie brauchen, um sich mit dem Thema Tod auseinander setzen zu können.

Kinder fragen – wie antworten wir?

Frage: Ist es schlimm, wenn man stirbt?
Antwort: Das Sterben kann manchmal auch schlimm sein. Zum Beispiel wenn man große Schmerzen hat. Aber wenn man dann bei Jesus ist, ist das Totsein nicht schlimm.

Frage: Was kommt nach dem Sterben?
Antwort: Nach dem Sterben ist es mit uns Menschen nicht einfach aus, sondern unsere Seele lebt weiter. Wer mit Gott hier und heute lebt, der ist nach dem Sterben auch bei Gott. Und dort sind wir geborgen, und es geht uns gut.

Frage: Was ist mit den Menschen, die nicht mit Gott leben?
Antwort: Es gibt eine Stelle in der Bibel, die davon erzählt, dass jeder Mensch die Chance hat, sich für Gott zu entscheiden – manche sogar noch nach dem Tod oder in der Todesstunde. Auch Menschen, die hier nichts von ihm wissen konnten oder wollten, können dort vielleicht nochmals eine Chance haben. Aber letztlich liegt das in Gottes Hand. Die Bibel berichtet auch davon, dass es einen Bereich gibt, wo Gott nicht ist. Wer nicht mit Gott leben will, der ist dann in diesem Bereich.

Wichtig ist, dass wir die Gottesferne oder auch Hölle niemals als Drohmittel oder Erziehungsmittel einsetzen, sondern immer sehr vorsichtig und nicht richtend oder verfügend über diese Bereiche sprechen. Am Ende richtet Gott und nicht wir Menschen. Es gibt den Bereich der Ferne von Gott, aber wer letztlich in diesem Bereich sein wird, weiß allein Gott.

Frage: Wenn ich tot bin, bin ich dann noch ganz?
Antwort: Ja, noch mehr als ganz – alles wird wieder gut. Bei Gott gibt es keine Schmerzen, keine Langeweile, nichts Trauriges und nichts Schweres mehr. Wir bekommen einen neuen Leib bei Gott.

Frage: Wie kann man im Himmel sein und gleichzeitig im Sarg? Ist der Eingang zum Himmel im Sarg?
Antwort: Im Grab ist nur unser Körper, sozusagen die äußere Hülle des Menschen. Es ist so, als ob wir einen Mantel ausziehen würden. Der Körper ist wie ein Mantel. Der Mantel liegt dann da, aber der Mensch ist nicht mehr im Mantel. Wenn wir sterben, geht unsere Seele aus dem Körper. Das, was und wie wir waren, ist dann bei Gott, und dort bekommen wir dann einen neuen Körper. Menschen, die krank waren oder behindert, bekommen einen neuen, gesunden Körper. Blinde können sehen, Amputierte haben wieder alle Körperteile, Taube können hören.

Frage: Wo ist der Himmel?
Antwort: Der Himmel ist da, wo Gott ist. Dieser Himmel hat nichts zu tun mit dem Himmel, den wir über uns sehen. Der Himmel, von dem die Bibel berichtet, ist der Bereich, wo Gott wohnt, er ist in einer anderen Welt, die wir noch nicht sehen können.
Hilfreich kann hier bei größeren Kindern (oder auch Erwachsenen) die Formulierung der englischen Sprache sein. Dort gibt es zwei Begriffe für Himmel. *Sky* für den über uns sichtbaren Himmel und *heaven* für den Herrschaftsbereich Gottes.

Frage: Warum macht Gott die Mörder?
Antwort: Gott macht alle Menschen so, dass sie die Möglichkeit haben, Gutes oder Böses mit ihrem Leben zu tun – und manche wählen das Böse. Gott könnte das verhindern, aber er will, dass wir uns freiwillig für ihn entscheiden und nicht gezwungen. Wenn alles vorherbestimmt wäre, was wir tun, dann wäre das Leben nicht mehr spannend.

Frage: Wie ist es in der Ewigkeit? Ist es dort langweilig?
Antwort: In der Ewigkeit ist alles, was es auf dieser Welt Schönes gibt, beieinander. Langeweile ist nicht schön, deswegen kann es im Himmel unmöglich langweilig sein. Wir können uns

die Ewigkeit nicht richtig vorstellen, aber auf jeden Fall so, dass es dort alles, was wir uns an Schönem wünschen, gibt. Dort sind wir froh und freuen uns mehr, als wir uns hier auf der Erde über irgendetwas freuen können. Wir sind bei Jesus, können ganz in seiner Liebe sein. Alles, was uns hier stört, traurig macht, ärgert, wehtut, gibt es in der Ewigkeit nicht mehr.

Wenn wir selbst als Eltern, als erwachsene Begleiter unserer Kinder, von dieser Hoffnung und Gewissheit getragen sind, nach dem Tod und nach dem Leid dieser Welt bei Christus zu sein, dann können wir unseren Kindern Antworten geben, die tragend sind und die auch ihnen Halt und Sicherheit geben können. Fragen der Kinder sind immer auch Fragen an unseren Glauben und können uns helfen, uns immer wieder neu gewiss darüber zu werden, was uns im Leben und Sterben hält und trägt.

Wir Menschen neigen dazu, Leid und Sterben aus unserem Leben und Denken zu verdrängen. Darum haben wir oft auch Probleme, wenn Kinder nach dem Tod oder dem Leid fragen.

Die Konfrontation mit dem Tod bleibt niemandem erspart. Darum ist es wichtig, dass wir auch mit unseren Kindern in in aller Ehrlichkeit und Offenheit über den Tod reden.
Kinder sollten in Trauerprozesse mit einbezogen werden, mitgenommen werden auf Beerdigungen und Trauer erleben können – bei Erwachsenen und bei sich selbst.

Wenn Kinder fragen, sind wir immer auch nach unseren eigenen Antworten gefragt, nach dem, was uns Sicherheit und Gewissheit, Hoffnung und Trost gibt.

Cornelia Mack

Missionarischer Lebensstil

Unser Auftrag

Wir Frauen heute sind Zeugen in unserer Welt, in unserem Land, unserem Wohnort, unserer Straße, in unserem Haus und in unserer Familie. Wir sind Zeugen von dem, was Jesus auf dieser Erde getan hat und tut. Er hat uns von der Macht der Sünde befreit. Er gibt uns Ziel und Sinn für unser Leben auf dieser Erde. Er gibt uns seine Kraft, das Leben mit allen Schwierigkeiten zu bewältigen. Davon zu berichten ist unser Auftrag.

Auftrag ➔ *Motivation* ➔ *missionarischer Lebensstil* ➔ *Ziel*

Um einen Auftrag erfolgreich auszuführen, brauche ich eine gute Motivation. In der Wirtschaft sind motivierte Mitarbeiter/innen gefragt, um die großen Ziele eines Unternehmens zu erreichen. Mitarbeiter/innen mit wenig oder gar keiner Motivation erreichen wenig oder gar nichts für ihr Unternehmen.

Gott hat uns eine große Aufgabe anvertraut, und er will uns dazu motivieren, Menschen für Jesus Christus zu gewinnen.

Unsere Motivation

Unsere Motivation kommt von Jesus Christus selbst! Er hat uns in Matthäus 28, 19-20 beauftragt: »Darum gehet hin und machet zu Jüngern alle Völker: Taufet sie auf den Namen des Vaters und des Sohnes und des heiligen Geistes und lehret sie halten alles, was ich euch befohlen habe. Und siehe, ich bin bei euch alle Tage bis an der Welt Ende.«

In 1. Timotheus 2, 4 steht: »Gott will, dass alle Menschen errettet werden und zur Erkenntnis der Wahrheit kommen.«

Mit diesem klaren Lebensprogramm investierte *Jesus Christus* sein Leben. Er starb für uns auch deshalb, damit wir heute ein erfülltes Leben mit einem klaren Ziel leben können. Bevor Jesus zu seinem Vater zurückkehrt, beantwortet er die letzte Frage der Christen aus Jerusalem folgendermaßen:

»Aber ihr werdet die Kraft des heiligen Geistes empfangen, der auf euch kommen wird, und werdet meine Zeugen sein in Jerusalem und in ganz Judäa und Samarien und bis an das Ende der Erde« (*Apostelgeschichte 1, 8).*

Damit stellt er den Christen damals wie auch heute die Lebensaufgabe: Ihr werdet meine Zeugen sein.

Unsere Kraft

Unsere Kraft kommt aus der Verbindung mit Jesus. In Johannes 15, 5 sagt Jesus: »Ich bin der Weinstock, ihr seid die Reben. Wer in mir bleibt und ich in ihm, der bringt viel Frucht, denn getrennt von mir könnt ihr nichts tun.«

Um Frucht zu bringen, muss ich in Jesus bleiben. In Jesus bleiben heißt, ihn lieben und ihn damit auch immer besser kennen lernen. Wie geht das?

Ich brauche Informationen über seine Person und sein Leben durch das Bibellesen. Ich brauche Zeit, um mit ihm im Gebet zu reden. Ich brauche täglich neu die Entscheidung, ihn von Herzen zu lieben, ihn an die erste Stelle meines Lebens zu setzen. Er soll das Zentrum aller meiner Lebensbereiche sein, von keinem Bereich soll Jesus ausgeschlossen sein.

So wird mein Tag ein ganzer Tag mit ihm, eine Woche mit ihm ... ein ganzes Leben mit ihm. Dann kann ich aus seiner Kraft, die mich durchdringt – durch seinen Heiligen Geist –, Frucht bringen.

Unser Lebensstil

Wie wird mein Lebensstil missionarisch?
Das Wort *Stil* kommt vom lateinischen »stilus«, das bedeutet: einheitliches Gepräge der künstlerischen Erzeugnisse einer Zeit, einer Persönlichkeit, Bau, Mal ... stil. Die heutige Bedeutung ist auch: besonderes Gepräge einer menschlichen Lebensweise.

Lebensstil äußert sich da, wo Denken und Handeln einer Person im Einklang stehen. Er drückt sich in der Lebensweise und Bewältigung des Alltags aus. Der Stil ist wie bei einem Bauwerk nach außen erkennbar. Darum ist es wichtig, mein Denken zuerst von Gottes guten Gedanken durchdringen zu lassen, damit mein Lebensstil nicht eine Fassade und damit zum Krampf wird und letztlich scheitert.

Zum Lebensstil eines Christen gehören folgende Elemente:

Gutes tun

In 1. Petrus 2, 15 zeigt Petrus: »Denn so ist es der Wille Gottes, dass ihr durch Gutes tun die Unwissenheit der unverständigen Menschen zum Schweigen bringt.« Christen können von Herzen Gutes tun, weil sie so viel Gutes von Jesus Christus bekommen haben. Er macht uns fähig, Gutes zu tun.

Er kann meinen Egoismus überwinden, dadurch kann ich Gutes tun, ohne selbst davon profitieren zu müssen.

1. Timotheus 2, 10b: »Der wahre Schmuck der Frauen ist es, Gutes zu tun. Damit beweisen sie, dass sie Gott lieben und ehren« (Hoffnung für alle).

In Römer 12, 21 wird diese Aussage noch gesteigert: »Lass dich nicht vom Bösen überwinden, sondern überwinde das Böse mit Gutem.«

In Frieden leben

Römer 12, 18: »Ist's möglich, soviel an euch liegt, so habt mit allen Menschen Frieden.«

Der Friede auf dieser Welt ist knapp geworden. Viele Völker streiten sich, und auch viele Familien leben in großem Streit. Manfred Siebald beschreibt den Frieden Gottes in Beziehung zu uns Menschen wie folgt: »Der Friede Gottes will in dir beginnen, du brauchst nicht lange, bis du es entdeckst, was Gott in dich hineinlegt, bleibt nicht innen, Friede, der nach außen wächst.«

Nur wenn ich selbst Frieden mit Gott gefunden habe, kann ich Frieden weitergeben. Der Friede Gottes ist wie Regen in der Wüste und wird spürbar in meiner Ehe, Familie, an meinem Arbeitsplatz, in meiner Gemeinde, Nachbarschaft usw. Gott gibt mir Kraft, auf Rechte zu verzichten, zusätzliche Arbeiten zu erledigen oder vielleicht auch mal zu schweigen, damit sein Friede möglich wird.

Gutes reden

Paulus schreibt an die Gemeinde in Ephesus, Epheser 4, 29: »Redet auch nicht schlecht voneinander. Was ihr sagt, soll für jeden gut und hilfreich sein, eine Wohltat für alle« (Hoffnung für alle).

Gott hat gute Gedanken über uns Menschen. Wir dürfen es lernen, können es üben, Gutes zu reden. Das beginnt im Denken. Wie denke ich über meine Eltern, Familie, Glaubensgeschwister, Freunde und Mitmenschen? Es gilt, zuerst über Gutes nachzudenken, daraus folgt dann Gutes zu reden.

Unsere Medien sind gefüllt von schlechten Nachrichten. Wir sind es gewohnt, negativ zu denken und zu reden. Doch Jesus Christus hat uns erlöst aus der Enge der schlechten Nachrichten und uns in die Weite der Frohen Botschaft gestellt.

Ich kann und will über zeitlich begrenzte schwierige Lebensumstände den Blick für das ewige Leben bei Jesus Christus behalten.

Tipps zur Umsetzung

Zeitplanung

Nur wenn ich meine Zeit plane, bleibt mir Zeit für Aufgaben von Gott. Manches Gute muss geplant werden, das ergibt sich nicht von selbst. Darum: wenn Gott uns eine Idee gibt, sollten wir diese auch konkret umsetzen.

Wenn wir Treffen mit Kolleginnen, Nachbarn, Frauen, die uns nahe stehen, nicht planen, bleibt es beim ewigen Vorsatz. Wir sollten aber die Zeit nicht so ausplanen, dass für ein spontanes Gespräch keine Zeit mehr bleibt.

Offenheit

Wenn wir unser Leben transparent gestalten, werden wir in unserem Denken und Handeln für unsere Mitmenschen durchschaubar. Bei oberflächlichen »Gut/Schlecht-Wetter-Gesprächen« können wir erzählen, wie wir mit diesen Alltagsumständen umgehen – natürlich im angebrachten Rahmen, nicht nach Schema, sondern mit Taktgefühl. Viele Frauen haben die gleichen Ängste, Sorgen, Beziehungsprobleme usw. wie wir auch. Nur kennen sie Jesus nicht, der uns sagt, dass wir alle unsere Sorgen auf ihn werfen dürfen, denn er sorgt für uns (1. Petrus 5, 7). Er sorgt besser für uns, als es je ein Mensch tun kann.

Echtheit

Menschen ohne Gott merken sehr schnell, wenn wir ihnen gegenüber ein Pseudointeresse zeigen. Darum ist es wichtig, sich wirklich echt für deren Leben zu interessieren. Zum Anteil nehmen gehört auch, sich Namen und Begebenheiten zu merken. Es ist so wichtig, beim nächsten Treffen nachzufragen, wie es z.B. Frau Müller im Krankenhaus ergangen ist oder wie der Urlaub war. Sonst bleiben die Fragen die gleichen und signalisieren Interesselosigkeit.

Mut

Am besten ist es, auf ganz natürliche Art und Weise von unserer Beziehung zu Jesus zu sprechen, aber auch auf den richtigen Zeitpunkt dabei zu achten. Eine Beziehung aufzubauen ist eine wichtige Grundlage für missionarische Gespräche. Aber es darf nicht nur »beim Brücken bauen« bleiben. Manche Fragen, um Menschen ins Nachdenken über den Sinn ihres Lebens zu bringen, müssen gut überlegt werden.

Zum Beispiel: Welche Ziele verfolgst du in der Erziehung eurer Kinder? Was stillt deine tiefsten Bedürfnisse? Kannst du dir vorstellen, dass es jemanden gibt, der dich bedingungslos liebt?

Gebet

Wer vor lauter Arbeit nicht zum Beten kommt, läuft am Ziel vorbei. Darum brauchen wir das tägliche Gebet, ein Leben aus der Stille mit unserem Herrn. Für Menschen, die uns wichtig geworden sind, können wir täglich bitten. Gott bereitet Menschen auch für Gespräche vor. Ich war schon oft erstaunt, wie Gott Begegnungen und Gespräche gelenkt hat, die ich nie so hätte planen können. Auch bei einmaligen Begegnungen bete ich für Menschen. Wir sind vielleicht die ersten Beter für diese Person, die Gott lieb hat.

Fantasie

Habe den Menschen, den du zu Jesus führen willst, von Herzen lieb« (H. Klump). Manchmal sind meine Gedanken sehr gefordert, jemandem meine Liebe zu zeigen, der so ganz anders ist als ich selbst. Es ist keine Liebe, meiner Nachbarin ein evangelistisches Buch zu schenken, wenn ich genau weiß, dass sie nicht gerne liest. Vielleicht ist das Zuhören bei ihr mehr gefragt. Durch Zuhören kann ich Menschen in ihrer Lebenssituation besser verstehen. Liebe ist erfinderisch. Liebe macht Komplimente, dafür können wir auch eine Sensibilität entwickeln. Ein weiterer Ausdruck der Liebe ist Dankbarkeit. Echtes Interesse am Leben meines Mitmenschen kann die Tür zu seinem Herzen öffnen. Auch im aufrichtigen Mitfreuen oder Mitleiden kommt die Liebe zum Ausdruck.

Unser Ziel

Das Ziel heißt Frucht bringen und hingehen, um anderen von Gottes Liebe zu uns weiterzusagen.

Es gibt heute viele Möglichkeiten, am Glauben interessierte Frauen weiterzubegleiten: Gottesdienst oder Bibelstunde, Hauskreis oder Frauenkreis, Frühstückstreffen oder Mutter-Kind-Kreis usw.

Die große Chance liegt in der persönlichen Betreuung, die parallel zu den Gemeindebesuchen sein kann. Ich selbst strebe immer ein regelmäßiges Treffen mit nur einer Frau an. Da fällt es oft leichter, von Frau zu Frau offen und aufrichtig zu sein. Begriffe wie Glauben, Liebe, Heiligung usw. sind leichter zu verstehen, wenn sie persönlich vorgelebt und nicht nur theoretisch vermittelt werden.

In Johannes 8, 31 sagt Jesus: »Wenn ihr bleiben werdet in meinem Wort, so seid ihr wahrhaftig meine Jünger.«

Frauen brauchen ein gutes biblisches Fundament, aber auch eine gute geistliche Beziehung zu einer Frau. Erst säen, dann wachsen lassen und ernten. Frauen können so zu wahrhaftigen Jüngerinnen heranwachsen und so selbst Multiplikatorinnen werden.

Eigentlich ist uns so vieles theoretisch klar und doch fällt die Umsetzung in die Praxis schwer. Es gibt verschiedene Hindernisse, die mich lähmen können:

- Minderwertigkeitskomplexe (»Ich kann's eben nicht.«)
- Zu wenig Zeit (»Meine Aufgabe in Familie und Beruf füllt mich völlig aus.«)
- Andere Prioritäten (»Meine Kinder und mein Mann fordern so viel Kraft von mir, da bleibt keine Energie mehr übrig.«)
- Schwierige Lebensumstände (Tod, Krankheit, Umbruchzeiten)

Es gibt keine perfekten Voraussetzungen. Darum ist es besser, mit einem Kontakt anzufangen und kleine Schritte zu gehen, als gar nicht anzufangen.

Als Gott im Alten Testament Josua den großen Auftrag gibt, das Volk Israel in das Land Kanaan zu führen, gab er Josua nicht nur den Auftrag, sondern auch die Kraft dazu. Dieses Versprechen Gottes gilt auch uns.

»Siehe, ich habe dir geboten, dass du getrost und unverzagt seist. Lass dir nicht grauen und entsetze dich nicht; denn der Herr, dein Gott, ist mit dir in allem, was du tun wirst« (Josua 1, 9).

Jesus hat uns einen klaren Auftrag gegeben: Zeugen zu sein für ihn, also anderen Menschen von ihm und seiner Liebe weiterzusagen, Menschen in die Gemeinschaft mit ihm einzuladen.

Unsere Motivation dazu kommt von Jesus selbst, der uns seine Liebe ins Herz gibt, damit wir andere damit erreichen.

Auch die Kraft zu diesem Auftrag will uns Jesus geben. Wo er beauftragt, da befähigt er auch.

Wenn ich Jesus gehöre, dann ändert sich auch mein Lebensstil. Zu einem missionarischen Lebensstil gehören: Gutes tun, in Frieden leben, gutes Reden. Hilfen zur Umsetzung sind eine gute Zeitplanung, Offenheit und Echtheit anderen Menschen gegenüber, Mut, neue Schritte zu wagen, Gebet für die Menschen um uns herum, Fantasie, wie wir diese erreichen können.

Unser Ziel heißt dabei immer, Frucht für Jesus zu bringen. Frucht aber können wir nicht machen, Frucht lässt Gott wachsen, wenn wir in ihm bleiben.

Literaturhinweise:

- V. Braas/L. Jung (Hrsg.), *Hoffnung für dich,* Bibelleseplan für Einsteiger, Christliche Verlagsgesellschaft Dillenburg
- *Jesus begegnet Frauen,* Bibelkurs aus fünf Lektionen (kann bei mir kostenlos angefordert werden), (07 21) 9 71 36 02
- J. Gibson, *Training im Christentum, O-Kurs,* Christliche Literaturverbreitung
- Cynthia Heald, *Von ganzem Herzen Frau sein,* Verlag Schulte & Gerth

Helga Polowczyk

Jahrgang 1959, verheiratet, zwei Kinder, Einzelhandelskauffrau, früher Mitarbeit in einer christlichen Buchhandlung, heute Familienfrau mit Zielsetzung missionarischer Lebensstil, Mitarbeit in der Gemeinde im Bereich Kinder- und Jugendarbeit, Büchertischarbeit.